◆ 中央文史研究馆首届国学论坛与会者合影。前排右三为作者，其论文《国学在中国当代的命运》收入《国学论坛论文选》（2007年，北京）

◆在沈阳社会学高级讲习班上讲课（1986年）

20

文化学与文化社会学论集

彭定安文集

彭定安／著

东北大学出版社

·沈 阳·

© 彭定安　2021

图书在版编目（CIP）数据

彭定安文集. 20，文化学与文化社会学论集 / 彭定
安著. — 沈阳：东北大学出版社，2021.8
　　ISBN 978-7-5517-2365-7

　　Ⅰ. ①彭… Ⅱ. ①彭… Ⅲ. ①社会科学—文集②文化
—文集③文化社会学—文集 Ⅳ. ①C53②G-53

中国版本图书馆CIP数据核字（2020）第030493号

出 版 者：东北大学出版社
　　　　　地址：沈阳市和平区文化路三号巷11号
　　　　　邮编：110819
　　　　　电话：024-83680267（社务部）　83687331（营销部）
　　　　　传真：024-83683655（总编室）　83680180（营销部）
　　　　　网址：http://www.neupress.com
　　　　　E-mail:neuph@neupress.com
印 刷 者：辽宁一诺广告印务有限公司
发 行 者：东北大学出版社
幅面尺寸：170 mm × 240 mm
插　　页：4
印　　张：25.5
字　　数：431千字
出版时间：2021年8月第1版
印刷时间：2021年8月第1次印刷
责任编辑：邱　静
责任校对：汪彤彤
封面设计：潘正一
责任出版：唐敏志

ISBN 978-7-5517-2365-7　　　　　　　　　　　定价：115.00元

◆学术演讲（1993年）

◆辽宁省文联颁发"辽宁文艺事业终身成就奖"奖状

◆ 在辽宁省朝阳市牛河梁红山文化考古工作站，与著名考古学家郭大顺先生合影（2011年）

◆ 在辽宁省国际民族文化交流促进会上演讲，题为《美国梦、欧洲梦、中国梦与人类梦》(2008年,沈阳)

代序

PREFACE

文化自信：中国崛起的时代依凭与中国传统文化基因[①]

　　文化自信是当代中国的现实形象，它出现在东方，显现于世界，既充溢于中华儿女的心胸，又出现于21世纪的世界。这既是中国30多年来经济社会发展成就积蓄至今的爆发性文化显现，又是中国文化新的形象的现代袒露。中国人正以文化自信的现代形貌出现于国际舞台，举足轻重地处置国际事务，放眼世界大势，发声建言、折冲樽俎，为世界人们瞩目谛听、尊重接纳。

　　一个民族的文化自信，是民族兴盛发达的基本。习近平同志指出：在"四个自信"中，文化自信更重要、更广泛、更厚重、更悠久。文化自信是道路自信、理论自信和制度自信的基底。而且，从本质上说，道路、制度、理论均属于文化范畴，是文化的内涵和表现。因此，我们现在提出文化自信，不是没有缘由的，也不是单纯的文化事项，而是经济社会发展现实的文化表现和源

---

① 原载《工作通讯》（北京）2017年第3期。

远流长文化传统的现代体现。

经过30多年改革开放的实践，中国现在已经成为世界第二大经济体，这是经济发展的成就，同时也是文化的成就。从实质上讲，经济是表现为"经济"的"文化"，文化是表现为"文化"的"经济"。它们犹如一枚钱币的两面。由于改革开放、经济发展，中国全面性走向世界，产品、企业、资金、技术、人才，涌现于世界各个需要处、"竞技场"，参与世界各种事务，具有举足轻重的作用，成为引领世界潮流的主要力量之一。这些方面综合起来，也就是文化的力量和风范。中国在当今世界，不仅具有经济形象，而且显现文化形象。中国改革开放的实践和实现现代化的道路，既是传统文化对于现代性的符合本民族特点和需求的选择，又是由此产生的有别于西方现代化模式的新型模式。中国走出了自己独特的道路，创获了自己的民族模式。这既有民族文化的根底，又有民族文化从传统向现代创造性转化的成就。这一切所构成的现代中国的文化形象，既有现实成就辉煌的自信，又有自身文化基底的自信。这是传统中国文化的自信，也是中国现代文化的自信。

改革开放以来，我们对于本民族历史悠久而优秀的传统文化进行了具有时代精神的反思，对于自"五四"以来至20世纪80年代一个甲子的历史时期的传统文化的起跌浮沉的命运进行了回顾、总结和反思，对于民族复兴的精神支柱的文化，也予以新时代的"时代认同"，兴起了一股吹遍中华大地的文化热；它与改革开放的脚步同行，它同经济与社会的发展比翼齐飞。传统文化得到了批判、否定、总结、否定的否定之后的选择性肯定与发扬。而且，当时，风光一时的所谓"亚洲四小龙"（即中国台湾地区、中国香港地区、韩国和新加坡四个新兴经济区）的儒家文化背景，使我们对于儒家文化与现代化的"正能量关系"有了实证，因而更加强了对传统文化的肯定，并从中取得"现代灵感"。这是文化自信的又一个时代根基。这种文化心态，在最近几年中，由于经济的稳定发展，特别是在世界经济中发挥着举足轻重的作用。这种文化自信，更加提升、更为自觉，也更加进入新的高度和层次。

上述这些方面，就是我们今天文化自信的时代依凭和时代特征。

我们现在所提出和实践着的中国特色社会主义、建成小康社会、建设中国特色现代化模式，以及建设中国特色哲学社会科学、中国特色学术话语等，其特色之独具，其道路、制度、理论，均是以中国文化为其设计与智慧根底，体现了浓厚而深沉的中国文化底气和色彩。它们均是我们文化自信的精神内蕴和实践表现，是在经济与社会发展方面、在社会制度和现代化模式上的文化表现，它们的诸多成就和显现，同时就是文化自信的展现和光辉。

更重要的是，这种文化自信，在人类文化发展面临困顿的深厚而凸显的背景下，更加具有一种风光显现的姿容。人类文化在20—21世纪之交时的"三大反思"的基础上，产生了"三个适度回归"，即在对"现代性"、"无顾忌使用高科技"和"人类最佳生活标准"的反思的基础上，对自然和传统，对人文文化和相对朴素生活的适度回归；在此基础上，人类开始在实践层面上调整文化方向，从放纵高科技，肆无忌惮地向自然开战、索取、榨取以致破坏自然，回归到与自然和谐相处，在保护自然的基础上求得发展，在传统遭到过度否弃以致毁灭的状态下，适度回归传统；并使科技具有人性和人性地使用科技；同时收敛过度消费、损害性感官享受，向适度朴素生活回归。环境保护和建设生态文明，成为人类共识基础上的整体行为。正是在这一人类性文化方向的转换上，中华传统文化精神、价值取向成为最好的文化导向和文化资源。敬畏自然、道法自然、天人合一、文明以止、和为贵、天地人和谐一致等中国文化基因、中国文化精神，成为全人类的共同信任，对出现严重问题的"现代性危机"和"过度现代化"，进行纠偏补罅的"文化药方"，这一中国文化资源，正是当代中国文化自信的民族根源和深厚的文化基底。

自从20世纪80年代的文化热兴起之后，对于传统文化的研究与阐发，一直在进行。而最近几年，更进入一个新的时期，传统文化得到应有和高度的重视、发扬、研究、诠释、运用，焕发了传统文化的新生命。这既是文化自信的表现，又是文化自信的促进力量。其总体趋势就是：在文化自信的基础上对传统文化的"盘点"、"重读"、"新解"和现代诠释与现代化处理。近年来，以时代视角产生的接受美学所说的"期待视野"与"接受屏幕"，学术界特别是文史哲学科的专家学者，对中华文化的源头和原创进行了新时代的梳理和诠释，新子学的提出、新儒学的研讨，对许多过去一律排斥、视为"糟粕"的学说、学理予以清理，剥离误读与曲解以致恶评与否弃，做出新的解说和评估，发掘了传统文化的新蕴涵、新精神、新意境，既增长了对传统文化的新认知，也增强了文化自信。现在，建设中国学术话语、建设中国特色哲学社会科学等，既是学术文化的重大建设，又是文化自信的重要表现。中国学术文化正在走向世界，正在世界发声，并在一定程度上和一些范围内引领世界学术文化的潮流。

当今中国文化的自信，还由于与西方文化的衰落趋势和显现，相互对比下而更显鲜明和突出。自从德国的斯宾格勒在20世纪初以其巨著《西方的没落》唱响"西方文化没落"论以来，一个世纪过去，美国历史主义大师雅克·巴尔赞又于20世纪90年代以《从黎明到衰落——西方文化生活500年，1500年至今》一著，不仅回应了斯宾格勒的"初唱"，而且列举和论证了现代西方文化衰落的现状。近日，奥地利报刊文章更写道："超级大国美国落入坠落轨迹""'大熔炉'已经冷却""美国梦是一个传说""传统美国正在死亡""世俗主义成了美国的国教"。在我国，早些年季羡林先生就曾经提出东西方文化两大体系的关系是"三十年河西，三十年河东"的论断，并且指出：西方文化"已呈强弩之末之势"，并说："西方文化衰竭了以后怎样呢？我的看法是：自有东方文化在。"而挽救之道"就是以东方文化的综合思维模式济西方的分析模式之穷"。他还申说："只有东方文化能拯救人类。"关于这个关乎人类文化发展大趋势的课题，自是仍有许多可以讨论和研究的课题，见仁见智，各有所见。但西方文化的没落大趋势，已经由西方有识之士用厚重著述予以揭橥论证，而且历经100年的研讨和考验，已是不争的事实。正是在这一大背景下，中国文化显示了其纠偏补罅的优势。钱穆所论"开物成务"的外倾型西方文化，历经500年的辉煌，到了衰败末路，而"人文化成"的内倾型中国文化，正可补救其偏至与危机。中国文化正既昂首阔步、又复谦逊谨慎地走向世界。这一人类文化发展大趋势，正是我们文化自信的深层依凭和文化底气。当今世界，"回眸东方""中国文化热"兴起，以研究中国古代文献为主的西方"汉学"，转换为研究当今现实中国的"中国学"，孔子学院遍布全球主要国家和地区，如此等等，均是中国文化自信的外溢和证实。

当然，正如俗话所说"瘦死的骆驼比马大"，"强弩之末"的"弩"还是"弩"，还在进袭。现今以美国为代表的西方文化仍然以咄咄逼人之势，向外推行其文化理念和价值，好莱坞电影的全球推销及其"文化侵袭"便是一个突出例证。但是正如《红楼梦》里说宁荣二府的话：

"尽管外面烟火炽盛，内骨子里的败相却侵上来了"。上述从斯宾格勒到雅克·巴尔赞再到奥地利报刊文章的揭示，已经充分证明了这一点。而这一西方文化的"'外'与'里'的二律背反"的背景，正好相对地显示了中国文化自信的内蕴深沉的基底。

此外，还有一个问题需要探讨，此题至深至广，这里只能权且约略一述。

这种文化自信，还由于和表现在对于自己民族历史悠久的传统文化生生不息的生命力的认知和自信。斯宾格勒在《西方的没落》中曾提出"文化是一个有机生命体"的论断，即每一种文化均有其发生、生长、发展、衰落、死亡的过程。但中国长达几千年的传统文化，却是世界四大文明中，唯一一个未曾断裂的古文化。这"唯一"中的"奥秘"，就在于中国文化能够不断吸取新的文化质素，并勇敢和善于汲取外来文化的营养，从而使文化不断更新、"再生"，不是"凤凰涅槃"，而是"原创文化生命机体对异域文化'制服'、汲取、涵养、更新、再生、复兴"。以汉文化为基底和核心的中华文化，在长期的历史演变中，不断吸收了西北、东北、西南和南方诸多少数民族的文化精华，与汉文化和合熔融，成为一统的"和合文化"。而在各个历史变革时期，又能因势应变，顺应历史潮流与时代需求，对既有文化、原创文化进行梳理、重释，并汲取消融外来文化，予以发展，得以"革新重生"。在先秦文化源流之后，汉有经学，魏晋有玄学，隋唐援佛入儒，宋明理学儒释道融会和合，清代朴学，对理学予以批判总结，"五四"新文化运动，系统接受西方文化，革新传统文化，创获传统文化的新生命。在长时期历史发展过程中，不断在"原创'原意'"的基础上，加入新的解读—诠释和文化质素，获得与时俱进的新的"意义"，从而使文化传统获得新的生机，为完成新的时代使命和历史任务奠基振翅。

现今的中华传统文化正在发挥这样的作用，并给予全民族以充足的文化自信和发展前景。

目录

对文化的一些理解和思索

1. 文化，可以比作中医学说中的经络系统、气血系统和津液系统；它是社会的和民族的经络系统、气血系统和津液系统。因此，它虽然除物质构成部分之外，看不见、摸不着，但是却无处不在、无时不在，其作用也处处存在。

2. 文化是经济的养育系统，它养育整个经济，是它的"命根子"；经济—社会发展的竞赛，说到底是文化的竞赛，是国民文化素质的竞赛。

3. 文化是明天的经济。"今天"投资于教育（正规教育系统和全社会的教育），"明天"就会收到广泛的经济效益。

4. "文化是表现为'文化'的经济；经济是表现为'经济'的文化。"两者是一枚钱币的正反两面，不可分割地构成社会、民族、国家的整体。

5. 一个民族和国家的兴盛发达，需凭文化的发展和繁荣。没有文化的发展和繁荣，虽然能够兴盛于一时，但不能持久，没有后劲，最后会倒退，至少是停滞。

6. 历史上总是文化先进的民族战胜文化落后的民族；即使一时间文化后进的民族战胜了文化先进的民族，但最后，还是文化先进的民族战胜文化后进的民族。辽宁的历史最鲜明地证实了这一历史命题。

这些文化落后的民族，并不是没有防范汉文化的侵袭，没有预防被汉文化同化。但是，人往高处走，水往低处流，他们要进步，要文明化，要过更有文化意趣的生活，就不得不自己去突破防范、冲击禁区，一步步汉化。

7. 文化的功能发挥，文化的作用，是潜移默化的，是细水长流的，是慢慢来的，因而也是悠久的，留下刻印就挥之不去，留在心灵里。

8. 以上所说的民族的新旧更迭，都是农耕文化战胜了渔猎文化和游牧文化。

9. 中国在鸦片战争后的近代的落后和挨打，是农耕文化被工业文化以及科技文化所战胜。

10. 一个民族或国家的改革，都会经历三个阶段，也是逐步深入的三个层次的迭进历程。它们是：器物层改革、制度层改革和文化层改革。近代中国，洋务运动、辛亥革命、五四运动，正表现了改革的三个进程。现代的改革，20世纪80—90年代，是器物层改革和制度层改革。现在已经进到文化层改革的阶段了。

11. 一个人的成长以至一批人才的成长，其历程都是文化选择的过程。即先有一个历史形成的"文化基点"，然后以此为基地，选择他（他们）所接触到的文化，最后按这个"文化基点"的"兴趣"、口味进行选择和接纳，于是有了一定的文化进展。久而久之，形成一种"文化相似块"，以后就按"相似性"原理，逐步吸收相似相近的文化，最后形成固定的、一定性质的或高或低的文化。

12. 现代化不仅是经济与社会的现代化，或者叫"现代性获得"，而且要有文化的现代化和人的现代化。没有这个现代化，是不可能实现经济—社会的现代化的。但是，又不是先有了人的现代化和文化的现代化，然后来实现经济与社会的现代化。实际上，是文化与人的现代化同经济与社会的现代化相裹胁、互动互促、同步进展。但是，许多民族和国家往往是文化的现代化和人的现代化相对滞后，拖经济与社会的现代化的后腿。中国现在正是处于这种状况。

13. 中国自"五四"以来，基本的民族任务就是文化从传统向现代的创造性转换。

这个过程，仍然是我们现在要完成的历史任务。不过，现在人们的"文化觉悟"还是滞后的，从官员到百姓都是如此。这是当前的一个"民族症结"。

14. 当代人类文化发展的趋势是反思现代化、反思科技的负面效应、反思"人类最佳生活方式和幸福指标"，得出现代化对传统破坏过多、否弃过多、批判过头的结论，得出科技战略需要改弦更张，要"使科技具有人性和人性地使用科技"的结论，以及得出人类的最佳生活方式和幸福生活是物质与精神的平衡、文化要在生活中占据要津的位置。

我国当前在文化觉醒方面，有不少地方与此种世界趋势相背，值得深思。

15. 日本的思想家中江兆民在日本明治维新成功、资本主义迅猛发展时，提出"日本没有哲学"，他批评日本当时只知道发展工业、增长出口、增长经济，但不重视文化的发展。他说一个没有哲学的民族，就是浅薄而缺乏深度的民族，经济发展也没有后劲。我们有过"经济繁荣，哲学贫困"的说法。此处哲学可以作为文化的代称。现在，仍然缺乏哲学。人们普遍轻视甚至无视哲学、轻视甚至无视文化。

16. 在现代化过程中，既存在现代化对传统文化的选择，又存在传统文化对现代化的选择。实际上，往往是传统文化首先对现代化进行选择。我国正处于传统文化对现代化进行选择的阶段。这不同于西方的现代化，也不同于日本的现代化。值得注意和深思的是，这种传统文化对现代化的选择，哪些是正确的，哪些是失误的，要分辨清楚。我们现在对这个至关重要的问题，还没有足够注意。有时还走着"西方式现代化"的老路。问题在于，这种选择，导致我们走人家走过的弯路，吃人家吃过的亏。

2011 年 12 月 26 日

文化，全息地潜存于发展的整体中

我们常说，在发展经济的同时，要发展文化，促进社会进步。这是把"文化"单列出来，与经济、社会的发展并举地论说的。这在日常实践中是必要的。但我们又需要明确，事实上，文化是全息地潜存于发展的整体中的。

应该从两个方面来看待文化：一方面，文化作为一个社会存在，是有独立存在方式、独立价值、独立作用的社会实体。比如文化设施、文化机构、文化事业、文化团体和各类文化创造、文化产业等等。因此，我们可以和应该把它单列出来进行论述和安排建设与发展。另一方面，在任何一个经济建设的实体和行为中，都存在文化、需要文化、产生文化；在社会发展和社会进步中，也都存在文化，弥漫着文化，需要文化的动力和作用。可以说，文化好比是经济实体和社会实体中的软件系统，它不仅作为动力存在，而且作为软实力，作为认知指归、行为指导、精神力量而存在，而发挥巨大作用。文化又好像中医理论中所说的人体的经络系统、气血系统、津液系统一样，是社会的看不见、摸不着的这样三个系统。它影响和规定着经济与社会发展的方向、路径和速度，为经济与社会发展的性质、命运把脉、定性、定型；决定人们生活和生存的高下优劣。在这个范围中，文化具有规定人类社会的命运的作用，不可忽视和轻慢它。

在任何经济实体中，都存在文化、需要文化、运用文化，尤其是现在处于知识经济时代、信息时代、高科技时代，文化更从经济与社会的跟跑角色成为领跑力量，成为新的强大的驱动力、新的资本，其弥漫性、普泛性、赋予经济的附加值，都更高、更大、更强。可以说，现在的经济发展、企业发展，谁掌握了知识、掌握了文化，谁就能取得胜利和成功。领导集体的文化素养和文化质地，所有员工的文化装备、文化水准、科技能量，企业的技术装备、高科技含量、文化状况，以及企业文化的形成、质地、性能等，都是蕴含于建设项目、企业之中的"文化潜在质"，规定着它所装备的对象的命运：发展还是退步、盈利还是亏本、市场占有还是市场退却、成功还是失败。

对于经济发展和社会建设中的"文化潜在质"，人们往往是看不到的、忽视的，因此也是轻视的。即使感觉到，也觉得只不过是"可有可无"的东西。在经济与社会发展的规划中，轻视、忽视、鄙视文化的现象比较普遍。就单列的文化项目来说，也常常忽略不计，不放在视野之中。稍好些的，"施舍式"地列个把或几个项目，给一点儿小钱。至于在经济发展中，注意研究、加强、投资于"文化潜在的质"，就更难谈及了。这种状况、这种认识和行为，是不符合科学发展观的。我们应该在规划、涉及、实施经济与社会发展的时候，不仅重视安排"单列的文化项目"，而且重视所有项目中的"文化潜在的质"，使它同步得到发展。把文化纳入经济与社会发展的整体之中，是树立科学发展理念的重要内涵，也是贯彻落实科学发展观的内容。

1989年2月1日

文化与经济①

经济是社会发展的物质基础和支柱，而文化则是其精神基础和支柱。文化弥漫于整个社会，其作用有如中医所说的津液系统、气血系统、经络系统之于人体，看不见，不可少，作用大。

一、文化是经济发展的精神支柱

经济发展有众多条件，基础是生产力。除开生产力中就包含属于"文化"范畴的科学技术不说，文化也是经济的支柱——精神支柱。

我们几十年来社会主义建设成就之取得，端赖马列主义、毛泽东思想、社会主义思想这一精神支柱，思想政治工作即凭依此支柱而发挥作用。

任何民族、国家，欲振兴发达，都必须寻求一种精神支柱。西方资本主义制度之发展与确立，即有赖基督教思想之改革（"宗教改革"）和"企业家精神"之产生。第二次世界大战后，衰败几达谷底之联邦德国，在物质极端匮乏的情况下，毅然拨款出版《歌德全集》，即在唤起和重建民族精神，树立精神支柱。日本则牢固地坚守天皇制度，以延续其民族精神支柱。其20世纪70年代以来之经济起飞，也把神道宗旨掺进了生产经里。新加坡实行的是资本主义，却以中国儒家之"自谦"和

---

① 原载《精神文明建设》1991年第6期。

"一国兴仁"为精神支柱。中国台湾地区有所谓"新儒学"，南朝鲜[1]实行所谓"人的革命"，也都在立其精神支柱，以发展经济。

我们的马克思主义与中国优秀传统文化结合的精神支柱，应是高于所有上述各国家与地区所立的精神支柱的。我们现在的问题在于：① 明确地树立这一精神支柱；② 把它放在战略地位上；③ 把"精神支柱"与"物质生产"有机地结合起来。

这里，首先是领导要重视起来，真正把它放在战略地位上来抓。

二、文化是经济发展的保证与后援

这可以从多方面去透视其作用与效应：① 领导层、干部层的文化构成在战略战术指挥上、发展规划上、方向引导上，起保证与决定作用；② 科学技术人员的文化层次、科技水平、道德素质，在战术、技术、科技应用上，起保证与后援作用；③ 广大职员、工人的文化构成与水准，是基础性保证与后援作用。

现代西方学者已提出：世纪之交经济观念大转移，其中包含"技术反转"，即后起者、落后者可以"抢走"别人发明的新产品加以改良，从而抢走别人的市场。这一"技术反转"，更进一步提高了对劳动者的要求。以前竞争重心在发明新产品，故重点在培养在总人口中名次排在前面的25%的优秀人才，但现在，由于技术反转，重心在改善生产过程，胜负就取决于总劳动力中排在后面的50%那一部分人的教育和训练程度如何了。

我们现在，在两个方面都要抓住这50%劳动力的教育与训练：① 在传统意义上，提高其素质，改善生产过程，这才有高效益；② 在技术反转的意义上，要"超前"培养。

三、文化具有看不见的转化经济效益

这部分经济效益都是隐在的、间接的、曲折的、转化型的。有许多是无价的——无法计价。真理标准讨论对中国思想路线的转变，在经济

---

① 中国与韩国建交前，称韩国为南朝鲜。

上所产生的效益是无价的；以经济建设为中心思想的提出和在实践中的贯彻，其经济效益与效力也是无法计算的。

这类文化范畴的由文化到经济的社会效益不胜枚举。且以辽宁省图书馆为例，具体一瞥：

（1）为沈阳新北站土建工程项目，在施工方法、富锌底漆配方、早强剂配方、苏联建筑行业最新劳动定额材料、半年以上气象预报等七个方面，提供资料、信息，所起作用很大，其经济效益很大。沈阳市第三建筑工程公司给辽宁省图书馆送锦旗，上写："图书情报服务好，北站工程立功劳。"

（2）为沈阳市政工程设计研究院的国家"八五"重点项目——沈阳市轻轨地铁可行性研究，提供了491条国外文献，帮助完成课题。

此外，还为辽宁省科技成果中试开发公司"钕铁硼永磁材料"研制服务、为沈阳市美术厂扭亏为盈服务、为省计量测试技术研究所服务，都取得成效，获得经济效益。据省图书馆核算，1990年通过上述各种服务，根据反馈结果统计，创造间接经济效益（包括实现利税、增收、减少损失等）高达2900万元。

四、"文化是明天的经济"

这已是一个被普遍接受的理论概念。无论是从普及教育、发展高等教育来说，还是从科技发展、培养高精尖人才来说，以及从发展自然科学与社会科学研究来说，都是如此。这种"今日耕耘，明天收获"的道理是很浅显易懂的，而且也是实例很多的。主要是能够下定决心，排除困难，从长远出发，舍得投资。这可以有二三年收效，三五年收效到八年、十年收效以至更长远收效的区别。日本、南朝鲜、德国都有这方面的先例。其投入—产出是高效率、高效益的。

文化是明天的经济①

人类的经济活动，是人的"直接生活"的整体中的一部分，它本身既是一个"广阔天地"，又同人类生活这个广阔天地密不可分地联系在一起。只是我们为了认识、理解和研究的"方便"及划定范畴起见，才把它分成一个独立学科来研究、划出一个独立领域来处理。然而有利必有弊。正是因为这一"划"，就使人们常常产生一种片面性，或者孤立地看待经济问题，或者眼中只有经济而不及其他。这不仅存在一种片面性，而且存在着危险性。

我们应当在注目于经济活动、研究经济事务时，目光四射，及于其他，当然是以经济为重点、为核心，由此及彼。其中，最重要的是，谈经济，不能忽视文化。没有文化的经济，是不能高水平和持久发展的经济。

文化不仅是"今天的经济"，文化尤其是明天的经济。在现代经济活动中，文化因素很多、文化含量很高，而且这将会是一个越来越强化的因素。在经济活动的各个部门，如生产、运输、交换、分配等各个环节和它们的众多部门中，都直接和间接地蕴含着各种文化因素，可以说，没有文化因素，它们就不能存在、不能运行、不能工作。因为，它的功能之具有和发挥，都是建立在文化基因上的。我们由此可以得出几点结论：① 经济活动中包含着众多文化因素，它是经济活动的必备基因；② 文化含量的多少、高低与经济活动的效益成正比；③ 增加经济活动中的文化因素，就是增加经济效益。在这里，文化转化为经济了。

我们还可以按本文论述的需要，而将经济领域中的文化分为四个类别：① 物质文化。这是指凝结为物化形态，体现在厂房建筑、生产工

---

① 原载《辽宁日报》1993年8月5日。

具及一切设备、原材料等物质上面的文化。② 科技文化。即产品设计、生产技术、工艺程序、发明创造、科学研究等等方面所体现的自然科学、技术科学文化，也包括凝结在机器、工具上的自然科学、技术科学的原理、定理、理论、思想等等，还有体现在企业领导、科技人员以至工人身上（头脑中）的各种科学技术文化知识。③ 调适文化。即解决内外人际关系，整合各个集团、群体、个体之间的利益、行为规范、心理性格之间关系的制度文化、人伦文化，属于"行为——心理——习俗"范畴的公关文化，等等。④ 精神文化（狭义）。这是指在经济领域、经济活动中形成的建基于物质、实践层面，经久而集合、结晶、升华于精神层面的文化，包括心态、意识、习惯、作风等等。这四种形态的文化，"弥漫"于整个经济领域，既有硬件系统（包括凝结于物质形态上的文化），又有软件系统，在经济活动及其效益上，既表现为动力、资源，又体现为一种推进器、触媒和润滑剂。可以说，它们既是经济活动赖以存在的基础，又是经济效益得以获取的依靠。只是人们在日常活动中，只见硬件系统的"轰鸣""创造""获利"，而见不到或不去见到那些隐在的、深层的、悠长的文化底蕴的作用。这表现为一种文化觉醒度的不够；但更重要的，也是实质性的，却是对于经济工作的本质的一面、内蕴的力量和活动、运作的基本规律，缺乏深层的、本质的理解和把握。我们现在许多急功近利、竭泽而渔的短期行为的产生，除了其他社会与政治原因之外，这种"经济与文化"觉醒度不够，也是重要的原因之一。

但是，问题的重要性，还远不在于这是一种类似"伤风感冒"式的"日常小病"；而且，更严重的是，这里藏着影响久远的"顽症隐患"。因为前面所述，还只言及文化在经济领域、经济活动中的现时作用，文化对经济的保证和支援意义；但文化表现出的对经济的久远、悠长、深沉的"明天的意义"，更为值得重视。这一点，在现代意义的高科技的、文化含量极高的生产与经济系统中，尤其显得重要。

我们在这里还只是从市场竞争、产品销路、资金积累和扩大再生产的角度来指出文化在经济上的"明天的意义"。我们还可以和应该从文化的意义上来论述这一意义。从"上"到"下"地说：领导人员的合作关系、经营意识、道德修养、领导素质，是否有雄心大志、远谋深算；科技人员对领导、企业的向心力、忠诚、友谊以及由此而来的积极性、创造性；他们的现有素质、水平及其发展提高和对企业发展态势的适应与贡献；广大工人的向心力、凝聚力、文化素质、技术水平及其发展趋向；整个企业这一社群的整体形象、文化性质、类别与状态；企业的管理方针、策略、形态（管理文化）以及经营文化；等等。这远不完备的列举，即已涉及广泛的文化问题，而它们对企业的生存与发展，起着关键的作用。它们的部分或整体的提高，在明天，就是企业的生产力、劳动生产率、经济效益、市场竞争力和发展的整体动力，其作用不亚于劳动力增加、资金投入、设备改善等经济手段，是不言自明和可以想见的，也许是难以用数字来统计的。

人是生产力中最重要、最活跃的决定性因素。但人是用文化来装备的。用什么样的文化来装备和这种装备的水平高低以及其继续发展的潜力大小，决定生产力的水平，决定经济活动的水平和效益。而且，他们还运用一种文化手段和在一种文化环境、文化氛围中来进行生产、从事经济活动。这里涉及众多的文化投入、文化培育和文化杠杆的需求与作用，它决定着企业以至整个经济活动的现时利效与明日功效。一个文盲、半文盲、低文化群体所从事的经济活动及其发展前途，同一个高文化、高科技群体所从事的同类活动及其发展势头，是不能相比的。有钱、有设备、有资源并不就有胜利和明天，只有人们具有高文化装备才有胜利和明天。经济的竞争，说到底是从业人员的文化素质的竞争。

就一个国家来说，就是公民文化素质的竞争。正是这个原因，当今西方发达国家的经济部门、企业或公司，都有相当规模、广集人才、不惜投资的研究机构，它为"明天"服务。资本家决不做亏本生意，"为文化而文化"；他从实利获得中深知文化之远效应、竞争力和后劲，也就是懂得文化是明天的经济。

到此为止，我们还只是局部地、微观地论证了文化是明天的经济。事实上，就一个国家、民族或地区来说，更是如此。第二次世界大战后的两个战败国——德国和日本，20世纪60年代经济从增长到起飞，都是50年代发展教育、科技、文化的结果，得力于这一时期培育了大批科技人才和高素质的劳动者。

从世界史的范围来说，西方近代自然科学、技术科学的突飞猛进的发展，发展了、改塑了文艺复兴和宗教改革以来已经重塑一次的西方文化。其中重要而基本的一条是产生和建立了以"世界之支配"为中心的现代意识结构——现代文化性格，这意识与性格冲毁了由神秘力量解释和支配世界，转到由技术、理性的方法和计算来理解和支配世界，创造生产的发展、经济的增长。这种现代理性，是资本主义发展和西方第一批现代化国家实现现代性转化的关键。这些都从世界史的宏观范围，以"经验事实"，证明了文化是明天的经济。

乔治·格兰特·麦迪克在《人类的起源》中说："为人类进步或需求而利用能量的能力是衡量任何时代、任何种族或民族的文明发展程度的尺度。"这就是说，人类利用能量来从事生产、发展经济、创造幸福的能力高低，是区分、衡量文明发展程度（也就是社会进步程度）的尺度。而利用能量的能力，就是运用科学、技术、人的智慧来创造财富，就是运用文化来发展经济的意思。这是从人改造和利用自然的角度，也就是从最基本的角度来申述文化之为明天的经济的功能、能量和作用力。

也许我们据此可以说，无论是从世界史的和理论的视角，还是从现实和实践的视角来看，文化是明天的经济，都是一个既具理论意义又有实践价值的认知。它应该成为我们今天的理论认识和实践指导。这会发挥重大作用，带来远大而久远的经济效益、健康而深沉的社会效益。让我们重视文化吧！

文化：揭示经济增长的秘密[①]

——再谈文化是明天的经济

我在省报上发表过一篇关于《文化是明天的经济》的文章，主要是从一般意义上，即文化是经济在今天和明天的支援和保障的意义上来谈的，不免"大而化之"。言犹未尽，所以写这篇再次讨论的文章。

---

① 原载《沈阳日报》1994年7月22日。

一、文化："明天的意义"

为什么经济增长，要从非经济领域去寻找秘密？这是因为，经济增长之"果"，最广泛和最根本的是在社会与文化土壤之中生根、开花而结出来的。而社会，作为经济之果生长的土壤，其丰腴还是贫瘠的区别就在于文化土层的厚薄和质量之高低。所以，文化就成为经济增长的内在秘密之所在了。这是从广泛的意义上来说的。如果狭义言之，就更直接地看到文化对经济的根本性作用了。最明显也最直接不过的，就是在经济这个广大的领域中，在它运作的一切过程和一切环节中，都是文化在起作用，都决定于其文化含量之大小和文化层次之高低。而且，在这个范围内，从事活动的每个人的文化层次如何，也是带有根本意义的。一个企业是由高科技（体现于机器、设备、材料等）装备的，其一切从业人员都具有高文化素质，其一切运作过程（包含产供销）都是以高文化为动力的，那么，它的取胜于市场竞争之中，取得高的经济和社会效益是稳操胜券的。

在这个意义上，我们可以推出这样的结论：如果今天在上述各个环节、各个过程和各类人员中，输入高文化之"水"，就不仅会结出"现实经济"之果，而且将可收获"明天的经济"之果。

二、五大文化部类：单力与合力的效应

文化的类别划分可以从不同角度、不同需要、分属于不同学科来进行。这里，根据我们论题的需要，权且分为五大类：① 物质文化——狭义的，指机器、设备、材料等生产的硬件系统；② 精神文化——涉及工厂企业精神领域的文化，可谓软件系统；③ 科技文化——科学、技术系列的文化（可含有①、②两种形态的文化）；④ 调适文化——属于制度、人际关系等方面的文化，是整合各种利益阶层、集团之间关系的文化；⑤ 企业文化——此处指社区、单位、某个集体的独特文化，包含经营思想、管理风格、活动方式、独特作风等等。这五类文化，构成了一个企业、工厂、任一生产与经济系统的总体生产能力、效益水平和发展态势。这五类文化互相结合、渗透、驱动，构成了一个动态的综合整体，发挥一种总体效益和效应，具有"一损俱损，一荣俱荣"的机制。这一文化整体是发展着的，像一个生命体一样，不仅今天"活着"，而且向明天"生长"。它的总体"文化水平"和"活动状态"，决定着明天的经济效应。这就是我们日常谈的"生产后劲"的问题。

再从具体方面来说，这五类文化各有其特征、功能和效应。每一项又都具"明天性"。①、③是硬件系统或更具硬件性，因此在很大程度上是可以"用钱买得"的；至于它的"文化层次"之等级，则决定于技术的先进程度、文化含量的高低，它对"明天的经济"的影响和决定性作用是不言而喻的。"今天的投资，明天的效益"，这一点易为人晓，但这里的"购得"是靠"资金"，而其作用之发挥均赖"文化"，这意义则常为人所忽略或不知。②、④、⑤基本上属软件系统或更具软件性，它们在资金的需求上远不及①、③两项，但是，它们却有两大特性：一是它们投资小、作用大；二是如果它们"软"了，所有硬件都不能发挥作用。现实的例证很多，有的企业经营不善，管理混乱，干群关系紧张，领导班子不和，与人交往（含一切经济活动）作风不正，办事不力，不是有再好的硬件系统也枉然吗？

因此，这五类文化，既要每一项各自发挥其作用，又须形成有机整体，发挥综合效应。果能如此，今日红火、明天昌盛，真可以"试看天下谁能敌"了。

三、文化投入：经济腾飞

常常听人说，现在最紧迫的是"吃饭""挣钱"，文化可顾不上。有人则说文化虽然好，但那是"远水"；更有人说，文化能顶啥。前面所说，已经回答了这个问题。对于前述五类文化中的①、③两项，一般企业家都是重视的，只是他们还不明确，这正是文化。这些硬件之"硬度"更决定于其文化含量之多少和层次之高低。用"电子文化"武装起来的机器设备同用"皮带文化"武装起来的车床比，谁更厉害呢？但人们却常常视而不见，在前面所说的其他三项文化上，如果增加投入，比如增加文化设施、培训职工、教育员工、加大科研队伍等等，都会为经济腾飞出大力，从而收大效，其经济增长之利，远远超过文化投入之消耗。德国汉莎航空公司花几十万马克培训一名驾驶员，教育费用大得惊人，但是，因人员技术过硬而少损失一架飞机，其收益有多大？日本一家公司，为确定最合乎日本人身高的坐便池的高度，而对几万日本男女老少进行实测，调研时间之长、费用之大是惊人的。但是，将来产品的设计是最佳标准，其垄断市场的明天的经济效益，则不知大过这笔投资多少倍。

文化，也许正因为是"远水"，所以，其远效应，其明天的效益，就更为可取、更为重要。这一点，从德国、日本在第二次世界大战后的从复苏到腾飞，以教育为战略重点，以"技术立国"为指归，得到了宏观的、民族规模和历史意义的证明。

四、文化转化为经济

今天的文化，在明天"转化为经济"即产生经济的效应，在科技文化和物质文化层面上的显现，是易为人们所接受的。但一般文化而有这种性质和功能，人们往往不承认、看不到。其实，人是文化装备的，一切物的潜在能力之开发、运用，都不仅决定于人，而且决定于人的文化素质如何。经济的竞争，实质上是人的素质的竞争。人又是社会性的，在企业本身范围内，有小"人际关系"，在企业对外上，在广泛领域中，有大"人际关系"；这便涉及制度文化、调适文化、企业文化等等。我们所说的软件系统，整个是由文化来装备的，是一个文化系统。它的文化性质如何、层次高低、含量多少，都对硬件系统起着至关重要的作用。

西方企业家对于科研机构之重视（不惜工本地大投入），对科技与经济信息之重视（采用先进手段搜集），对智囊人物之尊重与重用（一面使用，一面敬为上宾，当然包括重金聘用），都表现了一种对文化能够转化为经济和这种转化之后的大效益的深刻理解。其实人们对于文化的看重，并不都是一种纯文化性的，而是透见它向经济转化的效能。

经济增长与文化支援保证①

我国当前的迫切而严重的主要问题，自然是经济增长与经济起飞，这是社会主义发展生产力的根本方面。但是，经济增长与经济起飞，绝不是一个单纯的经济问题。所以，现代经济学家在着眼于经济的增长发展时，把眼光投向非经济领域，从环境与人的角度，提出了经济增长和生产力发展的因素、动力和保证的新观点。其中，重要的因素与内涵就是文化支援与文化保证问题。

经济增长的文化支援与文化保证，首先的和直接的是经济增长的文化需求的提出和不断高涨。但是，重要的还不在于明显的、直接意义上的文化支援与保证，而在于文化需求表现。

在另外两个深层的方面，这两个方面不仅不易被人们觉察因而易被忽视或被轻视，而且它的作用力和效应是广泛的、深刻的、持久的；不仅经济起飞需要它，尔后的持续增长更需要它，而且作为整个社会变迁和社会环境框架与文化传统背景下的经济增长，更不能没有这种支援与保证。

一方面，是经济增长对文化传统、对社会环境的冲击和破坏。这是现代化过程中，经济增长与起飞必然发生的现象，也是必须有的前进过程。这是好事，也是进步。没有这种冲击和破坏，也就不会有经济增长和社会进步。冲击就是前进，破坏就是建设，前进和建设就是发展。我国现在发生和经历的正是这种过程的起始阶段。它带来了生气和生机，带来了活力——经济的活力、人的活力、创造的活力、社会的活力。

正是这种对传统文化和社会环境的冲击和破坏，打破了、改变了传统的文化心态，打破了、改变了传统社会的环境，从而引发了观念、理

---

① 原载《辽宁日报》1989年1月5日。

想、信仰、意志、心理的变革，这才有商品经济的发展、经商的积极性与这种才能的增长和社会心理支持，才有工厂的兴建与发展、各种企业的创建和发展，才有企业家阶层的形成和企业家精神的产生，才有适应经济增长和社会变迁的各种社会新生事物的出现。这都是技术、机器设备、资金等"硬件"之外的知识智力、心态和总体文化的"软件"，没有这些支援和保证，经济的增长和起飞是不可能的，也是不能持久的。

另一方面，我们可以称之为"逆向"性的，即文化传统对经济增长的制约和阻挠。解决这种制约和阻挠的消极问题，以推进经济的增长，也是一种重要的文化支援和保证。自然，按照马克思主义的理解，存在决定意识，经济增长和社会变迁发生后的、处于向现代化迈进途中的社会存在，必然会引起一切"软件"的变化。但是，这只是一种自我运动、自行调节的渐进性的进化状态；它还需要一种补充和助力，这就是人为的、主动的、有计划的社会推进和政府、制度的决策与倡导，如在教育、行政管理、社会选择、各种制度和立法等方面的政策、措施与行动，都是一种从排除阻力和制约力量方面表现出来的文化支援与保证。

在社会心理方面表现出来的文化支援与保证，也显得十分重要。党的十一届三中全会前后，在改革方面的不同状况与进展程度，在改革的前期和后来的巨大差异与效应差距，以及地区间在改革和经济发展上的差距，还有一些经济与文化落后地区的改革与经济发展进步较慢、较小，都可以说，在某种意义上，更多和更重要的不是资金、设备、技术等的制约，而是这种文化心态——普遍的文化心态，从领导层、知识层、干部层到广大群众的传统文化心态，起了消极的、迟滞的、阻塞的作用。因此，冲破这种后进状况，首要的还是冲破这种传统文化与社会环境的约束。文化支援与文化保证更大于和急于资金、技术、机器设备等硬件的供给。

我国的改革现在已经进入文化层。这是历史跨度上的深入与提高，也是社会主义发展的深入与提高。中国人的文化心态正在发生巨大而深刻的变化。目前值得引起注意的是，席卷全国、持续几年的文化热，徘徊在高文化层，局限于部分知识分子中，而且大多做比较抽象的、浮泛的、大历史跨度的探讨，更多的是在传统精英文化与符号文化（历史典籍）领域内的探讨，是在中西文化"体"与"用"的关系上的讨论，而对于存在于社会生活、社会心理、社会行为，特别是对社会经济活动、建设实践等"食民间烟火"的大众文化、世俗文化、社区文化接触不多，研究不够。这是文化热与现代化和经济增长的实践、实际状况接触及结合不够的表现。而近年来各地区关于区域文化发展战略的讨论，又多限于文化设施、文化事业的发展规划上，名为"大文化"，实是"中文化"或"文化硬件"的讨论。这两者虽然都关涉到文化支援与保证问题，但是一个太虚，一个太实，都未能正面、直接触及主题。

在社会主义初级阶段，这种文化支援与文化保证，更具有双重的重要意义。因为我们用来发挥支援与保证作用的，正是建设、发展中的社会主义文化。它在发挥作用的过程中，不仅会起到现实性、经济、思想、文化的作用，而且会起到长远的、思想文化作用。这就是建设社会主义精神文明的实际步骤、实际工作，是这个建设的具体过程。同时，特别重要的是，这也就是我们的工业化、现代化的非资本主义方式的保证和社会主义前途的保证。

软件系统：社会发展的内驱力与归宿①

一

社会向前发展，就像一台电子计算机的运行一样，必须有两个系统，即硬件系统和软件系统及它们之间的协调发展。社会发展的根本推动力是生产力，而生产力的基础则是生产工具。从石器到电脑和一切现代高科技生产系统，都可以视为社会发展的硬件系统。没有硬件系统的发展，就不可能有社会的发展，不可能实现现代化。

---

① 原载《理论与实践》1992年第6期。

但是，我们不能不注意到，在社会发展的硬件系统之外，还有一个软件系统的存在。这个软件系统，就是人们的思想和科学、文化知识，全社会性的价值观念、行为准则、道德水平、艺术观念和美学素养等，就是人们对于自然、社会和人自身的发展规律的了解和掌握，并利用这些知识系统来制定、指导、规范社会发展的途径、渠道、方案、方式、方法的能力，以及为了培养这一切而必备的教科文事业和设施。这也就是说，这个软件系统，是我们实现现代化的内在驱动力，是"内劲"，是"心劲"。这个系统的水平、功力、功率如何，同硬件系统的运行功率以至整个社会发展的速度和现代化进程是成正比的。

这里，还要特别指出的是，社会现代化，最终目的是通过现代化来巩固和发展社会主义制度，建立美好的人间乐园。发展社会的硬件系统只是手段，而不是终极目的，不具有终极价值。我们的最高目的是社会的全面发展和人的全面发展。因此，注重社会软件系统的发展，在提高人的物质生活水平的同时，致力于提高人们的精神生活、心理生活水平，这才是我们硬件系统和整个社会发展的归宿：社会制度和人的归宿。

二

在第一批现代化的国家中，在现在正在努力追求现代化目标的第三世界国家中，都产生和出现了所谓"现代化阵痛"的问题。比如，市场上的坑蒙拐骗以及一切非法牟利的商业活动，物质和精神产品的低劣假货的出产甚至泛滥，贪污腐化的盛行肆虐，偷税漏税的普遍存在等。与此相伴行的是，在社会领域中，赌博、卖淫、吸毒、抢劫、团伙犯罪、非法同居、婚姻破裂、家庭离析、人伦疏淡；在社会流动方面，出现从乡村到城市、从南到北、从东到西的大幅度大数量的流动和迁徙，出现今夜贫困儿明朝暴发户，今日为农明日为工同时又经商这样一些社会地位和角色的流动；由此，又引发了人际关系的紧张、世俗化、金钱化，家庭观念的淡化，轻别离重流变，轻信义重金钱，轻实干重虚伪欺骗，轻为国为民为集体、重一切为个人等等思想行为。这样，就引发了精神文化领域里的一系列问题，如拜金主义、个人主义、经商主义、吃喝主义、享乐主义。在道德观念和行为准则方面，金钱和享乐不仅成为重要的甚至全部的内涵，而且被看作具有人生终极价值的意义。于是信念崩溃，道德沦丧，只有一己，没有其他。如此等等，表现为一种个人的和社会的紧张、震颤状态。这种现代化阵痛的发生，根本的原因是社会和人从传统和封闭中走出来了，走向开放和现代生活。旧的一切在群众性的思想行为的浪潮冲击下受到破坏，而新的精神文化秩序和心理平衡还没有建立起来。这里，不能不遗憾地指出，现今社会上，这一切事情都已经发生了。我们也在经历一场现代化阵痛。对此，我们应该看到，一方面，在整体上这是社会前进、发展的表现，它产生了，而且还将生产许多积极的、有益的、有正面效应的东西，表现了和促进着社会的发展，体现为一种现代化进程，因而，我们一定要肯定它、支持它。但是，另一方面，我们又必须看到它的消极效应。我们应该和可以做到的是，减少这种消极现象、消极事物的发生；发生了，便设法抑制、抵制它所产生的影响，促使其消失、灭亡。决不能视而不见或听之任之，而应坚决纠正和惩治。就像妇女分娩的阵痛一样，阵痛一定会发生，但它会带来一个新生儿，同时也带来痛苦和血污，并且存在死亡的威胁。如果处理得当，预防有效，就能减少、避免灾祸的发生。

那么，对待社会现代化阵痛的方法是什么呢？那就是社会软件系统的建设。首先是建设发展教育、科学、文化、艺术事业，这是社会软件系统的实体部分。为此要加大资金投入，加快发展速度，加强发展意识。宁可"忍痛"放慢甚至暂时放弃一些硬件系统的发展，也要加强这些软件系统的发展。其次是展开全社会性的思想、文化、道德的建设，提高全民的科学、文化、思想、道德和审美水平，引导和推动人民过一种健康的、文明的、科学的、现代的和真正艺术的精神生活和心理生活。这两方面建设的加强和开展，虽然会占用一大笔社会投资、社会力量，但却为硬件系统的发展提供了文化和精神的支援与保证，减少了社会的自我消耗、精神靡费和心理震颤，不仅会使经济增长的速度加快、功效提高，而且会引导人民的精神与心理水平提高，从而产生长远的社会效应。这就是物质文明与精神文明一齐发展。这才可以保证在现代化的过程中，加强和发展社会主义制度。在这里，软件系统便表现出一种社会发展的内驱力作用和终极价值与归宿意义。

三

　　现在西方学术界提出了一个疑问，即"现代性是不是出了问题？"这是西方资本主义世界在物质发达而精神憔悴的情况下提出来的问题。这个问题的实质和预设的回答是：在追求现代化的过程中，对传统的破坏是不是过了头？这样一个问题，现在也已经摆在我们面前了。我们的确需要破除传统的许多东西。改革就是对已有的东西进行除旧布新的工作。固守传统，不许越雷池一步，会使社会的生机遭扼杀；然而，把传统一概否定，全部外来或从头来，却又会使自己失去传统，从而丧失自我、丧失发展的基础。因此，如何正确地，在实践中，在理论上，动态地分辨传统与现代化的关系，确定去留的原则和方案，是一件非常重要的工作。当然，同时还要进行认真的、科学的、有见地的、有胆量的，对于西方的、外域的一切事物（包括物质文明的和精神文明的）进行研究分辨，从而确定去取的方针和方法。而且要在吸收引进的过程中，进行过滤、筛选和改塑的工作。这些也都是属于软件系统的工作，而硬件系统是管不了也不管的。这种既继承传统又开放引进的双向选择的工作，尤其是在精神文化领域，在社会发展道路和方向上，产生强大内驱力的极端迫切而重要的工作，也是保证民族化、现代化和具有中国特色的社会主义归宿的重要工作。

　　当然，这方面的工作，同样要投入大量人力、物力、财力，要发展教育、科学、文化、艺术、新闻、出版事业，要培养大批优秀人才。这也要求忍痛割舍某些硬件系统的建设来求长远的效应。

四

　　最后，且以当前发生在文化领域，尤其是在大众文化层和世俗娱乐领域里的状况为例，来略微说明一下社会软件系统建设的迫切性和重要性。现在，在这些领域中，泛滥着一种气势汹汹的潮流，其特点是反传统、反权威、反英雄、反理性、反思想性、反审美，其中有许多东西沿着这样的下滑序列存在和发展：浅薄化—低级化—庸俗化—腐朽化—毒害化。当今有为数众多的人投身在这个文化潮流中，只要感官的刺激，只要片时的欢乐，只要低级庸俗，声音要嘈杂、灯光要暗淡、服装要超短、动作要刺激。声色犬马，男女混杂，纸醉金迷，及时行乐。这里所表现的是一种反主流文化的潮流。它消磨人的意志，引起生活的糜烂，产生社会的震颤，最终既恶化、破坏社会发展的软件系统，又恶化、破坏社会发展的硬件系统。它所引起的贪污腐化现象、社会犯罪现象，它对青少年和广大职工队伍的影响和毒害，是触目惊心的，决不能等闲视之。

这里所提出的具有正反两方面的意义：从反面说，只注重硬件系统的发展而忽视软件系统的建设，造成了社会消极现象，阻碍了社会的发展；从正面说，如果我们加强软件系统的发展建设，就可以减轻、抵制、预防这些消极现象的滋生和蔓延，从而保证硬件系统及整个社会的健康发展，保证具有中国特色的社会主义的实现。因此，我们要把建设、发展社会主义现代化的软件系统的工作和事业，放到迫切的、重要的议事日程上来。

论文化的开放与引进①

我们不仅在经济上要实行开放，要引进先进技术设备，而且在文化上也需要实行同样的政策。这是时代的需要，也是经济开放的需要；是中国传统文化向现代化转变的需要，也是实现社会主义四个现代化的需要。

我国的改革，现在已进入文化层的改革。历史告诉我们，一个民族的改革，一般总是开始于器物层的改革，然后进入制度层的改革，再后必然是迈进文化层的改革。中国近代和现代史，几乎是浓缩了这样一个

---

① 原载《引进》1986年第6期。

改革的历史进程。鸦片战争之后，直到戊戌变法前，从林则徐到洋务运动，基本上都是侧重于器物的引进与利用，直到戊戌变法发动，表明了中国人觉醒的深化，才意识到旧制度必须改革。然而历史的发展遭到挫折，制度层的改革推迟到辛亥革命。此后，历经劫难，到五四运动，中国才进入文化层的改革。从历史的宏观视野来说，我们现在也还是在完成这个文化层改革的任务。为了实现这个任务，就像我们在器物层和制度层改革阶段，曾经从国外借鉴有益的东西一样，在文化层的改革中，我们也需要做同样的工作。

中国的传统文化显然有它的极为优秀的基础和历史的与现实的伟力。这是我们立足于世界之林的根基。但它在许多方面与现代化的要求不相符合。中国文化必须现代化，中国人的文化—心理结构也必须现代化。只有这样才能既作为外力推动，保证现代化的实现，又作为内涵，实现完整的、全面的、深刻的现代化。也就是说，使现代化具有人的保证，具有民族文化和民族文化性格的改变的深度，因而具有改革的和改革成果的稳固性。

目前学术界比较普遍地认为，中国传统文化的第一个落后表现就是它的封闭性。我以为这是不对的。这不符合文化的本性，也不符合中国文化的本性。文化是不可能封闭的，它本身是一个开放系统，中国历史上也有过至少四次与域外文化的大交流与深刻的融会。我们只能说，民族文化政策有开放与封闭之别。我们过去的教训也正在于文化政策上的封闭性。因此，我们今天要特别提出改变政策的封闭性，在经济上对外开放的同时，也实行文化上的开放。

事实上，不这样做也不可能。且不说经济上的开放与引进本身就是一种文化上的开放和引进，仅仅为了经济技术的引进，我们必然会由狭义的物质文化（技术设备、工业器械等）的引进进入智能文化（科学技术的知识、理论、学说）的引进，由此也必然引进相应的文化（经济、文化、法律制度等），引进社会科学、文学艺术的理论、学说、方法等。若不如此，在文化上封闭，经济的开放和引进就不能彻底、不能完善，甚至半途而废了。

"近代世界和中国的历史都表明，拒绝接受外国的先进科学文化，任何国家任何民族要发展进步都是不可能的。闭关自守只能停滞落后。"（《中共中央关于社会主义精神文明建设指导方针的决议》）这个真理对于我们来说，是得到了正反两个方面的证明的。汉唐两代接受外来文化而使中国文化得到辉煌的发展；五四运动后，中国文化向现代化迈出了勇敢而坚定的步伐；近年来，我国由于接受西方科学文化而促进了经济、思想、文化的变化。而清代后期的闭关锁国政策，近几十年的自我封闭，特别是"四人帮"时期极左文化政策，都造成了停滞落后的恶果。这些都是正反两方面的经验和教训。

外国科学文化有几个组成部分，我们可以分别地对待。外国古代文化是人类文化宝藏的可贵的重要组成部分，西方文化更是世界两大文化体系的一个可与我们所属的东方文化体系交流、互汇、互惠的一个异体文化。它们都是我们的思想文化资料、营养，既可引进以丰富我们自己的文化，又可与我们的本土文化相结合而使之发展。近代和现代的西方科学技术文化，是科学化、现代化的文化宝库，是我们迫切需要的，是促进我国经济、政治、思想、文化发展的重要动力和营养，特别是近20年，重要的、突破性的发展和我国经济振兴需要的高技术、现代化事业需要的文化由传统向现代的创造性转化，更加增强了这种迫切性。当代世界各国文化包括发达资本主义国家的文化，同样是我们应该引进和吸收的。其中既有自然科学、技术科学这些属于智能文化范围的宝贵东西，又有社会科学、人文科学方面的有益东西，在哲学、经济学、政治学、社会学、美学、艺术学、史学，特别是新兴学科等方面，都有我们可以学习和借鉴的东西。但在引进和吸收的过程中要持慎重和严谨的态度：对于维护压迫和剥削的资本主义思想体系、文化学说，对于资本主义文化中腐朽、没落、丑恶的东西，应予以抵制、摒弃、批判；对于进步的、传统的和当代的世界文化，我们也应有胆有识、有辨别、有批判地引进接受，有的要进行改造、归化的工作，这才是积极的、有效的、有创造性的。

经济体制改革与坚持马克思主义①

——在沈阳市企业破产倒闭理论与实践讨论会上的发言

我不搞经济研究，这里只想从基础理论方面和文化学的角度，宏观地谈一些不成熟的看法，同大家讨论。

一、关于理论依据问题

我们所说的理论依据，自然是指马克思主义的理论依据。人们在经济体制改革中，常常提出这样两个问题：一个是，"它有理论依据吗？"或者说，"它的理论依据是什么？"另一个是，"它是资本主义的，还是社会主义的？"这样两个相关联的问题的提出，有它的积极意义。这反映了我们的改革必须以马克思主义作理论先导；人们要求以马克思主义理论对改革实践加以论证这种事实，当然是正确的。至于"它是资本主义的，还是社会主义的？"这个问题的提出，则反映了人们坚持社会主义的要求，当然也是好的。

然而，对于任何具体改革实践，无论是实行股份制，还是破产倒闭制度，要想从马克思主义著作中找到现成的答案，是不可能的。因为，一般地说，马克思主义作为一门科学，它的理论原理只是行动的指南，而不是教条。特殊地说，马克思主义是在资本主义发达国家的物质条件下产生的；马克思、恩格斯曾经设想，无产阶级一旦夺取政权，就可以取消商品、货币，实行分发劳动券来实现按劳分配的制度。他们所讲的是高度发达的社会主义，是共产主义的初级阶段。他们曾经设想，社会

---

① 原载《当代经济》1986年第5期，《企业破产问题讨论》（《社会科学辑刊》经济版第46期）。

主义革命，是"法国人开始，德国人继续"。

但是，由于帝国主义出现等条件的改变，实际的历史进程却是"俄国人开始，中国人继续"。而这两个国家都是经济落后的国家，因此，在这里，建设社会主义过程中所遇到的许多具体问题，是马克思、恩格斯创立马克思主义和共产主义学说时，根本不可能提出来的。但是，这并不是说，我们的改革就不能从马克思主义中找到理论依据。我们仍然能够从马克思主义的基本原理中找到理论依据。马克思、恩格斯多次强调指出：人们不能自由选择自己的生产力——这是他们全部历史的基础，因为任何生产力都是一种既得的力量、以往活动的产物。我们自己创造着我们的历史，但是第一，我们是在十分确定的前提和条件下创造的。其中经济的前提和条件归根到底是决定性的。这些可以说都是我们为社会主义生产关系更加适合生产力发展水平而进行经济体制改革的理论依据。因此，无论是租赁制、股份制，还是破产倒闭制度，只要能够提高人们的生产积极性，有利于生产发展，有利于提高生产力，就应该肯定。——当然，对于在改革实践过程中遇到的各种各样的问题，需要具体地认真加以解决。但是，改革的基本方向、基本作用是应该加以肯定的。

另外，马克思、恩格斯在《德意志意识形态》中还说过："每一代一方面在完全改变了的条件下继续从事先辈的活动，另一方面又通过完全改变了的活动来改变旧的条件。"这里又给我们改变现有条件的实践以理论依据。这里存在着一种辩证关系：我们承认既有的生产力水平，只能在它所允许的范围内进行创造历史的活动；但是，人们又不能仅仅满足于此，而要用"完全改变了的活动"来改变固有的条件。我们就是在这种既遵守历史发展规律又具有创造性的活动中，推动社会前进。

至于"资本主义还是社会主义"的问题，我觉得，这个命题本身不够科学，至少是在表述上不科学。因为，事物是复杂的、多元多维的，尤其是经济领域的活动，更难一概而论。当然，有的事情，是可以明显地分出是社会主义的，还是资本主义的；有些事情，却不能简单地判定它的性质。比如租赁制、股份制，我们就不能简单地判定它们的性质。这里有着复杂的情况，有的制度、办法，带有鲜明的、强烈的阶级性质；有的虽然为资产阶级所利用，却未必就是资本主义的，或者其阶级性质并不那么强烈。而且，即使是带有资本主义性质的制度和办法，在社会主义制度下加以运用，还有几方面的情况值得注意。第一，它们是从属于社会主义总体制度的，是在这个社会主义制度体系之中存在的；第二，它们是受国家控制的，受占统治地位的国家所有制制约的；第三，它们必须是为社会主义服务的；第四，它们不会是原封不动地搬用，而是根据社会主义条件、根据具体情况，加以改变了的。这样，其原有的性质就发生了质的变异或部分质变。它的性质因此就不会是单一的、纯粹的，所以也不能给予简单的判定。

但是，更重要的问题还不在于此。前面讲到，无论是俄国还是中国，都是在落后的条件下，紧接着资产阶级性质的革命胜利之后，来进行社会主义革命和社会主义建设的。用列宁的话来讲，是要在以农民为主要群众、存在着广大小农的条件下来建设社会主义。这里的课题是解决一个艰巨的任务：必须以一般共产主义的理论和实践为依据，适应欧洲各国所没有的条件，善于把这种理论和实践运用于主要群众是农民、需要解决的斗争任务不是反对资本而是反对中世纪残余这样的条件。对此，列宁晚期在《论粮食税》《新时代，新形式的旧错误》《十月革命四周年》《政论家短评》《论黄金在目前和社会主义完全胜利后的作用》《论合作制》《论俄国革命》《宁肯少些，但要好些》等重要论著中，也作了重要的阐发。他在《论粮食税》中指出："要一面指导工作，一面向那些有知识的人（专家）和有组织大企业经验的人（资本家）学习。"列宁说："聪明的共产党员也不会怕向资本家学习（不管他是承租企业的大资本家，还是代购代销商人，抑或是办合作社的小资本家等）。"列宁还在《十月革命四周年》中说到，需要经过国家资本主义和社会主义这些过渡阶段。不是直接依靠热情，而是借助于伟大革命所产生的热情，依靠个人兴趣、依靠从个人利益上的关心、依靠经济核算，"走向社会主义"，"同个人利益结合，能够提高生产，我们首先需要和绝对需要的是增加生产"。这些论述虽然都不能对我们的租赁制、股份制以及破产倒闭制度做出现成的答案，但是，在基本理论方面，却给了我们以指导思想和理论依据。

二、破产倒闭制度的建立是改革深入发展的表现

一个民族的兴旺发达，一个社会的改革与发展，溯本求源，都在于

民族文化与心理结构的革新与发展。当然，这种民族文化与心理结构的变革，又是以经济的发展为基础的；是物质条件在人的精神上的反映，是物质基础的精神凝结。日本明治维新的成功，得力于汉学（中国文化）、兰学（荷兰文化）与洋学（西方文化）组成的日本的"合金文化"，和由这种合金文化新"装备"的日本人的新型文化性格。美国多元文化，也构成了美国人特有的富于弹力和抗逆性小的文化性格，并因此才有了独立以来及第二次世界大战以后的发展。一般地说，改革和发展，首先是从器物层开始，也就是吸收、引进先进国家的器具、工具、机械、设备等等。然后，进入制度层的改革和发展。这是很自然的趋势。因为有了先进的生产工业和器皿之后，必然引起各种制度的变革，首先是生产的结构和规章制度的变革，逐渐引起经济制度、政治制度的变革。以后，又进到文化层的变革，就是人的文化—心理结构的变革。"社会存在决定社会意识"，"意识既会随着社会存在的变革而变革，同时，意识的变革与否又会进行或阻碍制度层和器物层的变革。进到文化—心理这一层就是进到了核心层。因为人的思想观念、文化性格不变，其他都难变。人是"中心项"，人是根本。我国的经济在实行开放、搞活政策以来，已经在器物层发生了很大的变革。制度层也发生了深刻的变革。现存，建立破产倒闭制度，使"大锅饭"的最终逃避所也不存在了，因此是制度层变革的一个深刻化表现。而且，由于这一制度的建立，势必还要引起其他方面的配套性的变革，引发制度层一系列的变革；同时，也一定会引起人的思想观念的变化，推动变革向文化层进展。所以，破产法的制定与实施，破产倒闭制度的建立，是对改革起促进作用的，是积极的，是我国改革深入发展的表现。

马克思、恩格斯在《德意志意识形态》中曾经指出："我们仅知道唯一的一门科学，即历史科学。历史可以从两方面来考察，可以把它划分为自然史和人类史。"自然史就是自然科学研究的内容，人类史就是社会科学研究的内容。自然史的发展，有器物的〔即物质文化（狭义的）〕的发展和科学、技术（即智能文化）的发展，这被称为第一类文化；人类史的发展，有制度（即调适文化）的发展和文学、艺术、哲学等〔即精神文化（狭义的）〕的发展，这被称为第二类文化。我国目前的改革，已经由第一类文化的变异、发展、提高，向第二类文化发展。破产法的制定与实施，就属于制度层的调适文化的发展。它对于社会机构、生产单位之间的关系与人际关系，都会引起一系列变化，并且由于这种变化，而引起精神文化和整个第一类文化的变革。从这一角度看，破产倒闭制度的建立，既是改革深入发展的表现，又一定会推动改革向更具有实质性意义的方向前进。

对破产法的种种议论和不理解，往往与我们的传统观念有关。我国长期以来是一个封建社会，小生产是汪洋大海。我国长期封建社会的一个特点是等级制度，是所谓"身份社会"。在社会生活中，名分占有很重要地位，而且伦理大于法。所以，我国传统法律又被称为"伦理法律"。在社会主义条件下，这种"伦理法律"观念仍然残存着，成为一个"观念包袱"。对破产法也有人说："让人家破产，这不是缺德吗？"殊不知，破产是一个经济领域的问题，不是一个道德问题。一个企业连年亏损、债台高筑、业不抵债，破产倒闭是一个既成事实，是经济活动失败的必然结果。它不是谁把意志强加于谁的问题。而且，即使从道德观点来看，一家破产，偿还"百家"之债，使众多债权人的利益得到保护，也应该说是符合道德原则的。

三、关于这次讨论会的意义和作用

这次讨论会的特点是理论与实际相结合，理论工作者、研究工作者同实际工作者、企业领导者在一起讨论问题，这是理论与实践相结合的一种具体的形式。

我国正处在一个伟大的实践的时代，这就是建设有中国特色的社会主义；我国也处在一个伟大的理论时代，这就是要把马克思主义、共产主义理想，同本身条件、同中国的具体条件相结合，并且在实践过程中发展马克思主义，把共产主义理想具体化。在这样的伟大的时代里，对于在各个领域里活动的人们，都提出了这样的要求：不但需要热情，而且需要冷静；不但需要实践，而且需要理论；不但需要实干，而且需要思考；不但需要技术智能，而且需要抽象思维；既需要强烈的民族感情，又需要广阔的世界意识；既需要历史感，又需要时代感；既需要继承传统，又需要现代观念。这是一个需要全面发展的人的时代。马克思和恩格斯从来都把"人的全面发展"同人的自由解放相联系。他们认为，自由是认识了的必然，人必须从分工造成的片面性（他们有时候使用"奴役"这个词）中解放出来。我们现在事实上正在实践中完成着人的自由解放和全面发展的伟大工程。其中，我想特别提出的是：理论研究工作者和实际工作者的各自向对方靠拢、学习、发展的问题。我们的理论研究工作者非常需要深入实际、了解实际，他们应该成为从事理论研究的实际工作者；我们的实际工作者，则需要学习理论、掌握理论。他们理应成为实践着的理论家。理论与实际相结合的讨论会，在这方面是能够取得有益结果的。我以为这就是这次讨论会超出它本身的作用和意义的地方。

我们的讨论会还有一个超越它本身的一般性意义。这就是启示和引导我们去进一步思考理论问题，进行大胆的探索。马克思在《〈黑格尔法哲学批判〉导言》中说过："理论在一个国家实现的程度，总是决定于理论满足这个国家的需要的程度。"理论越是能满足现实的需要，便越是能在现实中得到实现。在我国当前，理论最重要的就是满足改革的需要。为了做到这一点，我们需要把理论同实践结合，并且使理论在实践中得到发展，特别是，要使抽象上升到具体。从抽象到具体的上升同样是认识上的飞跃，而我们过去却忽视了这个飞跃。

在前面提到的马克思的文章中还说道："光是思想力求成为现实是不够的，现实本身应当力求趋向思想。"这就是说，既要使思想理论在实践中成为现实，也要使现实向思想理论前进，在实践中进行理论思维活动，提炼出思想、观点和理论。

笔者附记：我在企业破产倒闭的理论与实践讨论会上，作了一个简短的发言。会后，上海《民主与法制》杂志和工人日报记者，均认为探讨问题的角度和某些观点尚有可取之处，希望我就此写成文章。后来，《当代经济》杂志的编辑也要我将发言稿整理发表。我本犹豫，但为了答谢他们的鼓励，同时，为了订正某些错误，诸如有的会议简介材料和记录将我发言中的"文化性格"一语误植为"农民性格"等，我便同意将发言整理成文发表。内容与观点均无改动，只是对有些阐述做了删节或简化。另外，我曾准备了一个闭幕词，谈到此次讨论会的理论与实践的意义，同发言的旨意相关联，现亦一并发表（即本文第三节）。

关于中国文化的札记①

笔者题记：这里几则关于中国文化的札记，是在读书时记下的一些零星感想。那时，随读随记，所谓"感想"，为所读篇章的内容所引发，而所发的感想却有离开原旨而说开去的意思，这样，就具有了它的独立价值。当时所写之感想，并无系统，归纳一下，大体内容有三：① 关于中国文化问题的；② 关于中国文化在海外之传播、接受与改塑的；③ 关于一般文化问题和文化的传播、跨文化传通问题的。此外，还有一些驳杂的议论和感想。现在将有关第一项问题的札记集拢，大体成一系统，也有我的一贯的意见贯彻其中，故选取几段以一篇文章的形式，贡献于读者，以求教正。

一、中国文化的多元起源与多元构造

中国文化之起源是多元的，但这一多元化的源头，却又逐渐交流、聚集、汇合，特别是溶融化合而成一个总体，而成泱泱大国之辉煌文化总体，即中华文化。这里，有几点可以一说。

第一，中国土地之广大、幅员之辽阔，虽然算不上世界第一，但与"第一"相比，相差无多，然而却又有不大同于它们的特点和优点；中国民族之多可称世界之冠，但也有不同于其他多民族大国的特点和优点。前者，表现为辽阔国土联成一体，结构完整而变化繁复，差别甚大却又有基本认同者。而且，这种国土规模形成较早。正如柳诒徵所说："世界大国，固有总计其所统辖之面积广大于中国者，然若英之合五洲属地，华离庞杂号称大国者，固与中国之整齐联属，纯然为一片土地者

---

① 原载《社会科学辑刊》1997年第6期。

不同。即以美洲之合众国较之中国，其形势亦复不侔。合众国之东西道里已逊于我，其南北之距离则尤不逮。南北距离既远，气候因以迥殊。其温度，自华氏表平均七十九度以至三十六度，相差至四十余度。其栖息于此同一主权下之土地之民族，一切性质习惯，自亦因之大相悬绝。然试合黑龙江北境之人与广东南境之人于一堂，而叩其国籍，固皆自承为中国之人而无所歧视也。且此等广袤国境，固由汉、唐、元、明、清累朝开拓以致此盛。然自《尧典》《禹贡》以来，其所称领有之境域，已不减于今之半数。"①

事实上，柳氏当年所谈之英联邦，现已不复存在，其国土幅员已不能再称"日不落国"了；而昔日之苏联亦已解体。

中国之国土及民族之多样而统一、相殊而整合，**其根本原因，就在文化，在文化之核心、基础一致而能融会一体**，以之装备各族人民、各区域居民，达到基本的认同。这是中国文化的特点，也是优点，同时也是中国文化的力量之所在。这里有两点必须指出：一是这种力量是文化之特质所决定的，即这种文化之为"人文化成"型而非如欧西文化之为"开物成务"型（钱穆），为"连续性形态"而非如欧西文化之为"破张性形态"（张光直），因而是强调天人感应、天人合一、有机化成的，是强调天时、地利、人和合而为一体而以人和为核心的，它具有凝聚力、向心力，因此被称为"和合文化"；二是这种文化之形成过程就是凭借这种文化特质，在如此形成的过程中又发挥了这一特质。即在发展中"和合"，而在"和合"中又发展了文化的"和合"特征。

第二，与前述相联系而且既为其因又为其果的是，中国文化在多元起源的基础上，向前向上发展时，不是平行、平衡地行进，而是**交叉、分主次、形成枝干而一体地发展**。许倬云称之为"**中国文化道路系统**"，他说："中国的道路系统，经过数千年的演变，将中国整合为一个整体。"他详细阐释这种由多元演变为一整体的过程，指出犹如树枝之交叉生长而形成网络："在空间的平面上，中国的各个部分，由若干中心区，放射为树枝形的连线，树枝的枝柯，又因接触日益频繁，编织为一个有纲有目的网络体系。"②这种文化的网络体系，从中国的东南西北

---

① 柳诒徵：《中国文化史》（上册），中国大百科全书出版社，1988，第2页。

② 许倬云：《中国文化与世界》，贵州人民出版社，1991，第1页。

起，初如星火燎原，有几个文化起源点，点燃了文化的星火，以后各自发展、延伸，又相遇、交叉、结合、融会，而成枝柯、成躯干，最后以黄河、长江为依托，以中原文化和荆楚文化为基础，结合而成汉族文化，而形成总躯干、总核心，融其他枝柯、支脉而成中华文化之总汇、总体。在这个过程中，一方面，表现和发挥了文化自身的**化成性、连续性、和合性**的作用；另一方面，又在这一文化的行进过程中，更加增长了、发展了这种文化的化成性、连续性与和合性。

当然，表现为结果和所得的成就是，由于这两个一而二、二而一的过程的作用，最后表现为**总汇和总体性的文化形态，也就是化成性、连续性、和合性的了**。

第三，在中国文化最初的成熟阶段和后来的发展高峰期，所形成的三大文化流脉，即儒、道、释（佛）三家，即三大"单元"、三大"干道"（用许倬云的"文化道路"之比）也是**多元的**，它们都汇进了**中国文化总体**，形成了**主流文化、主流意识形态的构成因素**。在中华民族成员的血液中，不只流着孔子的、儒家的思想文化血液，也不只流着老子的、道家的思想文化血液，自然也不仅流着释迦牟尼的、佛家的思想文化血液，而是不管其所属的、信奉的是儒、是道、是佛，在血液中，统统流淌着三家的血液因子，只是成分之多少有别而已。

这种多元是在原始文化基础上的发展、成熟，是在成熟阶段的多元和在成熟阶段的多元合一、多元统一。这也是中华文化的特点和优点。

我们不能一谈中国文化，就是"儒家文化"，在二者之间画等号。自然也不能在它与道家和佛教之间画等号。这一点，在中华文化的早期向朝鲜半岛和越海向日本列岛传播时就已表现出来了。那时，是由中国人把中国文化的三种因子、三大躯干，即儒、道、释都传播过去了的，而无论哪一家之外播，都是以"中华文化——儒家""中华文化——道家""中华文化——佛家"之形态传播过去的，而不是儒、道、释单体地、独自地、孤立地传播过去的。这反过来证明了**三位一体而各有相对独立性**。

第四，许倬云用一句俗语，很风趣地谈到一种文化的性格是"**三岁看到老一半**"，也就是说，一种文化在一种特定环境和其他条件下，既经形成后，便有了某种基因，用许先生的话说是"发展的基准线"，而后，它的发展就不大能脱离这一基准线。中国文化更是如此。自从它获得了、形成了它的基准线之后，就未曾在根本精神上脱离过它。这个基准线，就是以儒、道、释三位一体而以儒为主道的结构形态构成的中华文化精神。当这个总体的、基本的文化精神形成时，是已经达到很高水平、很高文化梯级和很成熟的阶段和形态的，因此更难脱离原有的基准线。

我们从中华文化早期向朝鲜半岛和日本列岛的传播就可以看到这一点。当时，它的总体文化精神之显赫、突出、独具特色和成熟之高度以及文化梯级之高度，都堪称世界之最，所以才那样地具有扩散力、吸引力、影响力，那样迅速、全面系统、规模宏伟地向东传播，过鸭绿江、越海洋，然后又是那样地迅即在朝鲜半岛和日本列岛上生根、发芽、开花，而且促进了当地文化的跃进。

中华文化至今仍保存着这种高度发达、高度成熟和高度独特性。

第五，梁启超在《中国史叙论》中曾经指出：中国自黄帝到秦统一这个时期，是"上世史"，这时期的中国"是为中国之中国"；自秦统一到清代乾隆之末，是"中世史"，这时期的中国"是为亚洲之中国"；而从清乾隆时代到"今日"即他写此文时的20世纪初，是"近世史"，这时期的中国"是为世界之中国"。这种分期自有其一定道理，也说明了一定问题，虽然细究之仍有可讨论处。我在这里，只想借取这一界说，来发一点感想。其一是，从该书所叙史实来看，在秦之世，中国基本上确是还处于"中国之中国"时期，主要如梁氏所云，还是"汉族自经营其内部之事"。但是，我们也看到，这还只是就其基本状态来说。如果全体说来，中国此时已经走向东亚邻国朝鲜与日本了。走向朝鲜半岛、播文化之芳馨于邻邦，这一点见于中朝两国之历史，且有文物发掘作为明证。至于日本，虽然"徐福渡海止住岛上"之传说尚待更有力的实证，但当时中华文化已经渡海登陆且发生了影响，推动了岛上原始文化之发展，却是没有疑问的。据此，可以说，秦时文化之明月，已照到东邻二邦了，中国已经走向东亚，正开始其"亚洲之中国"时期的事业了。

说到世界之中国，今天是特别值得称道的时代。这里仅就文化而言。中国古典文化、中国之具有特色的文化精神，包括儒、道、释，都在西方越来越引起重视，西方的"开物成务"文化、理性文化越来越感到需要中国文化精神的补益纠偏，所谓人文化成、伦理文化、儒家之重人伦、道家之法自然、禅之清静无为，都使西方文化感到一种救弊除害之力。

第六，我们看到，在中国还处在"中国之中国"时期，或说开始走出国门，走向东亚并越过海洋时，就具有磅礴之力，其开放性，其辐射力和影响力，都是超等的，令人惊异的。我们再一次引用俗语："三岁看到老一半""靡不有初，鲜克有终"，而既有始，则其"终"，即从"三岁"时所能看到的"老年时"的一半，也应该是不会脱离其基准线的。

因此，关于中国文化的保守性、封闭性等说法，需要加以考虑和分析。至少不能说这是中国文化素有的因子。因为，"它从小可不是这个样子的"。

其实，究其实质，倒是统治者的政策，有开放、开通或封闭、保守之分。我们亲受其害之"文化大革命"时期，其疯狂的封闭、无知的保守和可鄙可笑的狭隘傲狂，哪一样不是统治者"四人帮"的秉性，而并非中国文化的秉性？

写至此，我不禁又一次想起梅尼克在《德国的浩劫》中提出的两个历史哲学的命题，也是问题：① 一个民族的文化中的"恶魔因素"问题；② 一个民族的文化中的"原始黑暗基础"问题。梅尼克的回答表现了一位历史学大师的史识的穿透力和思维的辩证性。他指出："恶魔因素"也好，"原始黑暗基础"也好，都并非原生的、凝固的、独立存在的，而是要看环境、时代条件和如何应用，才能确定其作用、效应和性质的。也就是说，随着上述条件的不同，好的可以成为坏的或起坏的作用与效应；相反亦然。这就像海涅所说的："我种下的是龙种，收获的却是跳蚤。"相反，有时种下的是跳蚤，也会收获龙种。梅尼克举出黑格尔的一个命题即"强权国家的思想"，它在黑格尔那里是合理的，然而，"却在希特勒的身上体现了它的最恶劣的和最致命的应用高峰"，因而变成了恶魔因素。还有，那种对知识的"引向繁复的技术分工的片面训练"，导致了"非理性的灵魂冲动"，结果出现了许多纳粹领袖那样的技术专家，因而成为"原始黑暗基础"。这就是一种"恶魔方式的应用"①。

---

① 此段中引文参阅梅尼克：《德国的浩劫》，生活·读书·新知三联书店，1991年版。

关于中国文化，我们也可以这样来说。没有什么是文化中固有的、凝固的、原生的"恶魔因素"或"原始黑暗基础"，只在人们如何运用文化，即用什么样的"文化项目""文化因子"，用去"做什么"即为了什么目的而用，用去对什么起作用，拟起什么作用，又是如何具体使用的。这种活动的、流变的过程，**涉及主体、客体两方，涉及过程、方式、方法等实施的、操作的层面**，涉及周围的各种事物。只有将这些一一分析清楚，才能确认和确证什么文化"项目""因子"，在什么时期、在什么条件下、对什么人和事发生了什么作用，从而成为"黑暗基础"或"恶魔因素"。抛开这些因素、条件不论，抽象地、形而上学地去论定文化的这两项、两个方面的问题是不科学、不符合实际的。

我们应当这样来对待、认识传统文化，而现在却有许多分析、看法、论证是舍这些条件不顾而去论证文化之性质与作用的。无论是赞之、捧之，还是咒之、批之，都不能说是科学的态度和方法。

二、东亚文化圈：昔日之辉煌，今日之荣光

东亚文化圈，具有悠长历史的辉煌记录，直到近代才渐渐失去了它的光芒。这一东方文化圈，以中国文化为母体和母题，朝鲜文化、日本文化、越南文化已各有自己的共性中的特性和特异光彩，为人类文化的发展做出了自己的无可替代的贡献。这一文化圈，以两项文化母题和文化因素为突出的特征，这就是**汉字文化和儒文化**。汉字以特有的象形的、表意的符号体系与其他文字相区别，而具备自己的特异与特长的文化功能。儒文化不单纯是孔学，而是融进道家文化和佛教文化而以儒文化为核心和主体的三合一的文化。它们在古代曾经长期发挥作用，促成了"千年繁荣"，使这一文化圈中各个民族和国家的物质文明和精神文明取得了高度的发展。不过，在最近一二百年中衰落、式微了。于是，人们得出一个结论，或者说形成一种印象，认为儒文化精神已经过时了，它不适应现代科技的发展，不适应现代工业—商业的发展，也不适应资本主义的发展。人们对之持批判的态度，包括中国的五四运动那样的全民族性的、全面系统的批判在内，也包括日本明治维新那样的民族革新运动在内。中国在五四运动中，举起了"打倒孔家店"的旗帜，制定了批孔、批儒的纲领；日本则提出和实施了"脱亚入欧"和"文明开

化"的口号和政策。两者的锋芒所向，都是以儒学为根基的传统文化。这两个运动和改革都带来了民族的发展与进步，带来了现代化运动，其成就是很显著的。尤其是日本，成为东亚首屈一指的经济发达的国家，其文化上的发展也是令人刮目的。这更进一步增强了人们的印象，似乎马克斯·韦伯那种具代表性的关于儒家文化精神不利于资本主义的发展和工商业的发达的论证，是完全正确的。

　　然而，**新的历史事实却给人以一种新的印象和新的思索，启示人们去得出新的结论**。这就是中国香港、中国台湾、韩国和新加坡所谓"亚洲四小龙"即四个新兴工业区的令世界瞩目的巨大成就。人们注意到，它们恰恰都与儒文化关系密切，渊源甚深。前面"亚洲三小龙"本就是东亚文化圈成员，香港、台湾更属于中国；新加坡也与中华文化、汉字文化有重要的、密切的关系，如果不是从区域之划分着眼，而以居民数量来观察，在这里生活的数量巨大的居民是以汉文化为其根源的华人和华裔，他们保存了大量的汉文化。他们作为文化群体，可以算作属于东亚文化圈。这便引起了人们对于儒文化重新评价的兴趣和要求。有的论者认为，儒文化是并不与现代化矛盾的，是完全适应工业化之需要的。事情是否果真如此呢？不错，这四个新兴工业区，都属于东亚文化圈或部分属于东亚文化圈。前者为中国台湾、中国香港、韩国，后者为新加坡，而台湾、香港本身就是中国的领土，有着自然的儒家文化根基；韩国在南北分立之后的几十年间，保留儒文化较之北部更为突出；新加坡的华人华裔中保留的中国传统文化，在某些领域较之中国自身居民的还要多。但是，这是否就可以说"亚洲四小龙"就是凭儒学起家的呢？是否就可以说儒学是完全适合工业发展和现代化进程需要的呢？

　　事实上，无论是中国台湾、香港地区，还是韩国与新加坡两国，在第二次世界大战之后，对以美国为代表的西方文化，都进行了大量的输入，尤其是科技文化、现代工业生产、企业管理和商业营运等的文化蕴含的输入，都是西方文化体系的、工业文化体系的、充满西方文化精神的。它们的大量输入，形成了一股强大的文化力量，占领了大量文化领域，而且已经同社会的统治阶层、统治力量结合，因而潜入和占领了主流文化的位置，在经济与社会发展中发挥了重要作用。这种情况之发生，一方面是这些地区的经济发展所带来的必然结果；另一方面，又成为经济发展的动力。这就**打破了儒家文化大一统的格局**，纵不是平分秋色，也是各自在不同领域具有不同的高下优劣的地位。同时，还不能不看到，两种类型的文化，同处于一个社会肌体之内，装备着同一个社区的人群并为其共享，就势必发生"**同体（社会肌体和人类个体）相渗**"**的现象和作用**，从而发生儒家文化中渗入、融进了现代文化、西方文化、科技文化的现象；同样的情形也发生在进入这些地区的西方文化之中。这样，这些地区的文化就已经不是单纯的儒家文化了。

这种情况，不仅没有证明儒家文化可以不经改变、不经适应过程、单纯自身发挥作用就可以适合现代化的需要，适应现代化工业发展的需要；而是恰好证明了儒家**文化必须经过适应性改变，从内涵到形态都要有一番改变，才能适合形势的需要**。当然，这反过来也证明了儒学是不可抛弃、不必抛弃的，它不是如马克斯·韦伯所说，完全、根本地不适应工业化、现代化需要，而是可以一方面吸收新的、异体的文化因素，改变自身的内涵与形态，一方面又与外来的、新的、异域异体的文化相合相融，组成新的"文化共同体"，为社会与经济的发展、社会的现代化服务，起到动力、推力、基础力的作用。

这里，我们还必须补充说明，在这四个地区和国家中，台湾被资本主义的、东亚工业最发达的日本统治了半个世纪，在第二次世界大战后又同日本一直保持着密切的经济与政治关系；香港则一直在老牌的资本主义和工业化国家英国的统治之下，它还是一个国际化、商业化的岛屿和港口结合的地区；新加坡也是长期处于英国的管辖之下的一个海禁敞开的国家，这些也都使它们不可能保持一个封闭的、古老的、传统的儒家文化，而获得经济与社会的发展，创造现代的经济奇迹。

韩国学者黄秉泰在《儒学与现代化》一书中指出：儒学是中、日、韩三国的共同思想财富，然而在这三个国家中，**儒学都未能产生导向现代化的精神动力和取向**。这自然是对的。从儒学的总体精神和价值取向中，从儒学的学术品格中，的确是不可能产生导向现代化的思想上的动力和技术上的支援的。不过，又正如黄秉泰所指出的那样，当西方现代化浪潮袭来时，接受挑战的三国儒学都不得不做出回应。黄秉泰对三国不同的回应是这样分析的：中国在20世纪初还未能抛弃儒学的传统主义包袱，以后，通过共产主义革命，才得以弃儒学传统而迈上现代化的道路。日本则大不相同，它的儒学传统通过**改变自身**而积极地适应了时代的变革。韩国在成为新兴工业区以前，"深深地迷恋于传统学说和思想的符咒，以至于在国家从现实主义的冰冷阵雨中觉醒之前已被日本吞并了"①。当然，在觉醒之后，在以教育为战略举措而开始向现代化进军时，韩国的儒学自然也是做了适应性变革的。如果原封不动，显然就不会有进入"亚洲四小龙"之列的荣幸了。

至于中国在五四运动之后，在"打倒孔家店"的狂浪巨涛的冲击之后，儒学固然未曾做到像日本那样的适应性变革，但终究发生了很大的变化，科学与民主之风曾经炽盛，在国家生活中产生了很大的作用。中华人民共和国建立以来的几十年中，儒学一直处于被批判的地位，但是，受到的"政治审判"盖过真正的文化批判，所以虽被改变了、抛弃了，但真正是阴魂不散，积极的作用未能很好地发挥，而消极的作用却暗地里或公开地作祟。

因此，结论只能是：①儒家文化不可能原封不动地以古老传统的方式适应工业化、现代化的需要。②但是，儒家文化又是可以做到这一点的，甚至在某些方面，它有优于西方文化之处。③不过，第一，需要有新的工业文化、科技文化、商业文化，由西方文化来补充、合作、互渗互融；第二，儒家文化需要做现代改造与现代处理——现代解读和诠释。④同时，在这里，我们还要补充一点，在西方发达国家进入后工业文化、后现代文化的时代，由于人类文化的重构和转型，由于现代性反思，人们在这一过程中发现了中国文化——东方文化——之中含有补现代文化之罅、纠现代文化之偏、救现代文化之急的内涵，主要是其文化精神、观念世界的内涵受到重视或引起研究的兴趣。这也是西方文化发展到极致之时所产生的"回首东方"的一种文化现象。当然，这里受到注目的又不是"单纯的儒学"，而是自古以来就存在的儒道释"三合一"而以儒学为基核的中国文化。

这一切，历史的和现实的事实启迪我们思考，在中国目前全力奔赴现代化目标之时，如何对待传统文化、西方文化、文化的现代化和人们精神世界的建设等问题，总题目就是如何实现中国文化从传统向现代的转化。

① 陆象淦：《审慎对待儒学——〈儒学与现代化〉小介》，《人民日报》1995年5月15日。

三、昔日文化辉煌引起的思索

唐代，中国文化进入民族文化的第一个顶峰，升腾为世界文化的高峰，并且是在其他古文明已开始出现衰敝之象的时期。盛唐文化的光焰，越海映照了日本列岛，促成了那里文化的质的变化、划时代的变革，走向发展和成熟，以中国文化为母体和母题，形成了东亚文化圈与汉字文化圈；其光辉也越过大漠高山、越过西域关山，映照西亚，直抵欧西，到达地中海域。回顾这种昔日的辉煌，对照近世的落后，现在仍处于发展中国家行列的位置，不能不引起我们的几重思索。

落后的"序列"似可排列为：生产的落后→经济的落后→文化的落后→综合国力的落后。托马斯·哈定等在著作《文化与进步》中，将文化的构成分为三个系统，即技术系统、社会系统和观念系统，并认为三者的层次序列为：技术层为基础，观念层最高，而社会层则居中①。按照这一论点分析，我们前列"落后序列"中，首先是技术系统也就是基础系统落后了，所以引动、导致了社会系统和观念系统的总体落后。确实，我国在清代后期就居于落后地位，更逐渐沦为挨打的弱国地位，所谓"人为刀俎，我为鱼肉"，而究其因，正是生产落后和技术落后。

然而，历史昭示我们，我国向来是"技术领先"的国家，是曾经以丝、瓷、青铜、铁器以及许多先进技术，启发、帮助、推动过其他民族、地区、国家发展经济、提高文化的文化大国、技术大国，特别是四大发明之创造并输出，推动了人类文明的发展，对全世界做出了伟大贡献。怎么后来竟落后了呢？怎么就后来者居上，西方学生走到了东方先生的前面去了呢？其中的原因何在、教训何在？究其根本，对于我们今天有何启示？

关于中国古代的技术先进、发明领先而后来落后的原因，李约瑟有一个解释，就是"虽然技术先进，但是在科学理论上却不发达"。这一点，应该说是正确的，可以接受的。我们先进的生产、工艺技术，确实是一方面缺乏深厚的理论基础，另一方面也缺乏理论的总结。我们在属于科技理论方面的著作，最卓著者也就只有《齐民要术》《梦溪笔谈》

---

① 托马斯·哈定：《文化与进步》，浙江人民出版社，1987，第37-38页。

《农政全书》《徐霞客游记》等数十部，而且它们也大多是笔记性、片段性、纪实性，虽然蕴含着闪光的思想、杰出的见解、重大的发现，但是都缺乏体系性的、条分缕析、逻辑论证式的论述，倒是均有很强的文学性，此点胜于西方之同类著述。日本的薮内清在其所著《中国·科学·文明》一书中，对此又做了更详尽的发挥和论述。首先指出，"中国文明的成就几乎全都是中国人独自创造的"。但他提出，科学史家认为，欧洲发达的近代科学是从中世纪的**学者传统和工匠传统相结合**的条件下产生和发展起来的，甚至于在今天科学（由学者传统产生）和技术（由工匠传统产生）也还是基本上结合为一体的。薮内清指出：这是因为"技术的高度发展必须有高深的科学理论的支持才能得以实现"。他说，如果将中国的历史状况同欧洲近代科学的发生做比较研究，那么，"可以说在中国文明中，工匠的传统比较强，而学者的传统比较弱"。这是符合历史事实的。"在欧洲，有以柏拉图、亚里士多德、阿基米德、托勒密等人为代表的科学传统，然而中国的学者们呢，可以说几乎所有人都倾心于儒教，很少有人去成立体系的科学理论。"[1]所有这些论述都是对的，符合中国的实际。这可以说，在基本的一条上，论证了中国之所以技术先进、科学理论滞后，以致在近代不能产生先进的科学技术以支撑生产的提高、经济的发展的原因。

当然，这绝不是唯一的原因。作为基础的技术系统，定然受到社会系统和观念系统的影响。我们还可以从这两方面来追溯探究。显然，在社会系统方面，我们的传统是不利于技术的发展的。这有几方面的表现。首先是政治制度和教育制度方面，我们重的是礼、乐、御、射而没有技，我们取仕任贤以儒学为唯一标准，社会阶层号称士农工商，而"工"者，指手工业也，对技术也是不看重的。学者系统是以儒学为宗而轻视技术，而以儒学为登上仕途的根本；至于工匠系统，则是"劳力者"，是被治于由劳心者组成的学者系统的。两者的结合是极少的，"工""技"被轻视，在社会上没有地位。

在封建制度的长期统治下，商是被轻视、受压抑的。社会分层中，商处于最次等的地位；社会角色中，商人是被瞧不起的。商人有了钱，

---

① 薮内清：《中国·科学·文明》，中国社会科学出版社，1988，第3-4页。前此征引的薮内清的观点及引文均见此书。

要用钱去铺平通向官场的道路，或者培养足可改换门庭的儒生。抑制商业，也就抑制了工业—技术层面的发展。薮内清还把自然环境也纳入其中，指出："甚至可以说就连中国所处的自然环境也妨碍了新的外来文明的传入。"[①]

在观念层面，"雕虫小技"一词，几乎可以用来概括中国历来对技术的看法："匠人"之贬义，为中国人的普遍心态的表现。孔夫子早就说了"奇技淫巧"的话，以为技艺是多余的；庄子以老翁拒用桔槔打水的寓言故事，宣布了"技术巧艺"足以引起"机巧之心"，是要不得的。作为普遍的社会观念尚且如此，还怎么可能出现"学者系统"与"工匠系统"相结合，而产生发展近代科学技术呢？

中华文化传统中的思维方式，也是更有利于人文科学、哲学和艺术想象的发展与创造，而稍逊于科学技术的创获。天人合一的思想、天人感应的基本世界观和观念根基，敬自然而顺之，同以技巧之力控制利用自然大不相同，整体地、模糊地、拟人地把握对象，"重神似而不重形似"。中医药体系把人体置于山川环宇之中、四时八节之内，有机地、"人文"地、变异地把握人体，辩证观察、辩证论治，对于预防、治病、健身有深层次的学问、高文化的运作，然而对于人体解剖和肌体构造却不甚了了，有时又近乎"胡说八道"。在艺术方面亦复如此。三个大小圆圈叠加便成一个人，一点是眼睛，一圈是头发，于山水林田，亦莫不如此，神气活现，但绝不是形似逼真、须毫毕现，这都与那种精确的、细密的、逻辑的、推理的、计算的、机械的等等要求之于科学、技术的发展，与机械的设计、科学原理的技术运用、具体的实验、实地的细密观察、客观外形的再现与模仿等，大异其趣，大相径庭。这些，自然妨碍、阻滞、背离了科学技术的发展，与科技型文化不相适应地发展了人文型文化。

当然，无论是观念体系、思维方式还是文化的整体素质与类型，与西方相比较，都不存在抽象的、一概而论的高下优劣之分，而只有同某项"目标""任务"是否相"匹配"因而所起作用为正为反之差异。我们从中能够和应该得出的结论和教训也自然是在文化上、观念上、思维方式上，如何补漏罅、取长补短，以改进提高传统文化，使之转型、重

① 薮内清：《中国·科学·文明》，中国社会科学出版社，1988，第3-4页。

构，以利于现代科学技术之发展和社会主义现代化建设。

可以直接吸取的教训是，我们历史上在主观决策上的轻商重农，在社会系统上的抑制技术系统的发展，以及一种"混交技术文化"体系之不利于科技进步，以致产生对外来先进科技的误读和对接错位。这是我们今天值得认真提出的问题和课题。

历史的教训和现实的课题，正迫使我们认真迎接这个挑战。

我们只从外表上、外在地接过、搬用人家的科学技术，而没有其他条件与环境的配合，形成一种适合外来科技生根的"混交科技文化"和文化与观念系统，是不可能获得成功或较快、较好地取得预期效果的。在这方面，日本在学习中国、西方的历史过程中创造性地获得的可贵经验，是值得我们认真学习的。

四、中国经济—社会—文化在近代发展的"两条线"问题

这里，想提出一个"老问题的新提法或新思路、新探索"这样一个问题来讨论。这个问题的提起，是由于笔者对中国近代史发展的看法产生了新的认识，也可以说是其发展"公式"，其描述"框架"，是"一条线"还是"两条线"的问题。这里所说的"线"不是"路线"之"线"，而是线索之"线"。

在文化上，中国在明代已经接受西方文化、科学技术的影响，以徐光启为代表的"前近代"思想、科学、文化先驱，已经为中国文化的近代发展开辟了道路、构筑了基础。这是一方面，也许不妨称为"外部影响"。另一方面，还存在"内部生成"的重要表现。一大批思想家、文化先驱作为自身社会演进状况的反映和反应，已经产生和提出许多与封建思想文化分裂的新的思想文化。他们完全是自生自长的，而非外来思想的接受者与传播者，即不是外来影响的产物。著名哲学家萧萐父指出："……在17世纪中国，连封建皇帝也不以主观意志为转移地反映了当时社会发展的客观要求。至于明清之际南北崛起的一代思想家，顾炎武、傅山、黄宗羲、王夫之、方以智、李颙、颜元、唐甄等，更以对传统学术的总结性批判而掀起一代早期启蒙思潮，宛似西方文艺复兴时期的'思想巨人'，大都具有'坐集千古之智，折中其间'（方以智语）、

'推故而别致其新'（王夫之语）、'纵千百年同迷之局，我辈亦当以先觉觉后觉'（颜元语）的觉悟和胆识。方以智曾立志要编一部大型百科全书，'删古今之书而类统之'，'编其要而详其事，百卷可举'……"①这些从封建社会"杀"出来的、代表新的社会状况的先进思想巨人们，不仅已经产生了开辟社会近代化道路的思想文化武器，而且已经手持这些武器，向后清算、批判、总结，向前探索、开路、前进。

另外，就总体的中国社会状况来说，也有着自身冲破牢笼的内在动力。这除了"经济基础"动力和"思想文化"动力之外，作为它们的基础、背景，也作为它们之外的表现的，还有"非外来刺激"的其他表现。正如澳大利亚学者约翰·梅逊所指出的："中国要求变革的呼声，并不完全出自于战争的失败或西方技术优势的影响。在整个18世纪和19世纪里，中国不光是官府腐败，还有农民骚动，甚至爆发了革命。这些都促成了中国的内部危机，有些人认为，这种内部危机预示着清朝自然要走向灭亡。"②这里虽未展开，但已指出：中国社会的内部危机，也会导致改革和革命，并导致清朝的灭亡和中国走向近代道路，而不必一定要有列强的大炮来打开大门和具有优势的西方技术的影响。

以上三个方面，已经就中国如果不被侵略者的炮舰政策打破国门，没有外来的刺激，也可以从自己内部产生新的社会因素、力量、思想、文化，包括新的生产力、生产关系和新的阶级，从而从封建桎梏中破壳而出，走上近代化道路。因此，这里是存在着另一种历史发展路径和框架的，即并非"侵略（刺激）→回应→近代化"模式，而是"内部发展→近代化"模式。这是一个已露端倪，甚至已见发展的潜存的经济→社会→文化发展线索。

这里，有必要再就文化问题多说几句。在文化上，在中国近代史上，也似乎只注意（承认）一条"外来文化——中国回应"的主线，而不注意、不承认以至否定另一条"副线"，或者是对其存在，或者是对其作用，采取了这种态度。

事实究竟如何呢？

---

① 萧萐父：《关于对外开放的历史反思》，载《中国传统文化的再估计——首届国际中国文化学术讨论会（1986年）文集》，上海人民出版社，1987，第380页。
② 约翰·梅逊：《西方文化对中国的影响》，载《中国传统文化再估计——首届国际中国文化学术讨论会（1986年）文集》，上海人民出版社，1987，第514页。

从鸦片战争时期的林则徐代表中国人第一次"睁开眼睛看世界"，编译《四洲志》起，到洋务运动、戊戌变法，从林则徐、魏源、龚自珍，到洪仁玕，到王韬、容闳、郑应观，直至康有为、梁启超、章太炎，以至五四运动前的蔡元培、陈独秀、李大钊、鲁迅、胡适，都无不在文化上具有这种"外来文化（留学或游学欧美、日本）——回应"的性质，是同前述的历史框架相适应的。但是，我们又不能不看到，在他们身上，同样蕴藏着深厚的民族传统文化的积淀、学养、规范、心态和民族原型记忆与集体无意识，在他们身上、心里存在着一个儒家文化为主体与核心的文化发展线索。如果没有外来文化潮流的冲击，他们所承继的传统文化中的新学派的革新精神，仍然会一步步走向近代化。事实上，我们从这一代文化巨星的身上，同时就能看到另一条文化发展的线索，孔孟、老庄以至佛家的魂灵，存在于他们的文化心灵之中，说是"中毒""流毒""保守成分"也罢，说是"继承传统"、"保守民族优秀文化"、"承前启后"以至"过渡人物"、"中间物"也罢（这两种性质、两种情况，在同一个人身上有时是同体存在，但因人因时期而异，其性质有变，作用也有变，须将具体问题放在一定的历史条件下来具体地分析），总之这条线索是存在的。如果我们将那条"主线"称为"回应——批判——接受——改革——创新（近代化）"的话，那么，这条"副线"不妨归纳为"继承——批判——改造——重读与诠释——创新（近代化）"，两者时而相并、交叉以至对抗地向前演进发展。

这条线索，甚至继续到五四运动中的文化保守主义（守成主义）及新儒学诸君子的身上，如辜鸿铭、吴宓、胡先辅、梁漱溟等人，以至熊十力、牟宗三、冯友兰和贺麟等，都无不继承着这样一条文化的发展线索。固然由于时代的条件所致，他们无不面对着外来的、西方的文化冲击，并在自己的文化创获中，潜存着这种文化语境中的文化文本的对话性，因而具有其一定程度的"回应"成分。但是，他们的文化文本的基本素质却不是这种"回应"，而是非"回应"性的和"继承"性的，是"继承→发展"而不是"回应→发展"，从而才能构成另一条线索。

这样，中国文化近代化的短暂发展历程，就应该是做一定补充的"两条线"发展模式、架构。

关于当前文化发展问题的探讨

（发言提纲）

1. 我对文化有几个基本观念：

① 文化是表现为文化的"经济"，经济是表现为经济的"文化"：文化与经济是一个事物的两面，好像是一枚钱币的两面。

② 文化是经济的养育系统；经济是凭文化和掌握了文化的人来发展，来实现其"目的"，达到其预期结果的。

③ 文化是明天的经济。

④ 文化好比中医所说的经络、气血、津液，它是人类社会的经络系统、气血系统、津液系统，弥漫于全社会，灌注于全社会，无处不在、无时不在、无往不至。

⑤ 在信息时代、知识经济时代，文化已经从经济与社会发展的跟跑角色成为领跑力量。

2. 但是，我们一直存在经济热、文化冷的问题；文化与经济的发展，不平衡、不"配套"，经济资源与文化资源的配置不合理。这不仅影响了文化的发展，而且抑制、延缓了经济与社会的发展，使它们的发展缺乏质量，缺乏后劲。

3. 现在存在一种世风日下，人心向"钱"，只重实际、实惠、物质的问题，忽视、轻视文化、精神，"头上的星空，心中的道德律"都被忽视。在社会心态上，存在三个倾斜：在物质和精神上，重物质、轻精神；在科技与人文上，重科技，轻人文；在群体和个体上，重个体，轻群体。在文学艺术上，存在"黄钟'冷寂'，瓦釜雷鸣"问题，大众只满足感官刺激、搞笑、戏说；精英文化、高雅文化受到挤压。人们精神世界的物质化和空虚化，虚悬半空，脱离文化故土与传统故土。

4. 文学艺术的"三大精魂"：使命感、人文关怀、良知激情被轻忽、遭反对。这使文学艺术作品失去思想力量，失去"生活的教科书"

和培育国民精神的作用，当然起不到为人民服务、为社会主义服务的作用。

5. 这影响国家软实力的发展和建设，涉及国家文化安全问题。十分值得注意，认真对待。

6. 中央提出的转变发展方式的战略思想和建设路线，对文化提出了严正的任务和迫切的需求；但是目前的文化状态与此极不相称。

7. 我们当前的文化受到三股潮流的严重冲击：

① 人潮的冲击，几亿大众，主要是文化素质低下的农民，涌入文化领域、文化市场，他们饥不择食，缺乏选择和判别能力，却用"看不见的手"，掌控着文化市场，对高素质、高艺术和高文化含量的作品，对高雅文艺不买账。因此，后者受到挤压，处于冷寂状态。

大众文化的发展是必须的，也是文化发展的一种主要表现；但需要指导、需要正面提倡、需要提高。所谓纯艺术、高雅艺术需要国家扶持。观众、读者的接受水平、欣赏水平需要逐步提高，加以培养。

② 商业潮的冲击。商业潮、商业作为、市场经营，对低俗文化、不良文化现象，起了推波助澜的作用。"民间资本"向它们倾倒。艺人明星出场一次几十万元，此现象极不正常。

③ 外国思想文化潮流冲击，香港和台湾地区文化中不健康的、殖民文化的部分的冲击。对此，我们的大众缺乏辨别力、批判力，一律接受，鼓掌欢迎，甚至步其后尘，东施效颦。

8. 我们的改革已经进入文化层改革。每个民族、每个时代的改革都会经过三个阶段、三个层次，即器物层改革、制度层改革、文化层改革。如洋务运动、辛亥革命、五四运动，即这样三层次的发展进程。新时期的改革也是如此：20世纪70年代末—80年代中——（器物层改革）；80年代中—90年代初、中期——（制度层改革）；90年代——（文化层改革）。当然，这是大抵进程，每个层次还会交叉进行，但有一个主题为主。现在，是文化改革提到迫切议程上。

9. 从文化视角、文化层面来说，现在要从物质现代化、世俗现代化、时尚现代化、单纯物质生活水平提高的现代化、西方式现代化，向精神现代化、文化心态现代化、思想观念现代化、人的素质现代化过渡。重振中华精神，提升当代中国人的精神世界。

10. 21世纪人类文化发展的态势是：在20世纪末进行了"三大反

思"（对现代化的反思，对科技的反思，对生活质量标准的反思）之后，开始实现"三个适度回归"：向传统的适度回归，向人文的适度回归，向相对朴素的生活回归。人类在调整自己的文化方向，人类在"寻找丢失的草帽""走向回家的路"。

11. 我们现在社会心态上，有与此逆行的严重倾向。重物质、追逐时尚、过度现代化、以靡费式消费和炫耀式炫富式消费为荣为现代化（伪现代化），还有东施效颦式效仿西方生活方式以为是现代化。

12. 我们现在亟须把大力发展文化，使文化大发展、大繁荣，放在国家战略决策的核心位置上。为此，就需要提高对文化的投资，不是一般的增加，而是大增加、大投入，尤其是对人文文化，要提高其地位，大力增加投资，对高雅文艺大力投资。文化既是"远水"，又可以解"近渴"。——近之能助经济社会发展，远之能使经济与社会发展有质量、有远效、有后劲、有含量，达到经济效益、社会效益、文化效益三丰收，达到经济发展、社会繁荣、文化进步的综合效应。

实现现代化，建设中国特色社会主义，实现中华民族的伟大复兴，这是三位一体的国家工程、社会工程和历史重任。只有文化大发展、大繁荣，才能完成这个过程和历史任务。

2010年5月12日

世纪之交：世界文化发展态势与走向

我们正处于世纪之交的最后年代，这正是回顾、总结、反思与展望之时。今天，我试图就下一世纪世界文化发展态势和走向问题，作一点探讨，与大家共同讨论。

我们要探讨下一世纪世界文化发展的态势与走向，首先就要约略回顾20世纪的状况，并初步考察当前的状况。——现实中已经出现的状况和提供的信息，已足够向世人透露现实的问题和未来的走向了。我们不妨依据这些材料，进行一定的梳理，来做一些探讨、推测和预想。当然，正如英国著名的科学家霍金所说，要预计未来百年的事情，是不可能的，但试图设想最近几十年，比如二三十年的发展态势和走向，还是可以的，是具有一定的依据，因此能够有一定的科学性的。

20世纪可以说是一个辉煌的世纪，人类在这个世纪里取得了空前的胜利与成功，而这些成绩的获得主要的依靠力量是科学技术。20世纪是科技的世纪，是高科技迅猛发展的世纪。人类正是凭借高科技取得了高度发达的生产力、巨大的财富和高水平的福利生活。但是，20世纪的问题也很大，人类面临的麻烦也很多，而问题和麻烦正是成功带来的。然而，20世纪向21世纪转换时，比19世纪向20世纪转换时，在总体上情况却要好得多。

在20世纪这一百年中，科学技术的发展，不仅带来了社会生产力、财富和福利水平的高度发达，而且引发了社会的变革、人们思想与观念的更新与发展，从而推动了人类文化的巨大发展和本质性变化。这就从总体上表明，人类社会在20世纪的发展、文化在20世纪的变革，远远超过了以前几千年的历史状况和所取得的成就。人类在20世纪经历了百年发展、百年辉煌。但是，就在20世纪之初，人类的有识之士，那些"人类的思考人"，就对"眼面前"的20世纪进行了反思，以后又"代有才人出"，接续性地有哲人与学者进行了及时的、总体性的、主题性的反思。这种状况反映在一系列的重要著述中。其中，从20世纪初的斯宾格勒的《西方的没落》，到法兰克福学派的众多著述，从汤因比与池田大作关于21世纪的对话录《展望21世纪》到20世纪70年代美国丹尼尔·贝尔的《资本主义文化矛盾》，都是重要的成果。此外，还有许许多多的论著。总括这些论著的主旨和近年来出现的许多新论著的论述，我们主要地进行了三大反思。

第一是对于现代化的反思。"'现代性'是不是出了问题？"这个问题的提出，反映人们对现代化进程中的某些问题的根源，追溯到"现代性"的层次，感到一些过度现代化的现象。诸如生活领域里对于科技的过分依赖，生活的过分科学化、技术化、计划化和过于依赖他人服务，特别是对于传统的过分的破坏和抛弃，对于自然的过度开发索取和破坏，这引发了人类失去家园、离开故土的感觉。第二是对于科学技术的反思。科技有巨大功能和伟大贡献的一面；但它的负面效应也很大，而且越来越大，它的"福祸同在"的"双刃剑"的性质越来越明显。这主要表现在对人类三大家园（自然、社会、心理）的破坏、三大关系（自然、人、社会之间）的紧张和社会生活中的"三大倾斜"（物质/精神中重物质轻精神，科技/人文中重科技轻人文，群体/个人中重个人轻群体）。当然，这不是科学技术本身的罪过，而是人类怎样使用科技的问题。第三是对于人类最佳生活方式和生活质量标准的反思。高生活质量和最佳生活方式，一直是人类追求的最终目标，而且是人类"永恒的追求目标"。但是，20世纪的"实际生活体验"，使人们感受到痛苦和苦恼，体察和认识到金钱、物质、享乐、感官满足、个体离开群体（包括婚恋、家庭的不稳定和亲情疏离、社会孤立等），都不能得到和感受幸福。在这三大反思的基础上，作为纠偏和扶正，便产生了一种整体性的适度回归：对传统的适度回归，对人文的适度回归，对健康的、朴素的、适当自己动手的、节俭的、注意精神需求与亲情熔融的生活方式的适度回归。这是20世纪留给21世纪人们的"文化遗产"和"文化嘱咐"，它成为新世纪人类文化走向的"起点"和"基础"，对21世纪人类文化的走向起着决定性的、定向性的作用。

除了这种"20世纪的'遗留'文化态势"之外，自然还有新出现的文化生长点和种种文化现象，决定着，也标示了新世纪的新的文化发展态势和走向。我们现在且把一些可以看作新的文化意义与信息网络中的"闪射点"略加列举，以窥新世纪的文化发展态势与走向的概略面貌。

首先"映入眼帘"和引人注目的是：以电脑文化为龙头的高科技发展与新一轮更大、更深刻、更急遽的科技革命的到来。这将引起社会生产力的更巨大、迅猛的发展，人类思想文化的本质性的变革和社会生活的全面变革。这种发展势头和走向，已经明显而突出地出现在世纪末的现实生活之中，成为新世纪文化发展的曙光。"锄头"→"流水线"→"电脑"，标志着人类生产革命的划时代的步履；而语言→文字→印刷术→电脑，则标示着信息与人类文化的承载—习得—保存—继承—传播的四次革命。在网络文化的"收罗"下，人类现在获得信息之迅速、多元、远距离捕捉与综合集聚、积累、整理和利用，以及广泛、效应之巨大深刻，都是空前的，为人类在此前的历史中所不可能做到和望尘莫及的。电脑文化这种在生产力发展、社会进步和文化变革方面的作用与影响，以及由此连锁反应地引起的社会、生活的全面变革，必然引起人类文化的具有空前性质和本质性变革的发展趋势。人类文化正在转型和重构。

与此相联系的是，经济与社会发展的科技化和科学技术发展的经济—社会化。科学与技术囊括了人类社会的生产与生活的整个领域，技术深入到社会、生活、文化的各个领域，"干预"历史的发展趋向和方式，"干预"文化的精神与走向。生活与文化的诸多方面无不打上科学技术的烙印。经济与社会的发展不能不依靠科技的发展，从它们获得力量、动力、智力和灵感。现代社会的任何经济社会的发展，都离不开科技的帮助。经济社会的发展已经科技化了。同时，在另一方面，科学技术也不再是科学家个体或少数几个人在实验室里的脱离生产的工作，或者是若干技术专家在公司、工厂里的作为，而是在广泛而深刻的意义上经济与社会化了。一方面是经济与社会的发展促进、推动、强化科学技术的发展，给它以财力、物力、人力的支持，给予实际问题、课题、任务的"刺激"，使之在"解决实际问题"中大踏步前进，发展自身。另一方面，大课题、大任务、大队伍、大投入、大产出、大效应的大科技实验与实践，以及它与社会生产的密不可分的结合，也使科技的发展经济化和社会化了。这种科技、社会、生活、文化的"多位一体"和"彼此推进"的发展状态和方式，势必使人类文化的发展更紧密地同科技发展结合起来，并深深地打上科技的烙印，科学技术也为人类文化的发展注进自身的特征和精神。

在科技的大发展形势下，在连续的科技革命推动下，人类对于自身的三大认识对象（即自然、社会、人类自身）的认识越来越宽广、辽远、深入、细密、正确、准确，宇观、宏观、微观、渺观的四维观照下，人类对宇宙、自然界、地球、外星体以及生命的认识都大大前进了，发展了，更接近真理了。充满宇宙的物理、化学、生命现象，都得到进一步的更科学和更符合实际的解释。这种新的认识和知识，对于提高人的智能，对于人类文化的进一步发展，都起到指引的、推进的、给予新的认知灵感的作用与力量。这预示着21世纪人类文化的新的又一次空前的发展前景。

在20世纪的一百年中，尤其是它的下半个世纪，人类许多既有的理论受到挑战，经历了修订、改进和变革的进步历程，有的被新的理论、学说所代替。在世纪之交，人类形成了对"三大认识对象"的新的整体性认知图景，这被合理地称为人类的"新的亚当苹果"。它的形成，不仅是一个"结尾"，更加是一个"开头"，是人类文化发展新的态势与走向的基础和方向。它必然引领、指导、规划21世纪人类文化的发展趋向。

当然，前已述及科技的负面效应和20世纪"遗留"的问题与课题，这也"规定"了21世纪的文化发展走向，"规划"了它的发展态势。这就是"人性地使用科技"和"使科技具有人性"，加强科技的人文性和科学家、技术专家的人文关怀；要使自然科学、技术科学、社会科学、人文科学这四大科学部类共同发展，并使人类文化分裂为"科技文化"与"人文文化"的状况得到改变，使两类知识分子相互沟通、学习并携手推进人类文化的发展。有人说"21世纪是社会科学的世纪"，这也许有些夸大，但新世纪里，自然科学和技术科学的人文性和人文关怀加强，社会科学的发展势头加强，这是可以肯定的。实际上这种发展趋势，现在已经出现了。社会科学、人文科学进入生产、经营、管理领域，社会科学研究受到重视的现象，已经存在了。特别是社会人文科学正在制定经济与社会发展战略方面，在指导社会发展和规划人类正确生活方式等方面，发挥着重要的、科学技术不可能具有的作用。

人类调整自己的文化方向，将是21世纪重要的文化走向和文化课题。人类要改变自己对自然的态度，从与自然为敌，"征服自然—单纯开发利用自然—破坏自然—将自然推向毁灭之途"这种方向和道路上回归，过渡到与自然为友，既开发利用自然又保护、养育自然的路上来。自然不仅不再是"人类的后娘"，人类也不再是"自然的弃儿"，但人类也不要成为"宇宙的孤儿""自然的逆子"。自然之子的人类，要与自然共同繁荣、一起辉煌。从罗马俱乐部战略研究所的全球发展研究报告到联合国的发展战略倡导，从发达国家和地区到发展中国家与地区，一致赞同并欲努力实施可持续发展战略，已经明显地透露了人类调整自身文化方向的重要信息。马克思所说的"自然的人化"和"人化的自然"，不仅是生产的与美学的理想境界，而且已经是人类当代实践的追求了。

在上述总体背景下，人类正在"寻找丢失的草帽"，在保护自然家园的同时，建设精神家园和文化后院，正在走向"回家的路"，正在

"重新塑造自我形象"。前述"整体性适度的'三大回归'"，正是人类在极端个人主义的物欲享乐和感官刺激造成"暴食醉酒后的呃逆与呕吐"，有了新的体验与认识并经过整体反思之后，做出的理智的文化选择，采取的明智的生活方式追求。在这里，自然、传统、"他者"（包括他人、集体、国家、民族、一切自身之外的存在），占有重要的位置，具有不可忽视的意义。要与自然友好相处，建设美好的自然家园。现实问题和现代困惑，使人们懂得了传统不能完全否定、废弃，作为民族、文化、精神的根基与血脉，传统以"母体"与"母题"之姿与"意义内核"，对人们的精神发展和文化及心理性格的形成和稳定具有重心作用。因此，审慎地对待传统，既敢于大胆地批判传统、改革传统、扬弃传统，又善于保存它、珍视它，对它进行新的收集、整理、滤过、剔除、变异，特别是能够进行新的现代诠释和"现代化处理"，使之既葆有固有的血脉，又具有转换后的现代性能，得以以新的姿态、质地和功能，发挥新的作用，获得新的生命，既实现了传统文化的现代性创获，又实践着现代文化的建设与发展。在现代社会没有绝对"自我"的存在空间，也容不下绝对的孤独自我。在现代，人类从未有过的社会化、集群化了。一方面是"自我"的意志强化，自主性增强，个体活动空间扩大、自由度扩大；另一方面，个体与"自我"，又越来越依靠集群、依赖社会。因此，把"他者"放在确定的位置上，认识与理解"他者"与"自我"的利益、价值、意义的一致性和从"他者""发现"自我、体现自我、实现自我。总之，在不断创获现代性的前提下，人类将自然家园、精神家园、文化家园三位一体地进行整体性规划建设。这将带来人类文化的新一轮转型、重构和巨大的进步与发展。

自然的返魅与科学的返魅，即自然和科学恢复它的固有的魅力，除工具价值和实用价值之外的"自身意义"的恢复，是新世纪人类文化发展的新的意义追求和价值观念，也是人类自身获取文化意义的重要方面。自然不仅是人类开发利用的对象，而且是人类的认识对象、研究对象，自然具有主体性、经验性和感觉，对于人类的非理性的榨取，它会"哭泣"、"哀痛"和自毁，以至报复人类。科学不仅具有生产的、经济的和生活的实用价值，而且具有这些之外的文化的意义和魅力。它的认知价值、探索价值、吸引和开启人们追求真理和发现真理的意义与欢悦，以至由此产生发现大自然和生命所具有的美，等等，都使自然和科学具有无限的魅力，不仅引诱人、启迪人、养育人的精神，而且使人们从中发现美、享受美。这比之物质的享受、感官的刺激、个人的"自我陶醉与享乐"，不仅有意义得多，而且具有更丰厚、更深沉、更悠久的文化性的、美的愉悦和享受。对"祛魅哲学"的否定，就是对科学魅力的重新认定。对于自然和科学魅力的"重新发现"和注意追求，将从深层次推进人类文化的发展，而且会产生连锁作用和连锁效应，在更广泛和深沉的范围内，促进人类文化的整体发展。

对于自然和科学的魅力的重新发现和为它们所吸引，是现代社会人们生活与实践的新趋向和新时尚。发达国家的郊区化，大公司和居民置身郊区，与自然亲近，有更多的机会与森林、鲜花和小草相处，享受更多的阳光、空间和新鲜空气，不仅有利于身心健康，而且使自然家园、生活家园、精神家园三位一体，使现代社会现代人的现代生活，与自然、传统、精神文化融会。科学的返魅，也再次吸引和召唤人们怀着求知的激情和追求真理的虔诚，去寻求对宇宙与生命奥秘的揭示和解读。这两个方面的"非功利"的投入与追寻，不仅满足人们智慧的欲求和追求真理的愿望，而且在长远意义上，也能得到真正的深刻的功利效应，并对文化的发展在外在与内在、物质和精神两个方面起到推动的作用。自然和科学的复魅，将成为人类文化发展的巨大动力。

科技导向的现代化取向和战略，向文化导向的现代化取向和战略转型，是当前又一个重要变化。调整科技战略，人性地使用科技，加强其人文性，既注意防止科技负面效应的发生与扩散，即使其实用价值很大，如对自然、社会与人有害，即终止使用，又积极发挥科技的正面效应；对生产领域的任何活动，都不仅追求其经济效益，而且追求其社会效益和文化效益。文化，不仅被视为经济与社会发展的动力、支撑，并且确实成为人类一切活动的最后归宿。这样，就能防止、抑制、控制许多"现代化祸患和病症"，如环境污染、生态失衡、物种灭绝、城市病、心理疾患等的发生与蔓延。全球性的文化导向现代化战略的实施和推广及其逐步"转型成功"，一定会使人类目前面临的"三大家园遭破坏"、"三大关系紧张"和"社会生活中三大倾斜"的状况得到不断的抑制、改善，直到逐步消失。这将是人类文化的一大发展，它将使人类的经济更好地腾飞，社会获得进步、发展，而又大大减少以至泯灭了灾祸和负效应。

建设性后现代主义的提出，归结性提出了当代文化发展的大趋势，它的提出，归纳、总结了现代性的弊端和问题，前进中的偏向和"陷阱"。美国研究后现代主义的重要学者格里芬指出：建设性后现代主义"意味着超越现代社会存在的个人主义、人类中心主论、父权制、机械主义、经济主义、消费主义、民族主义和军国主义"，"使人们摆脱现代'机械的、科学化的、二元论的、家长式的、欧洲中心论的、人类中心论的、穷兵黩武和还原的世界"。超越和纠正现代主义，以求解释和解决"现代性问题"，这种文化取向是积极的、可取的，不管其命名是什么。不管它是否加"后"或者别的什么字、词，它与现代主义"划清界限"，标示、标举其与现代主义的区别，并归纳、提出自身的文化实质，这是可取的。在这种文化精神、文化追求的引导下，并经由它的逐步开展、实施、影响泛化，人类文化将会更大、更健康地发展，人类社会将更进步、进入更高层次。

综上所述，可见人类文化在总体上正在转型和重构，其重构的结构和各因素间的结构比的变化，大体状况是：四大科学部类共同发展，而自然科学、技术科学和社会科学、人文科学之间的结构比发生调整。即后者的科技因素加强、科技支撑成分强化，而在"四大科学部类组成的科学共同体"内的比分增长；前者则有相应的结构比值下降的趋势，但其在经济与社会发展中的作用，却强化和增殖。同时，一方面是人文社会科学的作用和地位增长，另一方面则是科技的人文性增强。这里，还体现了对于自然、社会和人的关怀，对于社会生活的构造与最佳标准的人文追求。这样，可以说人类文化在20世纪表现出的高科技型，在向"科技-人文型"转换。因此，用文化装备起来的人，其品性即人性也在转型和重构。池田大作与德国狄尔鲍拉夫的对话主题，就是"走向21世纪的人与哲学：寻求新的人性"。在这本对话录中，他们指出："我们今天正经历着人类的进步导致人类走向灭亡的第一次体验。人类技术过剩的结果足以轻而易举地毁灭自身的基础。"而寻找和创造新的文化、新的人性，这就"意味着摈弃利己主义、商业主义和意识形态支配下的表面行动规范"。人类曾经和正在"很现实""很实利"，因此需要增加一点儿"浪漫"、一点儿"情义"；人类曾经"很理性""很实际"，现在需要增加一点儿"感情"与"诗意"。哲学与诗学结合、理性与直觉结合、现实与浪漫结合，人从"政治人—经济人—实务人"向"政治人—

经济人—文化人"转型，这是人性的全面发展，是马克思所说的"人性的复归"，是鲁迅所说的"致人性于全"。笛卡儿说"我思故我在"，加斯东·巴什拉说"我梦想故我在"，现在则补充说："我减少物欲与享乐的羁绊故我在""我与自然同在故我在""我与'他者'同在故我在"。

20世纪行将结束，21世纪的曙光已经照临大地和人类社会与生活。总结与反思20世纪的成功与问题，展望新世纪的前景与趋向，人们在回顾与前瞻中怀着激情，也带着忧虑。但是对于人类文化的发展与进步总是满怀信心的。黑格尔1818年在柏林大学致开讲词时说道：

> 追求真理的勇气，相信精神的力量，乃研究哲学的第一条件。人应尊敬他自己，并应自视能配得上高尚的东西。精神的伟大和力量是不可低估的。那隐蔽着的宇宙本质自身并没有力量足以抗拒求知的勇气。对于勇毅的求知者，它只能揭开它的秘密，将它的财富和奥妙公开给他，让他享受。

人类整体上怀着求知的勇气，具有求知的力量，在进一步揭示宇宙的奥秘和人类社会与人类自身的奥秘中，不断提高自己的文化素养、文化心态、文化精神，并在揭开宇宙与生命的秘密中，使生产发展、社会进步、文化与人性均获提升。21世纪在20世纪的基础上，将会更快、更大地发展文化，取得比20世纪更大的成就。这是可以预料的。当然，人类要好自为之，要善于控制自身的智慧与力量，并能控制他所掌握的一切具有能量的客观事物，发挥正面的效应、抑制消极的作用，引导正确的方向和道路。人类应该怀着信心去迎接新的世纪！

1999 年 10 月 10 日

迎着新世纪文化曙光的思绪①

21世纪来临，其文化曙光，已经笼罩寰宇。让我们略施一瞥，窥测它的特征新貌之大体，并思索我们当何以对之。

1. 人类度过了20世纪，经历了"百年辉煌，百年反思"，成就很大、成果很多、福利很高、社会进步、生活丰富、科技发达、文化提高，20世纪的"人类获得"超过此前几千年。但是，问题也很大，麻烦亦不小，病症一大堆，而且，"问题"正是从"成功"中来，"麻烦"在"发展"中产生，"病症"又与"健康"同在。人类将何以自处？人类应该如何走下去？

2. "调整自己的文化方向"。这是已经做出的回应，并在实践中采取了对策。（然而许多全力奔赴现代化目标的国家和地区，仍在沿着错误的老路走去）这就是从"'利用自然、开发自然'发展到'破坏自然、毁灭自然''与自然为敌'"的方向上，转换到既利用自然与开发自然，又保护自然与养育自然，与自然和谐相处。人类首先是"自然之子"，同时还要成为"自然之友"。人类应该爱护、养育、建设自己的自然家园，"保护环境""保护自然""保护生物""保持生态平衡"。那种一味追求物质享受、沉迷感官刺激、只顾一己获得的拜金主义、个人主义、享乐主义的生存方式、文化选择，也在"享乐与沉迷"之后的空虚和反思中醒悟，多与自然接触，多同土地、青草、森林、小鸟相处，同亲人、他人、群体、社会友好和睦，并在"为'他者'"中获得自身的幸福。这种"调整文化方向"以后的生活，物质的追求减弱，精神与内在的生活强化，而人类的生活质量却得以提高。

3. 由此，人类将要更广泛地实行"可持续性发展"战略，"技术导

---

① 原载《东北大学报》2000年1月1日。

向的现代化"将向"文化导向的现代化"转换。自然不仅得到深层次的开发利用，而且同时得到保护养育，不仅是人类争夺的战场、享受的乐园，更加是人类安居的文化家园。现代化不仅仅依靠技术，不仅仅追求经济增长，而且凭借人类一切文化能量，全面地发展生活的一切方面，带来社会的全面进步和人的全面发展。

4. 21世纪将出现新的科技文明，人类在整体上将创建新的科技思想、科技思维方式和科技战略与策略。在"百年反思"的基础上，人们发现了、懂得了"科技是双刃剑——福祸同在"，它产生了许多负面效应，造成人与社会的片面发展，以至造成"单面社会""单面人"，影响人与社会全面发展。而且，由于人类片面地发展科技文化而轻视人文文化，并依靠高科技片面地追求经济效益、物质成果，而忽视人的精神的、内在的、主体的、主观的生活。因此，一系列调整、充实、提高的科技思想、科技战略相继提出并付诸实施，如"人性地使用科技""使科技具有人性""四大科学部类（自然科学、技术科学、社会科学、人文科学）共同发展""人类科技–人文型文化（科技文化与人文文化）携手前进"等。西方有的学者提出"21世纪是社会科学的世纪"，这可能失之偏颇，但21世纪，强化科技的人文性，增强科技的人文关怀，是可以肯定的。无论怎样高超的新技术、新设计、新设备，如果有害社会与人，就不能使用，或者要加以改进，克服其"祸"的一面。在理论层面，科技与人文，还可以互相借取力量，汲取灵感，在思想、理论、方法等方面彼此推动和提高。今年首次召开的世界科学大会提出"新的承诺"："建立科学与社会的新型关系"，总括了"建立新科技文明"的思路。

5. 在反思的基础上，还进一步提出了"现代性是不是出了问题？"这个问题提出的现代背景和预设回答就是：向"现代"是否前进得过分了？对传统是否破坏得过头了？因此"适度向传统回归"的文化选择的理论与实践，就应运而生了。而它的主要向性与精神，就是"纠科技文化之偏""去科技之'有余'（指负面效应），补人文之不足（指未充分发挥的作用）"，"把眼光转向东方""向古老的智慧寻找现代灵感"。过度的城市化、市场化、商品化、机械化、自动化、"科学化"，缺少人的主体性、主观性、情感性、随意性、随机性、服务性、福利性、奉献性等，都要加以调整和抑制。在生存方式上，接近自然，"回归大自然——回归农村"，过适度的自己动手的、简朴的、农村的、与自然接触的生活。"人类走向'回家的路'"，在"出了问题的现代生活"中，暂时地、一定程度上"'回到'文化的心灵的故乡"。中国文化精神、中国传统文化受到重视，中国、日本的禅宗和印度的瑜伽在西方受欢迎。在文学艺术方面，也出现现代手法的转换和"历史的回顾与重读"的现象，如此等等。21世纪，将对传统文化重新检索、发掘、整理，并在新的文化背景与语境中，重读、细读和进行新的诠释。

6. 在这一切的基础上，特别是在新世纪的以电脑文化为龙头的推动与引导下，人类将创造一个新的文化，一个超越以"锄头"为象征的农业文化和以"流水线"为象征的工业文明的、以"电脑"为象征的新的文明。电脑还引发了人类文化传播、承传与习得的新革命，一次超越"语言"、"文字"和"印刷"的第四次革命，这将会是一次更大规模、更深层次的文字、语言、文化的革命，将创造一个远远超过人类几千年文化成果的巨大成就。

人类文化由此实现新世纪的转换："回归"→转换→"借取"→创新，从而实现由"高科技型文化"向"科技-人文型文化"的创造性转换；而为文化所装备的人和人性也在实现转型，由"经济→技术→城市人"向"经济技术—城乡—结合—文化人"转换，人性，人的文化与心理结构发展变化，改变马尔库塞所说的"单向度的人"的片面性，向马克思所说的"全面发展的人"前进一步。人类社会也更全面地发展，改变马尔库塞所说的"单向度社会"的状况，而进入国际战略研究机构罗马俱乐部报告《第一次全球革命》中提出的"一个新型态的全球社会的初级阶段"。

7. 时当本世纪初，人类在诸多方面拥有了新的知识、新的认知体系，创建了新的学说、新的假说、新的理论，实现了认识上的飞跃，而且，凭借高科技、新认知体系，能够越过微观，进入"渺观"，越过"宏观"，进入"宇观"，即渺观→微观→宏观→宇观地观察、认识、描述宇宙、世界、社会和人自身，并且更全面、细致、具体、深入、正确和确切。在这样的"前知识结构""期待视野""接受屏幕"的掌握、导引下，人们将进行"21世纪阅读"，对各种文化载体的"阅读"将会有新的创获，取得更大的能量、更大的力量源泉、更高的智慧。文化在人类生产、生活、创造等方面，将会取得更大成就、更丰硕的成果。

8. 教育，将会纳入大科学（前述四大科学部类共同发展）、大文化（文化的一切形态、部类、方面协调发展）发展的巨系统—大网络中，得到发展。这里既有机遇、条件，又有压力、挑战。"教育"对人的"输入"和人对"教育"的需求，都扩大、全面、深化了，中心的意旨是教育质量的提高、人的素质的提高，"普遍性知识分子"和"专业性知识分子"将结合发展：全社会的结合性发展和"个体性"的结合性发展。

总之，人类在比19世纪进入20世纪更好的条件下，进入21世纪。

20世纪的曙光和21世纪的曙光，一同照耀着我们。正如马克思说的，问题产生了，解决问题的条件也就在"问题"之中。我们将继承20世纪的成绩，解决它留下的问题，解决它遗留下的麻烦，而充分利用、发挥已出现的新世纪的科技、文化、理论、智慧等去创造辉煌的明天。

准备好，迎接新世纪！ ①

新世纪不是元月一日突然降临，它在20世纪的后期特别是末尾，就已经显现了它的许多新现象、新成分、新因素和新问题。我们现在已经面临"站在面前的新世纪"。

准备好了吗，在已经和正在出现的新世纪面前，以及还将一步步来到的新的"世纪风"的面前？

作为本质上是"社会关系的总和"的人，如果对于时代精神风习的扑来，缺乏或者没有精神上、认识上的准备，就会产生失落感，不适应以致失去生活的乐趣。一定的认识准备是必要的。

网络将世界连为一体，全球信息、资讯互通共享，经济全球化，

---

① 原载《辽宁日报》2000年12月25日。

"地球村"更加构成一体。中国正在此时加入 WTO。新世纪"已在的现实"，要求我们具有世界眼光、全球意识、国际观念。"乾坤万里眼"，杜甫名句足可描述其精神。站在这样的"思想高地"来处理工作、制订计划、思考问题以至对待生活与人生，这是客观现实对于每个人的要求。准备好了吗？

电脑实现了人类承传、传播、复制、习得文化的第四次革命（① 语言；② 文字；③ 印刷）。无法计算的信息、知识、技术，在空中飞翔；捕捉得越多越快越好，越能取得胜利与成功。信息社会、知识经济、现代生活，要求人们机敏的头脑、敏锐的感应、迅速的反馈、及时的捕捉，也提供人们以多种多样的享受与快乐。世界不仅热闹，而且丰富、繁华、美丽，给人类创造美好的生活、提高生活质量，"布置"了空前好的空间和机遇。获得这一切，要有各方面的准备。莫要失落，更不必惶惑，准备好，去适应和享受。当然，也会有新的诱惑和负面的影响，包括犯罪。这也要求具有抵制、"拒惑"的准备。

高科技空前迅猛地发展，新的科技革命持续出现。科技将唱出远超出 20 世纪成就顶峰的凯歌。电脑、机器人、基因工程、生命科学、纳米技术……一般头脑简直感到"匪夷所思"的事物，层出不穷。它们将创造更先进的高度发达的生产力、更巨大的社会财富和"个体一夜巨富"的条件，以及更加高水平的生活福利与"生命享受"。但是，对于科技的负面效应，有识之士进行了"百年反思"，提出了纠偏的战略思想。问题不在科技本身，而在人类如何使用与控制。"人性地使用科技"、"使科技具有人性"和增强科技的人文性，就是最主要的选择。人们迎接新世纪的准备，不仅是对于高科技的掌握、使用，更重要的是全面的科技战略、全面的科学思维和战略选择。对于掌握大小不同权力的人们来说，是更认真、更正确地制定、运用新的科技战略；对于一般人则是更认真地遵守客观规律的工作和生活。

对现代化的反思，提出了"现代性是否出了问题"？问题就在"过度现代""过度破坏传统""过度依赖科技""过度享受生活"。因此，要保护传统的优秀部分、保护大自然环境、保护生物物种和保持生态平衡；还有稳定、和谐和婚姻、家庭、亲情；以至人类心理的安宁。为此，人类需要调整既有的文化方向，莫与自然为敌，要与自然为友；要从"技术导向的现代化"向"文化导向的现代化"转换，可持续发展成为唯一可以选择的战略，城镇化已是现代化的新模式。这些都要求人们，从事各种工作的、各个行业、处于不同阶层的人们，去领会、掌握、适应，来安排工作与休息、生活与消费。准备着，建立一个"反思后的'现代心灵'"，以全面提高生活质量。

世界文化多元化，西方文化中心论已经变换，"西方人正在从东方'进口'思维方式和传统观念"，西方有的学者提出"通过孔子而思"，表现了东西文化互补的趋向。这样，我们不仅需要了解、研究对方，而且需要进一步了解、研究自己（传统和现实）。自然不是许多人，更不是所有人都要有这种准备，但是，对于众多的人们来说，了解这种大势，以安排自己的工作和事业、社会活动、人际交往以至日常生活，还是必须的。

人类两种文化分裂的状况，已经被认识并在纠正。在新世纪，已经出现的两种文化合流、互渗的趋向更加强化；科技文化强化它的人文性，人文社会科学向自然科学、技术科学吸取科学思维、范型、方法和技术；两种文化携手共同创造人类的物质成果和精神成果，开创人类新的生活质量标准。你属于哪一种文化类型的范畴？立足本身，向另一种文化学习，是新世纪人们应有的准备和选择。

"回归"，一个响亮的"世界之音"。全面地、整体地，但却是适度地回归：回归自然、回归创造人类智慧的科学、回归家庭亲情、回归传统……当人们毫不顾惜地完全抛弃、否定传统价值体系和观念体系时，需要回顾"当今时世"，准备新的心性和情趣。暂时地、有条件地亲近自然，吃自然（无化肥、农药）食物，适当地自己动手干一些活，不过分机械化、自动化、电子化，不废弃自身的动力和能量。准备着，过一种增加一些"自然性"的生活。

人类文化整体性地转型和重构，人类全面地提高自身素质和生活质量。"人类在重塑'自我'形象"。——这些是人类全面发展的路径和"生命战略"。当我们还在超常地聚敛金钱、追逐感官刺激、沉迷物质享乐之时，当人们犹然破坏婚姻、家庭的稳定，并使包括父母兄弟之情在内的亲情疏离之时，世界文化大势已在转型。我们需要清醒而冷静的选择，确立一种"现代反思"后的生存智慧和生命哲学。

准备好，迎接新的世纪！

论当代人类文化发展的新走向①

21世纪已经进入第二个十年。从20世纪末到21世纪初即已出现的人类文化新走向，现今已经突显其发展路径和主要质素，并形成了新的文化构成，其趋势鲜明、其态势勃兴、其气势汹涌。这是地球村里人类文化的新潮流、新格局。我们应当清醒地认识它、面对它、接受它，并且需要以开阔的视野、精审的态度和积极的精神，来选择正确的文化战略和发展路径。因为，我们在实现现代化的进程中，在实现民族伟大复兴中，文化必须从传统向现代转型；而这种文化转型所处的世界文化大环境、人类文化大格局，正是我们"文化的生存与发展的大环境"。正确选择民族文化转型的道途和核心内涵，十分必要且具有重要而深远的意义。

一

"当代人类文化新走向"的首要表现，就是人类从根本上调整自己的文化方向，其基本内涵则是从"征服自然"——"开发、利用、掠夺、榨取、毁坏自然"的战略和道途上，转向"保护自然"——"保护、开发、利用、养育自然"；在文化精神上，从"敌对自然"转向"敬畏自然"。

国际战略研究机构罗马俱乐部早在20世纪70年代初，就在其《人类处在转折点》的研究报告中，令人警醒地指出：在最近300年中，人类的进步和所取得的伟大成就，就是"人类征服自然"的结果，"'人定胜天'被认为是理所当然的"。而且，值得警觉的是，"对那些大自然

---

① 原载《辽宁大学学报（哲学社会科学版）》2013年第2期。

暂时还不肯退出的阵地，人们认为最终攻克只是时间问题"，也就是说人类还要继续"征服自然"，占领地球上尚未被毁损的"最后的阵地"。但是，大自然虽然退却了，却并没有被征服。而且，它已经成为人类遇到新危机中的强劲"对手"。"大自然并未被征服，而是更加难以捉摸，更加难以对付，这是人们未曾想到的。"报告指出，人类"征服自然"的目的就是为了经济增长，而这种美好的愿望，却成为当前危机的原因。而且，这种包括人口危机、环境危机、粮食危机、能源危机等在内的"症候"，是一种"危机综合征"，它旧的未去，新的便已接踵而至。[1]自从这个理应令世人警醒的报告发表以来，已经过去40年了，很遗憾，情况并没有根本的改变。人类继续在"征服自然"实际是掠夺和毁坏自然的道路上进军。污染成为覆盖地球的通用词。大气层、空气、山岳、河流、海洋、森林、土地，无不遭到严重污染；人类食物普遍受到污染后进入人体；人类自身也遭到污染。每天有物种在地球上消失，物种灭绝的危机濒临地球村，生物多种性严重退化。人类三大家园（自然、社会、心理）均遭戕害，社会危机、精神危机、道德危机、信仰危机等文化与精神领域的危机伴随而至，而且空间扩大（遍及地球村）、领域增加（无处不在）、性质恶化、程度深邃。发达国家一边治理且收效巨大，一边却仍然制造危机或者转嫁危机于他人；发展中国家和地区则在全力实现现代化进程中，在GDP崇拜中，沉浸目前利益而大刀阔斧地产生新危机。生物学家发出了令人震惊而必须惊醒的警告："人类将'导演'第六次生物'大灭绝'"。此前五次的生物大灭绝皆出于自然的原因，而第六次则是人为的原因。人类这种居于地球"霸主"地位的状态，必须改变。因为地球大破坏、生物大灭绝，最后必然导致人类自身的灭亡。

　　正是这种"危机综合征"和生物大灭绝的警号，促进了人类的觉醒。大自然的警告和报复，不能不使人们"停下来"反思：我们应该怎样继续生存下去，应该怎样克服危机，应该怎样与自然相处？答案只能是"回头是岸"：纠偏补罅，改弦更张，改变自己的文化方向！当年，罗马俱乐部报告中便提出了"有序增长"的概念和发展方略，以后全球性共识形成：可持续发展。在发展中与自然和谐共处，共同生存、共同繁荣。这就是新的文化精神，新的生存策略，新的文化方向。

二

　　人类调整文化方向的一个重要方面和核心内涵，就是对于"现代性"的反思和在此基础上的再认识、再批判、再选择。

　　源自欧洲的社会现代化，在理论上和实践中，逐步形成了对"现代性"的系统认知、构造模式、实践纲领和目标体系，它深深地打下了欧洲文化的烙印，注入了对传统的欧洲式批判体系，形成了欧式—西方现代化模型。现代化理论的重要代表人物之一、以色列社会学家S.N.艾森斯塔特指出："现代性，即现代文化和政治方案是在伟大的轴心文明——基督教欧洲文明内部发展起来的，它通过含有强烈诺斯替成分的异端理想的转型而得以形成。"[2] 79 "现代方案——即现代性文化和政治方案——首先是在西方，在西欧和中欧发展起来的，它的出现须有一些思想和制度前提。"[3] 80 这种欧式—西方现代化方案或模式，由于创辟了一个新的西方世界，改变了社会生活和人类文化，以至全球现代化追求唯其马首是瞻，许多国家和民族纷纷步其后尘。但是，各国现代化的实际行动和结果所造成的社会现实，却在巨大经济业绩、社会进步和幸福生活之外，同时存在并不断增加种种负面效应。对此，从20世纪初就出现了质疑和反思，批判之声反映在种种论著之中，至70—80年代，人们提出了"现代性是不是出了问题？"这样的严重质疑，甚至有识者提出"在现代化道路上竖起了一块牌碑：此路不通"（不是说不能现代化了，而是指像这样的现代化，其道路走不通了）。

　　对于这种几乎形成共识并成为全球共同选择的、西方现代化模式的理论与实践，国际学术界在质疑的基础上，提出了多种理论概括和文化批判。人们意识到西方现代化所形成的西方现代性文化，一方面创造了长时期的空前的经济繁荣和社会发展，另一方面却也制造了同样空前的自然毁坏和社会灾难。"现代社会理论产生以来，'现代性'如同'鬼魂'一样，始终缠绕着现代社会理论家的思考活动，成为他们进行理论建构的中心主题。""鲁曼、伊莱亚斯、哈贝马斯、布尔迪厄和季登斯五位思想家……都将思考的主要方向指向'现代性'的问题。"他们共同"意识到'现代性'社会和文化的'危机'、'病态'"[3] 79。布尔迪厄的反思性社会人类学理论（Bourdieu's reflexive social anthropology）、哈贝马斯的沟通行动理论（Habermas' theory of communicative action）、伊莱亚斯的文化过程理论（Elias' culture theory）季登斯的结构化理论（Giddens' structuration theory）、特别是德国社会学家尼克拉斯·鲁曼的社会系统理论（social system theory），对之进行了系统的、深刻的梳理、分析、反思和建设性的理论建树。他们的理论归宿都指向重构现代性、重构人类文化，实行新的现代化模式。

回顾历史，我们可以清楚地发现，西方现代化模式，所谓"古典现代性"，有三个方面的"先天缺陷"。

创辟和取得社会的现代性，以实现现代化的整个过程，首先在文化上，立足于对于传统的批判和否弃。在工业化、经济起飞和科技日新月异发展并武装经济发展和社会生活的过程中，一切"传统"都要在"现代性"的法庭面前接受审判，而后在实际生活中被扬弃，去旧迎新，开辟新的社会发展和生活模式。没有这步行动，就没有现代性的获得。"现代性"就是在"对传统文化的批判"中产生和发展起来的。但是悖论也由此产生：越是创获现代性，对传统的批判、破坏、否弃越是全面、深入、彻底。而同时，越是取得后者的胜利和前进，现代性的弊病就越加显现。雅斯贝尔斯曾经提出"人类处境问题"，认为这是一个世纪以来愈来愈重要的人类困惑。直至当代人类感受到"失去家园"的惶惑和忧伤，而产生"回家"的欲愿。"'无家可归'是现代化过程中意识变化的主要特征"[3] 203。因为，家庭破毁、亲情疏离、人情淡薄、人际关系紧张，社会生活失去历史感、意义感、归属感、认同感，人们心理上感到"难于承受的轻"，好似虚悬在半空中；而且，吸毒泛滥、艾滋病肆虐、社会犯罪泛化，恐怖主义张狂，心理病、科技病、城市病缠绕着人们。据世界卫生组织公布，全球有高达10亿的人遭受心理疾病的折磨，自杀成为许多人寻求解脱的悲剧选择。如此等等，都使现代人感到心灵上的"无家可归"，产生"思乡情"和"归家"欲愿。现代哲学深刻地反映了这种现代人的"乡愁"。"对海德格尔和维特根斯坦来说，从西方文明生发出来的'哲学'，原本就是因了人从其居所放逐出去而发生的。……引述诺瓦利（Novalis）的看法：哲学本质上是思乡症——普遍的要回家的冲动。"[4] 实质上，这种"乡愁"就是"从'原有居所'中被放逐"而产生的对于"传统"的某些方面的系念，"回家"就是对于"传统文化"的这个"家"的怀想和思归。这种"思乡病"同时还是过度物质享乐和科技依赖所造成的精神性虚弱和渴望，其中自然也包含对传统中人文精神的怀念。美国著名"迷惘的一代"作家杰克·凯鲁亚克的著名小说《在路上》，在20世纪50年代末问世时，它的书名及内容与文化意蕴，正是体现了这种从美国国内到国际的"思想意识的变化"，"'垮掉分子'的文学运动来得正是时候，说出了世界各民族的千百万人盼望听到的东西。……异化、不安、不满早已等在那里了。"他们的"寻求"和"在路上"都是精神层面的。[5] 这是西方现代性"先天性缺陷"之一。

其二，现代性文化是从西方"'开物成务'的外倾型文化"中脱胎而出的，它正是征服自然、向自然开战、向自然索取的现代化进程的最佳文化底蕴与文化取向。在工业化过程中，在利用日益发达的科技支撑下，不断地"开物"，也就是不断地扩大、深化、掠夺性、破坏性地向自然开掘资源、能源，日益造成自然的毁损与污染，直至今日之"三大家园"的破坏、三大关系（自然、人、社会）的紧张和社会生活的三大倾斜（重物质、科技、个体，轻精神、人文、群体）以及两种文化（科技文化与人文文化）的分裂——分殊。这种现代性文化模式的出现，是现代性借西方文化的"开物成务"秉性而发展，也是西方文化凭借现代性发展而施展其"开地球之'物'以成其文化之'务'"，相得益彰，互促互进，以至于体现出"现代性"在物质世界和人间社会的"嗜血"的野蛮主义。正如艾森斯塔特在其所著《反思现代性》一书的第三章以标题指出的："野蛮主义与现代性：现代性的破坏因素"。他开章明言："野蛮主义不是前现代的遗迹和'黑暗时代'的残余，而是现代性的内在品质，体现了现代性的阴暗面。"[2] 67 他甚至深刻地指出："现代性不仅预示了形形色色宏伟的解放景观，……而且还包含着各种毁灭的可能性：暴力、侵略、战争和种族灭绝。"[2] 67 前者，我们从实现现代化的发达国家中以及世界性的事实中，看见众多属于人类物质上和精神上获得了的"解放景观"，空前提高了人类的物质生活和精神生活的水平，提高了人类的幸福水平；而后者，则正如作者接着指出的："纳粹大屠杀恰恰发生在现代性的中心，成为现代性的负面毁灭潜能的极端表现和象征，显明了潜藏于现代性核心的野蛮主义。"[2] 67 这是"现代性"的第二个先天缺陷——来自西方"外倾型文化"的文化本性和取向的先天缺陷。

"现代性"的第三个先天性缺陷则是社会制度性的。

被哈贝马斯称为"把现代性上升为哲学问题的第一人"的黑格尔，揭示现代性的三大内涵就是经济发展、市民社会和个人自由。他"哲学性"的命题是："财产是自由最初的定在"，他"强调财产的私有性质"和"反对财产平等"，他指出市民社会"是私利的领域，是一切人反对一切人的战场，并且也是私人利益与公共事务冲突的舞台"[6]。这在实质上深刻地揭示了"现代性"的资本主义性质。马克思则更进一步直接揭示了"现代性"与资本主义同步"混融"地发展的历史事实。可以说，"现代性"是凭借资本主义制度而实现，而资本主义则靠创获"现代性"而建立和发展其社会制度。"马克思将现代化的过程直接地同资本主义的兴起联在一起……对他来说，现代化首先意味着资本主义生产的发展，意味着保障资本主义生产的资产阶级所有制的形成和完善化，也意味着由资产阶级所有制所决定的生产关系经济结构的全面形成，同时还意味着由这种经济结构所产生并决定的整个资本主义上层建筑的建立。"[3] 198这样，"现代性"的资本主义性质和文化品性，就命定地决定要获得"现代性"的现代化社会，必然带来一切资本主义制度的弊害。这种弊害发展到资本主义后期的当代，就自然地显现现在令人触目惊心，甚至恐怖忧伤的"现代性综合征"。

前述人类调整文化方向的总体文化新走向，就是针对这样的"现代性三个'先天性缺陷'"，以及其所造成的长期以来存在而又越来越恶性发展的问题，而产生的文化新质和新质文化。

哈贝马斯给出了一个"未完成的现代性"的命题，他认为现代性作为一个宏伟的历史工程，并未结束，仍然在发展中。有的学者则提出"救赎现代性"——"救赎"（redemption）本是西方各种宗教的元叙事，现在则被用来对"现代性"问题的思考和拯救，并希冀通过救赎来重新塑造人类的未来，建立更加美好的世界共同体。人类如何继续完成尚未完成的现代性？如何救赎现代性？那就是要为自己追求现代性过程中对自然的破坏、对传统的过度破坏和遗弃所造成的危机和"处境"付出代价，并且"回头是岸"，改变现代性的固有"属性"和模式，在全面反思的基础上，重塑、重构现代性诉求和文化内涵。

三

上述对"现代性"的反思，自然和必然地提出了保护环境、保护地球—保护自然的思想和文化道路。

20世纪60年代初（1962年），美国海洋生物学家蕾切尔·卡森在她的名著《寂静的春天》中，曾就广泛使用杀虫剂等问题，以详尽的资料，大胆揭示了人类可能用现代科技手段破坏自己的生存环境的严重问题。她在卷首申明以自己的著作献给艾伯特·施韦策，因为他提出了惊世之论："人类已经失去预见和自制力，人类自身将摧毁地球并随之而灭亡。"她还在扉页引用了济慈的诗句："湖上的芦苇已经枯萎/也没有鸟儿歌唱。"[7] 扉页1-2 她当时受到严重而恶意的攻击和污蔑，但却成为现代环境保护运动的先驱，对人类的生存与幸福，其功至大而深远。美国政治家阿尔·戈尔在为《寂静的春天》所写引言中，赞赏卡森说："她唤醒的不止是我们国家，还有整个世界。"他还写道："她将我们带回到一个基本观念，……人类与大自然的融洽相处。"戈尔慨叹地写道："已有人尝试走这条路了，但几乎无人像卡森那样将整个世界领上这条道路。"[7] 引言VIII、XII 但是从那时以后，虽然一方面环境保护运动在全球逐渐开展并起到遏制和补救作用，使人类破坏自然、毁灭地球的行动有所收敛，成效甚为显著；但是一来运动的发展很不平衡，二来人类并没有停止可能毁灭自然连带毁灭自身的开发榨取自然的行为。尤其是在发展中国家里更是如此。生物灭绝和地球毁损的程度越来越严重，到了不可不刹车的地步了。以至20世纪末至21世纪初，在深刻反思的基础上，提出了高调、激越、普泛的保护环境、拯救地球的强烈呼吁和实际行动。人类总体上已经恢复预见和自制力，整个世界已被卡森唤醒，被她领上了"与大自然融洽相处的道路"。

值得特别提出来的是，在20世纪与21世纪之交时期，人们已经提出并实施了新的发展理念以及建立生态伦理、建设生态文明的文化观念。发展，应该包含对自然的保护和养育，应该在与自然融洽相处的前提下求得，破坏自然的发展是非发展，其效应是负面的。"人类只有一个地球，而地球上不只有人类"，人类与地球的关系，不只是资源与开发的关系，而是共同生存与繁荣的关系。汤因比与池田大作于20世纪关于21世纪的对话中，就曾深情地提出："人类应该羡慕鲜花与小草"。2004年诺贝尔和平奖获得者、肯尼亚妇女马塔伊，在领奖讲演中表示：她向往小溪中的蝌蚪。她说："我希望非洲所有的孩子，都能看到在小溪中嬉戏的蝌蚪！"苏联专家康·帕乌斯托夫斯基在他的名著《面向秋野》中深情地抒写道：我们要"通过大自然与人的思想和情绪的有机联系去认识大自然"。他说，"一片最渺小的白杨树叶也有它自己的有理性的生活"，"每一片秋叶都是一篇杰作"，"每一片叶子都是大自然的一篇完美的作品"[8]。让人们重新听见蛙声，让芦苇不再枯萎，让鸟儿飞鸣，让我们通过大自然与我们的思想、情绪的联系去认识和理解大自然，让我们尊爱一片片树叶这样的大自然的杰作，理解并尊重它们的"理性生活"。这是人类平常而又重要、如今难于得到的享乐！尤其居住、生活在"水泥森林"中的城市人更是如此。大自然及其物种多样性，不仅以物质资源养育人类，而且以大千世界的山水林田、海洋河流、草原旷野、鲜花绿荫、鸟鸣虫吟以及清风明月、蓝天白云，构成美丽蕴藉的世界，构成人类美好的家园，而且涵养人类的心灵与性情。

因此，人类的伦理观念应该从家族和社会的固有范围中突破，将"自然"和所有物种纳入其中。从另一方面说，也是将人类纳入自然界，人类只是"地球之子"中的一员，既不是地球的"霸主"，也不是地球的孤儿，人类与生物多样性的自然界共生共荣。人类的伦理观念应该是生态伦理；人类建设的文明，应该包括自然在内，是生态文明。破坏自然就是破坏人类伦理，破坏生态的文明是反文明。这些已经成为21世纪人类文化走向的最重要的内涵之一了。

四

与上述诸端紧密联系的，是对于科技发展和科技本身的反思。对科技的反思，是人类从20世纪到21世纪的重大反思之一。

科学技术的进步发展以至产生持续的科技革命，无疑对人类文明的发展，起到了极为重大的作用。现代性的获得也完全离不开科技的发展。科技发展与不断的革命，给人类创造了空前巨大的生产力、巨大的财富和高水平的福利生活。人类的幸福蕴含随科技的发展而水涨船高。但是，科技是一个"双刃剑"，这已成世界共识。"现代科学技术为人类提供了种种新的可能性，而使这个时代成为了不起的时代。在这些可能性中，一些将人类引向幸福与繁荣，一些则将人类引向恐怖与毁灭。"[9] 序1 日本著名物理学家、日本首位诺贝尔奖获得者汤川秀树在他的《现代科学与人类》文集的序言中这样写道。运用科技对于自然的开发其破坏的广度、深度以及某些"万劫不复"性，都是超等的。现代科技已经深入社会生活，人的体质以至精神层面。人类的生活越来越依赖科技。科技病成为新世纪的人类新病症，苟发之，就是怪病、特异病、疑难病症。物理的、化学的、生物的、医药的、饮食的以及日常生活用品的，种种弊害与病害，都损伤人的肌体以至人的精神和心理，甚至影响人际关系。汤川秀树这位物理学家发出的警策语，值得人们认真谛听："无论如何都无法肯定地回答说，科学必定给人类带来幸福。""与其说科学发展让人性的各个侧面得到体现，并帮助人类形象的形成和发展，毋宁说，伴随科学的发展出现了人性的整体性被分裂和破坏的趋向。""本以为自己是操作机器的人，竟然在不知不觉中变成离开机器的帮助就无法生存的动物。"[9] 4-5

　　当然，所有这些弊害—病害，都绝不是科学技术本身的问题。问题出在人类如何使用科技和掌控科技，问题在于人类的科技思维、科技战略和科技政策。现代化目标引发的人类科技思维和科技战略，是以"对立"意识来处理人类与自然的关系的，是为了人类的利益来开发利用自然。应用科技创造发明开发自然，实现经济起飞，提高生活福利：这是人类科技思维、科技战略和科技政策的逻辑。但是，科技"双刃剑"的威力就由此产生。不要说化学武器和原子武器，也不提农药杀虫剂等，即使是医药这种造福人类、治病救人的科技，也在"造福"的同时，损害人的肌体和心理。电脑这种新科技，在发挥极大的用处和好处的同时，也带来电脑病和心理症状，引发社会犯罪和伦理道德等方面的问题。这里，科技对人类毫无负责任的必要，它"自在"地存在着，发挥着它的巨大造福人类的能量，问题是人类自身的使用不当。由此，新世纪的声音是："人性地使用科技"和"使科技具有人性"。这一新的文化走向，定会使人类处理好人与科技的关系，使科技充分发挥其造福人类的作用，而抑制、遏止、消除由于人类自身的"非人性-反科学的使用"而造成的祸害。

　　这里自然还涉及工具理性与技术理性问题。在对科技的反思中，提出的这个概念，揭示了科学技术社会化并同行政力量结合，成为统治人的力量的异化现象。法兰克福学派在"工具理性"的命题下，对科技与社会的结合和在资本主义制度下的发展，其异化的"症状"，给予了系统的揭露和深刻的批判。"单向度社会"和"单向度人"的概念的提炼，揭示了"工具理性""科技理性"的损害社会和人性的弊害。这里揭示的同样不是科技自身的问题，而是人类自身如何使用科技的症结。由此，新世纪文化走向的一个方面，就是使用伦理–道德观念、立法手段以及相应的种种人性化的方式方法，来人性地使用科技和使科技具有人性。比如，对个人电脑的使用和对网络文化的掌控，就可以和需要使用这些手段来诱引、指导、规范人们，以至打击犯罪。

<h2 style="text-align:center">五</h2>

事实上，工具理性——科技理性的问题，还涉及一个大科学与科学共同体的发展问题。科学共同体协调共同发展，尤其是社会科学在共同体中的结构比比值上升，这也是当今人类文化发展的一个重大新走向。

科学，是自然科学、技术科学、社会科学、人文科学四大科学部类组成的科学共同体。但是长期以来由于科学技术的发展对于经济——社会发展的直接的、切近的、可见的效益的突显，以及它在人类发展中的突出作用，得到长足的发展，受到人们的重视并和行政结构紧密结合，其发展和受重视的程度，都远远高出于社会科学和人文科学。工具理性与科技理性的社会蔓延、掌控人们，几乎使社会科学与人文科学对于人类不可估计的意义和价值，向为人们所轻忽，甚至不知其存在。而实质上，在经济与社会发展方面来说，就人类的文化进步来说，科技是解决战术问题的，而社会与人文科学则是解决战略问题的。这里，并没有高下之分，只是性质不同。社会与人文科学本性就是探讨和解决人类社会与文化应该如何发展、向何处发展、发展中出了问题如何遏制其弊害与解决其症结等等，而这些自然科学是"不过问"的，因为它的本质就是研究和揭示自然–物质世界和技术领域的现象和规律，并使之为人类服务。

不过，长期以来工具理性引发的上述种种问题，尤其是种种社会问题的丛生与迸发，使人们逐渐对社会与人文科学引起重视，尤其对于经济学、法学、政治学、社会学、心理学等学科的基础理论与应用研究，引起了重视，给予了关注和加强发展的支撑。20世纪结尾期，有学者提出：21世纪是社会科学的世纪。这自然不是说只剩下社会科学的发展，而是指社会与人文科学，会得到更多的重视、更大的发展，更重要的是，在科学共同体中的结构比比值，会大大上升。尤其是科技文化与人文文化的两栖分化的状态，会很大地得到改变。特别是在大科学-科学共同体中，彼此协调共同发展，将大显神威。社会与人文科学，从自然科学-技术科学中，获取知识、智能和方法论的支持；科学技术从社会与人文科学中汲取人文精神与人文关怀，以及如何与社会结合等。新世纪需要和能够产生的是精于两种文化的精英，既掌握了科学技术又了解社会与人文科学，并将后者运用于自己的认知系统和研究之中；同样，社会与人文科学家，也掌握基本科技知识，并以其为自己的知识背景和智力支撑。汤川秀树有一段话，也许可以说是预言了这种混合协调着宏大研究对象的体系和大研究格局："从科研的角度来看，理、工、农、医式的学科划分有时都会感觉受拘束。更极端地，我们甚至可以想象，那些既无法包括在自然科学也无法划分到人文科学或者说社会科学中的研究对象，在将来会变得愈加重要。"[9] 170 这里所说的大"研究对象"，现在丛集地出现，也被人们以大课题、大团队、大投资的方式，或者以个别的方式，由具有"双科学"优势的科学家们，在从事研究了。

六

人类认知能力的空前提高和人类对世界、宇宙、自身的新的认识、定位，以及由此确立的新的文化视野、文化进化与文化襟怀。——这是仍然在进展中的人类文化走向。

据科学家估计，人类至今面对宇宙，还只是认识它的6%，极大部分还是未知宇宙空间。不过现在人类的认识能力，借助科学技术的高度发达和认知能力的提高，已经大大提高了。人类可以从"四个维度"，即原来的宏观和微观之外，再加上钱学森所说的"宇观"和"渺观"来观察世界和宇宙了。人类可以离开地球来观察、研究地球，登上月球和火星，进行信息采集和观察研究。人类不仅研究物质，而且研究反物质、暗物质；不仅研究能量，而且研究"暗能量"；还在研究反氢原子、研究"上帝粒子"。人类可以更宽广、更遥远、更深邃地观察、分析、研究大千世界和茫茫宇宙。既有的理论、学说，不断遭到质疑以至改变和推翻；新的理论和学说不断出现，有的已经被接受或者初步确认，有的仍然在进一步探究。不仅自然科学和技术科学是如此，社会科学、人文科学也在经历着这样的巨变和发展。比如史学，提出"长历史观"，即世界体系的历史不只是欧洲500年资本主义体系，而是5000年的人类历史体系；不是欧洲中心，而是多中心。还有"大历史"的命题：在宇宙演化中书写世界史。大到大爆炸产生宇宙这样的时空观，来研究人类的历史。"宇宙大爆炸"→"无生命宇宙"→"地球上的生命"→"早期人类的历史"→"全新世"→"近代"→"现代"→"展望人类多种未来"。这就是大体的路径和体系。[10]

人类已经进到一个新的文化时代，人类具有了新的文化视野、文化进化，产生了新的更阔大、更深邃、更明晰的文化胸襟。人类对于社会、自然、人自身，都具有了新的认知、新的观念、新的态度，其胸襟更广阔、更深沉、更豁达、更宽容。

七

电脑普及与网络文化的发展，引发了人类文化习得、传播和积淀的第四次革命，并极大地推动人类文化的发展，其势不可挡，前途尚难估算。

电脑的普及和网络文化的发展，使人类文化的习得、传播、积淀、传承，实现了第四次革命（第一次，语言的使用；第二次，文字的创造；第三次，印刷术的发明）。这次革命的能量、作用与意义，均远远超过此前三次革命。其使用之普及、作用之巨大深邃、影响之广泛深远，其参与人之众、交流之广泛遥远深入等，也均非此前之三次革命所可比拟；其对人类的工作、生产、生活作用与影响之广大、多样与深入，也均非此前三次革命所可比拟。它使人类信息、知识、智能之传播、交流与掌握，达到了朝发夕至、朝发夕知，甚至即发即知的程度。这就引发了人类知识体系和文化构造的根本性变化与空前的发展。它现在仍然在日新月异、突飞猛进地发展、提升并高智能化，它的现实存在与无限潜能，既是人类文化发展的新纪元，更以"龙头"之姿，带动并预示着人类文化的难于预计的发展和变化。汤川秀树曾经表示："不论在广义还是在狭义的意义上，我都希望20世纪后半叶是人类智能得到全面、纵深发展的时代。"[9] 56现在可以说，他的这个希望已经达到而且远远超出了他所期盼的程度，因为电脑与网络文化具有开发人类无限潜能的潜能。有学者估计，"一个人所发挥出来的能力，只占他全部能力的百分之四"，而人的下意识、创造力和精神潜力等，都是人类尚可大大开发的潜能。电脑与网络文化正是前所未有、威力无穷的人类潜能的"挖掘机"、阀门、启迪器和杠杆。[11] 385-390现在，人们正在发挥自身的智能，开发利用电脑与网络文化的功能，创造文化、发展文化，推动人类生产、生活的发展和智能的超常发挥，其前途现在无法估计和预测。

当然，如前所说，电脑与网络文化也是"双刃剑"，它的负面作用和效应，也是空前的、广大而深邃的。它涉及社会领域和人自身。社会犯罪、精神污染、信息误导、"黑客"侵害，广度和深度都是空前的，智能化的；它对人自身的戕害，包括生理的、心理的、人际关系和伦理的等等。目前已提出了许许多多这些方面的问题和社会公害，急需规范化、立则立法立德（建立新的道德意识和道德律）。

无论是积极方面还是消极方面，其发展与抑制、掌控，都是人类文化的重大走向。

<h2 style="text-align:center">八</h2>

人的新的生活理念与价值观、幸福观的建立——这已经是新世纪的重大文化走向。

我们应该怎样生活？我们应该过什么样的日子？什么样的生活才是好生活？我们的价值观的核心和底蕴应该是什么样的？什么样的生活是真正幸福的？现在，对这一切都有了新的答案，而且不仅是理念上的变化，事实上已经有了行动，已经有人这样来生活和"过这样的生活"了。

丰厚收入、物质享乐、物欲飞扬，在这样的生活理念指引与规范下，人们生活了很长的历史时期，在科技发达、现代性不断实现的情况下，物质主义与享乐主义的价值观，长时间统治着人们的心灵，并把幸福观建立于其上。但是，从20世纪初，特别是第二次世界大战后，怀疑已经产生，并随着现代性的发展而滋长，直至20世纪末而深入反思，醒悟之声起伏，新的欲念、新的生活信条、新的价值观和生活追求在发扬滋生，尤其在发达国家和地区，更是如此。人们在困顿中，感受着物质享乐的乏味和精神疲劳，感受着高消费和高节奏生活的疲惫与意义逃遁，感受着缺乏亲情、家的温馨和归属感、意义感的失重，感受着科技依赖的生活方式的机械化和"不能承受之轻"，感受着城市生活的逼窄紧张气闷的苦恼，等等。人们在寻求并创获新的生活方式。生产与消费模式的结构性改变正在产生；"'物'的时代已经画上句号"；"世界将进入重视'身心'价值时代"；"大量生产、大量消费""将转向更加重视健康、安全、环境以及知识和文化"[12]。新的金钱观、价值观显现：比尔·盖茨将以亿计的美元的财产的90%捐献给世界慈善事业。"时间就是金钱"的生活准则，被"时间（指与亲人在一起共度的时间）比金钱更重要"所取代。新的生活理念和规臬出现了。美国在20世纪80年代出现过享乐主义的"Yuppies"（雅皮士），现在一个新阶层则渐渐涌现，他们被称为"Yawns"，即"young and wealth but normal"（年轻、富有但生活朴素）的缩写。他们的生活理念是，收入可观但坚持朴素的生活方式，努力谨慎对待地球资源，重视家庭生活并关注慈善事业。紧张与休闲的整合与调节，节奏相对放慢，在物质与精神两者之间寻找平衡并适度向精神倾斜。人们创辟城市中的乡村，或者休息日走出城市悠游乡间或旷野森林溪流边。"幸福"概念中，物质、金钱的分量和价值降低减弱，而精神、文化的价值增加。生活中的三大倾斜（重物质、科技、个体，轻精神、人文、群体）被纠偏为颠倒过来。两位中国花甲夫妇"背包走天下"，写出"幸福的感悟"："物质财富满足人对物质生活的需求，给人带来享受；文化产品满足人对精神生活的需求，给人带来精神幸福。""简朴的物质生活，丰富的精神生活，和谐的情感生活。这个多元的世界，包容了多元的幸福、多元的选择。……追逐心中的梦想，选择自己想过的生活，我们觉得，这就是幸福的真谛。"[13]

总之，文化在生活理念、价值观和幸福观中，被凸显、受重视、浸润整体。尊重与亲近自然、简朴的物质生活、丰富的精神生活、和谐的感情生活，是幸福的组合。

九

人类对自身的重新认识与定位，是人类文化当今重要的、带根本性的走向。

"我在何处？""我是谁？""我该如何自处？""我为何而活？活着的意义何在？"这些"人之问"，是自从人类产生意识以来，自从人在自我意识中，把自己与"自然"分离开来之后，就产生的疑问——自问与天问。不管是否意识到这个"天问"，每一个人的存在，都明确或不明确、自省或不自省地存在这个问题。历史上哲人圣贤对此做出了种种回答，都有各自的道理。康德说"人是目的"，笛卡儿说"人是智能实体""我思故我在"，富兰克林说"人是制造工具的动物"，达尔文说"人是动物本能"，拉梅特里说"人是机器"。现在，人类驰骋宇宙，凭借宇观、宏观、微观、渺观的思维与考察能力，凭借现代高科技，凭借知识领域的空前阔大，凭借对自然的认识更广大、更深邃、更具真理性，对自然产生了新的认识，由此回观自身，也产生了新的体认，并且对"人与自然"的认识也深入了、提高了、变化了，也向正确的方向更大大前进了一步。由此，在新的认识的基础上，对自身有了新的定位。

人类不再只是限于从物理学、生物学、哲学、社会学、文化人类学等学科的视角来定义人、认识人自身以及确定在世界的位置，而是从广阔深邃得多的视角，把人类放到宇宙的、自然的广大环境中，放到从宇宙大爆炸开始的广度悠远的时空中，来定义人、认识人，并确定其位置。于是，"征服自然"的思维和对人的定义与定位，都得到严重的修正。人类再不是自然界的"霸主"和征服者，而是茫茫宇宙中小小地球的一员，是"自然之子"中的渺小的一员，是千万物种中的一员。人类绝对征服不了自然，人类对自然的过度开发利用势必遭到报复，其力度，是人类难以承受以至承受不了的。久远的且不去数落，就是最近时期以来，从非典到禽流感，从海啸到地震，多少自然稍一发怒发威，人类的灾害就多么严重、损失多么沉重，有的几乎是万劫不复。人类的醒悟既已到时候了，又是尚未为晚也犹算及时。

现代性是以个人主义思想为基础的，它与资本主义伴生。现在，人类从这个基础上觉醒了。除了人类与自然的关系，还有人与社会的关系。每个人都是社会的一员，是依赖社会而生存、发展和求得个体的幸福的。任何个人都离不开社会。无论何人，无论拥有多么大的权力，或者拥有富可敌国的财富，都离不开社会，其所获得和拥有，都是社会的"赐予"。还有人与"他者"的关系。每个个体，都是与"他者"同在共存的，个体是在与"他者"发生关系、在"他者"的互动互生中生存和发展的。只有在"他者"的"眼中"，在"他者"的存在中，个体才有意义、具价值、能幸福。那些认识不到这一点，把自己的位置摆不正的人们，无论权力多大、财富多大，都是可怜的，最后只会倒在幸福的门外。这不是一种推论和武断，而是千万年的历史，千万人的人生所证实、所昭示的。

作为宇宙中渺小的一员，与自然和谐相处、与社会和谐相处、与"他者"和谐相处，"人类、自然、社会、'他者'、'自身'：和谐共融，共同生存、发展、繁荣、幸福"，这就是答案。人类需要建设的是生态伦理，需要建设的文明是生态文明，这就是答案。当然，这些还不是最终答案，也不存在最终答案。答案会随着人类的认识的进一步提高而不断发展。

十

人类文化的重塑与重构，这是当今人类文化走向的重大课题和进程。

人类至今遭遇的问题和巨大麻烦，都是人类的文化过程所造成的，其中包含文化刺激、文化生态与文化模式等。经过20世纪末至21世纪初的"百年反思"，特别是文化反思，人类悟到了必须在文化上改弦更张，才能够扭转局面，走上可持续发展的道路，向着真正的人类幸福的道路前进。

首先是对于商业文明的深刻反思和由此引发的"文化灵感"，设想应该在这方面重塑和重构新质人类文化。

美国当代著名文化人类学家约翰·博德利对商业文明的弊害和对策提出了一系列富有启发意义的论证。他认为，当今人类问题与特定的文化过程，其中包含文化刺激、文化制度、文化生态等有关；问题出在基本文化模式上。因此，人类问题的解决归根于文化问题的解决，要重新思考和设计、开辟新的文化模式。我们应该立足"全球意识"和"全人类意识",立足于"跨文化与跨国家"视角的立场和思考方式,来探讨解救之道。他论证,这是因为,当今世界普遍存在的政治、经济问题,"其核心就是人与物质世界的关系问题"。人类高度和过度的消费、不加遏制的增长以及不可持续的发展,对物质世界进行了摧毁性的掠夺和榨取,损害了物质世界并遭到它的严重报复。而这一切都根源于商业文明。他指出,人类在18世纪末,出现了"第一个真正意义上的全球规模的社会文化体系",并塑造了文化和制度的基础设施,"创造出了以增长为基础的政治经济"和"全球以巨大而复杂的市场为基础的社会"。这种文化变迁,在人类历史上是空前的。而"当代文化变迁最突出的组织特性是它完全依赖商业推动力","这种商业化过程产生了一个全球规模的社会,⋯⋯它对生物圈、文化演化过程及人性本身的影响无法预料。""现在全世界65亿人都被编织进了一个单一的商业网之中"。因此,博德利指出:商业文明已经成为"文化霸主","当今社会面临的许多紧迫问题,像全球变暖、资源匮乏、生态恶化、贫困和冲突,这些问题是全球商业文明基本文化模式中所固有的。"[14] 序一, 前言, 致谢, 1-20

　　这里的逻辑理路就是:商业文明的一切活动,尽管涉及无数生产领域和部门,涉及物质世界的方方面面,但是,归根结底都"落实"到、归结到人自身的物质消费和精神消费以及精神消费的物质基础,都是为人的衣食住行,即"日常生活"服务的。这就是所谓"文化刺激"。它引起不可持续的增长。所以商业文明实质上就是消费文明。由此才归结到问题的根本是"人与物质世界的关系"。由此,博德利的结论就是:当今人类问题是文化问题。"要解决当今人类问题,需要在所有可能的文化领域中仔细评估世界组织起来的文化方式。⋯⋯人性化、政治化和商业化过程塑造我们的生活,⋯⋯只有在这三个文化过程达到平衡基础上设计文化机制,才能解决人类面临的问题。"[14] 序一, 前言, 致谢, 1-20

　　因此,重塑和重构人类文化,首先就是调整商业文明的"霸主地位",摆正它的文化位置,掌控以至适度遏制它的作用、影响的力度、范围和深度。其要义则在于人类自身的控制消费、遏止不可持续的消费。而前述的"过朴素生活"、"时间比金钱更重要"、富足但生活朴素并关心环保和慈善事业等新的社会态度、文化刺激,都是人类文化的重塑与重构的一种现实表现,一种实践行动。

西方文化中心观念和地位的改变，西方现代化道路在选择上和执行上的改变，则是人类文化重塑与重构的另一个重大方面。史蒂文·赛德曼指出，"人类本质的一致性、个人是社会和历史的创造力量、西方之优越性、科学即真理的观念的假定以及对社会进步的信仰"等，这些都是西方文化的内核和要义，它伴随着西方现代化和资本主义制度的发展，而广泛传播、侵入、浸润世界各国和地区，是君临并改造其他文明的文化霸主。但是，"这种文化现已陷于危机的状态之中，……西方社会正发生着一场广泛的社会和文化的变革。"人们怀恋"那些往昔的、地方的传统"，出现了国家和经济、文化的"反割据"（de-territorialization）[15]。世界性的民族精神和传统文化的兴起、复兴和对西方文化的质疑、批判与疏离等，表现了对西方文化的着意挑战和寻求新路的民族心态。现代化道路和模式的"出新"，特别是曾经显赫一时、引世人关注并广受青睐的"亚洲四小龙"经济起飞的成就，引起人们对另一种非完全西方现代化的瞩目。而由此也对它们的经济起飞的文化背景与文化模式引起关注和予以肯定评价。西方现代性文化那种对自然的破坏、对物质利益和享受的追逐、个人中心主义、对科技的偏重等，而其文化背景与底蕴的，那种"开物成务"的外倾型品性与"征服自然"的文化性格等等的偏颇，以及它因受资本主义物质追求的"文化刺激"所运用和强化等，也不仅遭遇外域的广泛质疑，而且受到本身的有识之士的反思与怀疑。这样，西方文化在人类文化中的"霸主地位"和影响力便呈弱化趋势，而人类文化也就显现其重塑与重构的理论诉求和实际行动了。

与之同时发生的，是对东方文化的回眸。这是一种对人类文化的全面性反思与纠偏愿望的结果。现在西方至少已经把东方文化作为"他者"来审视自身文化了。而泰戈尔早在20世纪20年代在访问中国时，就指出："余此次来华，……大旨在提倡东洋思想亚细亚固有文明之复活，……泰西文化单趋于物质，而于心灵一方缺陷殊多……"[16]。钱穆论中西文化之异质时也指出，与西方文化之"开物成务的外倾型"相对的，是中国文化的"'人文化成'的内倾型"。季羡林则明确指出，"这个文化（引者按：指西方文化）已呈强弩之末之势"，并且提出问题："西方文化衰竭了以后怎样办呢？"他坚定地回答说："我的看法是：自有东方文化在。"[17] 42-44 中国"天人合一"的思想，蕴含着对宇宙、人类、社会的统合一体的哲思，蕴含着敬畏自然、护卫自然、在此前提下利用与倚赖自然的"天道与人道观";认为天理即人道,主张人与自然和谐相处,并且人道应与天理顺应。这里存在着一种可贵的尊重自然、保护环境、遏制无限度劫掠物质世界的文化底蕴。足可为当今世界危机起纠偏补罅作用之文化资源与文化精神。中国的综合思维模式可以补西方分析思维模式之不足与偏颇。现在,老子、孔子、庄子以及中国传统文化经典,受到西方学界的重视和认真研究,译本比较广泛为人们关注,数百所孔子学院在西方国家开办,美国学者著书论述"通过孔子来思维",老子哲学受到西方现代哲学大家的重视,这些正反映了这种对东方文化的新认识和用以补充、充实、"化解"被西方文化霸主统制的人类文化。季羡林关于世界文化的"三十年河东,三十年河西"的系统论述,李泽厚关于"该中国哲学登场了?"以及"中国哲学如何登场"的论证,则反映了中国学人对这种世界文化呼声的回应。季羡林曾对关于人类文化现在处于"中西融合"的问题进行了详细具体的论证,特别是明确地指出:这种融合不是"中西文化对等地融合,不分高下,不分主次,像是酒同水融合一样,你中有我,我中有你,平起平坐,不分彼此"的平等融合。"融合必须是不对等的融合,必须以东方文化为主。""而是两个文化发展阶段前后衔接的融合,而是必以一方为主的融合,就是'东风压倒西风'吧。"[17] 42-44对此,季羡林做了多次周详的学术论证。这种"东风压倒西风"的融合,可以视为人类文化纠偏的一种表现,但显然这种"东风"也已经不是原封不动的和故步自封的;它深深蕴含着中国文化的传统血脉、精神气质、文化核心,同时,它也是历经历史磨炼、逐步变迁,特别是经历了现代文化进程的洗礼的,汲取了新的文化,包含西方文化的营养的。早已提出并拥有丰硕研究成果的新儒学的发展,以及近期提出的"新子学",都表现了在西学和中西结合的背景下的中国传统文化的发展和变化,其中已经融入了西学的成分。因此,上述的"融合",是一种"现代的中学"与西方文化的现代性融合,是共同重塑和重构人类文化的共性,并不是、绝不是中国文化取而代之,由东方文化之一支化而成为人类文化的整体了。

无可否认的还有,中国作为最大的发展中国家和世界第二大经济体,其文化特别是悠久优秀的传统文化,也在以新的文化资质和姿态,自然地和积极地走向世界,进入世界文化的新走向之中。以上,当然还只是以中国文化为例而言,此外,还有对古老印度文化和日本文化的瞩目，也都汇融于这一人类文化新走向之中了。

科技与人文两种文化的平衡和"四大科学部类"（自然科学、技术科学、社会科学、人文科学）的协调共同发展，也是人类文化新走向中，重要的表现和内涵。早在20世纪末，西方学术界就有人提出："21世纪是社会科学的世纪"。而针对科技的负效应而提出的"人性地使用科技"和"使科技具有人性"，则从纠正人类科技思维、科技战略和科技政策等方面，"响应"了支持社会与人文科学的潮流。经济与社会的发展，经济的增长，决不能只依靠科技的威力和开发作用，同时也要接受和濡化科技思维、科学精神；尤其重要的则是从社会与人文科学中，汲取人文精神、人文关怀以及对人生与生命的终极关怀，汲取对社会、人类、人性等等方面的知识体系的把握，并贯注于科学研究和技术创造之中。而社会与人文科学，则应该了解、掌握科技文化的基本精神和科学态度，从它们学习、了解有关自然界和物质世界的知识，学习其科学方法并结合社会与人文科学的特性，具体应用之。如果说以前是科技文化统率、受到格外的青睐和实际的照顾，是"社会的娇子"，那么，现在则需要也正在"纠偏"，对社会与人文科学引起较过去更多的重视了，它的研究课题、研究成果，比如关于现今人类危机的经济学、社会学、政治学、文化人类学等的研究成果，予以重视并在实践中采纳了。现今比较普遍认识到，既精通科技又精于社会科学，或者既精通社会科学又了解自然科学，才是新世纪需要的"通才"——专家。"四大科学部类"共同发展，实施"大科学"战略——大课题、大研究团队、大投资、大格局、大范围、大成果，是现今的一种重要研究模式。而这种发展势必引发人类文化的重要的新走向。

人类文化正在这样的新的世纪、新的社会环境和条件下，也是在新的文化过程中，新的文化精神引导下，迈向新的通途。

人类文化的新质正在产生和发展。新的文化理念、文化模式、文化精神正在产生，以至有学者提出了前述的"轴心文明在当代复活""人类第二轴心时代来到"，出现了"第二轴心时代"的思潮。有的学者就此进行了认真的论证。

雅斯贝尔斯曾提出以公元前500年为中心——在公元前800年到公元前200年之间，是世界历史的轴心时代，在这个时期，在中国、印度、波斯、巴勒斯坦和希腊，先后产生了古代的高度文明。他指出：中国有了孔子和老子，印度产生了《奥义书》，巴勒斯坦出现了先知，希腊则有荷马、巴门尼德、赫拉克利特、柏拉图、修昔底德和阿基米德等。现在是不是人类文化又进到一个关键性的转折点，又达到了那样一个时代，一个新的轴心时代？这要看人类沿着上述的新走向走下去的情状，特别要看人类是否有在文化上迥然不同于前代的发现与发明，是否具有了原创性的文化创获，提出了新的文化体系、新的认知体系和新的文化图景；并且产生了既划时代又足可影响后世至数千年的文化巨人。

　　"第二轴心时代"，这是人类一种美好的期待、一个美丽的憧憬！世人拭目以待！

参考文献

[1]　米萨诺维克,帕斯托尔.人类处在转折点:罗马俱乐部研究报告 [M].刘长毅,李永平,孙晓光,译.北京:中国和平出版社,1987.

[2]　艾森斯塔特.反思现代性 [M].旷新年,王爱松,译.北京:生活·读书·新知三联书店,2006.

[3]　高宣扬.鲁曼社会系统理论与现代性 [M].北京:中国人民大学出版社,2010.

[4]　汪丁丁.回家的路:经济学家的思想轨迹 [M].北京:中国社会科学出版社,1998.

[5]　凯鲁亚克.在路上 [M].王永年,译.上海:上海译文出版社,2006.

[6]　陈嘉明,吴开明,李智,等.现代性与后现代性 [M].北京:人民出版社,2001.

[7]　蕾切尔·卡森.寂静的春天 [M].吕瑞兰,李长生,译.上海:上海译文出版社,2008.

[8]　帕乌斯托夫斯基.面向秋野 [M].张铁夫,译.长沙:湖南人民出版社,1985.

[9]　汤川秀树.现代科学与人类 [M].乌云琪琪格,译.上海:上海世纪出版集团,2010.

[10]　吴苑华.世界体系是5000年历史的人类历史体系:安德烈·冈德·弗兰克的马克思主义世界体系理论研究 [N].中国社会科学报,2012-03-14(B5).

[11]　马斯洛,等.人的潜能和价值 [M].北京:华夏出版社,1987.

[12]　榊原英资.全球衰退为"物"时代画句号 [J].海外经济译论,2009(16):26.

[13]　张广柱,王钟津.花甲背包客 [M].长沙:湖南文艺出版社,2012.

[14]　博德利.人类学与当今人类问题 [M].周云水,史济纯,何小荣,译.北京:北京大学出版社,2010.

[15] 赛德曼.后现代转向:社会理论的新视角引言 [M].吴世雄,陈维振,王峰,
    等译.沈阳:辽宁教育出版社,2001.

[16] 陈独秀.泰戈尔与东方文化 [N].中华读书报,2012-03-07(17).

[17] 季羡林.谈国学 [M].北京:华艺出版社,2008.

当代人类文化的转型与重构

20世纪即将结束，21世纪已经迫近，在此世纪之交之际，我们感受到，也已经看到不少迹象，人类文化必须也正在实现转型与重构。为什么会发生这种情况呢？是从什么样的文化类型、文化形态，向什么样的文化类型和文化形态转换呢？新的文化类型又是什么样的一种构造呢？这是我们今天所要讨论的问题。

一、"地球村"发生了什么事情，人类遇到了什么问题？

关于这个问题，我只能在这里列举一些现象来说明。这虽然是一种"外在的"排列，但它们是共存于人类文化总体中的各自独立的部分。

第一，在20世纪中科技取得了空前巨大的成果，百年所得，超过以前几千年的收获。经历了几次科技革命，最近几十年又不断向高科技发展。科学，囊括了一切文化现象。高科技成为人类发展的基础、动力、杠杆和必然趋势。这一发展势头，近年发展极迅速，21世纪还将更快。科学技术的发展，给人类带来了巨大的、空前的生产力，引起了宇宙、世界、社会、人性的巨大空前的变革。这是一种根本性的和结构性的变革。同时，也带来人类的巨大的空前的福利。这是应当肯定的，这也是不可阻挡的趋势，在今后的100年中，还将取得人们现在还难于

完全预计到的发展，取得今天难于预计的成就、发展和福利。

第二，以科学为核心、为龙头、为动力，人类文化也总体性地取得了巨大的发展。整个人类的文化构成和文化生活，都因为有了高科技手段，而"如虎添翼"，发展迅速、猛烈、巨大、深入、变化频率高、过程短、层次也高。

运用科技武装，人类对它的三大认识对象（即宇宙、社会与人自身）的认识、理解的能力越来越高，广度、深度也发展了，特别对自然的开发利用的能力越来越强化了，而且，创造的能力也极大地提高了，开天辟地、上天入地、发掘探取、创造革新，无所不能，无所不为。

第三，上述的科技发展和人类文化的总体发展，也产生了负面效应，而且很严重。这可以列举许多方面。这里只说三个方面的问题。第一个问题是三大"家园"的破坏。人类有三大"家园"，这就是自然家园、社会家园和精神家园。自然这个人类生存的家园真是被破坏得太厉害了。环境污染、生态失衡、大气层破坏、物种灭绝，真正是山河变色、湖海尽"染"（污染）、天出窟窿（臭氧层破坏）、地面下陷（地下水使用过多），可以说"地球村"里已无一片净土。这不仅危及地球——自然的生存，而且危及人类自身。社会是人类创造的自身的存在家园。现在也被污染了，物质主义、享乐主义、个人主义使人与社会常常处于对立的状态，人类被社会犯罪、吸毒、艾滋病、家庭破损、亲情疏离、人际关系紧张等问题所困扰，作为社会动物的人在"社会"这个自身营造的家园里活得很紧张、很累、很不痛快。精神家园也被破坏得不轻，产生了许多人类的"新毛病"：心理病症、心理障碍。在物质享乐、极度自由、唯我是从之中，人感到孤独、寂寞、空虚、无意义，轻飘飘不能承受、失重的感觉。这三大家园的破坏，给人类带来了无限的苦恼、不能摆脱的愁苦。第二个问题是人、自然、社会之间的"三大关系紧张"。人与自然之间，一方面是人类用越来越高超的技术手段，开发自然、利用自然，向自然索取，发展到掠夺、榨取、破坏自然的地步，而自然，正如恩格斯所说的"对人类施行报复"。人与自然关系的紧张还由于人对自然的破坏行为是社会性的，是通过社会活动、社会机制、社会规模来进行的，威力很大，效益也大，但是，后果也就更严重。而当社会越来越物质化、福利化、享乐化和对自然处于对立状态，它也就越来越反人性，也反社会自身。另一方面，社会被人"营造"成这样了，比如商品化、工业化、城市化、科学化、技术化、规范化、模式化，如此等等，也就具有了反人性的性质和力量。这也可以说是"社会对人的报复"，它成为凌驾于人类之上的统治怪物，而不是为人所创造而为人服务的"机构"了。人在此种情况下，也产生反社会的情绪，一部分人走上对抗以至犯罪的道路，有人厌弃社会，有人想要游离于社会之外或"超然"于社会之上。这样，"人／自然／社会"，三相关系紧张，交互辐射，彼此影响和对立。这种"三相关系"的紧张，对人类的影响是全面的、深度的，因此也是一种严重的威胁。第三个问题是社会生活中的"三大倾斜"，就是在物质与精神的关系中重物质而轻精神，在科技与人文的关系中重科技而轻人文，在个体和群体的关系中重个体而轻群体。这"三大倾斜"带来了许多社会生活和科学、文化、教育中的问题。

　　第四，科技成为人类的"弗兰肯斯坦"。"弗兰肯斯坦"是英国小说家谢斯的一篇小说中描写的怪物，它是人创造的，却吃掉了创造它的人。科技在现代的超级发展，也已经具有了这种性质。不要说科技用于战争成为屠杀人类、毁坏自然的手段，就是和平利用，用于生产、生活，也都带来了许多有害环境、有害人类身心健康的结果。从更广和更深的层次讲，科技造成了马尔库塞所说的"单面社会""单面人"的后果。在高科技时代，人的自我确证、人的内容、人的生活、人所塑造的形象，都无不打上了技术的烙印，大有"技术文明一人"之势。技术的自主性成为对人的背离、背叛性。本来，技术是客体，是人的聪明才智的创造物，而人则是主体，是创造技术、运用技术、掌握技术、控制技术的。技术的命运本是操纵在人的手中的。但是，技术的高度发展和广泛的社会应用，以及深度的对人与社会的影响，其"灵性"高度增长，其"个性"恶性膨胀，在一定条件下，特别是在生产过程的条件下，具有了一定的，但却是巨大的主体性，对人与社会产生反作用力、反控制力。并且以"弗兰肯斯坦"之性，大有反噬人类之势。技术的这种问题，最日常所见的就是生产技术把人纳入技术系统而服从它，为它操纵人，失去自主性以至人性受损；在工作和生活中，电视、电脑、电子游戏机等更普遍地在损害人的身心。正如雅斯贝尔斯所说："技术只是一种手段，……技术对于将如何利用它是漠不关心的。"因此我们可以说，在一定范围内和一定程度上，技术使人：① 自由丧失，即物化、技术化、机械化、非人化；② 精神空虚，即劳动变质，成为受奴役、当零件，价值丧失，自主、随意、游戏等人的自由和充实的精神失去；③ 本能的压抑，即人一切都跟随机器走，"被欺骗"。所以出现了下面这样的新词，如技术统治、技术专制、技术官僚、技术的绝对命令（technological imperative）、技术割裂（technological seperation）、技术殖民等。这些词的出现在一定程度上反映了技术与人与社会的矛盾。这是技术异化，也是人的异化。这种被荣格称为"现代人的精神苦闷"，在20世纪30年代就已经相当严重了，最近几十年科技的空前高度发展，照那时比，更有了质的飞跃，这种苦闷也就更沉重而深刻了。人类不能不谋求解决之道。

第五，主观上两种文化分离地发展与客观上两种文化的汇合趋势及客观提出合作的需要。

首先是两种文化的分离以至对立。这就是C.P.斯诺在1959年的一系列报告中提出的：整个西方社会的智力生活和现实生活都已"日益分裂为两个极端的集团"。他在《两种文化》一书中写道："一极是文学知识分子，另一极是科学家，特别是最有代表性的物理学家。二者之间存在着互不理解的鸿沟。"应该说，这种"鸿沟"不仅是职业的和学科上的差别所造成的，而且是不同的研究对象、不同的研究方式和方法，以至不同的思维领域和思维方式造成的；两种科学家在长期的不同的范畴中劳动、工作和生活，不能不形成两种不同的理性世界和感性世界，以及两种不同的文化心态。这就构成了两种文化的差别。这种文化的分裂和分裂的文化，由于科学技术的迅猛而高度发展和人文、社会科学同样突飞猛进地发展，而越来越加重和加深了。彼此之间，在知识领域、活动范围、社会功能发挥等方面，也更难"懂得对方"了。但是，这两种文化又在汇合，客观上提出了两者合作的需求。人类知识本来是一个整体，知识体系之间是外在地和内在地互相沟通的，彼此促进发展的。在理论上是如此，在实际上也是如此。自然科学、技术科学在知识发展和社会的应用上，在发展到高层次时，在深入探究时，在功能发挥上，都会渗透、涉及以至侵入人文、社会科学的大系统之中。它们通向哲学、人类学、社会学、经济学、历史学、语言学、考古学以至文学、美学等学科的道路是多元而畅通的。在现代社会，经济、社会与科技的发展也有一个特点，这就是"经济社会发展的科技化"和"科技发展的经济社会化"，两者密不可分了。可以说，现代经济社会的任何一个大的问题，都不是两种文化的任何一种可以单独解决的；反之亦然。现代科学技术的发展，在教育水平、人力、资金、管理等方面，也都离不开经济社会的发展和同经济社会发展的同步与结合。马克思早在100多年前就预言过两种文化汇流的趋势。现在，这种趋势越来越强化了。现代经济的发展，现代化进程的发展，都提出了它们汇流与合作的需求。"我们需要有一种共有文化"，C.P.斯诺的这个结论是正确的。

第六，对现代化的反思。人类已经度过了现代化的两个世纪，毫无疑问，这两个世纪中人类在现代化的道路上前进得很快，取得了伟大的成就，为人们创造了巨大的福利。人类取得了空前的巨大胜利。但是，在这两个世纪中，人类为此也付出了巨大的代价，而且这种代价的后果并不是一次性的，而是具有连锁性和派生性的，还有许多后果具有潜在性、隐蔽性，可能还有的不是今天人类认识能力所能达到的，或者还没有显现出来。这种负面效应除了前面说到的种种问题之外，还由于第一批实现现代化的国家的现代化道路是资本主义模式，这带来了众所周知的一系列资本主义弊病：物质病、享乐病、城市病、心理病、精神病、理性病、情感病，都体现着一种"现代性病症"，越是现代化进程快，病情就越重。马克思所说的"人的异化"，克尔恺郭尔所说的社会的"反常失态"，从马克斯·韦伯开始的对于现代工业主义和资本主义的"非人性""非道德性""非理性"的批判，以至法兰克福学派的系统批判，丹尼尔·贝尔在《资本主义文化矛盾》中的剖析，其批判越来越猛烈、尖锐和深刻，并且表现得忧心如焚。这样，人们就对以资本主义发展为标准模式，以科技文明为特征，以工业化、城市化、商品化为目标的两个世纪的现代化进程，产生了深刻的反省，进行了现代性反思。有的学者提出"现代性是否出了问题？"有的学者提出"100年的经济发展是否是一场灾难？"这两个尖锐问题的预计的回答就是：① 对传统的破坏是不是过多、过重、过深？ ② 经济发展是否既有负效应，又有作为追逐目标，其内涵是否有要加以考虑的地方？

第七，"重建人类家园"的提出。面对上面所说到的各方面的种种问题，人们很自然地提出"重建人类家园"这个课题。"重建"，有近期的、战术的，有长远的、战略的。目的是要消除灾难、恶果并预防其发生，要从积极方面来修补人类的三大家园，还要运用新的战略、战术、新的手段和方式来建设人类未来的家园。人类不仅面对21世纪，而且面对着人类的"第三个千年"，即2000—3000年人类将怎样度过？

第八，走出"人在何处""人是谁"的"人之困惑"。以上的问题，可以说都是人所造成的。R.里奇在《第六次灭绝》一书中写道："而今威胁地球上生物的因素里又多了一个前所未有的因素，那就是人类，有生物以来第一次一种生物具有毁灭所有生物的能力。"人要发展、工业化、现代化，要经济增长，就会引发上述的种种问题，包括自然的毁灭、生物物种的毁灭。人类凭着高科技武装起来的高度智慧，可以毁灭所有的生物。而一旦如此，人类就成了宇宙的孤儿，人类自己也毁灭了。所以，美国学者赫舍尔在《人是谁》这本书中提出"人的生存"（human living）比"人的存在"（human being）更重要。因为人如果只顾自己的"生存"，而不考虑自身的环境的"存在"，也就不能生存了。这就是说，人要明了自己身在何处、人是谁。既要明了人是生活在自然之中的，是自然的一分子，是自然之子，也应该是自然之友，人要与其他生物共存，人类生活在一种自然生态、社会生态、民族生态、人心生态、文化生态之中。如此众多的"关系"环境，身处复杂多元、共生共荣的"关系网"中，人当如何生存、明确自己是谁，就是非常重要的了。这应该说是站在更高的，也是带有根本性质的基础上来思考人和人的存在问题了。

下面我们来谈第二个问题。

二、觉醒之音、解救之道、希望之路

在广泛、深刻和长期的反思、研究、探讨的基础上，人们提出了许多的批判、反省、建议、方案、学术研究和政策咨询。汇集起来，这可以说是人类的一种觉醒之音，也是提出了解救之道，展示了希望之路。综合起来，大约可以归纳为这样八个方面。

第一，调整人类的文化方向。不说以前的，仅就20世纪来说，人类的文化方向是"向自然索取"，是改造自然、环境、社会、"他者"，人是一切的主宰，尤其是科技文明，不仅使人采取这一文化方向，而且具有高超的手段。今后需要调整这种一味索取、单纯应用、不计后果、不思控制的文化方向。英国的历史学家汤因比和日本的著名学者、社会活动家池田大作在关于21世纪的对话录中说道：现代科学文明是"以对立关系处理人和自然界的，它的出发点是为了人的利益去征服和利用自然"，而这就是"现代的自然和人类的协调关系崩溃的一个原因"。他们在《展望21世纪》一书中说，"人类本来是怀着敬畏之心看待自己的环境的，应该说这才是健全的精神状态"，人类"无论如何是需要变革现代文明的思考方法本身"。

与这相联系的，就是人类不能单纯地、各自地（各个民族、国家、地区）、个别地、不计后果、不顾负效应地追求经济增长，这会造成社会的畸形发展、人的畸形生活和彼此间的关系紧张，而且在物质、精神、心理上也有损及人类自身的恶果，这方面也同样提出了调整人类文化方向的问题。在上述汤因比和池田大作的对话录中，说到人的贪欲问题。他们说："贪欲本身就是一个罪恶，它是隐藏于人性内部的动物性的一面。"当然，黑格尔说过"贪欲是历史发展的杠杆"，恩格斯也肯定这个提法。现在也有不少人引用这一论点。但是，无论是黑格尔，还是恩格斯都只是在论证贪欲在历史进程中的作用的一个方面，而并不是全面肯定它，在哲学命题中作为一个完全肯定的因素看待。汤因比和池田大作也是在"无限制"和"超极限"，即不掌握"度"的情况下来批判贪欲。他们在《展望21世纪》一书中说，人类"若一味沉溺于贪婪，就失掉了做人的尊严"。"给欲望以无限的自由，就等于压制了崇高的精神自由。因为欲望必然破坏崇高的精神。""放纵欲望就是放纵恶人。""在允许贪欲肆虐的社会里，前途是没有希望的"，"没有自制的贪婪将会导致自灭"。这里说的都是一种限度与自制，不要放纵，切莫沉溺。这带有一般的、共同的文化方向的意义。

第二，为了这种"适度"，无论是联合国有关组织，还是国际发展研究的学术机构，都先后提出了一系列的方针与对策，即新的发展战略。提法各有不同，基本精神是一致的，大体上，有这样一些提法，如"有计划发展""有序发展""协调发展""再生性发展""可持续性发展"等。这里主要的精神就是不要过度，不要竭泽而渔，不要不顾负面效应，不要顾此失彼。就全球性来说，要普遍地、均衡地、有计划地发展，要实行互相间的平等互利的合作；就"人／自然／社会"三者的关系来说，就是要改变掠夺的、榨取的、毁灭性的"为我所用"的文化方向。

第三，三大问题的解决，就是前面说到的"三大家园破坏"、"三相关系紧张"和"三大倾斜"这样三个问题的解决。现在的情况是，许多国家和地区注意到这个问题了，想了许多方法，包括运用科学技术来解决这三个问题，也收到了效果；但是，也有的地方，并未注意这些问题，或者是注意到了，但一时还"顾不到这些"，因此，类似的问题还在发生、滋长。此外，还有许多属于这"三大问题"范围内的问题，还未引起注意；或者注意到了，还没有办法来解决。但在方向上，这个大事情，是已经提到人类活动的日程上来了。

第四，让科技更好地发挥它的造福人类的作用，而克服它的成为人类的"弗兰肯斯坦"的恶性。C.P.斯诺在《两种文化》一书中说："技术具有两面性：行善和威慑。在全部历史中它都给我们带来了福和祸。"所以，他提出要"合理运用技术"，要"控制和指导技术的所作所为"，只有这样，"我们才有希望使社会生活比我们自己的生活更如人意，或者说一种实际的而不是难以想象的生活"。而且，在这里，我们还需要"以毒攻毒""以子之矛攻子之盾"，即用科技来解决科技带来的负面效应。正如C.P.斯诺所说的："我们必须用以反对技术恶果的唯一武器，还是技术本身，没有别的武器。"

第五，四大科学部类的协调发展。我们粗分一下，科学至少是由四大科学部类所组成的，这就是自然科学、技术科学、人文科学和社会科学。长时期以来，也可以说，特别是以前的两个世纪中，随着工业革命的发展，现代化进程的发展，科技文明越来越发展，它们两者之间互相推动，促进了社会的进步、人类文明的发展。而同时，人文科学和社会科学的发展，却相对迟缓了，相对地受到轻视了。当人们发现科技文明带来的种种负面效应之后，在最近几十年中，人们则越来越注意到人文科学与社会科学的作用了。现在人们提出"大科学"的概念，是有重要文化意义的。至少是四大科学部类作为"大科学"，共同协调、互相渗透、彼此合作地发展。

第六，对科学主义与科学理性的扬弃。科学不能解决一切问题，科技不是万能的，这一点已成世界共识，科学主义的偏颇造成了人类心智活动、经济生活与社会行为的偏差。科学理性的那种客观主义、本质主义和线性决定论都是不完全符合宇宙—世界的客观实际的。正如张洪齐在《科学的进步与理性的失落》一书中所指出的："本世纪中叶以后，科学研究进入了演化的世界，发现这里不再是决定论的，而是存在大量的不确定性、随机性、选择性。"他指出，贝塔朗菲对系统非线性因果关系的揭示，冲破了机械决定论的统治；申农对信息熵的定量研究，使"不确定性"具有了科学性；耗散结构论发现了系统在演变的分叉点上不可避免也出现随机性；近年发展起来的混沌学，揭示了具有"内禀随机性"的广泛存在的混沌现象。这真是科学理性大厦在内部的强烈震动中坍塌了。这样，人类必须扬弃这种科学理性的不合理、不全面、不准确的部分，改变这种强理性观，而代之以弱理性观。这也就是要加强人文科学、社会科学对科学主义和科学理性的渗透。

第七，向东方文化的注目，重点是向中国文化的注目。文化上的欧洲中心主义现在已经被否定了，东方文化落后论也已经没有多大市场了。而且，在上述问题发生和对它的偏颇的认识的基础上，人们发现，正是中国文化精神、中国文化命题，具有对人类目前居于统治地位的西方科技文化的补漏罅隙的作用。中国文化的强调"天人合一"，与自然和谐相处的思想，中国文化的重视人伦关系的精神，中国传统的思维方式中的重整体、模糊把握对象的特点，中国美学思维中的重神似与重表现的精神，都受到重视。它的文化精神与科技至上，科学主义、科学理性的相异性，正具有一种纠偏的作用。日本人对《论语》的重视和"论语+算盘"的思想的提出，以及欧美学术界、科学界对于中国的传统文化、传统哲学的重视，如对《老子》《庄子》的研究等，都表现了这种对中国文化的注目。现代建筑大师、美籍华人贝聿铭创造了典型的现代西方建筑，而他却有着深厚的、"原生性"的中国文化背景。他自己说，他所受的最大的影响是中国古典哲学，老子的著作对他的建筑思想的影响比其他任何人都大。所有这些，都表明中国文化精神以至整个东方文化，是人类新文化精神的重要资源。季羡林先生曾说东西方文化是"三十年河东、三十年河西"，文化重心又向东方倾斜了。

第八，向古老智慧的回眸。这是对"现代化反思"导致的必然的部分结果。这自然不是倒退回去，而是要从原创性的人类古老文化寻找新的、现代灵感，寻找人性的某种古老纯真的复归，以至寻找人类生活方式的某种原创性、"原始性"的复归。当然，这种复归，都是站在现代立场上，站在对"现代性发生了问题"的思考的基础上，从人性、人的生活方式产生异化的视角来回眸往古，发掘可理解性、可用性和启发性，并加以现代诠释、现代处理、现代改造与现代应用。人类文化的原创性中本是包含着符合人与自然正确理解和处理的"合理内核"的，其表现形式则难免是神秘主义的。荣格所说的"现代人的精神苦闷"就是现代文明同人类的"原始民族心灵特性的矛盾"。所以，那种人文性、感性、非理性、人情性、随机性、主体性、天人合一，以至"神秘主义"等这些"远古的智慧"，足可供我们现代拿来做文化整合的调节剂和调节器，来折冲、平衡现代科技文明、享乐文化、个人主义的偏颇，救正其弊病。

三、人类新文明：文化的转型与重构

现在具体一点地来讨论人类文化的转型和重构这个问题。

在总体上说，转型和重构是同时同步行进并表现为一种互为因果的活动状态。由于前面说到的那些原因和人们在对这些问题认识的基础上所形成的认识和对策，便产生了人类文化的转型和重新构造。因为在转型，所以构造因素和文化因素之间的结构比以及新的结构因素出现，这就造成了文化的重新构造；而另一方面，由于重新构造的发生和行进也就导致了文化的转型。两者是不可分的。

那么，转型和重构，是怎样的一种情况呢？

概括地来说，也许我们可以说，人类文化是从以科技文明为核心、为基础，以征服自然为主要目标体系的文化，向既仍然保持科技文明的重要地位，又发挥人文、社会科学的作用，两者整合发展，而以既利用自然又保护自然为目标体系的文化转型。简单地说，就是从"科技型"文化向"科技-人文型"文化转型。这就是说，人类要构成一个新的文明观、文化观，新的认知体系、新的智慧。这个新的人类"认知图景"，是正确处理"人／自然／社会"三者之间关系的，是使三者协调发展的。有的学者称之为"高度契合"，就是说，人类的各种知识体系，比如说"两种文化"高度契合，即新的更高水平的科学技术的发展，同社会与人的更高程度的发展是相适应的、是契合的。有的学者则说，是以新的研究打破人类原有的"信念局限"，而逐渐形成新的规范。有的学者则提出"人类生态学时代"的概念，意思是说，要建立一种新的生态学观念，即人作为一种有意识、有目的的因素，应该是积极有益而不是消极有害的因素，对自然、社会和人，都应该如此。据此，他们提出"社会发展规模有意识受到限制"、"人口规模也将限定数字"、经济发展要考虑自然界平衡、循环和再生能力，并据此定出环境质量标准。总之，人类的生活方式主要的不是提高生活的物质标准，而是使生活"提纯和美化"。

为了稍微具体一点地说明这种人类文化的转型和重构，我在这里权且列举十个方面。

第一，与自然和谐共处的文化。人以自然之一员、自然之子，而又是"天之骄子"的姿态，既开发、利用自然，以谋取人与社会的利益，又保护自然，养育自然。"反对人类榨取人类以外的自然"。这是一个根本的文化方向的主题。

第二，科技文化的"人化"，即使科技具有人性和人性地使用科技。即利用高科技的手段，来防止、解决高科技对自然、社会与人的破坏，并会同人文、社会科学一起来解决经济发展与生态失衡、环境污染的问题，解决由高科技所引起的伦理、道德、法律、人性等方面的一系列问题。

第三，调整前面说到的四大科学部类之间的结构比，在最近几十年，是尽快提高人文、社会科学的地位和比重。

第四，改变"两种文化"的分裂状况，使科技文化与人文、社会科学文化互相渗透、互相理解、互相合作，促进这一文化潮流的发展，形成C.P.斯诺所说的"共有文化"。

第五，东方文化精神的注入。重伦理、重人文、重自然、重和谐发展，以及重表现、重神似、重直觉、重感悟的东方文化精神的注入人类文化共同体，对于解决科技文明的偏差，具有重要意义，两者的现代融会，有利于人类文化的转型与重构。

第六，经济发展与社会进步、文化发展的整合。经济发展的弊害方面，要受到社会进步和文化发展不受侵害更要获益的界域限制，人类的经济活动应该是经济效益、社会效益和文化效益的统一。

第七，强化五项文化意识，这就是环境意识、绿色意识、生态意识、科技控制意识和经济与社会发展整合意识。这是针对目前人类发展中的弊病而提出的"救急之方"，是调整文化方向的具体的、重要的几个方面。现在不少有识之士，在这方面发出了呼吁和警告，并采取了有效的行动。

第八，人类文化后院的建设。人类的整个生活，可分为前台与后台、前院与后院、"热闹场"与"安静场"、"物质域"与"精神域"，这两面的生活必须保持平衡，失衡就会出现痛苦和灾难。而且，越是一方发展，越是要求另一方"配合"，"水涨船高"。现在的问题是，前者兴盛后者衰，叫作"阳盛阴衰"，这带来了许多社会问题和人的生活和心理的问题，社会犯罪与人心紧张都与此有关。因此，要注意建设发展人类生活的后台、后院、"安静场"、"精神域"。人类整体地需要这么做，一个国家、民族、地区要这么做，每个家庭和个人，也要这么做。这是人类的文化方向发展的，也是转型与重构的一个重要方面。

第九，人类新的心智结构的调整和重构。人类的心智整体，可以说由几部分构成，如"智能结构""心性结构""科学结构""人文结构""心灵结构"等。它们之间是互相渗透、互相影响、互动互促的，在每个个体上，表现为一个有机结合的整体；在人类总体上，则形成每一个具体历史时期的特有形态，也是有一种共相的。在20世纪人类这种心智结构，有严重的偏废与偏差，将来的人，应该是"各相共存共生共荣"的一种"文化人"。

第十，摘取新的"亚当苹果"。美国人类学家马戈龙·马鲁雅玛曾说，面对20世纪人类文明的发展，"人们或许会变成不适于继续生存的怪物，或许会掌握一种新的、完全陌生的文明"。我们综合前面所说的诸方面，也许可以说，它们就是人类适应未来宇宙、世界科技社会发展的新形势的"新的、完全陌生文明"的转型和重构的诸构件。马戈龙·马鲁雅玛称这为"新的亚当苹果"。他说："我们正在进入一个新的时代，科学的发现和发明不仅会部分地改变我们至今承认的'人的本性'，而且授予人们改变'人的本性'的力量。这就是'新的亚当苹果'。这一次不是摘自使人能区分善行和恶行的智慧之树的苹果。这是一只可以改变人的体魄、心智和文化的苹果。"

我们相信，人类是会摘取这只新的亚当苹果的。也许可以说，人类不是单纯地摘取，而是还自行创造。而且人类已经在逐步创获这只新的心智之果了。

以上，就是我对人类文化在世纪之交转型和重构的理解。这些理解，未必全面，也未必全对，但是，不全面和不全对是属于我个人的认识水平的问题，而人类文化的转型和重构则是确定无疑的。谢谢。

1996年6月1日

世界文化发展态势与我们的对策[①]

一

　　当今的世界处在文化大发展的时代，也是文化发展的重大转折期。无论物质文化还是精神文化都是如此。第二次世界大战以来，社会生产力的巨大的、空前的、突破性的发展，使劳动生产率大大地提高了，社会物质生产空前地发展了，人类所能拥有的物质财富也空前地增长了。与此同时，既促进了生产发展又借助于生产的发展，科学技术也取得了空前巨大的、突破性的发展。这两方面的发展本身，就是人类文化大发展的表现，同时，它又推动人类的物质文化与精神文化的发展。最近几十年来，尤其是近20年来，由于生产的发展，为生产服务和为生产者（包括各个方面、高低层次的从事生产的人们）服务的各种设施、装备、手段都极大地发展起来，其中包括各种文化方面的建筑、设施、装备和手段。这就推动和加快了物质文化的发展，加快了精神文化的实体部分的发展。同时，这方面的发展，又直接或间接地推动了精神文化的发展。我们可以说，在这个人类文化大发展的时代，人类生活质量大大地提高了，人类自身的质量也大大地提高了——他们的智慧、能力提高了，认识世界和改造世界的本领提高了。这两方面提高的重要标志就是科学的因素在生活中普遍地增长。文化的因素也普遍地增长。文化已经

[①]　原载《理论与实践》1986年第14期。

成为人类社会和人们生活中不可缺少、无处不在的因素；而科学又囊括了人类一切文化现象。

这种情况，向人们提出许多新的要求。第一，它要求人们在从事生产时，要具备较高的文化知识水平、较高的科学技术水平。第二，为了达到这个目的，适应这个需要，又要求各种为此服务的文化、教育、技术传授与培训的设施相应地跟上。第三，它要求在社会总投资中，这方面的比重，相应增长。第四，它对人的素质要求越来越高了，要求他们有较高的文化素养、科学知识、技术知识、一般文化知识，都要有相当的水平。第五，由于上述变化和出现的这种新情况，提出了对于这一切生产和人员的以及发展的需求，给予满足供应的要求。这方面的文化生产和供应，既是物质与精神文化的发展，也是这种发展的次生动力。

如果我们把前面所述的情况，加以综合，做一个整体性描述，那么，我们可以说，这一切表明，由于人类科学文化的巨大而空前的发展，人类认识世界的领域越来越宽广了，越来越深化了，越来越细密化、科学化、国际化、未来化了；而人类改造世界的能力也大大地强化了。人类整体性地真正地成了一个巨人，一个世界的主人。

但是，到此为止，我们只描述了发展的光明面，还没有对消极的后果和不利的甚至是黑暗的方面，加以说明。而这个方面是不可忽视也不应掩盖的。

现今的世界，由于上述原因，已经产生了许多共存共有性的全球性问题。比如能源问题、交通问题、环境污染问题、老龄化问题、生态平衡问题等，这些都与现代化的发展直接有关，可以说是现代化进程中产生的苦果。此外，如婚姻家庭问题、青少年犯罪问题、生活方式问题等等，则是生产现代化和社会生活急剧变化所带来的社会问题。这些问题的出现，表明人类在不断地提高生产力、提高自身生活质量的同时，也提出了如何确定自己的最佳文化—心理素质和结构的问题，以及如何选择最佳生活方式的问题。在西方，这一问题困扰和折磨着人们，一方面他们达到了很高的或比较高的物质生活水平，物质文化和精神文化都有高度的发展；但是，另一方面，精神文化和精神生活又显得贫乏、空虚，社会显出一种"痉挛"状态。人际关系的紧张与冷漠，使人们难于从高质量的物质生活中求得安慰，失去心理上的平衡。离婚率高、非婚性生活普遍和非婚生子多、家庭危机、老年人的孤独和无人抚养等，成为社会的腐蚀剂。此外，还有腐朽、没落、色情、凶杀的社会文化的泛滥和侵蚀，也对青少年的心灵和社会肌体造成毒化和损伤的恶果。

综观以上诸方面，虽然琳琅斑驳、良莠纷呈，但总的趋势是向着科学化、现代化和高文化方面发展的。

二

在这种全球性文化发展态势面前，在这种世界文化发展图景面前，我国的文化发展呈现出蓬勃兴旺的景象，正以空前未有的规模、速度向前迈进。建设具有中国特色的社会主义这一伟大的历史行动，实现"四个现代化"这一宏伟计划的实践，推动和实现着我国向现代化文化发展的时代潮流。这本身便是中国现代物质文化和精神文化发展和提高的表现与成就。这方面的实践和成就，又带动和强烈地要求精神文明，特别是教育、科学、文化的发展。随着经济建设高潮而起的文化建设的高潮，已经出现。这是势所必然。因为如果没有文化（包括物质文化和精神文化）高速的发展，经济建设、"四个现代化"事业，就会受到抑制，不能更快更好地前进；而且，从长远效应看，甚至会产生相反结果。

近年来，我们一方面强调并提出了建设社会主义精神文明的任务，将它提到了战略的高度，明确它的性质是社会主义制度的先进性的表现和内涵。为此，我们在这方面已经做了很多工作，取得了可观的成绩。文化问题已经被重视起来。近几年来，文化学和文化史的研究勃兴，出现了中国现代史上的第三次文化史讨论的高潮。这个高潮的出现，不是偶然的。它反映了我国经济上的巨大发展和这个发展所带来的物质成果，提供了条件和一种刺激力，引发了文化发展的契机，其表现为既需要文化的发展，又在实际上发展了文化。同时，也反映在经济与社会发展到一定程度，特别是改革任务提出之后，人们很自然地提出了文化层次上的问题，即如何对待传统的文化，如何对待外来文化，如何在既继承又改革的前提下，建设新的社会主义的现代文化，特别是如何塑造当代中国人的心理与文化性格。

这种情况表明，一个文化建设的任务摆在我们面前，我们应该如何考虑文化发展战略，这个战略在整个经济与社会发展战略的宏伟蓝图中居于什么地位、起什么作用、它的向量和标量应该如何来确立？对于这些问题的考虑，我们既不能不眼观世界文化发展的态势，又不能脱离我们自己的实际——我国民族的、历史的、时代的和地区的实际。

三

现在，我们结合前面对于世界文化和我国文化发展态势的概观性描述，来探讨一下文化发展的问题。

首先，我们看到，由于科学技术的发展和文化因素的普遍增长，要发展物质生产力，就必须同时甚至是超前发展精神生产力，大力进行智力开发，培养大批的科学技术人才。诺贝尔化学奖获得者、日本化学家福井谦一教授指出：在即将到来的21世纪，社会财富的创造显然将主要依靠科学技术。1981—1982年的统计数据显示，美国高等院校在校生达1230万~1240万人；每年向社会各界输送150万名学士、硕士和博士。另据统计，日本的大学生在校人数，在20世纪50年代只有10万~62万人，到60年代发展到93万多人，到1983年已经增长到183万多人。递增率是相当高的。可以想见到，正是这些具有高等教育水平的数以百万计的智力资源，才成为美国和日本发展生产、开发物质财富资源的力量。没有这个力量，物质生产力的发展、经济的增长是不可能的。可见，我们要想取得生产增长、经济社会发展的效益，就必须发展教育，培养人才；必须发展科学技术，以高技术来振兴辽宁经济。

如果我们把这种教育投资作为预付的生产资金看，那么，还必须提到几项即付的资金，这里有供给广大职工（包括高层次的科技人员、中低层次科技人员和广大工人们）的文化教育的费用，为满足他们的日常文化生活（包括文化娱乐、体育卫生和文化技术学习）的各种设施，其中有各类文教机构、建筑物、各种装备和图书设备等。在文化教育费用中，我们还可以分列出日常技术教育和继续工程教育这样的大项目。就我们当前来说，事实上还包括扫盲教育、识字教育这样的初级教育。对于辽宁这样一个老工业基地和工业技术"立省"的地区来说，老基地的改造，既要增加新的设备、新的技术、新的产品，又要改造老的设备、技术与产品，这两方面，都要求有新的技术力量、新的科技设备来满足社会需要。因此，有计划、有目的、有重点地培养科技人才，"超前"开发智力资源，是十分重要也是十分迫切的。如果从我们在全国所居的地位和所担负的责任来说，我们更要有走在前头的精神和实际步骤、实际措施。只有这样，才能做到全面地"服务全国"。

前面我们提到目前世界文化发展期和转折期，文化科学技术发展的高速度和加速度前进的问题。这个文化背景迫使我们要迅速赶上前去，并且要跟踪学习、超前学习。事实上，我们是要把追上、跟踪、超前三项任务，采取共时性的步骤来完成。这也正是建设有中国特色的社会主义所需要的。可见，我们的任务很重，我们的投资要求也是很急、很大的。一方面是现代化手段、设备的需要，另一方面是现代化人才的需求，缺一不可。

所有以上说的经济发展所必需的社会需求，事实上基本都是属于高层次的范畴，属于现时性、生产性、收益快的领域，而为了它们的发展提高，更有一个发展基础的建设问题。这就是小学、中学、职业技术学校、师范院校的发展问题。没有这些方面的基础，高层次的科技文化水平的提高，可说是无本之木、无源之水。教育事业的发展是各个环节互相衔接的、周期性的，我们不可不顾这个规律来发展。日本在第二次世界大战后经济上的起飞，就是在第一个教育周期结束后实现的。辽宁省近几年在经济发展上的速度低于南方几个省和上海市，重要原因之一，就是教育上的发展和文化方面的发展没有赶上去。

我们在前面说到过，全社会文化因素的增长和科学的发展囊括了一切文化现象，是当今世界文化发展态势的重要方面。在这方面的一个重要表现和内涵，就是社会文化设施的发达。这既是满足社会的文化需要，又是促进社会文化发展的必需。这里，我们仅举各类图书馆、博物馆、艺术馆的情况。美国的图书馆以万计，属于联邦政府的就有1400多所，属于高等院校的有4700多所，公共图书馆有14400多所。各类图书馆的总藏书量，据1977年统计已超过14亿册。全国在图书馆系统工作的人员有25万人之多，而且大多数获有图书馆学的各种学位。全国有几十所图书馆学院，还有400多所高等院校中设有图书馆系和图书馆专业。总之，他们的图书馆总数多，工作人员多，质量高，而且在不断培养这方面的人才。比较起来，我们在这方面是落后许多的。就辽宁省来说，大型公共图书馆寥寥无几，专业图书馆也不够，图书馆的工作人员数量少、专业知识差、平均素质低，至于图书馆系科，更是比较缺少。

还有博物馆，本是与图书馆有相同特性的文化传播机构。在国外，它是受到重视的。一些发达国家都不惜巨资来发展社会文化事业之一的博物馆。如联邦德国就有1800座博物馆，平均3万人就有一座。美国和英国也是平均4万人就有一座博物馆。但是，我们在这方面发展得很不够。就辽宁省来说，仅仅辽宁省博物馆是一座够格的博物馆，此外，就很难说有合格的了。而博物馆却是人类文化遗产的保藏单位，它不仅传播文化知识，而且可以对人民特别是青少年进行爱国主义教育、历史唯物主义教育和传统教育，对于在潜移默化中提高人的文化素养有着很大的作用。我们提倡建设社会主义精神文明，建立和发展图书馆、博物馆正是重要的一个方面，它是社会主义精神文明的实体部分；而它们的建立又能推动社会主义精神文明建设向前发展。

我们建设社会主义精神文明，还要求对全民，特别是青少年进行思想、道德教育，开展思想政治工作，对各种行业的人们进行职业道德教育。开展这些方面的工作，当然也要求建立机构，建立各种设施，投入相当的物力和人力。这种工作初看起来似乎是纯支出性的、非收益性的，但是，如果人们的道德面貌改变了，政治思想的面貌变化了，那么，他们的精神状态就大不一样，在生产、工作中所发挥的作用，也就大不相同了。其社会经济效益，同样是不可估量的。

这里，还必须着重提到，我们为了避免西方社会病、现代病的产生，需要进行多方面的工作，其中包括文化、科学、教育事业的发展。为了这个目的，我们不仅有一个建设、发展的问题，而且有一个建设什么、发展什么的问题，即教育文化的内容问题。为了使这种内容是马克思主义的、社会主义的，我们需要培养大批这种类型的人才，需要开展这方面的教育工作和研究工作，要利用大众传播媒介，向全社会进行经常性的、有效的宣传教育工作，还要采取其他许多有效方式和通过不同渠道来开展宣传教育工作。

发展社会信息事业和咨询事业，是现代社会特有的事业，是我们在现代化过程中，需要注意做好的工作。这也是属于文化事业的一部分。现在，辽宁省这方面的机构实在太少，与需要不相适应。为了开展这些工作，毫无疑问，需要若干投资。这是一个现实问题。应当承认，现在在这方面的投资还是很不够的。我们如果忽视了这个方面，在物质文明发展到一定阶段、一定程度时，就会受到抑制，被迫降低速度，同时，从长远看，还可能产生不良后果。

从历史唯物主义观点来看，这实际上属于上层建筑、精神生产对经济基础、对物质生产的反作用的范畴，向来是马克思主义理论中受到重视的课题。恩格斯在晚年曾经就这个问题多次发表意见，甚至说马克思与他在创立马克思主义理论的过程中，由于论战的需要（也是限制），侧重论述了经济条件的决定作用，而就上层建筑、思想文化的反作用力的论述却不够，因此是一种疏忽。在《马克思恩格斯选集》第四卷书信部分，恩格斯甚至说这是他与马克思两人的"过错"。这些论述不能不引起我们的重视。我们不仅在理论上，而且在实践上都要记取这一条。我们要建设的是具有中国特色的社会主义。这个伟大的实践和命题，决定了我们在实现"四个现代化"过程中必须注重精神文明建设，注重思想、科学、文化的发展。

当代人类文化发展与十大趋势[①]

人类在取得空前巨大成就、获得用高科技装备和推动的高度发达生产力与巨大财富，以及享受高水平的福利生活的同时，也带着严重问题、巨大麻烦和深沉的忧伤，进入21世纪。人类文化，也就在这种背景下，进入新的发展时期。在21世纪第一个十年过去，进入第二个十年的阶段，作为20世纪的赓续和21世纪的开拓，逐渐形成了新的发展趋势。这种新趋势，在全球化的新的世界构造与秩序下，以其雷霆万钧之力、汹涌澎湃之势，席卷整个"地球村"。其中，尤以重要区域、大国和人口众多的民族发展重镇。中国自然居于其中。

就整体观察和择其要者而言，有十大发展趋势，为当代人类文化发展的新潮流。中国之文化大发展、大繁荣，即身处其中，既受其推动与

---

① 原载《光明日报》2012年4月9日。

"牵引"，又受其制约；既受惠于此"大潮流"，又做贡献于它。

一、20世纪末的"三大反思"与21世纪的三个适度回归

"时间就是金钱"的口号和生活律令，已经改变为"时间（与亲人或他人和谐相处的时间）比金钱更重要"。

对于由于科技发展而带来的生产力高度发达、经济迅猛发展、高福利生活和由此引起的社会变异，特别是它的弊端一面，世界有识之士，在19世纪末至20世纪初，即开始了反思。

1914年问世的斯宾格勒的《西方的没落》一书可谓开其端，而后，则有以法兰克福学派为代表和重镇的批判，直至丹尼尔·贝尔的《资本主义文化矛盾》一书以及汤因比与池田大作的对话录《展望21世纪》等，著述丰厚、批判犀利、说理深邃，全面反映了人类对于科技的发展、物质文明的发达和与其相对应又应该形成合理结构比的精神文明、人文文化的滞后，进行了百年反思。

在此"百年反思"的基础上，在20世纪末，全球性的总结性的反思，则集中于三个方面，我们不妨称其为"三大反思"，即对于现代化的反思、对于科技的反思和对于人的最佳生活方式标准的反思。而且在此基础上，提出并实施了三个适度回归。这成为人类当代文化发展的首要的新趋势。

第一反思提出了"现代性是不是出了问题？"甚至提出"在现代化的道路上竖起了一块牌碑：此路不通！"这个"问题"和"不通"，主要是指对于大自然的大破坏，对于人类生活于其中的环境的深度的甚至是万劫不复的大破坏，还有对于传统的过度破坏，由此还引发了对于人类本性的破坏。这些严重的"问题"，导致了"如此现代化的道路不通"。人类要在现代化道路上继续走下去，就需要改弦易辙。

第二反思则对科技的迅猛与高度发展所产生的负面效应提出了质疑，特别是对于相应的社会科学与人文文化的滞后甚至被轻忽，深表忧虑而呼吁科技整合。科技既有推动社会发展、文化进步的伟力，又具有超常的破坏力。科技不仅对自然造成深度的广泛破坏，而且已经侵入人类文化，甚至植入人体内，使人体在受到保护和治疗的同时，亦受其

害，而且人性也受到戕害，成为人与社会发展的障碍和对立面。但这不是科技自身造成的后果，更不是科技的本性，而是人类自身的科技战略和科技思想所酿成的罪孽。因此，现在提出"人性地使用科技"和"使科技具有人性"的口号和科技方针。

第三反思则关乎人类生活方式和存在圭臬的根本命题。其根本要旨就是人类生存中物质与精神的平衡问题。权力、金钱、享乐，已经达到一个高峰，人类（当然是其中的一部分人）可以凭着现有的权力、财富、技术，获得这些物质的身外物。但既得之，却依旧生活在幸福的门外，更有甚者，许多人倒在了这个梦寐以求的"门外"。由此萌发了对最佳生活方式及其标准的反思，并由此产生了对物质享受的摈弃和对精神生活的追求。

从20世纪末到21世纪初，在上述"三大反思"的基础上，产生了并且已经正在施行中的"三个适度回归"。一是向自然的适度回归。人们已经觉醒，人类不能再像以往那样肆无忌惮地向自然开战，开发、榨取、掠夺自然了；自然已经忍无可忍地实施强有力的报复了。因此，要保护自然、热爱自然，改与自然为敌为与自然为友，甚至要敬畏自然。在心灵上感受到离自然越来越远，需要回归、亲近自然。到大自然中去休假，建设"城市中的乡村"，以至使生存状态尽可能"顺其自然"，"自然而然"。从生活到心灵"回归自然"。

二是向传统的适度回归。从生活方式到家庭模式、从人生价值到生命体验、从日常行为到终极关怀，都向传统适度的回归；向传统的爱情、亲情、人情适度回归；从权力、金钱、享乐三位一体的"现代人生追求"，向个人与集群和社会的和谐融洽回归。"时间就是金钱"的口号和生活律令，已经改变为"时间（与亲人或他人和谐相处的时间）比金钱更重要"。文学艺术从传统中获取资源，从古老智慧与艺思中获得现代灵感。现代人重新体验传统中的人性的温情与和谐，追回失去或者弱化了的社会与人生的认同感、意义感和幸福感。

三是向相对朴素的生活回归。"过朴素生活"成为美国一些人的"生活指归"；日本人现在以豪华的家具为"俗气"；伦敦的市长、美国的驻外大使乘飞机坐经济舱。人们喜欢生活中多一点"自己动手"，少一点"科技依赖"。"财富服务社会和'回归社会'"成为欧美新的富豪的金钱观和实际行动。

二、文化习得、传播、积累与传承的第四次革命

网络文化的发展，是人类从未有过的"文化发展的巨大推动机"。同时它也带来前所未有的"人类性问题"。

当代人类文化的习得、传播、积累与传承，以及保存和积淀，进入到第四次革命的阶段。第一次是语言的产生；第二次是文字的创造；第三次是印刷术的发明；现在，个人电脑的创造和网络文化的产生，则是第四次革命了。这次革命，其功能之广泛、高超，超过以前三次革命；其传播速度之快、被掌握和应用之普及与深入、积累之省工而高效，以及积淀数量之大而保存体积又小，都是此前三次革命所望尘莫及的。人类知识、信息之传播、掌握与应用，均达到"朝发夕知"以至"即发即知"的程度。这对人类文化的发展和世界性交流起到了极大的作用，人类知识与智慧的空间都极大地扩展了，意义十分深远。它使人类文化的发展，速度极大的加快，空间极大的扩大，普及程度极大的深化。网络文化的发展，真正是日新月异、广被世界、普惠全人类。它是人类从未有过的"文化发展的巨大推动机"。当然，同时它也带来前所未有的"人类性问题"，包括社会的、法律的、伦理的和人性的。

三、"科学共同体"的整体合作协调发展和社会与人文科学的侧重进展

"大科学"与"四大科学部类的共同体"的协调发展，已经成为人类共识和社会实践。

科学并不是如人们习惯的看法，仅指自然科学和技术科学，而是自然科学、技术科学、社会科学、人文科学这四大科学部类组成的"科学共同体"。诉之人类认知的历史，科学产生之初，是混沌一体的，只是以后的发展才逐渐细密分科，形成四大科学部类。自从工业革命以来，科学技术发挥了极其伟大的作用，为人类创造了高度发达的生产力、巨大财富和高福利水平的生活，并以人类性灵之光的耀眼的辉煌，大大推进了人类文化的发展与进步。而社会科学与人文科学则不免相对滞后发

展。因为它的作用是隐性的、悠长的、慢性的、精神性的，也是无价的（无法精确计价的），还是涉及人的心灵和精神世界的。但是，从上述的对科技的反思中，人类已经感受到并深刻认识到，物质和科技的超乎需求和未加控制的发展，负效应越来越大，需要社会与人文科学来填隙补罅。而且，在现代化进程中，经济与社会的发展也需要社会与人文科学同自然与技术科学的配合。"大科学"与"四大科学部类的共同体"的协调发展，已经成为人类共识和社会实践。人文与科技文化的分裂为两种文化的状况，已经在改变。20世纪末就有论者提出"21世纪是社会科学世纪"，这或有偏颇，但不无道理。科学共同体的协调发展，将极大地推动人类文化的进步。

这意味着、预示着人类文化分裂成科技文化与人文文化的状态在打破、在改变，两者在协调发展，在保持各自的特色与构造前提下融合。

四、人类"新的智慧苹果"和新的认知图景的产生

锄头象征着第一种文明，流水线象征着第二种文明，电脑象征着第三种文明。

人类在20世纪科技高度发达的基础上，在网络文化发展的前提下，对宇宙、对世界以及对生命和人生都产生了新的认识；新的自然科学和社会与人文科学的传统理论，不断受到质疑和挑战，许多新的理论出现并被证实和认同。第六次科技革命的提出，意味着"将可能以生命科学为基础，融合信息科技和纳米科技，提供解决和满足人类精神生活需要和提高生命质量的最新科技"。在科学上，"可能是生命学革命"；在技术上，"可能是'再生革命'，包括仿生、创生、再生的三生技术革命"[1]。凭着这些新兴的科学思维和技术创新，人类从钱学森提出的"宇观、宏观、微观、渺观"的"四维视角"和水平上，对宇宙和世界、对人类自身和生命进行考察和研究，得出了许多并相对成体系的新的认知，构成了人类"新的智慧苹果"，构成了人类新的认知图景。在这个新的认知图景中，人类对宇宙、对世界、对人类社会和人类自身，对人性，对生命与人生，对"存在"这个人类哲学永恒的命题，都产生

---

[1] 何传启：《第六次科技革命来了吗》，《光明日报》2012年2月6日。

了新的认识、新的体验和感受。大自然，在人类面前展开了新的面貌和气质；人也在自然面前展开了自身的新面貌、新品质。马克思所说的"人化的自然"和"自然的人化"都进入崭新的世纪，进入更高级的阶段。这是人类文化的一大新进步，也推动人类文化大踏步前进。工业文明行将结束，"知识文明"时代已经到来，知识成为一切资源的源头。"锄头象征着第一种文明，流水线象征着第二种文明，电脑象征着第三种文明"[①]"人类文化第二个轴心时代的到来"，这些颇有依据的论断和期待，鼓舞人类在文化上取得突破性进展的热忱和实际行动。

五、拯救与重建人类三大家园

拯救与重建之道就是：调整文化方向，解决"自然−人−社会"三大紧张纠结的关系。

人类的三大家园（自然家园、社会家园和精神家园），现在都遭到严重的破坏。身处这种被严重破坏的三大家园中，人类遭受种种灾难与祸害：环境恶化、大气层污染、海洋污染、生物灭绝、生态失衡、全球变暖、森林削减、草原毁坏、耕地缩减、能源危机、资源走向枯竭，还有人口爆炸、粮食匮乏、饥饿与疾病肆虐、吸毒蔓延、国际犯罪、集体自杀、网络犯罪、过劳死、家庭解体、政治腐败等等，以及现代病、城市病、物质病、电脑病、享乐病、生理病、性病与艾滋病、精神病、理性病、情感病等等。形成了一种人类现代综合病症。因此，人类需要并正在拯救这三大家园，同时进行重建。拯救与重建之道就是：调整文化方向，解决"自然−人−社会"三大紧张纠结的关系。从与自然为敌、向自然索取、压榨自然、剥夺自然和破坏自然，到与自然为友，既取自自然，又保护自然、养育自然，与自然协调共同发展。人是自然之子，而不是自然的主宰；人是社会关系的总和，每个个体是社会集体的一员，人应该在社会之中和与"他者"和谐相处中，来认识自身、实现自我，爱国家、爱民族、爱亲人、爱他人、爱集体，要"善与人处"，寻求社会和谐，整合人际关系，调整生活节奏和劳动强度，不能只为自

---

① 阿尔温·托夫勒，海蒂·托夫勒：《创造一个新的文明——第三次浪潮的政治》，陈峰译，生活·读书·新知三联书店，1996，第16页。

己、只顾自己、只爱自己，这是万恶之源也是痛苦之源。

这样，自然家园、社会家园和精神家园，才整体性、整合性、和谐性地得到发展，人与自然、社会、他人互相养育、共同繁荣。这种新的认知和共识，已经和正在人类之中萌发、生长、发展，有的群体在如此实行或部分地施行，有的有了认识，心向往之。当然，也有人并不认同，仍然"我行我素"，甚至鄙弃和反其道而行之。

但当代人类文化的大趋势是如此，在发展，在逐渐形成潮流。

六、环境意识的觉醒与生态伦理的产生和发展

自然与环境是人类生存的家园，但现在，在现代化的进程中，这个人类赖以生存的家园，已经遭到严重的破坏，地球已经到了难以承受的地步，自然家园被人类行为糟蹋成危园。自然已经被迫实施对人类的报复，其力巨大无比，非人类所能抗衡。因此，环境保护意识从20世纪60年代蕾切尔·卡森的《寂静的春天》一书问世以来，日益发展，已成全球巨大浪潮。环保意识成为现代意识的主要标志和内涵。生态伦理的提出，把环境与自然纳入人类伦理范畴，人伦、社会、自然组成人类伦理的三位一体的结构。自然进入人类伦理范畴，人类的伦理生活与存在，不只涉及人类自身，也不仅涉及他人和社会，而且涉及大自然。大自然岿然耸立于人类面前，所有人类行为，都要在自然面前受到检验、考核和审查，不可"逆天行事"。在环境意识和生态伦理的"监护"下，人类既要回视、检查已经被破坏的自然，实行力所能及的"补天"，更要"防患于未然"，实施严格严密的环保举措。这些已经成为人类文化进步的重要行动和巨大动力。反之，则是文化上的退步与灾祸。

七、经济发展与社会进步、文化发展的深度结合

这种深度结合，不仅能够推进经济发展，推进现代化进程，而且足可预防、阻遏和消减工业化、城市化、现代化进程中的负面效应和灾祸。

在现代化进程中，经济发展和工业化、城市化，总是产生重重问题、诸多麻烦，危及社会和人自身。这种状况，在发达国家严重存在，

在发展中国家则问题丛生并日益严重。不过，问题和麻烦已经引起深度的注意，防范之策众多，堵塞与拯救的行动也已经实施并取得成效。最重要的就是经济发展与社会进步结合、与文化结合。国际社会学界，关于现代化的指标体系有多种多样，但不同的种种指标体系中，有两条是共同具有的，这就是：经济发展与社会进步结合，人的现代化同经济与社会现代化同步。这两条要求并预示经济发展与社会进步、与文化发展的深度结合。这种结合，是与前述各项同步并存的，是它们的内涵与要素之一。这种深度结合，不仅能够推进经济发展、推进现代化进程，而且足可预防、阻遏和消减工业化、城市化、现代化进程中的负面效应和灾祸，进一步，更构成并推动人类认知的发展、"新的智慧苹果"的丰硕和三大家园的重建。

八、向东方文化回眸与从古老智慧中获取现代灵感

人们发现东方文化精神和思维方式，恰是可弥补缺陷并与之"相反相成"的"异体文化"。

这已经成为一种世界性的新文化趋势，欧洲中心论和欧洲文化居于统治地位的状况已经打破，其偏颇、缺陷和负面作用，也已被广泛认同。即拿中国文化来说，"天人合一"这个固有而悠久的统括宇宙观、世界观与人生观的哲学命题，在本质上就符合消除天、地、人三者紧张关系而达到整合与和谐的企求。它同与之相连的"敬畏自然"的思想精神，在本质上确定了保护自然、与环境共同生存与繁荣的境界，可为当代环保意识和生态伦理重要的思想资源。"开物成务"的外倾型西方文化①正可以从"人文化成"的内倾型中国文化中，汲取有用的、堵漏补罅的思想文化资源。汤因比与池田大作关于21世纪的对话录中，有详细而具体的论证。美国学者关于"通过孔子来思维"的论述、海德格尔对老子"道"的认同以及西方对老庄哲学的研究与瞩目，都表现了西方学界对东方文化的回眸与寄托希望。有的中国学者提出"该中国哲学登场了？"带着肯定意味的提问与论述，季羡林关于世界文化的"三十年河东，三十年河西"的多次详细论证，则反映了中国学界对于这种世界

---

① 钱穆：《中国文化精神》（新校本），九州出版社，2012，第11、22页。

文化呼声的回应。

这种对于东方文化的回眸，除了上述的整体文化发展的意义之外，还有人类智能发展的新体认和功用的价值，这就是"从古老智慧中寻找现代灵感"。这已经不是一种设想或猜想，而是已经存在的实践和新的思维路向。美国现代派诗人庞德的"歪译误译"中国古诗而创造他的真正现代派诗歌，西方绘画汲取中国绘画元素以及西方影剧艺术从中国古代历史文化中"攫取"资源，等等，都表现了这种从古老智慧中获取并得到了现代灵感的事例。

九、人类文化的转型与重构

基于上述多方面的文化事实与具体实践，可以看出，人类文化正在新的思维、新的文化现象和新的科技手段等基础上，实现着整体文化的转型与重构。转型，就是从与"自然为敌"向"与自然为友"转换，在生态伦理思想指导下"天人合一"，人与自然"共同生存与繁荣"；从偏重科技文化向与之同时重视社科与人文文化转换，增加它们在"科学共同体"中的结构比，"四大科学部类"共同协调发展，东西方文化汇合熔融，建设人类新文明；中国传统文化既不是"中体西用"也不是"西体中用"，西方文化同样不是这种"体""用"对立的"二分发"而是世界性的整体人类新文化，在共性中，各民族文化融入区域的与民族的文化特色，而保留大同中的"小异"。人类从"传统人"、"政治人"、"经济人"向"现代—文化人"转换。重构，就是在科技革命、科技发展的同时，相应发展社会科学与人文科学，提高社会与人文科学在"科学共同体"中的结构比，打破两种文化的分裂状态；制定新的科技战略和政策，以抑制科技文化的泛滥与侵害人类文化和人性的负面作用，增加其人文性和人文关怀；结束西方文化的统治地位，增加东方文化在人类文化中的比重并提高其地位，以人文化成的内倾型文化与开物成务的外倾型文化相结合的新的人类文明取代东西文化的分置与分化的状态；以社会人文科学为经济与社会发展的战略指导，而以科技为解决战术问题的依凭，同时参与科技战略的决策。

这种转型与重构是同步进行的。在转型中实施重构，在重构中实现转型。

十、走出"人在何处""我是谁"的"人之困惑"

从人的生存，人的文化状态，人的矛盾、困惑、苦痛、"胜利之中和之后的反思与空虚"中，来思考和认识人。

人类自有意识和思维以来，自从从大自然中独立出来，有了自我意识以后，一直存在着一种"天问"——"终极之问"："人在何处"？"我是谁"？现在，在新的文化发展时期，人类是在高科技和高智能的基础上，来思考和回答这个终极之问；更是在"人、社会、自然"三大关系紧张，并且愧对自然、反思自身的基础上，又还是在对人生和生命都产生困惑的情况下，来思考和试图回答这个"人的立足点的原问"。现在，人们明确地认识到，人类不会是宇宙的孤儿；人生活在地球上，是自然的一员，乃自然之子，既依赖自然为生，又需养育自然；人又是社会关系的总和，每个个体俱是依凭他人与全社会而生存、发展，人应该在与"他者"相对并和谐相处中，来认识自己、发展自己、实现自己，财富和权力都应该是回报社会、回归社会的身外之物。笛卡儿说"人是智能实体"，富兰克林说"人是制造工具的动物"，达尔文说"人是动物本能"，拉·梅特里说"人是机器"。现在不再一般地和仅仅从生物的、知识的视角来认识人，把人从宇宙和自然之中孤立出来认识人，同时，也不是平面和静态地来认识人；现在是从宇宙一员、自然之子的"身份"，从人的生存，人的文化状态，从人的矛盾、困惑、苦痛、"胜利之中和之后的反思与空虚"中，来思考和认识人。这样就是历史地、综合地、整体地，在极为扩大、渺远而又极为精细、深微的状况下，来考察、思考和认识人，并得出相应的结论。"人在何处？""我是谁？"——"人：自然、社会、他人、自身；和谐汇融，共同生存、发展、繁荣"，这就是回答，但这还不是终极回答，也不可能有终极回答。但这个阶段性回答，会管一个相当长的历史时期。而当前，在这个回答的基础上，人类则正在"走向回家的路"。回哪个家？回自然之家，回文化故土，回精神之寓，如此解脱倒悬在和沉溺于金钱、权力之中的、已经难于承受的生命之"虚"与"轻"，以增加生命之重以及它的意义和终极价值。

结语与思索

面对这样一些极为粗线条的、扫描性的，对于当代人类文化发展的新趋势，我们来思考国家文化的大发展、大繁荣，自应有所思、有所悟、有所为。这里不可能细说，只大而化之言之。第一，是需要总体思考大体符合人类文化发展的大趋势，择其要者而取之。第二，需要依据本身的特殊情况（地域的、民族的和文化的），具体地采用和实施。第三，其中重要的方面，极需认真落实。这对于我国的现代化事业，对于建设中国特色社会主义，对于贯彻执行科学发展观，以及实行文化大发展大繁荣，都是极为重要的。其中，战略性和总体性的是，实现民族文化从传统向现代的创造性转换，在这个进程中，实现民族文化的转型与重构。还有首要就是保护自然、坚决制止破坏环境的"建设"，保护传统，遏制对传统、对民族文化、对历史的忽视、轻忽、鄙弃以及否定过多，解决社会生活中的三大倾斜：重物质、轻精神，重科技、轻人文，重个人、轻群体。解决经济热、文化冷以及"黄钟毁弃，瓦釜雷鸣"的状态。纠正对文化发展的重物质、轻人文，对科学共同体的重科技、轻人文——社科偏颇。急速树立民族性的，尤其是知识和干部群体的文化关怀与文化情怀，尊重文化、支持文化发展，注意追求经济效益之外的社会效益和文化效益。

有一点值得特别提出和重视：我们现时的文化状态和发展趋势，在某些重要领域和方面，存在与上述世界文化发展趋势背道而驰，至少是存在距离的状态下发展的问题，因此也存在"寻迹而行，走人家走过的弯路"的问题。这些问题不解决，我们会要、现在也正在付出沉重的代价——经济与社会代价和人文损害的代价。

当代国内外科学—学术前沿研究大趋势及其意义预示①

——一个人文社会科学视角的观测

在人类进入信息化时代、高科技迅猛发展时代，也是全球化、形成"地球村"时代，还是人类的创新能力以空前智能和速度日益进展的时代，在这样的新世纪的"当代"，在科学与学术前沿，产生着、发展着、萌发着、酝酿着诸多自然科学、技术科学、社会科学和人文科学的研究课题和任务，并且在许多重要方面，获得带有根本意义的成果，呈现出一种空前的提升、交叉、繁华的景象。它预示人类认知体系的转换、变化、提升以至进入更高深层次和崭新境界，从而产生整体的新的认知图景，大而改变人类社会和人类生活，深而改变人的文化与心理结构和人生感悟、生命体验。这些研究课题和研究领域，初看起来，有许多好像与我们的现实日常生产、生活不发生多大关系，没有多少影响。其实不然，它们有的目前就在触及、影响人类的社会生活，有的则隐含着这样的动力和作用。其作用和影响都是巨大的、深刻的、悠久的。那预示的意义，值得我们注意。这种了解宏观、整体的文化态势和走向，这种掌握"大格局"的胸襟，能够使人心胸开阔、眼光深远、思维深邃、处事缜密，使我们在把握全局性的大势和"格局"中，来思考属于自己的"小格局"和具体而微的"工作、学习、生活格局"，掌握顺应、符合总体大格局和走向的大趋势，从而安排得当、顺势而进，运用"大格局"所产生的"发力""给力"，取得现实的成就和未来的进展，并趋利避害。作为社会科学的研究者，我除了思考一些重要的人文社会科学方面的重大信息和趋势之外，还立足于社会与人文科学，愧疚只能

---

① 原载《审美天地》创刊号，2017年10月。

皮毛地聆听、略知一些自然科学方面的重大信息，但试图持此立场，理解和揣测它们的重要的意义和前程。

现在，我根据阅读所知的一些信息，提供一个大体的"图景"扫描，以窥一斑。

一、人类将进入一个新的认知时代

人类正以"四维观"（即钱学森提出的宏观和微观之外，再添加宇观和渺观）的智能与高科技手段，上探宇宙之浩广渺远，下究物质世界的深邃奥秘，这是新世纪、新时代的新一轮探究，其层次与获得远远高于、深于过去任何时代。它预示着人类将进入一个新的认知时代，将形成并建立新的认知图景，引发一系列科学与学术的革命性变异。有学者论述"第二轴心时代"的到来，不是没有根据的。这种时代文化气象，其主要表现有以下几个主要方面。

第一，引力波的发现和"引力波时代"的到来。

美国科学家2016年2月11日宣布第一次直接探测到引力波的存在，印证了爱因斯坦百年前在广义相对论中的预言。这是13亿年前，来自宇宙之声带来的"佳音"，也是人类科学技术发展到新的高度的重大表现和收获。科学家抓住了揭开宇宙奥秘的"钥匙"。它将带来、引发人类认识、思维、智能和文化整体的进一步大发展、大提升。这声音，在浩渺太空中以光速之极高速度，行走了13亿年之久，那是多么遥远，又是多么强大的能量。一声宇宙之音，证实了爱因斯坦天才的理论构想，证明了理论的无比威力，更唤醒了人类的宇宙心，开辟了人类新的眼界。科学家说，人类听见引力波的声音，好像失聪的人获得了听觉，从此有了感知宇宙和世界的新能力。科学的"序曲"已经奏响，正如科学家诗意地表述："当我们打开探测器时，宇宙已经做好准备，等着说'你好'了。"这会怎样地改变人类的认知、科学研究以至人类的生活？现在既都无法想象，又都可以想象得到。最切近的是，人们提到物理学、天文学的革命，推而广之，人类认知的革命也在自然发展之中。由此，将引发人类对宇宙、世界、人类自身，对人生、生命、生活，都将产生一个新的认知、新的感受和思索。当然，连类而及地会引发科学技术、社会人文科学以及文化、文学艺术等广泛的知识体系的发展变化。那将证谬、修订、改变人类原有的认识。

当问到发现引力波的现实意义时，从事相关研究的清华大学教授胡一鸣回答说："我们手机里使用的卫星导航，如果缺了广义相对论的修正就无法正常使用。"这足可引发人们对于印证广义相对论的引力波的现实意义的推测与玄想。

还有令国人欣慰和骄傲的是：一批中国科学家参与了这一世界发现的伟大科学研究，并在承担进一步的接续研究。中国科学院制订了"太极计划"，瞄准空间引力波的探测。这是中国科学发展的佳音喜讯，是"中国人站起来了"的最深层的意义，也具有"中国人出而参与世界的事业"的巨大成就和贡献。这也将进一步推动和启迪中国现代科学事业的迅速发展。这是引力波的发现带来的中国意义的顺应意义。这也是中国的文化自信的一个表现和依据。

第二，大宇宙的发现及进一步的研究。

英国科学家曾宣称，他们可能发现证据证明，我们现在认识到的宇宙，或者说我们现有的宇宙观中的"宇宙"，不过是一个可以预见的"大宇宙"中的"泡泡"，只是无数个宇宙中的一粒微尘而已。而美国宇宙学家则根据2012年3月欧洲航天局公布的"宇宙全景"——宇宙微波背景图，宣称找到了"多重宇宙"存在的一个重要证据。这方面的发现和研究，看来在一步步进展，人类将越过已经达到的认知领域，即"唯一宇宙"，走向"无数宇宙"的大境界。

这是一项伟大的发现，大概远远超过人类从"地心说"进到"日心说"的境界，也超过牛顿物理到爱因斯坦物理的境界。它把人类的视界更加无限地扩大了，思维空间和研究界域也无限地扩大了。只是目前人类的研究能力，还只能是"望宇兴叹"，还只是探视其亿万万分之一罢了。但即使是如此，这种研究视界和界域，也足可使人类大大扩展了眼界和胸襟，来认识宇宙、世界和生命与人生；切近的，也会直接或间接地影响人类社会现今的生产和生活、物质文明和精神文明。这一研究的进展得到充分证实后，我们现已建立的科学认知和理论，都将改观、改写。我们现在玄想这一发现和理论前景，会产生多么宽宏渺远的想象，引发怎样的生命体验？

最近，又有新的发现：美国航天局宣布，开普勒望远镜确认了1284颗行星的存在，其中，550颗可能是类似地球的岩石行星，其中有

9颗位于生命宜居带中。有关科学家说，我们可能"在宇宙的某个地方，类似我们太阳的某颗恒星周围找到又一个地球"。这被媒体称为地球"表亲"，不过地球人与之相会却是遥遥无期。这又进一步，也是亲近一步地研究宏大无限的大宇宙。

宇宙如斯宏大无边，又如此丰富多样，它们既生活于其中，又"众星"共存，它们定会发力、"给力"于地球和人类，或正面或反面。人类一步步研究和认识它们，就实用的目的来说，就可以正面接受其发力、利用其"给力"，以保护和发展自身的生存。

"望星空"，我们不仅产生种种奇妙的遐思幻想，更可以推断将引发诸多自然与技术科学和社会与人文科学的新课题、新思维和发展。

第三，与此同时，相对称地，从"扩大"到"深入"地，人类又在对物质的各种形态，进行越来越微小、细密、深邃的研究，并探究其深层和不可见的"诡秘"。这种研究的现在进行时，包括对反物质、暗物质、暗能量以及"上帝粒子"等的研究。前述是宇观、宏观的研究，这里则是微观和渺观的研究。但两者在研究工作的进行中，有时是会有交叉的。

"反物质"是物质的"镜像"，一切与物质相反，包含反质子、反电子和相反的中子。两者的"对称性存在"，构成完整的物质世界。"暗物质"和"暗能量"，我们既看不见摸不着，又感觉不到，但它们在宇宙中，各占24%和73%。它们在地球上对人类发生着重大作用。科学家称它们是"黏合宇宙万物的'胶水'"，没有它，星系早就分崩离析。一旦破解它们，人类的知识体系就将重组，建立新的"认知图景"，来认识世界、解释世界、适应世界。还有希格斯玻粒子即"上帝粒子"，是物质的质量之源，被称为"指挥着宇宙交响曲的粒子"。它是多么重要的"粒子"呀！所有上述对"多态物质"和"非常态物质"的精细、深邃、缜密的研究，使我们对物质的认识更深入也更完全和更接近真实，而它们对地球和人类的"发力"与"给力"，都会大大被有益地利用。我们将更深层次地、更科学地认识物质及其作用，从而生产和生活于一个具有新认知的主客观世界中。

人体的深邃机密及其生命机制，至今仍然有许多尚未为我们所掌握；但其中有一些则已经成为当前科学研究注意的课题，科学家正在进行深入的研究，并在逐步掌握其奥秘。这对人类认识自己、掌握生命的奥秘，具有至关重要的意义和作用。其深沉意义应该是与对宇宙的研究，具有同等意义和价值。它们构成当代科学与学术研究大趋势中的双相与双向研究大格局。

进入人类自身的研究领域，重要的有：对"意识"的自然科学研究、对"谜米"（meme）即"利他主义"的研究、对人的第二脑（"肠脑"）的研究以及对"垃圾DNA"的研究，此外，还有更宏大的新一代"微生物组科技"研究的积极进展。这些研究开启了人类对自身和对"人与自然"关系的认识的新纪元。

这些研究，深入大自然和人体的深层肌理，探究菌群和微生物组的巨大深层作用。"意识几乎是当代科学遗留下来的唯一谜团。"对"意识"自然科学的研究，将生命的"自创性"转向"心智的具身与生成"（embodied-enactive），在意识的主观性、历史性、社会性、文化性之外，发现和研究其自然性、生物性、客观性，研究其非自主的一面，即"主观的客观性"。而对"利他主义"的研究，则发现和揭示"利他主义"的客观元素之外的"文化基因"，也就是"人类文化的遗传单元"，即"客观的主观性"。对"人类第二脑"即"肠脑"的研究，更把人类最高级的活动推进到生物学机制的领域。2008年英国《自然》杂志发表引人注目的文章 *Who are we*（我们是谁），揭示人类身体中来自父母的血肉之躯并不是我们身体中主要的生命单元，更多的单元是病毒、酵母菌、真菌和细菌。这些生物与人类形成互惠互利的共生体。人体肠内菌群被称为"人类的第二基因"，而人的肠脑活动中，肠脑神经元和肠道微生物的组合，则成了人的第二脑——"肠脑"。它调节着人的情绪和幸福感。这就是说，肠道菌群参与人的生命活动。

所有这些研究，都深化和刷新了我们对于人的认识，对于我们的生命活动具有了新的认知，从而引发生命科学以及社会科学与人文科学的研究领域和研究方向，它们必须同自然科学和技术科学共同研究人类和人的生命。这既开辟了人文与社会科学的新的研究视野，又产生对于与人的社会性同在的自然性的认知。

与此同时，同步并相关联的，还有一项更巨大、更重大、更有意义的研究，即对人类的"垃圾DNA"的研究。研究结果显示，人类的全基因组包含超过30亿个碱基对、大约2万个基因。但是，奇怪的是，即使把所有基因系列加起来，也只有基因组长度的1.5%。那么，其余

98.5%都是无用的垃圾吗？2012年"DNA元件百科全书"（ENCODE）这一庞大的、历时9年、由来自5个国家32个科研机构的442位科学家从事的"解密计划"，公布了其研究结果："传统基因概念已经过时，应该重新定义那些具有生物意义的转录本"，"应该说，ENCODE已经颠覆了我们的传统思维，将我们带入了一个新的基因组时代"。不过，目前ENCODE完成的还仅仅说明80%的基因组可能有生物功能，但还没有弄清楚它们的机制，更不用说那剩下的20%究竟有何意义。

这一新的研究计划的推进，将更为大大地把生命科学和对人的研究，扩展、深化到更新、更高、更深的层次。

如果我们从社会科学和人文科学的视角和界域来聆听这些"科学之音"，我们会深刻地感受到：人类对于自身的认识，还有多少"黑洞"啊，人类应该谦虚、谨慎，小心地对待自身和自然、对待人与自然的关系；特别是小心谨慎地、科学地、人文性地对待自身的生命机制、生命活动以及所有的社会行为，在这个基础上来建设、发展、提升人类文明。上述研究启迪我们人类去确立正确的"现世生活行为规范和实践规划"，包括世界性现代化进程的思考，也给予了我们以智慧、前景和希望。

二、人类应该怎样认识、发展和应对机器人的研发？

智能手机依赖症（有人说："中国年轻人用智能手机搞定一切"）、劳动"机器人化"、"'机器人'人化"和"人的'机器化'"的发展趋势引发的思考与研究课题，不仅涉及科学，而且直接地、急切地、切近地涉及经济学、社会学、伦理学、人类学、文化学等学科。科学家们已经发出了"未来将是一个机器人时代"的预告，它"挑战人类创新和进步"；SpaceX、特拉斯、PayPal的创始人埃隆·马克斯甚至表示："研发人工智能就如同召唤恶魔。"著名科学家霍金认为，"创造'能思考'的机器的努力将威胁到人类自身的生存。""对完全人工智能的发展可能招致人类历史的终结。"因为"人工智能可能会自发地进化，而且以前所未有的速度重新设计自己"，而人类进化速度无法与之相比。

一方面劳动机器人化，已经是比较普遍的现实，它的劳动智能化、高效益、高强度、抵御困难危险的超人能力，是推动经济与社会发展的巨大动力和能量。在利益驱动下，其发展速度迅猛疾急。机器人取代劳动者，以至取代人，已经成为一个速度相当快的发展趋势。机器人侵入人类的职业领域，这只是一个很一般的"劳动力市场竞争""就业竞争"问题；更值得注意的是，它改变了劳动关系、生产力和生产关系以及人际关系，改变着社会和社会关系。这会引发许多"纯人类社会"所面对的问题之外的许多问题。然而，更值得研究的是机器人的越来越"人化"。这是美好的理想、科学技术专家努力的方向，他们不断取得胜利和成功。不是有机器人与世界级围棋手对弈而连连获胜的事实吗？不是有机器人可以参加高考并预计成绩不俗的报道吗？中国智能机器人越来越聪明。其中有名为 AnBot 的机器人能执法；名为"贤二"的机器僧，会谈心。机器人越来越"接近人"，能够具有对弈、对话、对垒的能力，具有服务能力、具有人的情感及对事物和现象的应对反应。甚至还有，如报道所说的"微软产品——机器人小冰"，在与人类交互过程中，具有自我完善和自我学习的能力，也就是机器人具有了自我进化的能力，这个在与人交流的过程中的不断自我进化，实质上就是机器人的"人化"的自我成长。有人预测，机器人可能成为人类的替代品。其名单为：代妻子、代丈夫、代父亲、代母亲、代孩子、代闺蜜、代精神导师等等。机器人在人类社会中生存发展、"生活"，取代人类自身。近来，有的科学家还预测，2050 年前，机器人可以与人结婚，甚至"人与机器人交媾其快感超过与人的感受"！那么，人类和人类社会都改变了，变形了，变型了，变性了。

另一方面则是"人的机器化"，它与"机器人的'人化'"齐头并进，也是既有利于人类的健康、寿命和生活，又有害于人自身。自然人、社会人演变成"机器人"，满身是机器在运行，生命靠机器保健、延长，人受机器的指挥、安排。所谓"手机依赖症"就已经预示了这种发展趋势。这种机器人发展趋势和方向，带来巨大的经济利益和社会效益、文化进步，这是人类文化、社会文明巨大的划时代的进步。但是"机器人"向人类进攻，威胁人类的生存。人类制造机器人，为自己服务，但是它的发展和进步，却威胁人类自身，会导致取代人类的前途。这不能不引发诸多问题，包括自然科学、技术科学、社会学、经济学、伦理学、心理学、法学等方面的研究，以及人类科技立法、科技决策、科技掌控等方面的急切的、深层的、预测的研究。许多课题摆在面前，其性质急迫、其意义重大，直达人类前途和命运的终极关怀和终极命运。这也就是"使科技具有人性"和"人性地使用科技"的根本研究课题。我们希望，在极力研发机器人的过程中，同时、同步研究这些课题。这应该是当代科学与学术前沿的重中之重的课题。所有这些担忧、预言与预测以及今天看来类似"杞人忧天"的说法，都催引我们深思，需要预为之谋地从上述诸多科技范畴和社会人文科学范畴的深入研究、制订方案、战略与政策。而使预测中的"机器人时代"的种种问题、负面效应得以遏制、抵御、消除以至"化险为夷""转祸为福"。这应该是，人们应该警觉到的，自然科学、技术科学和社会科学、人文科学两大科学体系的双相、双向齐头并进、相伴而行的大研究课题。在机器人研发的过程中，人文社会科学应该同步、伴随、跟进地进行研究，与科学研究共同确定研究方向、创获预防机制和战略决策。

三、人类调整文化方向及由此产生的主要研究取向、研究课题

在20世纪，尤其进入21世纪以来，人类高度自觉地调整自身的文化方向，在实现现代化的进程中，开始"改弦易辙"，由一意孤行、肆无忌惮地开发自然、利用自然、榨取自然以至破坏自然、毁灭自然，转向保护自然、爱戴自然、回归自然，以恢复被破坏的自然生态、保持地球上生物多样性，挽救自然对人类的报复的危机，以建立与自然互生双赢、和谐共处的"人类自然家园"。由此，便产生了一系列科学总体——包括自然科学、技术科学和社会科学、人文科学在内的主体性的统筹协同的多学科合作的或者分别的研究。

生态意识、生态关注、生态文明、生态伦理、环境保护已经成为人类共识，只是实行上高下有别、绩效有差。"环保"已经形成世界性行动纲领，在不同地区和国家，也取得了程度不同的效应和效益，尤其是生态文明理念的提出、倡导和实践，把人类的文明意识、文明内涵扩大到自然界，而自然伦理的思维，更把血缘伦理、社会伦理，合理地发展为纳入自然体系和自然内涵；这些都体现了人类文明意识、文明程度进入新境界；人类的思维领域中，把人与自然合为一体了。自然是人类的母怀和家园；人类是自然之子，又是自然的养护者和共存者，与宇宙生命共同体具有不可化解的"血缘关系"。为了这一关乎人类前程命运的

决策，自然科学、技术科学和人文社会科学展开了多方面的研究界域，"环保科技"成为多学科的研究重点；"自然与人类"存在关系与生物共同体，简直可以囊括全部社会科学与人文科学领域。

从理论到社会实践，以高层决策和国家规模的态势，形成了经济与社会发展和生产与生活的链条式人类共同行为准则，这就是：文化心态调整、产业调整、传统的复苏、自然的复魅。创新、协调、绿色、开放、共享新的发展理念，全面而深刻地体现了这种新型的、符合人类新的文化方向的链条式发展路径和根本方向。习近平总书记"绿水青山，就是金山银山""冰天雪地也是金山银山"的提出，以实践性的生动表述，在总体上概括了生态文明的深沉意义和价值。这又是中国的文化自信的表现，也是中国的文化方向在世界上的引领作用。

这种文化方向的调整，还蕴含着"三大反思和三个适度回归"，即对现代化模式、对现代科技和对人的最佳生活方式的反思；以及由此而来的"三个适度回归"，即向自然和传统、向人性地使用科技、向相对朴素生活的回归。以牺牲自然和人类的"自然的生活"为沉重代价的现代化，被"此路不通"的警告牌阻挡，而提出了"救赎现代性"的命题。答案就是依据各民族、地区不同的社会状况和结构以及文化的特点，而选择具有民族性、地域性差别的现代化模式。"多元现代化"——"民族现代化"——"多种现代化"。而且人类需要为自身过错而被"自然"施以报复因而被剥夺了"人之幸福"和"人之本性"，而向"自然"回报、恢复、回馈，以进行自我救赎。对于传统，人类在过度现代化进程中，过度批判、毁损和扬弃，而使自己"失家园""失乐园"，留不住乡愁。"人类正在寻找丢失的草帽""人类正在走向回家的路"。——"在路上"，就是留住乡愁，恢复和继承部分储存人类生存智慧和慰藉心灵的传统元素。人类的文化心灵在重组：在现代性反思的基础上转换，现代性的部分，向传统适度回归，使之改塑后以新的质地，纠偏补罅，补充现代文化的"传统缺失"和那种"阳盛阴衰"的文化心灵征候。

四、重启科学与哲学的对话，消弭"科技"与"人文"两种文化的分置与"隔离"

在人类调整文化方向方面，还有一个重启科学与哲学的对话和消弭两种文化隔离的课题。早在20世纪50年代，英国科学家兼作家C.P.斯诺，就忧心和热诚地提出这个问题。他指出：我们现实生活中存在科技文化与人文文化两种文化，"整个西方社会的智力生活已日益分裂为两个极端集团。……一极是文学知识分子，另一极是科学家，特别是最有代表性的物理学家。二者之间存在互不理解的鸿沟"。C.P.斯诺提出的科学文化与人文文化分置的"两种文化"论，揭示了自然科学、技术科学与社会科学、人文科学彼此隔离、分置、互不了解的文化"障碍"问题。他指出："这种两极分化对我们大家只能造成损失。对我们人民、我们社会也是一样。同时也是实践的、智力的和创造性的损失。"此论得到普遍认同，并设为力图迫切解决的、人类文化发展与经济社会发展的严重问题。这个人类文化的课题，现在仍然是一个待解决的问题。令人不解和思索的问题是，两种文化在实际上、实践中，已经在交叉、汇合、融合，但在科学与学术界，却是两下分置、各不相交的隔离状态。这对科学学术研究，对经济社会发展都是不利的；对于人类文化的进展，也产生窒碍。

现在，这个问题已经引起普遍的注意，产生一种"文化觉醒"了。虽然世界著名科学家霍金曾说"哲学死亡了"，因为他认为哲学"没有跟上现代科学发展的步伐，特别是在物理学领域"。但是，英国曼彻斯特大学前医学教授、文化评论家雷蒙德·塔里斯发表《哲学未死》一文做出反论断。他认为，"现在是开启物理学（科学）与哲学（人文科学）对话的时候了"，因为，目前基础物理学正处于混乱之中，需要哲学的帮助。他指出："物理学若想进一步做科学研究，亟须一个新的思想框架，需要退一步重新审视我们认为理所当然的道理。"爱因斯坦早就提醒过，"除了看到那些明显的可以观察到的数据和实体，还应该注意到间接的、看不见的、隐藏于事物背后的哲学道理"。这种物理学与哲学，也是科学与人文社会科学的对话，现在并不是因为"哲学已死"而停顿和取消了，而是需要重新开启新的对话。

事实上，由于科学技术的高度发展，由于众多交叉科学的发展，许许多多的两种文化交汇、对话、合作的事实和客观需要频频出现，实际上在进行对话。而且，从根本上来说，科学家需要从社会科学取得观察世界、研究世界和分析问题、综合材料的整体框架、战略思维和方法论支持，也需要人文精神支持其研究，而使科学研究达到"人性地使用科技"和"使科技具有人性";而同时,人文社会科学研究,则需要获得科学精神、科技手段、科技方法论等的支撑和支援。这在社会学、心理学、经济学、人类学等学科中,都是显而易见的。

现在的事实是,已经大量存在两种科学体系、两种文化的交叉研究和合作研究,也已经存在整个"科学共同体"(自然科学、技术科学、人文科学、社会科学组成)的整体性研究的"大科学"课题和研究。这是重启"两种文化"对话的具体表现,展示了人类科学、学术、文化的新的进展与境界。比如"气候哲学"这一应运而生的新哲学分支,其学科名称,即显示了"科学与哲学对话"的性质。而且,仅其关注的核心"碳排放空间的分配正义问题",就融会了"科学与哲学对话"的充足内涵。此外,还有生态人类学,既体现了自然科学为人类学研究提供思路,又体现了人类学为生态建设提供保证。还有神经经济学,探讨大脑的内在秩序及其与人类决策之间的关系,也是科学与哲学的对话的重要领域。这些新兴学科的出现及研究工作的开展,正是科学与哲学重启对话的实证。这方面的研究和这种对话,日见进展、深化和发达,其态势与成果,也是人类调整文化方向的一个重要表现和收获。

五、"回眸东方"与人类文化新走向

在人类调整文化方向的基础上,在全球性的建设生态文明的觉醒和实践中,在西方文化突出显现内底衰败的状态下,在世界范围内,产生了"回眸东方"的趋向,并在此基础上显现了人类文化新走向的趋势。现在,在社会科学的多个学科的研究方面,都涉及对这个研究界域的探索和讨论,提出了指引方向的思索、探讨、学说和理论。这些学术成果,既反映了研究的进程和走向,也显示了对发展前途的指引性思路。在这一"回眸东方"的世界文化景观中,中国传统文化特别受到青睐,西方"中国学"研究态势趋热,并进入新的时期。

关于西方文化的命运,早在20世纪初,德国的奥斯瓦尔德·斯宾格勒就以其巨著《西方的没落》的书名和广博深邃的内容,预言和标示了西方文化没落的命运,他因此被称为"为西方文化唱挽歌的现代祭师""为未来文化诊断命运的'后现代'先知"。他认为,一种文化心灵,当它"以民族、语言、教义、艺术、国家、科学等形态实现了其所有的可能性之后，他便会熄灭，而回复至原始的心灵状态"。在第一次世界大战接近尾声的时期，他敏锐地感受到西方文化的这种"气数已尽"的文化征候。不过，"瘦死的骆驼比马大"，直到20世纪末，在将近百年之后的世纪末年，西方文化的这种"气数尽矣"的命运，才更现实性地走向"此在"。这反映在以93岁高龄写出巨著问世的，美国的雅克·巴尔赞的《从黎明到衰落——西方文化生活五百年，1500年至今》一书之中。巴尔赞在这本书作者的话中，开宗明义就宣言："20世纪即将结束。进一步深究后，还会看到西方过去500年的文化也将同时终结。"这部著作作为《西方的没落》的接续，宣布了西方文化的最终没落的命运。当然，这只是大格局、大形势、大气数的论证，指出了一种文化精神和形态在"实现了其一切可能性"之后的危机病症。欧洲中心论、欧洲文化先进并统制世界以及工业文明、科学主义的极致发展与负效应、西方现代化模式的被质疑以至被取代等等，都显现出西方文化的这种衰落景象。当然，这里只是深层次地揭示其"骨子里的文化气数"的败相，而并不排除在"外面相"的依旧繁荣和花哨。即如好莱坞电影的风行全球、气势逼人的状况，便是一例。但即使是好莱坞影片，也时而显现其难乎为继和捉襟见肘的窘态。

西方文化这种文化状貌的突出表现，在2010年诺贝尔文学奖获得者、拥有秘鲁和西班牙双重国籍的马里奥·巴尔加斯·略萨于2012年所著的《做戏的文明》一书中，做了尖锐揭示、抨击和深刻批判。他指出：当今世界，娱乐、消遣已经成为"全球的激情"，文化平庸、浅薄成风；高雅文化的深刻思想和复杂密码曲高和寡，轻松愉快、荒唐恶搞，则广受欢迎；群体化和轻浮是当今文化的一个特点。另一特征则是"知识分子矮化和蒸发"。这一切，都是"做戏的文明"所显现的重要征候。

从文化精神、文化核心方面来说，西方文化如钱穆所说，其核心为"开物成务"，它引发了以"开发自然""征服自然"为终极目的的工业革命、科技革命，导致生产力与资本主义高度发展，在此基础上，极尽物质文化的开掘与享用，已经破坏了人类三大家园（自然家园、生活家园、人的心理家园），人们一方面耽于难于承受极尽物质享受和感官刺激的"生命之重"，以及同时存在的难于承受的无意义感、空虚感、失重感的"生命难于承受之轻"，终于导致上述文化败相的萌生与发展。

而在此种情况下，如钱穆所说的"人文化成"的中国文化精神，正可纠偏补罅。中国传统文化精神中的"天人合一""文明以止""人文化成"等，正是尊重、保护自然、建设生态文明的最佳文化资源和生存智慧，足可树立人类与自然齐繁共荣的文化心灵与文化襟怀，确立这样的文化方向。

这里正体现了人类文化的转型以及新走向的趋势，即以"人文化成"的中国传统文化为纠偏补罅的基底，以"天人合一""文明以止"的价值体系，注入、混融于"开物成务""征服自然"的西方文化和以西方文化为重心的世界现代文化，处理好人类与自然的关系，处理好天、地、人，即人类与大自然、与地球、与社会的关系，协调、共生共荣，在建设发展生态文明的前提下，促进经济与社会的发展，扭转发展社会的现代性的方向，走向正确的路径。建设自然与人类合一的生命共同体。这一研究命题和全球性宏大课题，不仅已经纳入现实的自然科学、社会与人文科学的研究体系和分学科的、综合的研究之中，而且已经成为联合国和诸多国际会议以及大国的主要议题和决策，为国际广泛认同。其中包括《巴黎协议》、G20杭州峰会、博鳌亚洲论坛等以及习近平总书记提出的"创新、协调、绿色、开放、共享"五大发展理念。特别是习近平总书记提出的"建设人类命运共同体"的建议，世界共建的人类远景目标，也显示了强大起来的中国的世界性担当和责任心。

六、建设中国特色哲学社会科学和创获"中国话语"以及它们的走向世界

中国的崛起，是21世纪世界性历史事件，西方媒体列举"世界新体系的十大特征"中，第一是"西方衰落"，第二就是"中国崛起"。对这一不争的事实，我们既应引以为自豪，又应保持清醒，承认和面对依旧不足和依旧落后的方面。但与"西方衰落"对应存在的"中国崛起"，终究应该引发我们的责任感及进一步沿着正确的方向和道路，积极向前进。其中，最重要的就是建设中国的话语权。建设中国话语，包含中国特色话语体系、中国特色哲学社会科学、中国文学艺术、中国学术与文化话语体系等，是一个涵盖广泛、多样、深邃的系统。

"建设中国话语"，这一中华民族的民族性、时代性、创世纪性的宏

大全民族课题，现在整体性地作为历史的、文化的课题，摆在全民族面前。它既是已经部分地出现在民族与历史的地平线上的"既成事实"，又是伟大的民族课题、时代任务，高悬在我们前面的巨大任务和美好前景。目前，国内对这一重大课题的研究和思考，已经广受重视并且不断有新的成果和新的建树出现。

有四个方面的依据和条件，足可为我们确定这一课题的确立和走向成功的努力前景。中国经过改革开放以来全民族的拼力奋斗，取得了经济上的伟大成就，中国已经成为世界第二大经济体，甚至预计在不太远的将来有可能越过美国成为世界第一大经济体。中国的轻重工业产品、中国技术、中国资本、中国人才，都在走向世界。这里固然还存在多重待解决的问题，但是在总体上的这一经济成就，是不可抹杀和震惊世界的事实。它对世界的影响是十分巨大的，它改变了世界的经济格局。这一伟大事实，使中国在世界上的地位大大提高，不仅引世人瞩目，而且世界不得不聆听中国的声音。这已经是"中国话语"在世界上发声了。这里，不仅其本身具有文化性，——因为经济不过是"表现为经济的文化"，而且它相联系地也把中国和文化的精髓和心态，"随带着"向世界传播了，同时也使世界对中国刮目相看，或者高看一眼，或者迷惑不解地注视。总之，中国人被人看不起的历史，已经消失得无影无踪，成为永远的过去。

与此经济成就偕行的重要事实是，在这种政治、经济、文化形势下，中国传统文化受到前所未有的重视，西方中国学（汉学）研究进入一个全新的时期。最突出的现象是中国的孔子学院几乎遍布全世界主要国家，世界各国学中文的人数量很大且日益增多。在前述世界背景下，中国哲学，也可以说是中国文化和中国智慧，在西方受到不仅学术界而且大众的青睐。媒体报道，"中国哲学'走红'海外课堂"，"'古代中国伦理与政治理论'已成为最受学生欢迎的课程之一"。为什么会如此？一方面是中国世界影响力提升、中国传统文化备受关注，另一方面中国哲学和传统文化的价值与内涵，与西方文化分殊的特色，与过度现代化和物质化的现代西方文化的不同，都吸引着欧美人的兴趣和瞩目。先秦儒学、宋明理学受到海外研究者的重视，日本、韩国、法国对中国道家思想研究较为深入，有很多专门研究道家的汉学家；加拿大、美国、法国、澳大利亚、德国等，都是对中国哲学研究较多的国家，他们的一些大学还专门为中国哲学设置学位。

建设中国话语并走向世界，这是一个具有伟大历史意义和时代精神的民族课题。中华民族在东亚特殊的历史位置上，生产生活了几千年，熔铸了自己具有独特体系、独特智慧和独特魅力的文化；它从一开始即在创造文明的源头时，就创获了不同于西方的文化体系，即以"人文化成"为特征的文化系统。在漫长的历史过程中，它曾经在多个历史时期，走向世界，影响了世界多个地区和民族的文化发展，做出巨大贡献于世界文化。"四大发明"与"三大产品"（茶、丝绸和瓷器），是对世界文明最巨大的贡献和推动力。现在，在国内，在"中国崛起"的时代背景下，在国人重新认识自己的文化、对之做出现代解读、诠释和"现代处理"的语境中，正日益更加闪耀其光辉；而在人类改变自己的文化方向的历史时期，它的文化精神、价值观念体系，更是补西方文化、现代文化之不足和纠其偏的"对症药"。因此，它需要走向世界、能够走向世界，对世界文化做出新的贡献。

值得注意的是，与之相对应的则是如前所述的西方文化的没落。这种两相背反的"相向"发展态势，正好印证了中国话语的兴盛趋势，并提供了这一趋势的经济、社会、文化背景。与此同时，中国学术文化也正在和已经走向世界，内而重读、细读自身的传统文化，做出新的诠释和创获新的时代性意义并参与世界的事业；外之则有国外中国学研究兴盛和发展；一些国外世界性学术文化总集选入中国文化学术著述，或者中国学者被吸收参与国际文化学术的编辑、纂述工作；还有中国学者的走出去，与国外学者合作研究或讲授、传播中国学术文化。

以上四个方面，国内和国际学术界都在开展研究，进行整体的和分学科的研究，并取得一个个新成就、新学术成果。拭目以待！

七、新子学的兴起与回归中华经典、重建中华经典

这一新兴的学术文化研究与思潮，有着深刻的社会、历史、文化和时代背景与依据。一时代有一时代的学术和文化。中国传统文化的随时代之演变，有汉代之经学、魏晋之玄学、唐之"引佛入儒"、宋元明之理学以及清之考据学。每一变迁，都反映了社会发展、时代演进、文化进益和时代需求的轨迹。现今新子学的提出、普遍响应与广泛研究，也

具有同样的依据和轨迹。它既是上述"建设中国话语并走向世界"的趋向的表现和内蕴，其本身又是中国文化从传统向现代创造性转化的建设性学术文化工程。在实现中华民族伟大复兴的中国梦、中国走向世界的时代背景下，它的研究和发展，不仅具有本民族的意义，而且具有世界性的价值。

每个民族文化的原创、原典，都是既具有固有的"原意"，又蕴含随着时代变迁、文化发展而带来的新的解读、诠释的"意义"。按照接受美学的理念，在每一文本的"原意"基础上，不同的时代精神和需求、不同的生活状况、不同的历史条件和文化境况，都会产生具有时代特征的"期待视野"和"接受屏幕"，并认可凭此依据，在经典"原意"的基础上，不背其意却做新的解读，加以诠释、延伸、发挥、创意，"说开去""接着说""解旧立新"，以至引进吸纳新的文化元素，加以推进（如唐代之"引佛入儒"），从而创立新意新说。并以其成果，服务现实、推动民族文化发展。当今"新子学"的创辟与进展，正是发挥此种作用，具有这种价值。现今提出的"新子学"，不仅包含旧意的先秦诸子，而且越过"经史子集"的传统含义，而是"诸子百家"之"子""传统诸子""近现代诸子"，这就包含了全部中华经典在内。这种广义的"新子学"之兴起与研讨，具有回归中华经典的深刻含义；而新的解读、诠释与发展、创辟，更是一种推进传统文化、使其创造性向现代转换的重建中华经典的伟大时代文化工程。

在中国崛起的 21 世纪，我们对于老子、孔子、墨子、孟子、荀子、管子等诸子的思想、学说，以及中国传统文化的诸多经典的解读和诠释，也都具有了这种具有时代精神的新的意义和价值。

八、"大历史研究"——"宏大叙事"——"重塑世界历史"——"重评中国历史"

在新的历史时期，人们总是会从历史的层面去追寻历史的"来龙去脉"，即探寻历史的"前因"，又瞩目当今的历史遗存与前行轨迹。而在全球化时代，在现代化遭遇困境、对"现代性"问症把脉的"后现代"时期，更是大大地扩大和深化了历史的研究界域。

在国内，正如历史所显现的，人们在从事现实的建设和发展的时候，总是会唤醒历史的激情，这一方面是要从历史中走出，另一方面又想从历史的经验中寻找现代灵感。中国从改革开放以来，一直处于这种"走出历史"和"从过去寻找现代灵感"的过程之中。曾经的"哲学热"、"文化热"、儒学与现代化的关系的研判以及对"中国特色现代化道路和模式"的探讨等，都激起历史研究的热情和获得历史研究的成果。

从上述国内外"历史研究境遇"的状态来看，从国际学术界来观察，则由于人类对"宇宙"和"'多元—多重宇宙'的大宇宙"的研究，以及高科技的迅猛发展，人类"宇宙眼界"空前扩展；还由于考古发掘和历史资料的不断创获；由于这些，对人类历史的研究进入一个新的时期、达到一个新的高度、进升到一个新的层次。从而产生可以命名为"大历史"和"大历史研究"的研究境域，还有"深历史"研究的提出。这种世界性历史研究趋势的波涛，自然已经被引进国内，因为在我们正走向世界，也迎接世界走向我们的时候，我们在深刻研判本国史的同时，需要这种大历史观和大历史研究。

那么，这种研究要求和已经达到何种扩展和深化的地步呢？总体上是在宇宙演化中来书写人类历史。从宇宙大爆炸讲起，其时间顺序—历史进程如下：

宇宙大爆炸→无生命宇宙→地球上的生命→早期人类历史→全新世→文明时期→近代、直至现代

美国历史学家大卫·克里斯蒂安已经把历史研究空间领域扩展到整个宇宙，而时间范围则延至100亿至200亿年。

"大历史""还强调打破专业化史学的藩篱，让不同的学科知识都进入历史叙事"，这些学科涉及历史学、地质学、生物学以及宇宙学等；"大历史"的另一诉求"在于打破'自然史'、'史前史'和一半意义上的'历史'三者的藩篱"。"大历史"在"关于人类历史的描述中，人与自然的关系得到了充分的展示；更重要的是，它的"强烈的现实关怀和对人类未来命运的忧思"。同时，"大历史"还以"摆脱人类中心主义"为其核心诉求。

"历史研究呼唤宏大叙事"，是另一个"史学新声"。郭震旦在《历史研究呼唤宏大叙事》一文中指出："全球正在'化'为一体，而史学研究的'碎片化'却大行其道，这一错位清楚折射出当今史学研究的

'不合时宜'。"郭震旦说："从历史进程看，全球化是一场不折不扣的宏大叙事，而全球化的方兴未艾，以及它从大跨度、大结构上对历史的重新体系化，都证明着宏大叙事式历史书写的生命力。"正如大卫·克里斯蒂安所指出的："在历史科学中，像在任何学科一样，如果想理解细节的含义，理解它们是如何有机联系在一起，就必须有超越细节的眼光。如果要搞清我们学科任何一部分的来龙去脉，我们就急需构建大图景。"

基于此，向来的世界史就需要重新研讨、重新书写。"重塑世界史体系"这是当代史学界新的思考和研究；"欧洲中心主义"的历史需要改变，使之成为真正的世界的历史；而500年的世界时间段，也需要延伸到5000年的长度。这些新的历史研究思路与界域，将大大扩展历史悠久的视野、空间和时间，扩展内涵和深化领域，更将激起崭新的历史研究思路、研究格局与历史及激情。而且，其研究进程，必然"借取"自然科学、技术科学的方法、技术与成果，也会与其他众多人文社会科学交叉、互渗以至合作研究。

这股世界历史研究的新风，自然会吹进正在走向世界和开放的中国学界。大卫·克里斯蒂安的《大历史：虚无与万物之间》已经译介过来了；宏大叙事的历史备受质疑和微观史独领风骚的趋向受到批评和抵制，曾经有"大行其道"之势的史学研究的"碎片化"趋向已被纠正。现代中国面对几千年的过去和走向我们、我们也走出去的现实，正需要这种"大历史"和"宏大历史叙事"。它的研究及其成果，也激起中国人的阔达胸襟、民族自信和历史自豪感与现实激情。

九、自然文学的复魅与兴起

在人民导向的文艺创作方向道路提出之时，在世界性建设生态文明的时期，在"三大反思"基础上，产生的"向自然的适度回归"的文化境遇中，自然地产生了"'自然文学'的复魅与复兴，以及生态诗学、生态文学观的提倡与研究。

"自然文学"主要表现和思索人类与自然的关系，其主要理念是"土地伦理"和"荒野"观念，放弃人类中心观念，强调人与自然的平等，具有一种对"荒野的审美意识"这种文化情怀，呼唤关爱土地并从荒原中寻找精神价值。"自然文学"的精神与意蕴，在当代，正与掌控经济发展态势、拯救地球、保护环境、建设生态文明，以及"人类调整文化方向"这一总体精神与路向贴切吻合，是既有文学形态的复魅和复兴，更是人类建设新的文明的内蕴、助力和表现。

自然文学与生态诗学、生态文学观，现已在我国文坛和文化领域传播，受到注目。比如蕾切尔·卡森的《寂静的春天》和亨利·大卫·梭罗的《瓦尔登湖》均已迻译，后者且有多种译本。自然文学理论、创作的译介和研究，是目前重要的工作。在这方面，程虹教授的系统译著，发挥了很好的作用。这将提高对仍然未被重视的自然文学的认识，提高中国作家在这方面的自觉创作意识和积极性。自然文学对于全力实现现代化的中国，具有深沉的现实价值。我们正在改变现实，但我们又要保护祖国的美好河山，保护中华大地的美丽；既要恢复被破坏、毁损的自然，又要在保护自然的前提下，发展经济，并建设生态文明。在这方面，自然文学具有重大的意义和现实价值。中国文艺家只需要提高和发展自己的自然文学建设的自觉性和积极性。这既是中国当代文艺的发展方向，也是中国文化发展的方向。

十、文学的人民导向与中国文艺攀登民族复兴时代高峰

习近平总书记2015年10月在文艺工作座谈会上的讲话中，提出了"以人民为中心的创作导向"的号召，纠正了文艺界的歧路盲行，指引了我国文学艺术创作的正确方向和道路；以人民为中心的文学艺术创作，正向健康道路进展。2016年11月，习近平总书记在中国文联十大、中国作协九大开幕式上的讲话中，又号召："文艺工作者要把握时代脉搏，承担时代使命，聆听时代声音，勇于回答时代课题"，"努力铸就中华民族伟大复兴时代的文艺高峰"。这反映了时代的声音，也是民族文化的深层的呼唤。中国阔步走向世界的气势中，包含着文艺的内蕴。新时期以来，中国的文艺作品，有不少为许多欧洲和其他地区的国家译介，直至莫言获得诺贝尔文学奖。这既是中国文艺走向世界，也是世界对中国文艺的看重。而今，中国更产生了孕育文艺大师的时代条件、经济—社会—文化基础。我们的改革开放、经济发展、社会变迁、

文化进步，都是亘古未有、世界罕见的；一个有五千年历史的古国、百年积贫积弱的民族，如今不仅扭转乾坤，而且以足可影响世界的雄姿，出现在国际舞台，发挥举足轻重的作用。

现在，更正在建设中国特色社会主义、建设小康社会的实践中前进，正在为实现民族伟大复兴的中国梦而努力。在这个历史时期和时代氛围中，中国悠久而优秀的民族文化正成为民族发展的重要力量，文艺也在发挥引领时代风气的作用。历史的进步、社会的变化、文化的进益、人民精神风貌的昂扬和新人的产生，这些社会条件和时代氛围，是酝酿、产生文学与文化大师的底蕴。现实呼唤着文学艺术发挥它的引领时代风气、成为民族生存和发展的重要力量的伟大作用。作家、艺术家应该像习近平主席鼓励的那样"成为时代风气的先觉者、先行者、先倡者"，并且"通过更多有筋骨、有道德、有温度的文艺作品，书写和记录人民的伟大实践、时代的进步要求，彰显信仰之美、崇高之美，弘扬中国精神、凝聚中国力量，鼓舞全国各族人民朝气蓬勃迈向未来"。时乎伟哉，路向明确，人民期待有思想、有志气、有出息的作家写出反映时代、无愧人民、创造新的民族艺术典型，做贡献于民族复兴，做贡献于世界文坛。为此，提出"以人民为中心导向"的创作方向与道路，熔铸文学的人民性、提高文学的时代性、思想性和艺术性，以及发展这方面的理论研究与批评实践，便成为当前文学领域的"正义呼声"和热诚期待。这在本质上，就是新生的文化古国和古老的东方，冲破了欧洲文化中心的旧面貌，以新的文化英姿出现在世界上，改变人类的历史与文化。这股世界文化大潮流，为中国所引领，正在向前运进。

重视环境成本和社会成本^①

　　我们现在衡量经济发展，无论是一个企业还是一个地区的，计算成本的目光所及，计算成本的范围，都是经济的或财政的，是经济核算或财政核算。我们计算资金的投入、技术的投入、人力的投入、原材料的投入，计算它们的消耗和回报，计算利润额和利润率等，这当然都是必要的、正确的。但是，还有"有形和无形的却看不见"的投入付出没有被计入，被有意或无意地忽略了。这就是环境成本和社会成本。而不计入它们，我们的核算，就是不准确的，不科学的，不公正、不合理的。但更重要、更值得注意的是，这种"忽略不计环境成本和社会成本"的经济发展理念，是很有害的，是现代化进程中的病症，也会造成经济病症与社会病症，伤害当前，贻祸未来。我们极需要纠正这种狭隘的发展理念。

　　马克思、恩格斯都认为，单独劳动并不能产生财富，只有劳动和劳动对象结合（劳动力利用和加工于劳动对象），才能产生财富。环境，可以在总体上纳入"劳动对象"之中。虽然它不像直接进入生产的土地、资源、原材料那样被看得见地、直接地利用和加工；它被作为公共资源利用，被忽视或被视为"可不计入"的资源——原材料成本，而被置于视野之外而不予计入，造成了严重的后果。问题更在于，这种"个体"（单个企业、个别地区）的"获得"，而其严重后果却是公共的、全社会的。即公众和社会为这种局部、个体的"获得"利润付出成本，也就是在"个别""局部"所得利润和所取得的经济发展中，含有自然、环境、社会所付出的成本。

　　以下是一组见诸报端的数字，它们足以警醒我们认真对待这种不计环境成本的局部、个体的"获得"，而公众—环境"埋单"的恶果：云

---

①　原载《辽宁日报》2007年4月23日。

南滇池周边企业 20 年间创收几十亿元；但滇池被严重污染，如欲初步恢复滇池水质使其达到三类（可灌溉用水）水准，至少需要几百亿元。淮河流域的小造纸厂，20 年积累产值不超过 500 亿元，但治理它们造成的污染，使水质达到三类标准，需要投入 3000 亿元。山西挖煤破坏环境损失 3988 亿元。如果江、浙、沪三省市联合治理太湖流域的污染，投资额至少需要 2000 亿~3000 亿元，占太湖流域 GDP 总额的 25%，超过三省市一年财政收入的总和。

还有更大范围的警号。这是一组报纸上的标题：《长江入选全球"最受伤"大河榜》《鄱阳湖水位偏低，湖区 25 万群众饮水难》《我国平均每年有近 20 个天然湖泊消亡》《专家警告如不遏制污染，十年后渤海将成为死海》。所有这些都表明，自然与环境都为经济发展、GDP 增长付出了昂贵代价，实际上就是进入了经济增长的成本。只不过这种成本未曾计入，却被以"利润"形式进入了经济效益之中。据国家环保总局、统计局发布的《中国绿色经济核算研究报告》称：2004 年环境退化成本中，污染造成的经济损失为 5118.2 亿元，虚拟治理成本为 2874.4 亿元。这些"损失"和"虚拟治理费用"，实际上都存在于生产与经济发展的成本之中。这就造成了所谓"环境污染的负拉动力"。有关研究指出：如不有效治理，环保风暴可能成为中国经济由高增长向低增长演变的拐点。

如果说环境成本问题因为经济发展中出现环境污染、生态失衡、疾病流传等负效应，还多少引起人们的注意，那么，社会成本问题，却基本处于"无人过问"状态。

所谓社会成本，是指那种为生产和经济发展所必需，可是市场价格机制又不曾或不能计算进去而转嫁给全社会的支出。从社会学视角来说，则是"社会"作为"生产主体"和"生产条件"，为生产、为经济发展所提供的"生产与经济发展维持体系"的支出。第一，"表层"的是社会公共设施，包括道路、交通、生活与娱乐设施；第二，属于深层次的则是文化教育体系，包括教育为生产与经济发展所提供的人才资源与人力资源、教育所培育的人们的素质条件、文化对人们思想、道德、智能的养育等；第三，在广泛的层面上，是社会软件和软件系统，包括第三产业对于第一、第二产业的支援与服务系统；第四，在更广泛的层面上，则是整个社会环境对于生产与经济发展的总体推动或制约作用；第五，为了维持社会的安全和稳定，属于"社会稳定器、消毒剂、疏泄通道"（特别是公安与社会保卫系统）的多种多样的生活机构与服务体系。当然，所有这些方面都是面向全社会服务的，辐射所有人群的，但是生产系统和经济发展范畴，也都接受了这种"利益辐射"，这是直接的；还有对于全社会的服务，其"物质与精神收获"，也还会转嫁利益于生产和经济发展范畴。这些也是直接地和间接地付给生产和经济发展的非投资的投资，非成本的成本。

在生产利润和经济效益中，包含社会成本这一"看不见的成本"在内。也就是说，在整个经济效益中，有一部分不是生产与经营所创造的利润—财富，而是在客观上转入的社会成本。比如，我国从20世纪70年代到21世纪初，劳动年龄人口的供给达到最充分状态。因此，劳力优势即人口年轻化、抚养人口降低，是经济增长的重要因素。这就是所谓"人口红利"。据统计，这种社会条件与人口结构，使GDP每增长4元，就有1元来自人口结构优势。从上述情况可以看出，社会越发展、越现代化、越进步，生产效益越高，利润率越高，即对社会的投资越高，生产和经济发展的效益也越高。

以上所述目的只在说明，生产与经济发展，应该把"环境成本"和"社会成本"计入，要树立这种经济观和经济发展理念。并在这种经济发展理念指导下，保护环境、养育环境，在不破坏环境的前提下，发展生产、增长经济；若有损伤，即不惜投资排污染、治环境。同时，不惜社会投资，回报社会，保护与促进社会进步，为全社会服务。这种现代发展理念，虽"失利"于一时、于眼前，却得大利于整体、于未来、于子孙，得大利于国家民族。

在市场经济发展的进程中和现代化过程中，人们为了追逐利润而去赚钱、发展生产，同时也就使社会经济得到发展，甚至文化也得到进步。这就是黑格尔所说的"理性的机巧"。但这种"机巧"也要求抑制、阻遏、调节那"私欲"的一面。社会所希望的、历史进程所需要的是，有更多的人，树立把环境成本和社会成本计入社会发展和经济增长的"大发展理念"，注意保护环境并养育自然，注重回报社会并推进社会进步。这就是"意识到历史责任"的表现，也就是具体执行科学发展观的具体表现。从个人来说，这种大发展观，也会使自己不仅实现"个体的人生价值"，而且可以实现具有更大、更深远意义的社会价值与历史价值。

传统与现代：辩证的双向选择

——纪念五四运动八十周年

　　五四运动是一次反传统的新文化运动，中国的传统文化，经过五四运动的冲击和改革，有了新的变化、新的品质、新的发展契机，它推动了中国文化现代性的产生，也推动了中国现代化事业的发展；而且，我们今天的文化，就是在五四运动的文化成就基础上发展起来的。五四运动的这一历史功绩，永彪史册，这笔精神遗产，我们则要继承。但是，五四运动也有它的不足之处，这就是有一部分人在一个时期里，在反传统方面有一种认知偏差："好的便一切都好，坏的便一切都坏"，"古的都不好，今的都好"，"外国的、西方的都好，中国的、传统的都不好"。这也给实践带来了一些问题。今天，我们仍然面对这个"传统与现代"的两相选择问题，要求我们接受"五四"时期的历史经验，对历史进行切实的反思，以求在理论上和实践中，有清醒和正确的认识与选择。

　　的确，现代化，就意味着对传统的改革、否定、批判、反叛、扬弃、抛弃以至废弃。不这样，就不能前进，就谈不上改革与实现现代化。但是，以上所说对传统的诸项内容，是一种递进的、具有类别性、层次性的态度和原则，不是对所有的传统都如此；也不是对每一种传统，都使用所有诸项。而是有的改革、有的继承、有的批判、有的继承；有的扬弃，有的重新整理并做出新诠释，以至现代化处理，成为新事物。但更重要的是，传统又是我们前进的基地、起步的基点和实现现代化的基础。我们不能在半空中建立和实现理想。恩格斯所说的人类创造自己的历史，不是"随心所欲的"，而是在已有的社会生产力基础上来进行的；其含义与原则，也适合整个社会的一切方面。因此，对传统就不能完全抛弃。但是，如果不对传统"开刀"，现代化就不能起步，现代化的每一步前进，就意味着对传统的一次冲击。如果对传统采取"祖宗成法不可动""从来如此便如此""雷池一步不可越"，那就什么改革都不能进行，现代化也无从谈起，只有死在传统里了。五四运动时期的反动统治者、保皇派、保守派就是这种态度，所以被扫进了历史垃圾堆。如果没有五四运动的改革，中国就还是积贫积弱，"人为刀俎，我为鱼肉"。这样，传统就面对着现代化对它的选择问题。这也就是现代化如何对传统进行选择的问题。应兴应革、应流应除、有继有变、留中有改、"旧瓶新酒"，如此等等，需要细致周到、积极慎重、耐心稳妥的工作，要有决心、有信心、有热情、有眼光、有研究、有理论、有比较的学术文化的工作和实际的操作。然而，实际上，在此之前，首先遇到的还是"传统对现代化的选择"这一问题。我们如何根据民族条件、习惯、文化与心理结构、经济基础、人口素质等情况，来决定选择什么样的"现代化目标体系"和"如何来实现这个目标"，这都表现为"传统对现代化的选择"。这样，"传统与现代"就表现为双相的和双向的互相选择。它们处于一种辩证的关系之中。我们也就要运用辩证的思想、方法来处理之。

论中华文化从传统向现代的转换①

"地球村"的出现，信息时代的到来与网络文化的"一统天下"，知识经济与新型工业化的产生，高科技发展与科技革命的频繁爆发，以及中国现代化进程以计日程功的速度发展、中国作为世界上最大的发展中国家在国际上的地位与作用，还有"大中国文化"与"文化中国"的出现，从世界意义和本土意义这样两个方面，迫切地提出了，中华文化从传统向现代转换，并实现转型与重构的严重而伟大的课题。

---

① 原载《文化学刊》2007年第1期。

历史课题与民族母题，总是在它得以实现的历史与时代条件具备的时候，才会也才能够被提出来。我们应该欢呼、欢迎时代挑战和历史机遇的到来！但是，"历史的课题和民族的母题"提出来了，却被延搁、被耽误以至丧失历史机遇的"历史遗憾"，在中外历史中并非罕见现象。两个方面，两种结局，既有激励，又含预警。

迎接挑战，抓住机遇，及时而成功地完成历史课题与民族母题，是我们当前的重要任务，也是我们这一代以至后一辈、几辈人，要实现的民族复兴辉煌伟业。这要求国人具有高瞻远瞩的世界视野与雄才大略的文化胸襟。

而且，现代化的进展、科学发展观的实践和构建社会主义和谐社会的理想，更加迫切地把人与文化的现代化，提到我们面前。战略任务已经日常化地出现在每天的工作与生活之中。

一、中华文化的当代命运：面对三股潮流的冲击与挑战

中华文化现正受到三股大潮流的冲击。

第一股冲击潮是"人潮"。

改革开放以来，中国的社会流动——包括水平流动和垂直流动，都非常巨大、急遽，有以亿计的人口投身于这股历史巨潮。这不能不引起社会的巨变与遽变。其中，文化的巨变与遽变，表现最为突出的则是文化格局的变异和文化水准的移易。在短短几年间，从十万到百万到千万，有数千万农民涌入城市，另有几亿农村人口，共同涌进过去他们被隔离和歧视因而被排斥在外的文化领域，形成一股亘古未有、世界罕见的潮流，汹涌澎湃，冲击中华大地，冲击中华文化。他们涌入文化市场，接受文化、享用文化、消费文化。但他们饥不择食，以最普泛、最初级的文化与欣赏水准，消费精神食粮。他们以市场经济的"看不见的手"掌控着文化市场和文化生产（你生产我看不懂和不喜欢的，我就不买）。正如马克思所说，对象产生主体，主体也产生对象。消费主体产生了、产生着文化生产的主体。各种新闻传媒、公私出版机构被这股"群众潮"所冲击，也被这一消费主体所"产生"，纷纷出版、制造初级的、消闲的、浅显的报刊和读物，文化市场、阅读世界充塞着复制性、

一次性的快餐文化产品。大众文化在中国以空前的规模和态势蓬勃兴起。

大众文化的兴起，是现代化进程的必须与必然。这表现了文化对社会现实的适应，也表现了文化和社会向现代的前进与发展。中国还从来没有过这样雄伟的大众文化潮。这是中国历代文化志士们难于求得的大众文化运动。它的进步性，对于民族文化发展的推动，是不可否认也不可低估的。

但是，大众文化潮的出现，尤其是它的汹涌之势和迅猛的速度，也产生了两个方面的问题。一个是，文化消费主体和文化生产主体之间的"互相产生"，使得文化生产与文化消费，都在低层次上重复，彼此限制着改进和提高。并且按照递减律的态势，水准日趋下滑。于是，大众文化日益趋于粗俗、低俗、庸俗以至恶俗。与此同时，产生另一个问题，即精致文化的受挤压而日趋边缘化。这种文化现象和文化状态，表现甚为明显突出。学术著作的出版难和自费出版以及出版受冷落，高雅文学作品的同样命运，是其明显征候。现在，文学创作在题材体裁以至艺术价值与审美理想上，都在向市场效应逼近，连学术研究和讲解，也在向大众文化潮靠拢，取得市场效应，以此取代了真正的学术普及工作。有些情形近乎向大众文化的低俗倾向趋炎谄媚，显示精致文化在边缘化的同时还出现腐化现象。这是外在挤压与内在趋同相结合。遭受损害的是整个民族文化。这引起和造成民族文化总体格局的空前变异。其特征便是大众文化潮流汹涌，态势雄劲，势不可遏；而精致文化位置后移、离移于文化主流。

大众文化潮产生的另一个问题是，民族文化整体性水准下降。文化的普及，尤其像目前的以近乎狂潮态势的发展，势必造成水准降低。这从前述大众文化潮的状态中已可看出来。从整体上说，文化消费主体广泛而众多，好比水从瓶里倒进盘子里，"普及"了，"水准"必然平摊下降。更何况精致文化的趋向不佳，态势严峻。——无可否认，近二十多年来，科技文化、学术文化以及文化的全局性的发展、进步、提高，是肯定的。但前述问题的存在，是与其伴生的负面效应，同样不可忽视。

第二股冲击潮是商潮。

曾经流行一句话："十亿人民九亿商，还有一亿等着办。"又曾经有过一个产生轰动效应的事件，教授卖馅饼。这还是十几年前的社会现象。它反映了那时的商潮之汹涌。现在，这种"商潮现象"，已经远远超过了那个时候，不过改变了表现形态。它不再是事之者众，各行各业转向从商者多之类，它已经成为社会主潮、社会心态的主要价值取向，市场经济、经济效益、高收入、高水平生活福利等，已经是中华性格的重要组成部分；中国国民性中"商"（它的背后是"利"，在当前体制下，与"利"并行的还有"权"；"权力与权利"一体化）位置上升。亘古以来的重农轻商社会心态、价值取向与国民性，改变了。这是发展商品经济、建立市场经济体制的必然结果，也是它的客观需求。这种社会心态的转变和价值观的变化，是一种社会进步，也是民族文化与心理性格的进步。黑格尔和马克斯·韦伯都对此有过正面的论述和有限制的肯定。这是现代化所需要的工具理性。对效率、效益、利润、财富的追求，推动着市场经济的发展和现代化的进展。

但是，也正如黑格尔所论述过的，意识到历史任务的人只是社会中的极少数，大多数人只是利益驱动、贪欲使然，才去积极行动、经商获利、提高效益、创造发明，竞争争夺，身手不凡。这样，必然出现背反现象：一面是为社会创造财富，推动社会前进，推进现代化；一面又造成种种社会负面现象：巧取豪夺，行贿索贿，贪污腐败，以及为富不仁、唯利是图。还有与此伴生的众多社会不良现象，令人慨叹人心不古、世风日下。从文化的视角观察，我们应当肯定社会的进步、现代化的进展、国民性的进步性变异；但是，同时也需要承认并注意其消极的、阴暗的、有害的一面。在文化的发展上，我们需要"生产"对此的清醒剂、抗毒素、消毒散。应对此种潮流的方案，在经济上是市场经济的规范化，在社会政策上是财富与公正的平衡，在文化上则是积极创造和发展优秀文化。

第三股冲击潮是外来文化潮。

外来文化蜂拥而至，是新时期以来的突出文化现象。国门打开，盲目排外主义和文化封闭政策，已经成为历史的遗迹，我们颇有"拿来主义"的精神与气势，勇敢地大量吸取外来文化。这在中国近代以来，是空前的。好处、成绩、成果，都是有目共见的。于此也表现出中华文化的成长与进步。

但是，问题也同时产生。主要是作为盲目排外主义的另一面的盲目崇洋媚外，以为一切"中"都不好，而蔑视、鄙弃之，一切"洋"都好，而崇拜、模仿之。与之伴生的则是对于传统的忽视、轻视及对于西方文化的广泛接受和效行的社会现象。青年人狂欢式过情人节、万圣节、圣诞节，万人空巷、通宵达旦，商界大搞生意经，大赚其钱；媒体大肆炒作，连篇累牍，广告收入可观。而对于自己的传统节日，那些蕴含着深厚民族记忆、承载着民族集体无意识和传统文化精神的春节、端午节、中秋节等，轻忽对之，甚至遗忘殆尽。不过，所有这些现象，也许还只能算是表面的、浅层的、非膝理的文化接受。更主要和重要的是，在价值观、生命观、生存意识、道德意识、行为准则与生活方式等方面的"西化"，向西方看齐，以模仿、学习、"获得"西方方式为荣。"食洋不化"是其通病。此等病症，在高文化层面上也不罕见。文学艺术上，望其项背、知其皮毛而模仿、仿造之；学术、理论方面，搬用西方名词术语，概念尚未弄清甚至误解，便拿来塞进文章，气宇轩昂，哗众取宠，不可一世，而内里却空空如也。

这种外国文化潮流的冲击，现在更以新的形式、新的气势和新的规模，大举侵入。诸如跨国公司、外国机构、外国公民，"成建制"地进入，暂居、定居或定期居留，他们带来了从思想意识到生活方式、从科学技术到工作规范、从价值观到行为细节的整套的"西方式"。更有合资企业、独资企业、工程项目中，以"科技文化丛与生活文化丛"的形态，以居高临下的姿态，倾注而入。国人则以员工身份，即必须遵守、服从又乐于仿效的心态与行动，系统接受之；并以此为"基地""据点""源头"，这种"科技文化丛与生活文化丛"更向周边人群和生活圈、地区、区域传播，被广为接受。在部分人群中，大有唯马首是瞻之势。

对于这种外来文化潮的汹涌泛滥，我们固然不必视为洪水猛兽，逃避隐匿；但不能不注意这种文化浪潮的冲击，对于传统文化的逼近以至造成国家文化安全问题，而产生忧虑。

综观三股潮流的冲击，从多方面，造成对于传统文化的侵袭，又创造了传统文化变异以适应时代需要的机遇。我们应该如何既以"弄潮儿涛头立"的英姿与文化精神，迎接冲击，因势利导，推动传统文化向现代的创造性转换，又以民族文化守望者的坚毅精神与博大精进的文化胸襟，保卫并发展传统文化，以实现它向现代转换的历史使命？这里确实是危机与机遇同在。

二、世纪末"三大反思"的警示与启迪

人类在20世纪末，面对20世纪空前、巨大的成就与历史上从未出现过的问题，进行了多方面的反思，其中主要的可归纳为"三大反思"。

第一是对现代化的反思。

这一反思，提出了"现代性是不是出了问题?"和"过度现代化"这样的问题。这种问题的预设回答就是：对传统的破坏、弃置太多、太过、太深。在这一范畴内，问题众多，但可以梳理归纳为三个方面：① 带来20世纪高度发达生产力、巨大财富和高水平福利生活的现代科技文明，不仅造成了严重（有的是万劫不复）的生态危机、环境污染，而且，戕害了人类的生命本性、生存意义和人生圭臬，所谓"技术专政"和"技术侵害了人类文化肌体"。② 现代工业文明，用机械、技术、物质、效益、利润，挤压、侵袭、驱逐、毁损、消灭了生态农业、自然农村、田园风光，人们整年生活于水泥森林包裹之中，紧张地劳碌奔波于竞争场上；终日与机器轰隆合奏的狂吼与轰鸣，具感官强刺激力而乏温馨欣赏的审美魅力；尔虞我诈，家庭飘摇、亲情疏离、人情淡薄，企盼安全感、归属感、安详感、幸福感，心灵深处，有失去自然家园的失落感。所谓"人类在寻找丢失的草帽""人类在寻觅回家的路"。③ 马克斯·韦伯指出的"理性化"，卢卡契所说的"物化理论"反映了工具理性、目的理性统括一切，造成"理性的暴政"，而失去意义理性，人的生命自然诉求，人生的自然、社会、人性情趣失落，动摇了人类生活的自然与人伦根基。这种生之荒谬、痛苦与无奈，导致人们反思现代化道路，予以重新审定，并在实践中，加以纠正。

第二是对于科技使用负效应的反思。

科学技术无疑是20世纪生产力高度发达、财富巨大增长和生活福利水平空前提高的动力和杠杆，是人类的灵性之光，对人类物质文明和精神文明的进步、发展，都具有伟大作用和不朽贡献。但是，正如从斯宾格勒的《西方的没落》到法兰克福学派和卢卡契、马尔库塞等的批判所指出的，科技是一把"双刃剑"，福与祸同在。即使药物和一切技术福利，也带来、渗透种种负效应。当然，科技本身并无责任；问题出在如何使用科技，在于人们的科技战略和科技政策。这里有两个层面上的

思考。一是在使用上的人文关怀和人文精神，即要让科技尽可能地发挥其效能、福利的一面，而抑制、掌控其戕害、灾祸的一面；二是科技文化与人文文化的互渗融会、互促互帮，以推动人类智能、性灵和整个文明的发展。

第三是对于人类最佳生活方式的"正确标的"的反思。

人类最佳生活方式的标的是什么？长期以来的个人享乐主义和福利主义的"享用"，并没有带来预料中完满的幸福；而是显现许多缺陷，不仅有美中不足之感，更主要是缺损甚多，苦闷忧郁，焦虑烦躁。问题之所在是：仅仅有物质生活的富足和优裕，并不能满足人生诉求和生命本性。不是物质匮乏，而是精神缺失。家庭、亲情、人伦、"他者"、团队、集体、国家、民族以至人类，丧失甚至抛弃这些"身外之物"，现代人的个人主义、个性化、私人化的物质满足与享受，最终的感受反倒是空虚、孤独、悬空、失落，承受"不能承受的'轻'"。孤独的富豪感受到自己"除了钱穷得什么都没有！"深思之，倒是那些金钱、物质、名誉地位、豪华车房衣冠之属，真乃身外之物。思念亲情故土、文化故乡、传统旧国、精神家园，是当代人的精神慰藉和生命向往。

因此，最佳生活方式的标的，应该是物质与精神的统一，灵与肉的统一，享受与奉献的统一，自我与他者的统一。

在上述"三大反思"的基础上，在21世纪，提出并实现着三个适度回归，即向自然、向传统、向"现代物质生活水平基础上的相对朴素生活"的适度回归。自然的复魅（汤因比与池田大作在关于21世纪的对话中提出："人类应该羡慕鲜花与小草，因为它们没有那么多的经济效益要追求。"）和向自然的回归，生态伦理的提出、环保主义的盛行；传统的复魅和对传统的适度回归，"人性地使用科技""使科技具有人性"等的提出与实施，便是纠偏补罅的现行举措。"过相对朴素生活"、"告别雅皮士"、"时间比金钱更重要"、"人为他者而存在"（列维纳斯）、"通过孔子来思维"（美国一位学者的著作名），"俄罗斯电影唱响回归曲"，等等，都显示"自然""传统""他者"在生活中和思维与心态中的位置与功能。

以上诸多世界性现象，尤其是实现了现代化的发达国家，走了弯路之后、反思之后"走回头路"的"现在进行时"社会文化现象，我们从中可以窥见其"玄机"。它既是我们审视当前文化现象的"对照"，又是我们除弊兴利的"针砭"，是我们实施文化从传统向现代转换中的启迪和路向指导。

三、现代化对传统的选择与传统文化对现代化的选择

在上述的内冲外"困"（困窘、困扰、困惑）之中，中国文化实现其从传统向现代的转换。摆在面前的文化状况和文化语境是：外在的，世界文化正在调整方向，转变向性，纠正其过度现代化、破坏自然生态伦理、违逆生命本性和人生圭臬的"现代化偏离与误导"，向自然—传统、相对朴素生活适度回归；内在的，则是文化的躁动、焦虑、惶惑、冲动与冲击。

这种转换首先遇到的是一种双向选择的课题：现代化对传统的选择和传统对现代化的选择。

第一是现代化对传统的选择。

在现代化进程中，首先遇到的就是如何对传统文化进行选择的问题。"传统文化"在"现代"这个"法庭"面前，接受审判和挑选，何者可留可取、何者应革应除？其命运皆决定于它对于现代化是有利还是有碍。

此种选择，从近代前驱的预备期启动，到五四运动时期正式开始。中间随着时势的跌宕变幻，曲折逶迤，并遭到"文化大革命"的十年浩劫，60年后，到20世纪70—80年代，才以空前未有的态势向前发展。积久而发，势如破竹。70年代末，从农村与农业开始，经济体制、政治体制、文化体制，实行改革，国门打开，中国人走向世界、世界走向中国。中国人的价值观和文化与心理结构遭到猛烈震撼、发生巨大变化。不适应实现现代化要求的种种思想与文化因素，受到冲击和扬弃。闭关自守、盲目排外的传统心态被现代人睁眼看世界的心态和行动取代；对金钱的鄙弃和对贫穷的歌赞，改变为"让一部分人先富起来"；视科技为"雕虫小技"的传统意识被遗弃，外国先进科技大胆地引进；不敢突出个人让位于争取脱颖而出……在文化领域，教育、科技、学术、文化、文学、艺术，从内容到形式、从思维到方法、从眼界到内蕴、从话语到范型、从规范到技巧、从思想到审美，等等，实现着、实

现了系列性演变。中华文化的性格与倾向，中国国民性都发生了部分现代性转换。这种转换为全社会所接受并成为中国现代化进程的心理因素、动力、智力支撑和保证。

知识分子地位的变化和社会角色的转化，是文化向现代转换的重大表现。吉尔伯特·罗兹曼认为："一个社会用什么样的方式来处理脑力劳动和体力劳动之间的差别，深深地影响到该社会应用现代知识的能力，而这种能力又正是现代化事业成败的关键。"我国正是在改革开放启动、现代化进程起始时，首先提出并实行了尊重知识、尊重知识分子和尊重人才的政策，知识分子从被压抑在低层甚至底层的地位猛然上升到很受尊重和重用的位置，并在现代化事业中发挥重要的作用，在文化创造与积淀，特别是文化向现代转换上，走在前列，奉献力量。

正是在这个过程中，中华文化实现着、实现了部分的从传统向现代的转换。

第二是传统文化对现代化的选择。

这本是一个更具先决性和更重要的选择，但是，却向来被怠慢了，讨论得不够。其实，它是居先的至少是同前一种选择同时进行的；并且，一个国家、一个民族，总是立足于传统文化来对现代化进行选择的。有什么样的传统文化，就有什么样的现代化模式。传统和传统文化，深深烙印于现代化上。日本、韩国、东南亚以及中国香港地区、中国台湾地区，第二次世界大战之后所发生的现代化轨迹与事实，都是如此。那么，我们20多年来，传统文化对现代化进行了怎样的选择？

钱穆认为，西方文化是外倾性文化，其精神要义是"开物成务"；中国文化是内倾性文化，其精神要义是"人文化成"。他解释说，"开物成务"就是："无此物，创此物，是为'开物'。干此事，成此事，是为'成务'"。因此，外倾文化"偏重在物质功利，不脱自然性"。而中国文化的"人文化成"，则是从"人文"里化出东西来，像几个化学元素融合化出新事物一样。"中国文化之内倾，主要在从理想上创造人，要使人生符合于理想，有意义，有价值，有道"[1]；"道都由'人文化成'"[2]。我们从五四运动时期，就选择了西方文化的科学和民主两样现代性文化因

① 钱穆：《中国文化丛谈》，三民书局，1984，第115–116页，121–122页。

② 梁漱溟：《中西文化及其哲学》，商务印书馆，1999，第71页。

素，来改造传统文化。到 70—80 年代，科学技术成为我们主要的选择事项和文化因素。科学和科学家受到国家和全社会十分的尊重与重用。科学院院士成为全社会最受尊敬的人杰。科学技术在经济与社会发展的广阔领域里，得到应用；科技专家成为本学科或工厂企业的骨干、台柱，不少人成为政界明星和各级机构掌握重权者。这表现以"人文化成"为文化要义的传统文化，重点选择了"开物成务"文化精神中的科技文化，并落实到经济与社会发展和日常生活中，渗透到中国人的意识深处，进入了中国社会的小传统。由此也使中华文化的品性中增加了现代性，实现了部分的转换，使中国国民性实现了部分的现代性质转变。这是中国传统文化的一大进步。并且，成为中华文化从传统向现代转换的重要元点。

以上，主要还是从实务层面来论证，如果更深入地从精神文化、文化-心理结构上来探讨，还能体认到更深细的现代性变异。梁漱溟在他的名著《东西文化及其哲学》中，列举"中"不如"西"的三项，指出："第一项，西方物质方面的征服自然，中国是没有的，不及的；第二项，西方学术思想方面的科学方法，中国又是没有的；第三项，西方化生活方面的'德谟克拉西'，中国又是没有的。"[1]这三个"中国没有的"，现在已经在中国文化和中国人心理结构中，不仅有了，也不仅占有一席之地，而且是占据一个重要的位置了，成为中华文化的新的质素、中国国民性新的质素。向自然开战，开发利用自然，已经成为中国人的实际行动并取得了巨大的成就，在人们心理上，从自然夺取物质利益，也已经是"固有心态"和"意识常规"了。至于科学方法一项，应该说我们在学术思想方面也已经很重视，在科技方面和人文社会科学方面，都接受了西方科学-学术-文化的研究与论证方法，一定程度上形成了自己的带民族性与现代性的体系。"建立中国学派"不仅在文字上常常为科学家、学人所提起，而且有不少学科已经形成中国特色，并参与世界对话以至对国际学术社会有所贡献了。至于民主方面，新时期以来，进行了大力的改革，政治体制方面的改革（如废除终身制等）和法制化方面的进展、决策科学化民主化的实施等，都表现了这方面的进步。至于民主思想和诉求在群众心中的建立和实际行动要求，也表现出

---

[1]　梁漱溟：《东西文化及其哲学》，商务印书馆，1999，第 71 页。

现代公民对民主的认知和态度，民主意识也已经开始进入小传统。这些，无疑都表现出文化现代化方面的长足进步，体现了中华文化向现代转换的可喜成果。总体上表现了传统文化对现代性的选择和成果。

向来，安贫乐道、安分守己，被认为是中华性格和中华文化的主要特征。梁漱溟在论述文化的"路向态度"时曾说："中国人另有他的路向态度与西方人不同的，就是他所走并非第一条向前要求的路向态度。中国人的思想是安分、知足、寡欲、摄生，而绝没有提倡要求物质享乐的；……不论境遇如何他都可以满足安受，并不定要求改造一个局面，……"①中国传统的前辈对后代的教育传授，都是安于现状、安分守己、安贫乐道、清心寡欲，甚至"好死不如赖活"。但是，20多年来的社会现实，改变了这种传统状况。当代中国人的"路向态度"却有了根本性的转变。竞争、奋斗、拼搏，创造好的生活，达到个人发达的目的，发财致富，消费享乐，已经成为社会时尚、群众心态、人生路向了。市场经济的发展，经济效益的追求，个人消费的增长，一部分人先富起来的提倡，财富和富人社会地位的提高，等等，都表现了物质领域、物质力量好似汹涌浪潮一样，冲击、刷洗、涤荡着传统文化的路向态度，使它发生了向性的变化和转换，明显地显现出文化从传统向现代的转换和重构，显现出传统文化对现代性的积极"热情"的选择。

孙隆基在《中国文化的深层结构》一书中，曾提出一个"中国文化的'文法'规则"问题②。意思是说，文化是按照什么样的规矩、规范、规则来形成和运行的。我们不妨说，中国文化的"文法规则"中有三个核心结构，这就是：长期农业社会形成的"靠天吃饭"、顺乎自然的思想；长期宗法社会与伦理文化的教化，所养成的个人不发展、压缩自我的心态；长期闭关锁国、又久被侵略凌辱的国运所挤压成的排外心理。从它们出发构制的"文化文章"，自然就是保守闭缩、从众掩己、"不敢为天下先"、"热水瓶风格"，这样一种中国传统文化篇章。但是，这种传统的文化路向态度，在当代中国已经发生了巨大而带根本性的变异。大批的人走出国门，从留学生（留学者从研究生到小学生都有）到移民到旅游者，数量之多，地域之广阔都是空前的；张扬个性、追求个

① 梁漱溟：《东西文化及其哲学》，商务印书馆，1999，第72页。
② 孙隆基：《中国文化的深层结构》，广西师范大学出版社，2004，第5页。

人成就业绩、突出自己；追求高消费和享乐，追求物质利益；等等，都是社会心理的重要内涵。总体上，"文化文法"的构造和结构都起了根本变异，其趋向是现代性的。这说明中华文化在根本性的"文化的文法规则"层面上，选择了现代性。

以上种种，从大体上、从构造和结构上，从"文法规则"上，反映了中华文化的从传统向现代的进步性转换，反映了中华文化部分地在按"现代性文化的文法规则"运行了。

四、城市与乡村、传统与现代：二元结构文化状态的尴尬

然而，我们不能不看到，传统文化现代性变异的同时，还存在沉重的窒碍和复杂的问题。最根本的是处于一种二元结构的文化状态。"传统/现代"，在当代中国文化中，在当代中国人的国民性中，同时存在；城市的更多的现代文化和乡村的更多的传统文化，同时存在；国民性中传统文化根底与表层现代文化，同时存在。这种多方面的二元结构，阻滞了现代化进程，从而反过来又阻滞了文化的进一步向现代转换。人—文化的现代化，是我们当前的严重课题。许多经济与社会发展的问题，追根溯源，往往会归到传统文化的根基上。"落后和不发达不仅仅是一堆经济图画的统计指数，也是一种心理状态。"这是一位智利知识界领袖在总结发展中国家追求现代化的坎坷道路时说的话，它深刻地道出人的现代化的根本意义。而人是用民族文化装备起来的。人—文化/传统人—现代人，是同一个命题范畴。论及人与文化的现代化，世界著名社会学家英格尔斯指出：

> 社会心理学对现代化的研究，主要是把现代化看作一种现代态度、价值观和思想的改变过程。所谓"现代化"，不应该被理解成为一种经济制度或政治制度的形式，而是一种精神现象或一种心理状态。
>
> ……"现代性"可以被认为是一种"精神状态"。

又说：

没有从心理、思想和行为方式上实现由传统人到现代人的转变，真正能顺应和推动现代经济制度与政治管理的健全发展，那么，这个国家的现代化只是徒有虚名。

痛切的教训使一些人开始体会和领悟到，那些完善的现代制度以及伴随而来的指导大纲，管理守则，本身是一些空的躯壳。如果一个国家的人民缺乏一种能赋予这些制度以真实生命力的广泛的心理基础，如果执行和运用这些现代制度的人，自身还没有从心理、思想、态度和行为方式上都经历一个向现代化的转变，失败和畸形发展的悲剧结局是不可避免的。[①]

这些中肯之言，都是总结发展中国家的教训提出来的。我们在这方面同样有需要深思的课题。从心理基础和精神状态来说，不能不承认二元结构中的农村文化仍然是以传统状态为主，甚至可以说是传统文化统治。城市里各个阶层状态不一，部分的是传统状态，部分的则是半传统半现代，而有的人则表现时而传统时而现代。这种状况正表现了一种"转换态势"。这种转换中心态，不免造成先进的现代的管理制度不能好好执行，制度成为躯壳的情形；某些畸形发展，也会产生。

英格尔斯在指出传统人的传统文化心态时，列举了很多条，像这样一些，值得我们思索，如：害怕和恐惧革新和社会改革；不信任乃至仇视新的生产方式、新的思想观念；盲目服从和信赖传统的权威；缺乏效率和个人效能感；缺乏突破陈旧方式的创造性想象和行为；凡属与眼前和切身利益无明显关系的教育、学术研究都不加重视或予以蔑视排斥。这种突出表现出传统文化心态特征的现象，在我们实际生活中，是常常可以看到的。它们是人们心理中传统文化作崇的基石，站立于这些基石上，许多人止步在现代的门槛前。这种情形，突出地表现在农村和广大农民身上，也部分地表现在城市人中从事各种职业的人。心态常常体现在根深蒂固的传统生活理念、价值观念上。

---

① 英格尔斯：《人的现代化》（此书是以《走向现代化》一书为主，结合英格尔斯另一部著作编辑而成），四川人民出版社，1985，第20-21页、第4页。

五、融会和合：突破三个预设二元对立框架

前面我们在探讨文化现状时，表述了"传统/现代"的二元结构状态。但是，在探讨文化从传统向现代转换时，在研究转换进程时，我们却不能拘囿于预设的二元对立框架中，以免使探讨本身"陷"入预制的视域，而妨碍进展。而且，现在的事实越来越显示，这些二元结构本身，并不是那么天然对立。前述"三大反思和三个适度回归"的当代人类文化走向，已经表明了这种状况。我们根据我国的现状，进一步阐释这一问题。

这种预设框架有三：一是传统/现代；二是中/西（或东方/西方）；三是（文化的）城市/乡村。

"传统/现代"预设框架，总是认为传统与现代是天然对立的，凡传统皆落后、凡传统必落后，故必除之；除之愈深愈尽愈彻底，愈好；与之相联系，凡现代皆好、凡现代必进步，故必兴之，兴之愈深愈尽愈彻底，愈好。这样对不对呢？应该说，这既不符合事实，又脱离当代实际，而且是一种形而上学。

无疑，传统里面有许多东西是不符合现代需求的，甚至与现代对立，现代化进程就是对于传统的革除的过程和创新的过程。没有这个过程和在这个过程中对于传统的改革，就不会有现代化。但是，传统又不是可以和应该完全彻底革除、抛弃的。每个国家、每个民族都生存于自己的传统中，"传统"散布、弥漫、潜存于现实的日常生活中和生活方式中、民族的集体无意识中、国民心态和民族精神中。它是不应该也不可能完全、彻底地清除的。果如此，则丧失了国家、民族自身，成为没有历史、没有传统，也就是没有根基的民族。那就是民族的灭亡，而不是民族在现代化进程中的新生。这是就一般意义上来说。如果从已经现代化的发达国家的现状来说，就世界性社会、生活、文化状况来说，则事情更为明显和突出。

前面第二、三两节已经叙述了，在世纪末的三大反思中，人们感受到过度现代化、技术化、个人化、私人化，使我们失去传统的基地，承受"不能承受的轻"，在社会生活和生存状态中，存在自然毁坏、生态失衡、物种灭亡、家庭破损、亲情疏离、人际关系紧张、社会犯罪、吸

毒、艾滋病、恐怖主义等的侵害和威胁。现代人缺乏安全感、稳定感、归属感，幸福感也在缩水和寻觅新的指归。市场化和城市化是现代化的必经之路，它们也确实给人类带来了、创造了高度发达生产力、巨大财富、高水平福利生活以及人的高智能及其良好的发挥；但是，市场经济的营造运转，城市化的高度发达，技术的深入生活的每一个角落，几十万、几百万甚至千万以上的人口高度集中等，这种现代化的进展，造成物质化、技术化、享乐化、自我化、排他性、严重竞争性的，非自然、非人伦、非人性、非道德化、非仁爱化的价值观、行为准则和精神状态与生存状态。这不仅造成社会的摩擦、矛盾、争斗、冲突，社会分层化进至分裂化，社会构造、社会稳态受到损坏和震荡，社会生态遭受破坏；而且，深及人类的精神肌体、心灵世界；人的人生圭臬、存在方式与生命本性，受到戕害，面对三大家园——自然家园、社会家园和自身心理家园的整体性破损局面。

在这种状态下，产生"回眸东方""向自然—传统、朴素自然态生活的适度回归""从古老智慧中寻找现代灵感"等，就是很自然的，是寻找到"回家的路"了。

这样，"传统/现代""中/西""城市/乡村"的天然对立和天生是"进步/落后"的对立，就消失了，或者是需要我们认真地分辨、分析，辩证地对待和妥善地处理了。

在我国的现代化进程中，现在正在发生的情形，却正是仍然处于二元对立框架中。自然、传统、农村，整体性遭受破坏。海洋、河流、草原、土地、田园、资源，都在"为了经济效益""工业化""发展市场经济""现代化""城市化"的目标追求下，遭到严重的、有的甚至是万劫不复的劫掠。城市和农村的古老建筑、遗迹、遗存，摧枯拉朽般拆除，农村长期形成的民居村落，生态农业，也在遭受"现代性戕害"。在社会生活方面，传统在遭受持续的、严重的、毫不怜惜的破坏，传统的婚恋家庭状态遭到破坏且仍在发展中，传统中优秀的民族精神和集体无意识，民族民间优秀的生活圭臬、人生信条、道德规范、行为准则、文学艺术，一股脑被市场经济规则、利润原则、金钱交易所取代，这一切由于原先的长期压抑，现在却反弹性逆向发展，所以其速度、程度、深度都较"自然"性发展更为严重。

这是中华文化从传统向现代转换中的严重问题。事实启示我们：在现代化过程中，我们一方面固然要认识到、考虑到传统/现代的差异、分殊、歧异与对立，对传统的落后面、不符合现代性要求的、失去其现实价值甚至妨碍现代化的东西，要毫不可惜地扔掉；对有益生产发展、社会进步、人的自由发展的现代性成分，则应该欢迎、接受、吸纳，并化为自身新的成分、新的肌体。但是，却不能以固定的眼光、凝固的思维、形而上的态度，固守预设的二元对立框架，来对待传统、农村和中华文化固有的血脉；同样，也不能用这种态度来对待现代、城市、西方文化。

这里，还有误读和移植不适问题。西方现代化发达国家的现代化过程，是一种经济与社会自然地发展的进程，它随着科学技术、工业化和市场经济与资本主义制度的发展、成熟、形成，而自然发展，是一个自身经济与社会"自发与自然"的发育过程。东方发展中国家，尤其是中国，则是被逼迫式地追赶，是"落后就是挨打"、"迎头赶上"的觉醒和对侵略的回应的现代化进程，因此向西方学习和照搬照办、人为安排（而且这种安排往往犯急性病）的痕迹很重。这里就会产生借鉴和接受中的误读问题。同一个事物，从不同的文化视角来看，会产生完全不同的解读。首先是把现代化与西方化等同起来，凡事照搬照办，因此把一些在西方是可行和适当的，在中国却不完全适合甚至完全不适合的，照搬过来；有的则是我们自己的误读，使好的、先进的、科学的、现代的，因误读而变形走样，产生不良反应以至成为一种负面效应。比如小轿车的功能和效应，在西方和目前的中国，就是根本不同的。在美国和欧洲，小轿车是交通工具，工作和生活中不可缺少的。因为，它对于欧美的人来说，意味着速度、效率和成功。但是，我们从传统眼光看来，向来如此、如今为甚，即小轿车意味着身份、金钱和特权。拥有轿车者和看别人拥有轿车者，都是这样看，是这样的心态。并且因此生出许多负面社会现象、事故和案件。这是现代文化在传统文化误读面前的扭曲和尴尬。其他如税收、公司、救济、慈善事业、学历、学衔、职称等许多科学的、现代的事物，也或多或少地存在这种被扭曲和尴尬。这些反映了三个预设性二元对立框架，往往不都适用于实际状况。表面与实质倒置、先进与落后错位。

在"城市与乡村""传统与现代"方面，还有需要打破预设的二元对立框架，非凝固地看待的问题。在适度向自然、传统、相对简朴生活回归的背景下，自然、乡村、传统在某些方面、在一定时候，对终日在水泥森林包裹中、过着技术化、电子化和过度现代化生活的城市人，具有了新的魅力，成为调剂、整合生活的缓解剂、慰藉剂和养生良方。因此，在城市化过程中，保持乡村乡野的适度存在，设计、建造"城市中的'乡村'"，以至在城市和社区建设中，祛除落后成分，吸取传统和乡村生活的具有养生、摄生的人性化生活方式元素，在一定程度上，保持某些传统的、乡村的生存状态和文化与心理性格，便成为在使传统向现代转换中，应该考虑的文化战略和实施方针。比如传统的、"乡下人"的对自然的敬畏心理，对山川、河流、树木以至花草的亲近与保护，对飞禽走兽、鸟雀虫鱼的爱怜珍惜，其中包含着泛神思想、迷信旧习，但是却反映了历史形成的对于自然的保护、对于生物的爱护，内骨子里有着符合环境保护、生态平衡的合理内核和迷信外衣包裹的科学因素。

在"中/西"二元对立框架中，同样不能持凝固的对立观念，不能凡是本国的都过时、落后、有碍现代化；凡是西方的，都先进、科学、现代。前面说到的中国文化的"人文化成"性，其人文性、人文关怀，就可以补西方文化的"开物成务"之不足，可以渗透融会增强科技文化的人文性成分和人文关怀。中华文化的人伦品性、伦理化精神，中华文化的总体、模糊地把握对象，思考问题的品性，也足可补西方文化处处逻辑化、机械化、精确化的不足。梁漱溟在论及中西文化之不同时，曾称中国文化是与西方文化不同的"人类生活的第二类路向态度"[1]。它与西方的"人类生活的第一类路向态度"正可以互相补充、相得益彰。

总之，正确的态度和方式，应该是打破预设的、凝固的对立模式，融会和合，将传统与现代、城市与农村、西方与东方的各个方面，加以融会，取其有理的、有利有益于现代化的成分，吸纳用之，而去其相反者。然后加以整合，成为新的既有传统又有现代，既非传统又非现代的，既不失传统之血脉，又不落后于现代潮流的，民族化现代文化。

六、双向选择：越过"体与用"之辩的古老模式

"中学为体，西学为用"，还是"西学为体，中学为用"？这是向来

---

[1] 梁漱溟：《中西文化及其哲学》，商务印书馆，1999，第72页。

的争辩主题、主旨。从前面的讨论中，我们约略可以看到在思维模式上，不妨越过这个传统的论辩模式，从实际出发，从现实的状况来考虑，如何实现中华文化从传统向现代转换的课题。

事实上，"体"与"用"实难断然分开，是一种"你中有我、我中有你"的状况。如"技术文化丛"，一项先进技术及其机器设备以至技术工人、技术员、工程师、科技专家，是一个浑然而成的整体，密而不可分，初看，是一种"用"，但是，其中所含的科学思想、技术含量，创新过程中的思维、心态，以至以上所说各方面人员的思想、生活、价值观、精神状态等，综合起来，就是一种"体"。我们在吸收、引进这种技术、机器设备时，随着"用"的进入，"体"也在其中了。从现实看，中华文化在五四运动以来，就在不断吸取西方文化的滋养，在"开物成务"方面，用其所长，并取得成就。特别是中华人民共和国成立以后，尤其是改革开放以后，这种情形更是突飞猛进地发展，大刀阔斧地吸取。这样，以"开物成务"为标志的西方文化的"体"，也进入以"人文化成"为特征的中华文化的"体"中了。中华文化的"体"中，已经有了西方文化的成分，已经有了现代文化的成分了。这正是中华文化从传统向现代转换的一个合理的过程、一个有益的进展。

因此，打破"体/用对立模式"，进行双向选择，应是中华文化转换的实际进程和路向。

第一维选择，进向传统文化，继承传统文化的血脉，对传统文化进行细读、重读，作新的诠释以至现代化"处理"。这就要对传统文化进行有计划、成规模、有重点地挖掘、整理和研究，并在此基础上做新的诠释。按照接受美学的理解，"作品"只提供"原意"，而阅读则在"读者的工作"（罗兰·巴特的命题）基础上，创获"意义"。作品的"原意"不变，而不同时代读者的期待视野与接受屏幕不同，解释体系不同，创获的"意义"也就不同。因此，作品常读常新；"一千个读者有一千个哈姆雷特"。中华文化的传统典籍众多，内涵丰富、思想深邃、形式独特多样，而经过五四运动时期的批判，尤其经过半个多世纪的持续不断的批判、禁读和扫除，特别是"文化大革命"时期的毁灭性扫除、焚书、禁锢，对传统文化的损害、摧残，国人对于传统文化的轻视、鄙视、仇视以及无知，是空前的。现在，正可以在新的社会状况、新的语境下，来细读、重读，以新的、现代的、科学的期待视野和接受屏幕，以深厚的民族感情与文化心态，来诠释经典，吸取其文化资源与民族精神，即"人类生活的第二类路向态度"的精华。

进一步的工作则是现代化"处理"。这个意思并不是任意在"传统文化的基地上"盲人骑瞎马式的驰骋、改变和"过度诠释"与"私意诠释"，而是立足于准确的细读，符合原意的解读与诠释，而后依据实际的需要，循其"原意"，申述剖析，创获意义，而后为现代化服务，并使中华文化在实践中，从传统向现代创造性地转换。

汤因比赞誉中国文化的崇尚自然，他认为，"不要背逆自然""顺从自然而生存""尊重自然的生命力"这些从老庄思想中产生出来的传统，在中国人的学问和行为方式中都表现出来了。汤因比因此把人类的未来寄希望于中国。[1]梁漱溟也指出："东方文化无征服自然态度而与自然融洽游乐，实在不差。"[2]中国文化的这种崇尚自然直至"天人感应"的思想和行为准则，虽然古老，但却与"当代思想"衔接，与环境保护、生态平衡的思想相符合，与对现代化进行反思之后的当代人类文化方向和精神一致。这当然不是说，我们今天可以原封不动地接受和运用这种古老思想和传统文化，而是表明，我们可以接受运用这种文化资源，在古老智慧的启迪下，寻找和迸发现代灵感；也可以和应该，将它与现代思维、现代化需要相结合，融会和合，在民族传统思想—精神血脉中，挖掘、开发、解读出可以融进现代文化中的宝贵文化财富，并与吸纳来的及从现实物质生产和精神生产中"自发与自然"产生的现代文化结合，从而促进和实现中华文化从传统向现代的转换。

我们现在的任务和应有的作为，就是深入发掘、整理、探究这种"顺应自然""道法自然"的民族文化、传统精神的丰厚资源，并作出创造性诠释以至现代化"处理"。

中华文化精神中，对于家庭、亲情的重视，对于信义的珍视，对于子女教育的责任感，等等，现在又为西方人所看重。西方学界重视研究老庄和八卦。日本企业运用《三国演义》中体现的"中国智慧"来改进现代企业的经营管理。东南亚国家以及韩国，运用儒学文化精神取得现

---

① 山本新，秀村欣二编：《中国文明与世界——汤因比的中国观》，东方出版社，1988，第130页。

② 梁漱溟：《东西文化及其哲学》，商务印书馆，1999，第72页。

代经济发展的奇迹。中国的编钟古乐在欧美演出，大受欢迎。中国民间造型艺术和口头艺术，以至中国画，都受到西方的好评。著名钢琴演奏家傅聪少年时代参加国际钢琴比赛获奖，评委问其演奏肖邦作品时何所想，答曰："李白的诗'床前明月光'。"世界音乐指挥大师卡拉扬的关门弟子、活跃于当今国际乐坛的著名指挥家汤沐海说："祖国的文化，给了我无法替代的营养，使我在海外占据优势。中国文化的细腻、韵味、深度内涵，常常会在我表达一部音乐作品的某一瞬间启迪我，使我在演绎音乐时，能展现自己独到的风格。"这里只是列举一些零散的例证，但足可体察到中国文化与西方文化、传统精神与现代精神的互补互扬，能够中与西、传统与现代融会和合，产生传统血脉与西方精神、传统文化-心理与现代的文化-心理的结构性和合，并产生新的文化质素、文化精神。而且，从中也可以体验到从传统到现代新的诠释和现代化"处理"的精神脉络与"玄机-要义"。

然而，值得注意的是，我们现在却正以"势不可当"的气势，在物质文明方面和精神文化方面，让工业化、城市化和现代化的物质力量和西方文化，毫不顾惜地破坏、摧残、遗弃传统，使它的"躯体"遭毁坏、文化血脉遭践损，年轻一代、少年学子几乎对传统文化一无所知，而被浅薄的、复制性的、瞬间性的以影视、流行音乐、摇头舞以及种种时尚文化、消费文化、快餐文化为代表的现代性文化所包围。这绝不是中华文化从传统向现代的转换，而是传统文化、民族血脉的丢弃和丧失，严重威胁着国家文化安全。

第二维的选择是面对西方文化、外国文化的选择。这是不可或缺的，是必需的；是实现现代化之所需，是中国立于世界民族之林之所需。鲁迅所提倡的"拿来主义"，是今天应有的文化选择和战略思想。西方文化的"开物成务"的"路向态度"，可以拿来补传统文化"路向态度"的"人文化成"之不足与偏颇；拿来西方发达的科技文化、城市文化、商业文化，先进的经验管理经验，先进的技术发明，等等。当然，这种"拿来"，首先是要细读、深读、审读，掌握其真实精神，并与自己的文化结合，化而用之。那种食洋不化和拾其皮毛、装相唬人的做法是没出息的洋奴或准洋奴之所为，很不可取，且有害于民族。另外，是要能作出自己的诠释，从其"原意"之中，经过深读与审读，结合民族文化和自己的实践，创获"意义"，从而既为实际服务，又为传统文化向现代转换创辟路径与条件。

鉴于前述，现在的状况是西方文化、现代文化，以奔袭之势，以成建制之态，以"技术文化丛"和生活方式、生存模式的规模和深度，向我来袭。这是一方面。另一方面，接受者这面，则成众地是以高度欢迎、"倾心奔赴"的姿态，以"久渴获甘露的期待视野"和"敞开的接受屏幕"，来接受，加以误读，或以久被禁锢的反弹心理，或以崇洋媚外奴性心态来对待。于是或者食洋不化，或者以洋唬人，或者西装革履其表而传统落后心态其内。一面是鱼龙混杂、泥沙俱下，一面是照章授受、误读不化。这是极不利于传统文化的现代转换的。在这方面，正如鲁迅所说：一方面，要认识到，"没有拿来的，人不能自成为新人，没有拿来的，文艺不能自成为新文艺"。"总之，我们要拿来。"而另一方面，拿来时，又要"沉着，勇猛，有辨别，不自私"①。这是态度、眼光、魄力、胸襟的表现。只有这样的吸纳和接受，才能是"吃牛肉而养育了自己的身体却不变成牛"。

这种文化选择，应该是立足于本国的现实，实现现代化的需求，保持本民族文化的根基的基本质素，而将外来的、外域的文化据为己有，选择、辨别、消化、吸收，使之与本民族文化相融合，起到接受学中所说的"视界融合"的作用与变化，产生新的质素。它既非外来的，又非原来的，而是新的文化，是从传统向现代转换了的文化。这样的选择与接受，一次次重复，一次次前进，一次次转换，一次次积累，这样层垒式积聚、积淀、提升，旧质转换为新质，从而创获既是传统的，又是现代的，既是民族的，又是世界性的民族现代文化。

在这方面，日本的文化现代化历史，有可借鉴之处。日本自明治维新以后，在"脱亚入欧"的口号和国策引导下，从喝咖啡、穿西服、理发等日常生活，到科技、医学、工业、农业，到学术文化，通通西化，从而取得了工业化、现代化、资本主义化的成果，成为亚洲唯一实现了现代化、文化实现了现代转换的国家。但是，日本在这一文化实现现代化转换的过程中，却在衣食住行、建筑、文学艺术、学术文化等方面，保持了民族精神和民族风格与气韵。这只要想想日本京都、奈良古城的保护，建筑的风格、饮食的习惯、和服的存在、歌舞伎和能乐的保留，以至夏目漱石、川端康成等作家和东山魁夷等画家的艺术风格与韵味，就可以想见了。（现在日本犹在反思"脱亚入欧"的负面效应，而讨论"归亚"的问题。）

我们现在在引进与吸纳西方文化、异域文化方面，还存在许多极需思索、探究、改进的问题。缺乏鲁迅所说实施"拿来主义"时的"沉着，勇猛，有辨别，不自私"的文化眼光和精神，对传统的不知珍惜，严重而深重地破坏、毁损、抛弃，学英语重于和多于学汉语，青少年不知汉国学为何物；对西方文化的顶礼膜拜，其崇拜敬重模仿甚于西方人自己，学术文化方面的照搬西方、蔑视传统，等等。比如文学理论方面，就亟须发掘、梳理自己的传统资源，从术语到体系，从"路向"到"态度"，都应该获得本民族的艺术思维、艺术韵味与审美理想的独特范畴与命题，建立本民族的概念体系与理论体系。创获民族的现代的中国学派，它足可与立足于西方文化"路向与态度"的文艺-美学学派，并立并行，互参互补，交流共进。

七、结语

我国现代化事业正在迅速进展，文化的滞后，在思维方式、行为准则、价值观等方面，都表现出来。文化不实现现代转换，人不成为为现代文化所装备的现代人，现代化事业就不可能顺利地和完满地完成。在现在进行着的传统文化向现代的转换中，一面是对于传统的过多过度过深的破坏与遗弃；一面又存在传统顽固地盘踞在人们心头的问题，其价值观、心态与意识，皆传统人；尤其广大农民是如此状况，而危害最大的则是社会管理者文化与心理结构的传统状态。与此同时，却又存在一面是对西方文化的不分青红皂白、不辨良莠地全盘接受，或者在误解误读的基础上，专取西方文化之个人享乐主义的一面，恶性发展地使用；另一面却又是对西方文化的盲目排斥，或以无知的态度文不对题地批判之。

需要从两个方面下手来改变这种不良状况。一面，对传统既极力保护承继其有利于现代化和可以转换而渗入现代化的质素、成分，又改革其落后的、非科学的、不适应现代化要求的部分，实现内在性的现代转换；一面，对西方文化、异域文化实行拿来主义，又加以深入分析、正确解读、民族诠释，使之与民族文化融会和合，予以接受。既不盲目接受，又不盲目排斥。

现实迅速地发展，在催促逼迫；历史的机遇呈现在面前；危机也时时在胁迫；现在都显示发展、提高、进步的机遇和条件，问题只在于我们如何善于正确地把握和对待，去完成民族母题与时代主题。

发展观：经济发展战略的关键①

我们要对现在负责，也要对历史和未来负责。

实现经济效益、社会效益、环境效益的统一，应当是我们发展观的根本指导思想。

我们的改革在两个方面提出了紧迫的要求，一是要求教育科学文化的迅速的相应的发展，以提供足够的人才，足够的社会智力，足够的社会科技能力；二是要培养全民的新型文化性格，提高全民族的科学文化和思想道德素质，要使民族文化实现从传统到现代化的创造性转变。

我们现在面临着选择什么样的发展观的问题：是单一经济的、线性因果关系的、局部的发展观，还是综合的、整体的、全方位的发展观？

前一种发展观在实际生活中不仅存在，而且相当普遍。经济增长的效果，产量产值的增加，往往具有很强的吸引力。它的实际上的结果也是人们能够很快、很明显地看得到的。因此，人们往往选择它。

如果按后一种发展观行事，那么，可能看见许多"消费性"投资，看见某些开办项目是很多年后才见效益或根本"没有"效益的。因此，它们往往被人认为"赔钱"的项目，或者是不解决当前"实际"问题的，是非经济的，因而是"非发展"的尤物。

看起来，两者之间"好""坏"的差异是相当大的，而人们乐于接受前一种发展观。

---

① 原载《辽宁日报》1986年12月18日。

但是，事实却为我们提供了两种相反的情况，足供我们反思。一些第三世界国家曾经想用钱买来一个现代化，但是没有成功。一方面由于只注意工业发展而忽视农业发展，遭到挫折；另一方面遇到了人们的文化、心理结构以及整个社会结构与现代化进程不相适应的困难，遇到了旧的观念形态在种种方面的阻力。当年，法国著名教授杜蒙在考察非洲后，写了一本书，名叫《黑非洲步入歧途》，指出了这种发展观所引起的问题和不良后果。20世纪60年代，他因此而遭到非洲国家的逐斥。然而，事情发展的结果表明，杜蒙教授不幸而言中了。故尔，他又受到了欢迎。

另一个事实是，那些在实现现代化上取得了令人瞩目成就的国家和地区，经济虽然起飞了，但是社会问题丛生，生态平衡破坏；就是那些发达国家，也不同程度地遇到同样的问题。

如果环视全球，更可发现，粮食、人口、能源、资源和环境五大问题，已经成为世界性的苦恼。"罗马俱乐部"主席佩奇在《世界的未来》中除了列举这五大问题外，还指出社会暴力、无视法律、吸毒贩毒、道德衰败等问题，他称之为"衰退综合征"。

由于这方面问题的严重存在和发展，也由于科学技术的高度发展和全球性经济—社会联系的加强（西方有人说："世界成了一个大村庄"），整体概念已经作为保存世界、保存地球的大战略思想被人们提出和议论了，这些情况难道不应当引起我们重视，认真考虑一下发展观的问题吗？

首先需要考虑，经济的发展是否只是靠物质条件。既然是以实现现代化为目标，发展经济就离不开人与知识，离不开人与知识的结合，包括知识的传授、传播、储存，包含人力资源的开发和智力资源的开发，包含经济实体对人、对知识、对人与知识相结合的培养、聚集和使用。没有这一切，物质条件是不能很好地发挥作用，甚至不能发挥作用的。高技术发展已经成为世界性趋势，而高技术工业的五大特征的第一条就是"需要高度熟练的从业人员"。所有这些，都提出了发展科学、教育、文化的要求。而教、科、文的发展又有与之相联系的一大批需要发展建设、需要投资的社会项目。所有这些事业发展，都是直接为经济发展服务，为它"输血""供氧"，使之增强生命力和生长力的。

再宏观地和长远地考察一下，还会发现，如果没有教、科、文的发展，社会的整体的精神文明与物质文明发展脱节，精神生活贫乏（包括缺少文化、娱乐设施和社会文化供应体系），人的思想、道德、文化水平得不到提高，那就必然直接产生对经济发展的抑制力，又会使全社会和社会个体都处于精神生活与物质生活不平衡的状态，因而产生种种社会问题。这些问题的产生，便又会回过头来破坏经济的发展。这可以称为破坏了社会"生态"平衡。

这就证明了经济发展并非单一系统，并非"投资、增产、效益"这样的线性因果关系，并非单方面、局部性的发展可以取得预期效果的。我们应当考虑全局的、社会大系统的、综合性、整体性的因素、结构和效应与效益。

我们还应当考虑：为现在的我们和我们的子孙，创造和留下一个什么样的"社会生态"环境，是一个既适于当前生存，又能继续发展的社会环境，还是相反？马克思、恩格斯曾经一再强调人类创造历史并非随心所欲的，而是在前人留下的生产力基础上和一切条件的基础上来发展的。因此，我们既要对现在负责，也要对历史和未来负责。

综合性、整体性发展观，还有另一方面的要求，即保持自然生态平衡。工业经济的发展，必然带来能源、交通的紧张，资源的紧张，环境的污染，工业与农林牧等各业之间的失调问题，等等。我们现在的发展，已经在这方面产生了值得注意的问题。自然已经向我们发出警告，生态学家已经发出呼吁。"目前，我国森林资源急剧下降，原始森林可能在本世纪末消耗殆尽，生态性灾难的信号已频繁显示"，这是全国林业系统18位专家、教授发出的报警呼声。生态学家马世骏指出：全国7亿多亩草场退化，每年伐木、毁林面积共3700多万亩，全国盐碱耕地发展到1亿亩。随着工业特别是乡镇工业的发展，每天排放的工业污水达7000万吨，许多污水未经处理即排入江河。所有这些，能不引起注意，并提醒我们树立正确的发展观吗？

实现经济效益、社会效益、环境效益的统一，应当是我们的发展观的根本指导思想。

在我们建设社会主义的现代化的事业中，更需要考虑，我们的综合性、整体性发展观中，人居于核心地位。我们既要提高人的各种知识与技能，发挥他们作为生产力最活跃因素的作用，又要提高全体公民的科学、文化、思想、道德素质，培养新的文化与心理结构，培养全面发展的新人。同时，我们经济发展的最终目的，又是为了满足人们的物质生活和精神生活的需要。我们以人为出发点，为根本，为目的。而这些又要求许多"非经济"的事业的发展。只有这些"非经济"发展，才能取得经济的发展效果，并取得全面的社会、经济、科技的发展，取得社会主义社会的进步。

我们的改革，已经由器物层、制度层进入文化层。这就在两方面提出了紧迫的要求，一是要求教育科学文化的迅速的、相应的发展，以提供足够的人才、足够的社会智力、足够的社会科技能力；二是要培养全民的新型文化性格，提高全民族的科学文化和思想道德素质，要使民族文化实现从传统到现代化的创造性转变。只有这样，才能给器物（先进的工具、机器、设备）和制度灌输先进的主体意识，使之具有生命力，发挥其应有的作用。这些都要求在科学教育文化的实体部分，有必要的相应的发展。

人的观点，决定人的行动。有什么样的发展观，就会提出什么样的发展战略；什么样的发展战略，决定什么样的发展效益。因此，在制定正确的经济发展战略时，发展观问题是一个关键问题。

探讨发展战略要拓展思维空间①

当我们思考和探讨经济、社会发展战略时，需要拓展我们的思维空间。这是当前迫切需要解决的思维战略问题。

"战略"一词的概念内涵就是大跨度、大范畴、多维、多层次的。在空间上它涵盖广阔的领域，在时间上它跨越历史、现实和未来，在构成因素上，它包含所处理的对象的一切宏观和微观的组成"质子"（各个生产领域、各种行业、各种学科、各种人才等等）。因此，它要求开

---

① 原载《沈阳日报》1985年6月26日。

放的、多维的、舒展的思维空间，而应力避封闭的、单维的和拘束的思维。

然而，我们现在却存在这样的问题：不少人的观念中存在着一种发展模式，即发展=增长=速度（百分比）。这是把"发展"的外延与内涵都简缩化、狭隘化了，并且把前后项的关系只看作线性的、平面的、恒定增长的、静止的关系，即投入→增长→速度→发展。但事实上，经济运动和社会机体的生育发展，却永远是按照"外射 ⇌ 反馈"这种公式发展的。即按照"投入 ⇌ 增长 ⇌ 速度 ⇌ 发展"模式运动，其中"←…"，可能是正效应，也可能是负效应。

比如一个城市的发展，扩大建设规模、增加工厂企业、用资金与劳力的投入增加来提高企业的产值等，肯定会得到经济的增长、社会的发展和发展速度的加快。但是，这只是事实的一个方面。从另一方面看，在总效应上却会提出一系列问题。比如人口的增加、原材料和衣食住行诸方面供应需要的增长、住宅要求的增长、交通运输量的增长及对其条件的数量与质量的要求等等。这里便潜存着人口密度过大、交通拥挤、供应紧张、能源紧张、车速降低、效率降低等逆反效应。同时，空间需求与自然物质（阳光、空气与水等）的需求等也都增长了，于是既提出满足供应的问题，又潜存着生态平衡问题、噪声污染、空气污染、水质污染等问题。与此相联系，种种社会问题（婚姻家庭问题、青少年犯罪问题、文化娱乐场所及其合理分布问题、老年人问题等等）也随之增加。

所有这些，如果没有相应的对策，或决策不当、处理欠妥，便都会出现逆反效应，从而产生负值。这种逆反效应逐项反馈或作辐射反馈时，更将影响各个领域的效率与发展，抑制、约束了理论上和自身效能上的应有的增长力。这里又会出现实际上的负值。由于两项负值相加和各种逆反效应发生综合作用，最终从综合结果上来看，有可能增长只略大于负值，也可能仅等于甚至小于负值。或者在一个阶段（若干年或一定时期）是增长大于负值；而长远地和宏观地衡量，却是增长小于负值。这就是恩格斯所说的自然发展规律和社会发展规律对于人类改造世界行为的失算而给予的报复了。但是，如果我们在考虑增长及速度时，同时注意到以上各个将会产生效应的领域、项目，如能源、水源、人口、交通、住宅、污染、文化教育、娱乐、消费等，并作出科学的计算与预测，掌握恰当的比例，采取综合的措施。总之，作出科学的战略决策，各个领域和项目得到相应的、相协调的发展，它所产生的就会是正效应与正值了。

以上，我们还是把一个地区、城市作为一个封闭体系来阐述问题的广袤性和系统性的。而事实上它们是一个开放系统，因此，它和其他系统又发生广泛的联系和连锁反应。如从地域上讲，和周围城市、地区，同其他远区的联系；从行业与部门讲，同全国和其他地区的工、交、贸、教、科、文的联系等，又是一个更广袤、更复杂、更深刻的系统与系统之间的关系，又有一大批值得了解、研究、预测的问题，在决策时必须心中有数、对策恰当。

因此，考虑发展战略时，思维空间的拓展是重要的；我们应当目光四射，既做宏观的鸟瞰，又做微观的考察；既考虑某一举措、行为的正效应、直线因果关系，又注意它们的负效应、辐射因果关系；既注意现在、近期效果，又了解历史渊源，更明确未来和远效应。

战略思想的思维空间的扩大和拓展，集中表现为发展观。我们需要从一维的、单纯的、线性的、恒定的发展观，转变为多维的、复杂的、立体的、流变的发展观。

战略思想的思维空间的扩大与拓展，也要求在制定战略规划时，不仅做经济学（包含经济学的各个分支）的研讨，而且要囊括自然科学与社会科学两大科学体系，诸如历史学、文艺学、城市学等学科，都是可以和应该吸取来参与决策的。另外，科学学、运筹学、决策学的运用，特别是系统论、信息论、控制论的运用，也都是非常重要的。现在，往往只是从经济学角度，只着眼于经济来研讨、考虑经济、社会发展战略，这是不够的，甚至是危险的。

我们现在的实际状况，证明我们正在吃着过去单纯增长和追求速度的发展观所造成的逆反效应的苦果。前车之鉴，不可不虑。

一个值得重视的课题①

——从城市学、文化学观点看我省经济社会发展战略问题

最近参加一次短期经济调查，对我省以沈阳为中心的中部城市群（包括鞍山、抚顺、本溪、辽阳、铁岭）作了一次鸟瞰式了解，并初步探索了它的发展战略问题，使我对长期以来思考的一个问题有了实感，并因此而更感其迫切和重要，故愿趁研讨全省经济社会发展战略之际，提出来讨论。野叟献曝，不期有当，只望引起注意。

我以为，探讨社会经济发展战略，需要拓展思维空间，转变思维方式，要进行大科学、多学科的研讨，而不仅限于经济学领域。这里结合中部城市群的情况，试作初步探索。

一

首先是发展观问题。传统的发展观是直线式的，恒定的，"一维"的，以为投资、资源、劳力诸发展要素的投入增加，便会直线延长式地、恒定不变地增值。因此可以把它简括为：发展=增长。国内外的事实否定了这种发展观，事与愿违，仅注意这种增长的结果，是在一定时间、空间和限度内的增长之后，出现逆向转化。不仅增长迟缓、停滞，甚至产生多方面的、复杂的逆反效应，各类问题丛生，从生产到生活、从经济到文化、从城市到农村、从社会到个体，无不如此，这就是恩格斯所说的自然的与社会的客观发展规律对人类的报复。挫折使人们变得聪明。20世纪70年代以后，发展观开始变化，简要地说，变为不仅重视工业（尤其不仅重视重工业），而且重视农业的发展；不仅重视增长

---

① 原载《辽宁日报》1985年6月13日。

问题，而且重视分配问题；不仅重视自然资源的开发，而且重视人力（尤其是智力）资源的开发。由此而发展成为新的、三维的、立体型发展观，即经济发展与社会发展相结合，物的发展与人的发展相结合，人身开发（智力开发）中的"硬件"与"软件"的结合①。这种三维发展观才是复合的、流变的、全面的发展观，在这种发展观指导下的战略决策，才能导致经济社会的全面发展。

二

如果用这个发展观来考虑问题，我们就必然会要进行大科学的、多学科的战略研讨。这里，我仅从城市学与文化学角度，结合中部城市群的情况，试对我省经济社会发展战略问题谈一些看法。

城市学涉及面很广，这里仅提出几个主要问题来讨论。首先是城市体系问题。一个是大中城市体系问题。中部城市群形成了一个以沈阳为基点向东南辐射的扇形城市群体，这是历史形成的结构体系。今后如何在已有的基础上，按经济规律、按互补而不是互害互妨的效益原则，向前发展？如何同前沿和腹地（广大的东北大地）诸城市结合？是否要作向西北方向辐射的安排？其内涵不仅包括经济，而且包括科学、技术、文化。另一个是形成集镇、城市、大城市、特大城市的有机体系问题。就中部城市群来看，特大城市与大城市非常密集，而城市特别是集镇相对量少（新中国成立后由于土地改革时小镇人口入乡分土地，特别是长期以来商品经济不发展，重农抑商，造成集镇萎缩），这是不利于经济社会发展特别是商品经济的发展的。今后如何合理地规划这个城市体系的发展，各种类型城市（如工业型、农业型、商业型、旅游型）如何根据条件和专业化分工，配置妥当，在战略考虑上，便需要地理、历史、经济史、人口、文化、社会学等许多学科的共同研究。

城市规模的最佳值问题。这涉及第一、二、三产业的结构，农业（特别是郊区农业）的发展，科技与文化设施的增加，与相邻城市的距离、交通信息条件等方面。过大了不好，小了不适应。无论大或小，都在经济效益和社会效应上显现出正负不同的值，而在经济社会发展上造

----

① 黄方毅，潘苏：《从一维到三维》，《读书》，1984年第3期，29–37。

成正反不同的效果。在中部城市群，沈阳市的规模也显出过大的消极作用，辽阳、铁岭还将发展，如何在保证经济增长的前提下，规划与控制规模、求得最佳值就是一个迫切要求解决的问题。

城市的空间结构，又是一个非常重要而被忽视的问题[1]。第一，密度问题。钱学森认为，所谓城市，就是一个以人为主体，以空间利用和自然环境利用为特点，以聚集经济效益、社会效益为目的的集约人口、经济、技术和文化的空间地域系统。在这个大系统中，密度合理，优越性很大，能促进经济社会的发展。恩格斯曾经指出，伦敦250万人聚集在一地，使这些人的力量增加了100倍。但是，密度不合理，就会带来一系列恶性循环、交叉影响的问题，即所谓"城市病"，城市噪声、大气与水污染、交通拥挤与肇事、车速减低与效益降低，住宅困难、消费品供应紧张，公共卫生与人体健康受影响、社会治安问题，等等。这些都会在经济效益上造成负值。据上海统计数据显示，由于交通拥挤，货车车速减低（由1964年的30千米/小时降到现在的20千米/小时），每年营运损失达4亿多元。天津则由于同样原因损失2亿多元。辽宁省没有这方面统计，但据调查了解，辽宁省中部城市群（不计铁岭）的城市化程度高于上海，这里市镇人口占总人口的66.5%，而上海则为58.8%。而且，这里的重工业比重大，1984年其总产值占工农业总产值的84%。因此，交通之拥挤，各方面运行速度受制，经济效益降低的严重程度是可以想见的。我们在调查中获悉，沈阳、鞍山、抚顺、本溪诸市在上述几个"城市病"方面都已经集中表现出来，而且有的问题较为严重，其营运损失为数亦不会小。如何调整密度，控制密度，改善条件，今后如何规划密度，加强基础措施，大力发展第三产业，实是刻不容缓。

第二，经济网络问题。如何通过工厂、企业、仓库以及各种经济机构和实体的适当布局、科学配置，形成一个有机的、合理的经济网络，以缩短人员、物资、资金、能源、信息的流动时间和空间，也是提高经济效益的重要方面。国外的统计资料表明，工业组成布局合理，工业用地和城市用地可节约20%~30%，运输线缩短20%~40%。工程管线网可减少10%~20%。这里潜藏着多方面的大比值的经济效益和良好的社会

---

① 饶会林：《试论城市空间结构的经济意义》，《中国社会科学》1985年第2期，49–58。

效应（它又会增进经济效益）。中部城市群在这方面，在群体与个体内部，都存在不合理的现象或者尚未形成网络而显得混乱，这样，倒流、对流，重复、拥挤、阻塞、互碍等现象都发生了，而每一项问题都在许多方面影响工作效率、降低经济效益，大量的社会财富被浪费。

最后必须指出，城市经济的密度和网络不合理所产生的严重后果往往不直接显现出来，而且形成之后，它的层垒式形成的物质积淀和实体布局，也不是短期内、简单地可以改变的。世界上许多特大城市的"病害"虽然动用现代化手段仍是几十年未得解决，足为我们的殷鉴。我们正在发展，既要改造，又要建设，如何按新的战略规范改造旧的、建设新的，是很值得研究，很值得警惕的。如不预为之谋，一旦格局形成，改变就非短期之功所能奏效的了。

三

一个民族、一个国家和地区，要取得经济社会的发展，最终必然追溯到人的素质、人的文化与心理结构上去。这已是历史的和现实的事实所证明了的。这里最基本的是智力资源的开发问题。智力资源是历史知识的积淀，是现实知识的总汇，也是物质生产和精神生产的经验及知识的积累，其"总汇"的量愈大、质愈高、方面愈广，经济社会发展便愈快、愈好。因此，开发它、运用它、发展它，不仅具有巨大的价值，带有根本的意义，而且，又具有艰巨性、潜藏性和不稳定性，而表现出一种波浪起伏、消长兴衰的发展轨迹。

从文化学观点来看，以中部城市群为例，首先，城市文化网络方面存在着值得注意的问题。教科文设施同生产发展已具有的基础和起飞的要求，都不相适应，学校、科研机构、各类图书馆、博物馆、医院、体育馆、俱乐部、书报摊亭、公园、游憩场所等不敷需要，已有的又配置不当。这都严重影响了人的社会素质和自然素质的提高，进而抑制了经济效益的获得和经济社会的发展。据调查，中部城市群每万人中有科技人员167人，有大学生25.5人，分别为全国平均水平的2.3倍和1.9倍；而12岁以上不识字或识字很少者，每千人拥有量为114人，不仅低于全国平均水平，而且低于京、津、沪。这说明这个地区的平均文化素质并不低，初级文化水准且高于京、沪。但为什么发展速度赶不上上海、江苏等省市？问题在于高层次知识分子数不足，已有的智力储藏未能很好开发。而文化设施的不足和不合理，便是问题的一面。这方面如果加以改善和提高，是可以速见功效的。这里涉及人才的培育和合理使用，现实知识总汇的传播渠道、传授场所的质量提高等问题。这涉及投资方向。如果从狭隘经济效益观点看，只见对企业、基建投资的效益，而不见对文化投资的效益，更不见两者失调时，在经济投资方面出现的负效益。

智力集团的知识、智慧、技能的作用，需要改善他们的工作和生活条件，需要给予传授、传播知识的条件和机会（包括授课与出版著作），也需要允许合理流动的自由。这就要求学校，学会，科研机构，新闻、出版、广播等文化设施的增加与政策上的开放。

人才的开发，包括被称为"硬件"的科技知识武装和被称为"软件"的理想信仰、价值观念、道德规范、行为准则的修养。前述需要是对这两方面都发生作用的。而"软件"部分则更值得我们注意，这可以说是实现社会主义现代化的可靠保证。这涉及精神文明建设问题，涉及政治、思想、道德和职业教育问题。一要解决物质实俸的体系的形成；二要解决内涵的革命性、科学性和现代化问题。在这方面，缺乏理想、缺乏事业心、时间观念差、生活节奏慢、工作效率低等"软件"上的病害，现在也是抑制了发展的步伐。因此也应在发展战略考虑之内。

以上，我主要地并非具体就经济社会发展战略问题发表意见，重点却在以此为例说明一个问题：经济社会发展，着手于经济，却不能只着眼于经济，而要作大科学、多学科的探讨。这就是我们所说的战略眼光。

文化重建：文化现代化的历史课题①

在社会主义初级阶段，我们在物质文明和精神文明的建设上，都需要建设一个社会主义的现代文化，也就是要使传统文化，在这个阶段，顺应历史的需要，也是反映社会的进化，实现由传统向现代化的创造性转化。这种转化，从五四运动时就已经开始了，由于这个时期的西方文化特别是其中的马克思主义同中国文化的撞击—结合，开始产生了中国的现代文化，以后又有了几十年的发展。但是，由于社会本身的并未得到脱胎换骨的变化，这种现代文化终未得到发展和建设，稍微彻底一些的创造性的转变也未实现。只有近十年来，改革开放后的经济发展，工业建设和社会变迁，才创造了这种转变的条件，开辟了这种转变的前进道路。我们将会在社会主义初级阶段，在现代化过程中，完成这种转化。没有这个文化的重建、文化的转化，不建设社会主义现代化的新的中国文化，现代化就不能实现。它既是现代化的内涵，又是现代化的保证。

在这种文化重建中，自然会有教育、科学、文化的巨大发展，会有各种文化设施、文化事业的发展；但是这些文化"硬件"的发展，还只是狭义文化（"小文化"）的发展，它是大文化和全社会发展的条件和基础，因此，必须有广义文化（大文化）的发展，更要有深层文化（民族文化心态）的发展与建设。在这种意义上的大文化子系统，是居于社会子系统之上的。社会子系统，不仅从文化子系统获得"小文化"的物质力量和精神力量，而且从大文化系统获得一个精神世界和获得全部的价值文化现代化的历史课题观念体系，社会的准则与道德，由此也决定社会的总体道德规范和行为准则，它们既是行动的一部分、实践的一部

---

① 原载《精神文明建设》1989年第2期。本文系全国纪念党的十一届三中全会十周年理论讨论会入选论文《论社会主义初级阶段的文化演变与文化整合》的一部分。

分，又是全社会行动实践的总体调控装置和软件设计。社会认同，正是建立在这种大文化的认同上；各个社会团体、组织、各种亚文化体系，都在规定着谁（什么样的人）是"我们"，谁（什么样的人）是"他们"——本民族、本国、本地区、本社区意义上的"我们"和"他们"。这规定了不同的认同范围、深度和关系深度与性质；但是，这一切的最后解释权和总控制闸，则是全社会共同形成并认同的文化系统。

我们的社会主义的现代化文化系统，就是要保证在认同趋向和价值取向上的社会主义方向与社会主义性质。在总体上、在整个精神世界，我们规避资本主义的方式、道路与前途。对于在一定时期内的这种"资本主义的萌发"也是尽力适当予以抑制与疏通、引导，进行文化整合。由于传统规范与价值的解体和它们的病态显现，对于由于现代社会个人自由的更多获得和认同特征的丧失，以及种种社会心理方面的症候，如孤独感、失落感、焦虑感、骚动和不稳情绪，我们也要一方面规避，一方面通过文化整合来加以消减。

因此，我们可以看到，我们的这种社会主义的文化重建，即文化由传统向现代化转变，是在几重坐标的交叉状况下逐步实现的。首先，它是在社会主义的现代化，在生产的商品化、工业化、社会化和现代化基础上发展的，这一坐标系，规定了它的发展轨迹，它的科学文化与人文文化的一致性发展。其次，它是在上述经济增长、社会变迁的基础上，在传统文化受到猛烈冲击、遭到破坏、经受考验的状况下，既批判、继承，又筛选、抛弃的双重引动下，向前发展的。民族传统文化的坐标系，并不是完全取消、彻底抛弃，而是挖掘、整理、剖析、批判、吸收、优化，也是一种总体整合，使之新陈代谢，逐渐异变，而成新质。与此同时，在开放政策实施中，在外向型经济的建设中，在参与世界经济、政治、文化活动中，大胆地引进、吸收外域文化、异体文化，特别是具有现代性、科学性的西方文化的精华。这个坐标系同时又是我们的参照系，它帮助我们进行工作。两者结合，促成传统文化的创造性转化。

我们现在正存在阴盛阳衰的问题，即在传统文化上，重直觉、重神似、重和谐、重内省，重整体、综合、模糊，重人天合一，等等；而轻分析、实验、理性、竞争与开发利用自然。但是，另一方面，局部却又是阳盛阴衰，尤其是近几年来，这种弊害来袭，更其严重，社会憔悴、物欲日甚的问题已较严重。因此，我们存在着双重失调：整体上的阴盛阳衰和局部的阳盛阴衰。这是需要文化整合的发挥作用，否则，这种文化失调和文化病症，将妨碍当前并贻害后世。同时，它又是文化重建中需要认真考虑和仔细安排的。这种长远打算又是当前文化整合的一种。

中国人由传统人向现代人转化，这个过程是艰难的、痛苦的。如果从前面所谈到目前社会生活中和一些人身上发生的消极的、腐朽的、黑暗的现象来说，简直可以说是带血的蜕变。这既是现代化阵痛的表现，又是人的性质转化的代价。历史浪潮汹涌澎湃，这些现象终将改变、减弱、消失（当然，在社会主义阶段还不会完全消除），但却需要进行正确的工作，要有抵制、批判、清除，更要有积极的建设。这里需要明确的是：① 现代中国人，是从传统中国人演变而来的，是由传统中国人实行创造性转变后形成的，他不会是凭空产生，也不会是从头来过的，因此是传统中国人的发展、优化、提高。② 现代中国人不会是西方人。西方人（这里是指那些发达国家的人）是为现代文化所装备的，一般具有目前关于现代人应具有的那些性格指标，但他们不是现代人的唯一模式，更不是标准模式。现代中国人，会在许多方面与他们具有共同的地方，也有可以向他们学习的地方，但可以肯定，不会是西方人的翻版。这不仅因为现代中国人具有民族传统文化的素质，而且因为他们是在建设社会主义过程中成长起来的。③ 现代中国人也不会是资本主义人。因为目前现代人的概念基本上是从资本主义国家中的人群中提炼形成的。因此有把两者（现代人与资本主义人）叠合起来的可能。但很明显，它们不是叠合关系；而现代中国人不会是也不应是资本主义人。

现代中国人的诞生，是在中国现代文化的建设过程中实现的而发展、成长中的现代中国人，又会为中国现代文化的建设与发展，起到创造的、决定性的作用。两者是辩证统一的发展的。

中国文化的演变和重建，就是中国人的新的文化—心理结构、新的国民性的演变和重建。事实上，在整个社会主义初级阶段，在现代化的进程中。经过文化整合的实际运行，中国传统文化就在一步步地向现代化转化，在社会子系统，在人们的文化动态中，在国民性格中，一步步萌发。生长、发展，直至完全实现。重要的是认识它的必要性、重要性、必不可少的地位与作用，重要的也还在于决策的正确、及时、相对稳定、符合规律。

不过，值得注意的是，这个重大的、必须完成的历史课题，目前并没有引起应有的重视。在决策系统，在实际行动中，都远没有受到应有的重视。这种状况，已经显现了社会与心理、建设与工作的危机，而且还潜伏着日后的危机。它们给人们亮了黄牌与红牌，通知我们要把这个历史的与现实课题，同经济的发展一同放在重要工作日程上，这是对文化的重视，同时也就是对经济增长、经济起飞的重视。我们要在观念上解决这个问题，在价值取向上解决这个问题，然后才会有正确、全面、科学的决策。

社会变迁：现代化的第二指标[①]

一提起实现现代化，人们很自然地就想起经济增长。现代化和工业化紧密联系，工业化是现代化的基础，有了工业化便会带来经济增长。但是，不仅经济增长本身并非单纯经济的增长而是一个综合的"前因"导致的经济的"后果"，而且经济增长之外，还有许多指标需要达到，才能真正实现现代化。这些指标可以综合归纳为一个系统性指标，这就是：社会变迁。

遗憾的也特别需要提醒注意的是：目前对于这个现代化第二指标，人们还很不注意，不仅没有注意到它的基础性的以及综合的、全面的、渗透的、长远的效应（包含经济效应），而且连它的直接的、"现得利"的经济效益，也不被重视。我国的经济过热症，长期不得解决，一犯再犯，其思想认识上的原因就在于此。人们脑子里有一个不成文的思维的与目标体系的公式，即现代化—经济增长—多盖工厂—增长率提高—社会进步=社会主义。这种单一的、线性的、狭隘的、"直奔目标"的经济效益的追求，可以得利于一时，但"吃苦在后头"，长远效应不仅有所失，而且会产生负效应，甚至出现灾难性后果。这并非危言耸听，而是实有其事。远者如非洲一些国家想"用钱买来一个现代化"的失败，近者即我们自己的失误导致的多重失调、全面紧张和由此引起行贿受贿、贪污盗窃、腐败腐化的后果。

那么，所谓"社会变迁"，都有什么内涵、具有什么定义与作用呢？

现代化是政治、经济、科学、技术、思想、文化的普遍的、均衡的、协调的、有序的发展，它构成一个经济、社会、文化的大系统的发展。经济增长自然居于重要的、基础的地位；但是，它离不开广泛、深刻的社会变迁。一方面，经济增长本身就是社会变迁的内涵与引发源。因为经济增长之后，必然带来社会结构（包括生产结构、产品结构、市场结构、分配结构、家庭结构等等）的变化，这些结构性社会变化又带来经济的增长，于是形成一个"发展圈"。在这种社会变革中，属于深层的变革是人的知识和理智的发展，人的素质的提高和人与环境（人以外的整个世界）的关系的变化。这导致人对环境的认识提高、理解、深入、解释科学化，人对自然的掌握和利用程度的提高，人对环境的控制力的提高，也就是人的独立性的提高、人的素质的全面提高，也就是人进一步成为自然的主人，人由自在、自为世界进入自由世界。这是人的彻底的解放。这样，所谓现代化，从社会角度来作总体概括，就应该有三个方面：① 要求经济增长，但又不单纯作经济增长的评价，经济增长不等于社会发展；② 要求社会文化与社会能力的提高和更普遍的适应能力的提高；③ 要求社会相对独立于它的环境的能力的提高。在总体上，这是一个不仅涉及经济领域，而且包括整个社会的巨大的、深刻的"社会全景式"的变革和发展。

这种"全景式社会变迁"，大概有这些方面：在工业化的过程中，必然产生商品化、城市化、科技化、社会化等的过程，这除了生产结构等的变化之外，社会变迁则表现为：特大城市的出现、大城市的增加、小城市的涌现和小城镇的区域性泛化；城市基础设施（包括煤、电、水、交通、住宅等）和各种公用设施的发展；文化、教育、科技设施（包括各类学校和教育机构、研究机构，各类教科文传播媒介，各种各样的文学艺术的馆、院、站、点等）的发展，乡村生活、生产和人际关系的总体性的根本性的变化（包括社会组织、社会成员、社会角色、行政机构、社区文化等等）。所有这些都各自成为一个系统，其中还包含着多种多样的变化内容。综合起来，简直是一个眼花缭乱的社会变迁图景。

另一方面，社会变迁的内涵和顺序如下：

生产力提高→工业化、商品化、社会化→经济发展→农业生产的变化和农村生活结构的变化→城市化趋势和城乡诸结构的变化→婚姻家庭的变化→职业流动→人口流动→社会角度变化→社会阶层的变化→社会整体的流变→生活方式的变化。

这种变化是社会从内到外的深层的、广泛的裂变与连锁反应式的变迁，它既是社会自身对经济增长、生产发展的适应性变化，又是经济继续、持续和"有后劲"、长效应增长和发展的动力和全面性促进因素。这反映出社会变迁对经济增长的促进、保证和"创造性"作用。这正是它作为现代化第二指标的作用的根本体现。

我们还可以把人作为中心来观察社会变迁。作为"社会关系总和"的人，在社会变迁中，自然会发生深刻的变化；而人的变化，也必然会导致人对社会的作用加强，推进和保证社会的进一步变迁与发展。这方面的内涵和顺序，也可排列如下：

社会变迁→人受教育的要求加强、人受教育的机会增多、人受教育程度提高→素质与智能提高→人与人关系的结构性变化→人与社会、自然关系的变化→改造自然、改造社会的能力提高→社会文化的全面增长→社会变迁→经济增长……

这表现为一个良性循环：经济增长→社会变迁→人的素质提高。

毫无疑问，这是一个时间相当长、幅员极广大、遍及城与乡的，波动全国、影响全面的大分化、大动荡、大变革，这是社会的新陈代谢和重新构造，表现得急遽、剧烈、深刻。它带来人的不适应性和社会动荡所引起的阵痛。但这是"现代化阵痛"，它会由于整治得当和社会的健全变迁而得以渡过难关，迈向进步。

如果我们以此来衡量，就可以发现，我们现在的社会变迁是如何的不够，经济发展过热超前，社会变迁滞后（发展跟不上）和邪变（社变落后腐朽现象增长）。这是十分值得引起注意的。

论在改革中建设精神文明的重要性①

　　建设和发展社会主义精神文明，这是我们党在十一届三中全会之后的新的发展时期，对于建设社会主义问题在理论上和实践上的一个发展，因此也是对马克思主义的一个发展。党的十二大对于这个重大的理论问题与实践问题作了十分明确的阐述，把它纳入了社会主义优越性的内涵之中，把它提到了社会主义建设的重要的议事日程上。因此，建设社会主义精神文明，也就成为"建设具有中国特色的社会主义"这个伟大课题的题中应有之义。然而，值得注意的是，当前，在大家精神振奋地进行经济体制改革，努力发展经济，从事物质文明的建设时，精神文明建设这个重大的课题，若得不到应有的重视，哪怕是稍有疏忽，则同样会引起不良的效应；不仅远效应不好，而且近效应亦不佳。它的反作用便是物质文明建设受到抑制、阻滞以至障碍。这里，愿就此问题写下一些思考的记录。当然只能是一种不成熟的、探讨性的意见，仅供理论界的同志们讨论。

一个历史轨迹的窥视和我们应有的认识

　　恩格斯在1893年致梅林的信中，曾经总结他同马克思在创立马克思主义的过程中，在理论的阐述中，有一个"重大的疏忽"，这就是在侧重论述历史发展过程中经济条件的决定作用时，对于它的形式方面，即对于"观念是由什么样的方式和方法产生"的，阐述得不够；对思想观念、意识形态的反作用，也阐述得不够。恩格斯甚至把这说成"我们两人"（即指他和马克思）都有的"同样的过错"。这种自我批评的勇气

---

① 原载《精神文明研究》1984年第1期。

和精神当然是值得我们敬佩和认真学习的。但更重要的是，从他们的这个自我批评中，我们应该学习的、记住的一条马克思主义的基本原理，就是思想观念、意识形态以至整个精神文明，对于社会、经济发展的不可忽视的重要反作用。这种反作用，按照马克思、恩格斯后来在许多著作中的论述，有两点是特别值得提出的，这就是：第一，这种反作用是必然会发生的，不是可能发生也可能不发生的，这是一条历史发展的规律；第二，这种反作用有两种类型：促进的作用或者促退的作用。

如果我们认清并且记住这条重要的马克思主义原理并且理解其中两个侧重点，那么，我们紧接着还需要明确一点：这种正面的或反面的反作用力，不仅表现在行为的结果之中，而且发挥其作用于行为的整个过程之中，也就是说这种反作用力是贯穿始终的。

以上属于历史唯物主义范畴的马克思主义基本原理，是为中外历史的事实所证明了的。仅以中国历史中的一二事实为例。比如中国封建社会延续之长，为世界之首，其原因自然是多方面的，而儒家学说的长期统治（包括它的把哲学、政治与伦理结合为一体的思想体系，"士"的阶级及其思想体系的形式的作用）是其中一个重要原因。正是这种精神的巨大反作用，成为精神调节器，使中国封建社会形成了以一治一乱、改朝换代为表现形式的超稳定结构。又如佛教文化的传入，近代欧洲资产阶级文化的传入，对于中国社会的发展和近代封建社会的解体，也都发生过这种精神文明对社会发展的重大反作用。

恩格斯在他的名著《家庭、私有制和国家的起源》中，肯定了摩尔根对于史前文化阶段的分期：蒙昧时代、野蛮时代和文明时代。各个时期分期的标志则是：蒙昧时代，"是以采集天然产物为主的时期"；野蛮时代，"是学会经营畜牧业和农业的时期"；而文明时代呢？"是学会对天然产物进一步加工的时期，是真正的工业和艺术产生的时期"。从恩格斯的论证中，我们能够和应该领会到什么呢？就我们所要探讨的问题的范围来说，至少有这样几点：第一，人类的文明发展进程，是由生产力发展水平所决定的，两者是"水涨船高"式地共同发展的；第二，工业的发展与艺术的产生，是人类文明发展程度的主要标志。对于前一点，我们可以拿来作为我们认识、理解、分析和处理当前两个文明关系的理论基础和指导思想：必须发展生产力，必须在生产力发展的基础上来发展和建设精神文明。对于第二条，联系到今天的社会主义建设实际，我们则可以明了和注意一点：工业生产和艺术发展是发展精神文明的重要标志和重要项目。具体地说，工业生产的发展（在现代，则应包括农业的现代化、工业化的发展），一方面将提高精神文明的实体部分（文化、教育机构和一切设施等的建设规模、科学水平、内涵深度等）；另一方面也将引起精神文明的意识形态部分的变化、发展。这是马克思主义"存在决定意识"的基本原理的具体表现。至于艺术文化的发展，足以代表精神文明发展的内涵与形态，它将反作用于前者，这一点我们在前面已经说明了。

这样，我们从理论和实践上可以窥见一个历史发展的轨迹：① 人类生产力的发展，决定了人类社会发展的文明程度，又决定了人类精神文明发展的程度；② 精神文明随着生产力发展的质的变化，会引起自身相应的质的变化；③ 这种发展和变化本身，具有一种反作用力，对"母体""基础"产生促进的或者促退的作用。不起作用、无所作为的情况是不会有的。

这个历史的轨迹所告诉我们的，我以为远不仅仅是理论上的明确这种决定与被决定、作用与反作用的原理和规律，更重要的是我们要自觉地掌握和运用这个原理和规律去指导我们今天"四化"建设的实践。

马克思和恩格斯同时还强调提出和论证了生产力发展水平同文化发展的不平衡性规律。这是他们对于我们前面提到的"决定与被决定"规律的一个重要补充。比如19世纪落后的俄国，却产生了超过先进欧洲的辉煌的文学艺术成果（而且在文学、戏剧、音乐、绘画上都是如此），大师辈出，名作成批。同世纪落后的挪威也产生了先进的文学，如此等等。这个不平衡性产生的主要原因，按照马克思、恩格斯的论证，主要是由于精神文明既经产生、发展，就具有它相对的独立性（正是在这个相对独立性的基础上发挥了它的反作用）；每个民族和时代的精神文明都从它的前代获得思想文化的发展基础与资料。因此，可以在自身发育的前提条件下，得到合理的、延续性的发育。这同样是一个值得注意的历史轨迹。它告诉我们的是，我们要有历史辩证法的眼力和气魄以及战略思想，即一方面要承认只有在生产力发展水平提高的基础上去建设和发展精神文明；另一方面，又应该想到，不能坐等生产力水平的提高，被动地、亦步亦趋地去发展和建设精神文明，而是可以充分利用我们民族文化的优厚基础，利用我们社会制度的优越性、革命传统等，去发展和建设社会主义精神文明。这不仅符合历史唯物主义原理，而且按照这个原理的整体理论，发挥民族的和人民的创造历史的主动性，发挥人的主观能动作用。还有一点，也应提出，恩格斯在前述理论中所谈及的"文明时代"是指人类的史前史而言。事实上，自从人类从动物界彻底分离出来之后，人类的文明（当然是极低级的文明）就开始产生了。不过，这时候只有一个混沌一体的"文明"而不分物质文明与精神文明。但是，精神文明确是存在的，只不过，它在文明中只占极不重要、极小的地位，因为人类此时的精神生活、精神活动、精神生产还是极少和极次要的。在人类的童年时代，音节语才开始产生，作为文明载体的语言也还是个初级产品，稍微发达一点的精神文明都是不可能有的。因此，只是在后来的长期历史发展的过程中，随着生产的发展，在物质文明的发展的过程中，精神文明才逐渐发达起来，逐渐地增强了独立性，并成为独立的力量而推动物质文明以至整个文明前进了。

前面我们简述了理论的和历史的发展状况，均属老生常谈。然而，温故知新，根据目前的一些情况，特别是部分同志中存在的模糊认识，重提这些，是有必要的。

现实的迫切课题与我们的任务

现在，让我们从历史的领域、理论的领域，回到现实的和实践的领域。

现在的情况是：我们面对着一个现代化的社会，一个发生新技术革命的时代，一个建设具有中国特色的社会主义的新时期。这个时代和时期的特点是人类进入了科学的突破性发展时期，科学囊括了一切文化现象，深入社会、经济、文化与社会日常生活的一切领域。总之，文化因素普遍地增长了。因此，在物质文明与精神文明这两个文明的结合体中，精神文明的比重大大加强了，而且还在急速地加强。生产的迅速地、大规模地提高，刺激、促进和加强了精神文明的同样情形的发展，因此它的反作用力也大大加强了。它的贯彻始终而不是表现在最终结果上的反作用力之作用场，就更广泛、普遍、深入，作用力的力度也大为加强，而力的发挥作用于过程中的经常性，也随之大为加强。尤其是在我国，要实现的是社会主义的现代化，它的重大标志之一和重要内涵就是要建设和发展社会主义精神文明，它与物质文明相辅相成，共同组成了具有中国特色的社会主义的现代化的全部内容。因此，精神文明这项课题的重要性和迫切性就显得显著而突出了。

同时，还有两方面的原因，加强了这种显著而突出的趋势。一方面，我国是一个具有在世界上居于前列的悠久历史文化的古老民族，深沉的、丰厚的、灿烂的民族传统文化，是全球精神文明之鲜花、人类精神文明之硕果。这是我们能够发展社会主义精神文明的得天独厚的基础，即恩格斯所论述过的前代的思想文化资料，一旦与物质文明的发展相结合，互相配合，彼此添翼，中华将腾飞，将傲然出现于世界之东方。另一方面，又正如恩格斯所说，历史有它的惰性力。因此，我们又必须同传统中的消极部分作战，要输入新的信息，组织新的结构，形成新的社会系统，在信仰、理想、道德规范、行为准则以至整个生活方式等方面，都需要努力改变旧的，建设新的。因此，我们又要以共产主义思想为核心，对于传统文化，对于精神文明的民族传统，进行除旧布新的工作。

而且，既然正如前面所说，无论是在历史上还是理论上，都有事实证明，精神文明并非自发地、自然而然地会随着物质文明的发展而发展，而是具有发展上的不平衡性；既然历史的可能性要变成生活的现实性，需要人的努力、人的主观能动作用，那么，我们面对当前的这种形势和任务，在发展经济、建设物质文明的同时，有计划地、有意识地发展和建设社会主义精神文明就是一个十分值得注意和应该主动搞好的课题。这应该进入我们的经济、社会发展规划的战略考虑之中。

然而，我们现在可以看到，人们在考虑发展战略时，对于精神文明的建设却注意得不够。人们考虑技术的引进、科学（自然科学）的作用、工厂的建设、企业的部署，以至水、电、能源、交通、住宅等的发展，这当然是正确的，而且是应当首先注意的。现在我们在这方面所取得的成绩和果实，也是值得珍视的，并为其他事业的发展提供了基础和发展条件。然而，也有另一方面的问题，值得引起注意。这就是对于这一切发展的前提——人才的数量、结构、储存、发展趋向，同整个发展战略的配置体系等，却考虑不多，甚至未进入思考圈。因此，对于教育——不仅是高等教育，而且应包含基础教育（中小学以至幼儿教育）的发展，对于各类人才的培养计划，对于终身教育、社会教育的考虑，对于各类文化设施的建设与发展，对于人们旧的观念的改变（如时间观念差、效率观念淡薄、不敢变革、因循守旧等），对于新的观念的发展，还有对于新的观念产生后如何分析其有利不利、积极消极的构成状况，从而择其善者而发扬之，择其不善者而弃之，对于人们在社会价值观念、行为准则、消费观念上的改变，社会审美情趣的改变的分析和指导，使之避弊趋益，如此等等，均考虑不多。总之，对于精神文明建设的实体部分与意识形态部分之发展的考虑，都注意不够。目前不少地区召开发展战略学术讨论会，经济专家云集，然而对于人文科学方面的学者却冷眼相向，以为无足观，便表现了这种倾向。

诚然，我们对于经济的研究，不是多了，而是大大的不够。党中央之所以把经济工作作为我们当前一切工作的中心任务，这是总结了历史的沉痛教训而得出的正确结论。但这绝不意味着精神文明建设可以忽视。从远效应看，我们将发现，精神文明的实体部分发展被疏忽，意识形态部分被忽视，就会出现人才发展的数量畸轻畸重、结构不符合需要、社会文化设施落后于人们精神生活的需要（随着物质生活的提高，这种需要是必然提高的）以至人们意识形态方面的发展因素增长（如金钱观点以至拜金主义，人际关系的道德水平降低，家庭观念淡化所带来的婚姻、老年、儿童等一系列问题，等等），所有这些，都是不符合我们建设社会主义现代化的总目标的，会影响我们建设具有中国特色的社会主义的。

同时，近效应中的消极因素，也不可忽视。既然如前面所说，精神文明的反作用力不仅表现于最终结果，而且表现于实践过程中，那么，上面提到的一些问题，有些会立即或较快地反映在"四化"建设上，造成抑制、阻滞的作用，引起经济虽然上升然而整个社会发展不够理想的结果。那样，反过来就会影响物质文明发展的规模、速度以至方向了。

因此，我们应当深刻理解和切实执行党中央的指示，坚持两个文明一起抓。要在考虑发展战略、具体设计发展规划时，在实际行动中解决这个问题。

环球展望与历史反思

在这里，略述这两方面，或者是有益的，可供我们进一步思考问题参考。

人类社会和人类自身，在历史发展的过程中，始终需要保持两个平衡：一个是整个社会的两个文明必须保持平衡，一个是每个社会成员的物质生活与精神生活要保持平衡。失去平衡，势必带来不良后果以至灾难性反馈。现代西方社会已经陷入两种文明的严重不平衡中，一方面是物质文明的高度发达，物质生活的高度奢华，享乐主义盛行；一方面是精神文明的不相适应，无论是实体还是意识形态部分，都出现精神空虚的迷惘、荒淫奢靡的腐蚀、社会危机的折磨。一个高度现代化的物质巨壳，充填着一腔空虚、危机的精神毒氛，西方有识之士，发出了向东方文化学习的呼吁。这对于我们来说是值得注意的。社会主义现代化，本质上是不会出现这种两个文明的严重不平衡的，物质文明和精神文明会得到相适应、相协调的发展。但是，可能性的存在，要求我们主观的和主动的努力，使它变为现实性。这是我们既要预先注意，又要预为之谋的。

从社会个体来讲，每个人精神上、物质上的生活也需要平衡。物质生活的充实，必然提高精神生活的要求，而如果在实体部分不能满足求生的需要、文化生活的要求、精神上的补偿，那么，同样在两者失去平衡的情况下，也会发生精神上空虚的痛苦，甚至发生由精神空虚而带来的寻求刺激、追求感官满足的物质主义思潮，发生由于精神痛苦而产生的社会病。这在历史上是发生过的。历史的反思，足为今日之教训。而在西方世界，这种个体的两者失去平衡造成的悲剧，也在屡屡发生。危机感作为西方流行社会心理而出现，便是这种综合征的表现。我们现在当然没有发生这种状况，也没有露出这种社会倾向。这是因为我们进行的是社会主义的四个现代化建设，我们伟大的共产主义理想和信念，支持和充实了我们的精神世界，并且是我们从事经济建设和各项事业的动力。我们的社会主义制度，我们的政治思想工作等也给予了一种有力的保证。但是，我们同样不能掉以轻心。同样要预为之谋，抑制以至排除这种消极因素的出现。

人类文化发展的历史，是各民族、各地区的文化互相交流、互相吸收、互相促进的历史。在当今的世界，交通便利、联系频繁，虽然关山阻隔，却可朝发夕至，纵使远隔重洋，也可热线联系，随时通话。通信卫星，使电视节目可以天下同视。这更使文化的交流与渗透，日益加强，频率极高，影响深广。我们实行对外开放政策，随着先进科技的引进，外籍人员的涌入，势必将其文化（按列宁对于文化的广义概念，风俗习惯也包含在内）挟带而入，西方文化中与我中华民族传统文化不相适应或者直接抵触，以至腐朽的部分也会渗入、侵入，不可忽视，尤其对于青年人，更应防止其污染之产生。这样，发展我们自己的民族化、科学化、现代化的社会主义文化，建设社会主义精神文明，也就更有一层重要意义了。历史上不乏民族间的互相侵扰，但最后的胜利者都是文化更高的民族，不管其为统治者还是被统治者。这种情形，仅就东方民族来说，印度和我国均在历史上发生过。这个历史的反思，不能不引起我们的重视，从中体察到建设社会主义精神文明的重要性和迫切性。我们当然不能也不该拒绝吸收外国现代文化中的进步的、科学的、现代化的有益东西，我们不能再实行"四人帮"的闭关锁国政策，而只能实行鲁迅所倡导的"拿来主义"。但这"拿来"，应该是站在本民族文化的基地上，站在共产主义的立场上，以马克思主义为指导的"拿来"，这才能取我所需，为我所用，洋为中用。而为此，就需要建设、发展社会主义精神文明，使自己的"文化身躯"壮硕起来，足以消化那些外来的可用的东西。

精神文明是人类社会健康的、稳定的、强大的发展因素。社会主义精神文明则是社会主义社会发展建设中的健康的、稳定的、强大的发展因素。现实向我们提出了课题，历史向我们提出了任务，人民对我们寄予希望，我们肩负着光荣而伟大的任务。让我们勇敢地去承担并完成这个任务吧！

传统文化：在现代化选择面前①

我们面前有两种双向选择在实现中，表现为一种现实的经济—社会—文化的运动变化。这两种双向选择是：

① 传统文化，面对着现代化进程的选择；② 现代化，面对着传统文化的选择。

一

现代化，首先表现为一种对传统的批判和改革的意识与态势，要对传统文化进行选择。因为在现代化的社会动机中，"第一感觉"就是传统文化有不合适、不妥当甚至有害的方面，于是决心改革，除旧布新；但是，现代化的社会动机和改革意识中，又不可避免地潜存着传统意识、传统观念，作为文化背景和潜隐动力。正是传统文化充当基础，也就是说，一个民族、一个国家的现代化愿望的产生、由愿望化生出来的"现代化理想蓝图"的规划设计，都出自传统文化，生根于传统文化，或者说，受到传统文化的制约、导向和"刺激"。所以，首先是现代化在经受传统文化的选择；然后，才是传统文化接受现代化的选择。当然，这是一个动态过程。

不过，值得注意的是，一般来说，人们较易理解现代化对传统文化的选择，而不太理解传统文化对现代化的选择。因此我们先说一说这方面的意见。

实现现代化，是中国人民近百年来几代人的美好理想。中国共产党人从实现共产主义的高度，把这个理想提高了，又实际化、具体化了。在近几十年来，这个现代化——我们进一步具体化为"四化"的进程，

---

① 原载《精神文明建设》1990年第1期。

一直以较快的速度发展，虽然受过挫折，但总趋势是前进的、向上的。而这个现代化理想、"四化"蓝图，以至我们现在提出的"建设有中国特色的社会主义"，就都是出自传统文化，以传统文化为前提、基础和"思想资料"的。马克思和恩格斯在《德意志意识形态》中指出："历史不外是各个世代的依次交替。每一代都利用以前各代遗留下来的材料、资金和生产力；由于这个缘故，每一代一方面在完全改变了的条件下继续从事先辈的活动，另一方面又通过完全改变了的活动来改变旧的条件。"

这就是说，人类的每一代都会面对而且要"利用以前各代遗留下来的材料"，其中包括文化传统和一切传统。但是，有两点值得注意：第一，这种利用，一方面是"继续从事先辈的活动"，即继承传统、发扬传统的；而另一方面，这种"继续"即继承与发扬，又是"在完全改变了的条件下"来进行的，条件完全改变，那么继续、继承以至发扬，也就不会完全、一切照旧，而会"走样"。变化也就是发展。第二，在同步发展的过程中，人们的活动，又是"完全改变了的"，因此也就改变了旧的条件。在这个双向、同步的继承改变的历史运动和人类活动中，就充分体现了"传统"对"现在"的选择，也体现了"现在"对"传统"的选择。中国人特别是中国共产党人率领全国人民选择社会主义现代化的道路，就是既表现了在完全改变了的条件下对传统的继承，又表现了用完全改变了的活动，即社会主义建设的实践来改变传统的。而就前者来说，我们选择"一个中心，两个基本点"的现代化战略，就表现了考虑传统、继承传统基础上的对现代化（模式）的选择。

不过，我们需要强调和合理地作为认识重点的正应该是，在这种"继承—选择"的坐标上，我们对传统文化又要做现代化的选择。只有这样，我们才不是停留在传统上、只继承而没有发展。

二

在肯定了传统对现在的选择、昨天对今天的选择之后，我们必须"马上"肯定现在对传统、今天对昨天的选择。恩格斯曾经指出传统有时表现为一种惰性力。马克思则指出："人们自己创造自己的历史，但是他们并不是随心所欲地创造，并不是在他们自己选定的条件下创造，而是在直接碰到的、既定的、从过去承继下来的条件下创造。一切已死的先辈们的传统，像梦魇一样纠缠着活人的头脑。"

马克思在《资本论》第一卷的第一版序言中，更指出这种传统的力量和作用："由于古老的、陈旧的生产方式以及伴随着它们的过时的社会关系和政治关系还在苟延残喘"，"不仅活人使我们受苦，而且死人也使我们受苦。死人抓住活人！"这里论述的则是传统作为过去的生产关系和文化背景，有其惰性的、阻碍今天的发展的、使活人受苦的一面。今人——对于今天的中国人来说则是希望实现社会主义现代化的中国人，要对传统进行清醒的、审慎的、科学的选择。这种选择既不要完全破坏了传统，更不要全面抛弃了传统，又要不让传统的消极方面和惰性力，抓住了、拖住了后腿。

当然，这种"注意"又是建立在肯定传统的大前提下来实现的，而不是在全面否定、抛弃传统的前提下来实现的。

三

现代化对传统文化的选择，是立足于今天的选择。这是最现实的选择。这里，"今天"的内涵是广泛而深刻的。主要的至少应该含有：生产力发展水平，整个经济发展的水平，社会"发育"的水平，全民文化素质水平，社会实践的水平。概括地说，就是整个社会的全部实践的水平。其中，居于核心的和基础的地位的，则是我们今天的社会主义建设的水平，其中包含已经达到的建设水平和正在进行的建设水平。这是我们对于传统文化进行选择的基础坐标。

我们正是立足于今天社会主义建设，亦即立足于建设有中国特色的社会主义的实践上，来进行对传统文化的选择的。有用的、有利的，经过批判可以吸收的，经过改造可以利用的，我们可以选择之，即"择其善者而从之"；而对于过时的、失效的，对今天不利甚至有害的，我们就要去除、抛弃、改造，亦即"择其不善者而改之"。

因此，今天的社会主义实践，便又是在对传统文化进行选择时的校正系。

四

我们的传统文化，按时序和性质来分，可以有三个组成部分：

（1）我们民族所具有的五千年历史的悠久、优秀的传统文化。它是世界文化系统中独具特色的文化，它是东亚以至东方文化的核心组成部分之一，影响了东亚和东方许多国家和地区。它有许多值得我们继承和发扬的，它在整体上是值得我们以古为今用的态度和方针去加以选择的。

（2）五四运动以来，特别是中国共产党建立以来，马克思主义与中国文化结合所产生的中国现代文化、中国共产党的优秀传统。它具有对传统文化的继承性，又具有时代性、现代性、科学性和大众性，它以马克思主义为坐标系，吸收了欧美文化中健康的、先进的、科学的部分。它已经在中国社会中生根、发展。

（3）中华人民共和国建立以来的40年，在社会主义革命和社会主义建设中所形成的新的文化、新的传统。

这三部分传统文化，统一融会于我们今天的现实中，体现在我们的社会生活和社会行动中。值得我们认真进行选择：继承、发扬和改革。立足点、坐标系，仍然是现实的、我们党领导的全社会的社会主义建设的实践。

五

我们的社会主义精神文明，就是在这种选择行动——传统对现代化的选择和现代化对传统的选择中来建设和发展的。或者说得更准确些、具体些：我们在社会主义精神文明的建设过程中，会要完成这种选择。

正是在这种选择的社会实践中，我们的传统文化不仅得以继承，而且得以发展。而社会主义精神文明，也就不仅具有时代性，而且具有民族性。它将是"以马克思主义为指导的，批判继承历史传统而又充分体现时代精神的，立足本国而又面向世界的，这样一种高度发达的社会主义精神文明"[1]。

---

[1] 《中共中央关于社会主义精神文明建设指导方针的决议》。

中国传统文化与现代化①

一

我们在此题目所示的范围之内，实际上面临着两种选择，而不是如一般所理解的，只是经济发展与现代化对中国传统文化的选择。其实，更主要的和首先的，是中国传统文化对现代化的选择。作为社会主体的人，以其传统文化为立足点和接受美学所提出的命题："接受屏幕"和"期待视野"，对于"社会的现代性系列"即社会现代化指标，是会存在一种选择机制和选择目标的。不同的社会—历史状态、不同的文化心态，即不同的"前现代"状况，会做出不同的选择。事实上，中国从鸦片战争后，一代一代的改良主义者、民主主义者、革命民主主义者以至马克思主义者，都对"现代化"做出了选择，并且取得了经济的发展和现代因素的增长。从洋务运动到戊戌变法再到辛亥革命以至五四运动，从器物层的改革，经制度层的改革，到文化层的改革，无一不体现着向现代化的迈进，也都是中国传统文化向现代化所做出的积极选择的结果。当然，这种选择在大方向是积极而正确的大前提下，有着程度和性质均有不同的失误；但是，对社会的现代性的追求这一总体正确的选择是应当肯定的。这也就说明：中国传统文化并不是同"现代性"根本地和完全地对立的。中国文化的这种选择能力和它对于"现代性"的接受势能，值得我们重视。事实上，它也正是我们今天在现代化过程中如何认识和对待自己的传统文化的问题：这里，我引用一本美国人著作中一段论述，以飨同行：

---

① 原载《环渤海经济瞭望》1996年第4期。

在世界历史的大部分时间里，中国一向是整个东亚社会的文化巨人，其所扮演的角色，集西方人在文化上无限景仰的古希腊罗马和作为现代欧洲文明中心而备受倾慕的法兰西于一身。悠久二千载，中国人表明自己拥有程度极高而造诣极深的多样化文化价值，拥有控制、协调和管理幅员辽阔而人口众多的国家的能力，拥有有效地把技术开发应用于生产的扩大并维持数倍于19世纪欧洲国家人口的组织天才……

被我们看作现代社会的某些特征，亦曾在中国达到过很高的水平。——1000多年前，中国人就表明自己有能力去调动资本、劳力和必然要牵涉到的计划资源，投入到公共工程的建设中去，其规模是如此之大，以致所有其他国家在20世纪之前连想都不敢想。——中国在兼容并蓄其他文学，甚至是征服者的文化方面曾表现出极大的灵活性。

——［美］吉尔伯特·罗兹曼主编《中国的现代化》

这里提出了中国的历史实证、中国文化的宽容性、吸收力和对于社会现代性的接受势能。由此我们至少可以得出两条结论：① 中国传统文化并非绝对同现代性对立，而是具有接受的强势能；② 中国从近代到现代的革命与改革所体现的正是这种势能发挥作用所做出的选择。

那么，我们至今仍远未能完成现代化过程而落后于同一文化圈中的日本，究竟是什么原因呢？主要的，我们可以指出两条：一是清代这一末代王朝的统治者源自文化落后的游牧民族，又加上满族统治实行闭关锁国政策，拒斥科技的进步和一切现代性发展；二是与之相并行的帝国主义的入侵和压制。

总之，在"传统/现代"这个中国经济发展与现代化的讨论框架中，两者不是对立式即"传统∨现代"，而是沟通式即"传统⇆现代"。

二

如果前面所论之"图式"是一相即"上项"："传统→现代"，那么，在"传统←现代"这一相即"下项"，我们就会发现问题的另一面，即现代化对传统的选择方面，有"通"的一面，也有"阻"的一面，即碰到中国传统文化的种种阻力和对"现代性"的拒斥。这便显示了传统文化的另一面。我们同样可以从历史中找到实证。从鸦片战争到五四运动，我国经济发展的迟缓和现代化进程之受阻，正是表现了中国传统文化的消极势能。这一点，即使我们在今天，也仍然感受到传统的惰性如何在拉我们的后腿。我们在发展市场经济和实行现代性追求上，那种保守的、封闭的、落后的、昧于科技文化、商品经济、市场体制以至现代工业社会和世界市场一体化趋势等的文化心态，在观念、意识、行为诸方面的表现，都是传统文化的束缚所致。因为传统文化作为一个具有长久历史、农耕社会、封建政制相契合的文化系统，同与工业化、商品化、城市化、社会化的市场经济体制，同以现代性为主体的工业社会，同现代科技成为核心文化的文化系统，是不适应的；同时，它同由于社会构造变化和经济发展所带来的整体社会体制、政治体制、法律体制、道德行为规范，以至人们日常的生活规范与习俗，也都不相适应。这就不能不抑制经济的发展和现代性在社会中的进展。美国学者艾恺在他的《世界范围内的反现代化思潮——论文化守成主义》一书中，曾经提出"本土文化价值与现代化之间的紧张关系"这样的问题，他还提问："保持本土的生活方式与产生力量的现代化，二者能够共存吗？"的确，在"本土文化"同"产生力量的现代化"之间，是存在一种紧张关系的，因为现代化之能产生力量及这种力量之能够得到发展和发挥，就是要改革传统、破坏传统，使之嬗变、转型与重构，而传统也往往对这一切取抗逆态势。不过，艾恺的第二个提问却是不能作形而上学的回答的。因为这里"传统文化"同"本土生活方式"之间不能画等号。而本土生活方式之演进变换及传统文化之转型，是一种长久的全社会一系列深刻变化的过程，这难于用"共存"与否的含义概括。实际的状况是，两者互相渗透、互相影响，在以获得社会现代性为主要内涵的过程中，传统演进为现代，现代性则被赋予了传统文化的某些形式和本土生活方式的形态。

　　因此，在这一过程中，我们一方面看到传统的改变，另一方面又遇到传统对现代的阻遏与抗逆。我们在追求现代化的目标时，不能不注意到这种抗逆性和潜在的抗逆力量。在《中国的现代化》一书中，在回顾中国的现代化历史过程时，曾提出这样的问题："现代化受挫能归因于特殊的思维习惯吗？尚古心态阻碍着中国人抓住大好时机以创造一种新的未来吗？"该书对这个问题作了肯定的回答，认为中国"过去的传统，特别是理智层面"，的确给现代化发展施加了种种限制。

因此，在我们肯定中国现代化的进程一直未曾中止，因而肯定中国传统文化对现代化作出了积极选择的一面之时，我们又不能不同时看到思维习惯、心态、理智层面这些内部互相沟通而表现形态不同的统属于传统文化之总根的、这种对现代化的抗逆性。就是在今天，我们也能看到这种抗逆性的比较普遍的存在和作祟。

三

现在有一种看法，简略言之，就是东亚经济中"四小龙"的经济增长和现代化发展，是中国传统文化特别是儒学文化的胜利，它用事实证明了马克斯·韦伯当年断言儒教与资本主义对立之说的过时或错误，也证明了中国传统文化同现代化并无矛盾，反而是一种动力，是强大的内驱力。这种看法对吗？

"四小龙"的经济成就，是一个非常复杂的历史与时代现象，它具备许多政治的、军事的、国际的、地理的及特殊历史时期的国际政治—经济"补给"等条件，不能统归于传统文化之动力源上。如果仅仅就"动力源"这一范畴来说，我们也应当看到两方面。

我们首先应当看到的，倒恰好是这几个国家和地区，在这个时期内，在根深蒂固的儒文化根基和渊源之外，引进了、发展了现代科技文化装备的工业文化、商业文化，培养了具有现代科技文化装备的知识分子和政治——社会管理人才，建立了现代政治、经济、社会、科技、文化体制，建立了现代法制秩序，并且，在这些新事物形成的整合的文化基础上，冲击了、改塑了传统文化，所以才取得了现代工业、科技的发展。正如台湾学者杭之先生在《一苇集》中讨论"东亚经济与儒教伦理"问题的论文中所指出的："事实上，东亚社会所谓'现代化的第二个例子'绝对不是孤立于西方之影响而在'儒学伦理'之类的文化因素下发展出来的，相反的，西方工业技术、制造结构、价值规范等'西方现代性'这个外来的、异质的文化因素可能才是更巨大的存在"。杭之更进一步指出："我们三四十年来的社会经济发展，绝对不是孤立于西方之扩张之外，在'儒家伦理'之类文化因素下发展起来的；而是没有多少自身文化渊源，只片断地采借西方近代文明之工具理性观和由工具理性观衍生之价值观念与制度结构的一些片段，而比西方国家更盲目地从事以'依赖经济发展'为主体的'依赖的现代化发展'"。这里强调台湾经济增长得利于"西方扩张"、西方工具现代性文明的作用。

事实上，我们可以看到，现代经济发展和社会现代性之获取，是一个社会内部各个组成部分的总体结构性变革，它是历史发展的归结、时代特点促成，是现代性，是从传统束缚中冲出的，也是传统"咬破茧壳"的结果，它也是一种总体文化心态及政治、经济、文化机制。这一切都不是传统儒学所促成，不是以其为内驱力的。现代经济发展和社会现代性增长，需要当代高科技的增长，需要发展科技文化、工业文化、城市文化、商业文化，需要现代政治的支持、指导和调控，需要信息观念、信息技术及信息之传播、交流、应用，需要广泛的具有现代意识与现代手段的国际交流（包括政治的、经济的、文化的）。所有这一切，都不是儒家文化所能为、所能生与所能驱动的。

当然，这也并不否认儒家文化在"四小龙"经济发展中的作用。一方面，在战略层面上，我们可以说，中国传统文化特别是儒家文化，在选择现代化上，即做出选择和如何选择上，是起到了作用的。这就是我们一开始所谈的"是传统对现代化的选择"。另一方面，在战术层面上，中国传统文化特别是儒家文化，也发挥了它的作用，比如对人伦的重视，以及它在经济发展中的作用，对教育的重视、在经营管理以至经济活动中的传统文化的运用等，都使经济的发展得到了传统的驱动力；而由于"伦理关系"不同于"团队关系"、"公司利益"与"家族主义"的一致性等，便形成了"传统／现代"之间的互渗与互变，从而形成了一种有别于西方现代化模式的"东亚模式"。不管对于这种模式之是否存在持何种见解，东亚经济之不同于西方经济、两者之"现代性"有众多不同这一事实是不可否认的。而这正是传统文化之渗入现代经济与现代性，或叫现代性中渗入了传统文化因素，证明了传统文化的能量和作用。

四

人类文化又正处于转型和重构时期，而且在世纪之交人类在众多问题面前，进行了现代化反思，提出了"现代性是不是出了问题"的疑问。

这又使我们要从另一层面来思考问题。因为在人类文化转型重构中，在现代化反思中，中国传统文化都受到注目。人类现在一面在享受高科技带来的巨大生产力发展、飞速经济增长和高度福利生活，另一方面却在承受高科技与经济发展带来的"现代痛苦"。社会生活中"三大倾斜"（在"物质／精神"中重物质轻精神，在"科技／人文"中重科技轻人文，在"个体／群体"间重个体轻群体）的产生，"三大家园"[自然家园、社会家园、精神（心理）家园]的破坏，"三大关系"（自然／人／社会）的高度紧张，科技显示出另一面：反人性和对自然／社会的巨大深层破坏；现代人要寻找自己的地位。现代化追求，使"现代性"对传统进行了全面、系统、深刻的破坏与毁弃。上面诸种问题之产生，均与这种传统之遭"灭顶之灾"有关。人类对家庭、亲情、人伦的依恋，对精神生活的需求，对自然的眷恋等，也都提出了人类那种只顾向自然索取以至榨取、只顾个人的物质感官享受、只寻求机械的精确计算追求成功的工具理性价值的文化方向，需要调整。而正是在这种问题丛生的世界文化窘境中，中国文化精神、中华古老智慧受到重视。杭之在《一苇集》中说："这种特殊之工具理性观的高度发展，不但使人类面对其生活所依之自然环境受到毁灭性的摧毁，也使人类面对其社会生活世界的各个层面加速地走上物化的、非人性的处境，并造成无数冲突的可能，因而产生了各种错综复杂的社会、经济、政治、法律、伦理等等问题。""台湾在经济发展与财富积累上之生猛表现是在世俗功利之心的刺激下，充当世界经济中心国之加工业出口区的结果。"这些论述，都是以"亚洲四小龙"之一的台湾经济、社会、文化状态为背景的，除了其他方面的民族与区域差异之外，其他三"小龙"与之相同。这更具体说明了在文化方向上、在文化素质的品性上、在文化精神上，在经济发达和现代性高的社会里，对于中国传统文化的回顾和注目。

这里有两个层次的表现。一个是中国文化中"天人合一"的与自然和谐共处，重视人伦亲情关系的伦理文化（包括重视家庭、重视子女的伦理责任感等），重视整体，模糊、直觉把握对象的思维方式的优长等，这可以叫作"精神层次"。英国历史学大师汤因比曾经列出八个方面来论述"东亚历史遗产"（主要是中国文化）的"成为全世界统一的地理和文化上的主轴"。其中有："在漫长的历史长河中，中华民族逐步培育起来的世界精神"，"儒教世界观中的人道主义"，"儒教和佛教所具有的合理主义"，"人的目的不是狂妄地支配自己以外的自然，而是有一种必须和自然保持协调而生存的信念"的中国哲学，等等。这种文化方向和文化精神，将会成为人类文化转型重构中的重要文化资源与思想资料，成为新构造的重要因素。

第二个层次是"实用层次"。即在经济事务的进行中，企业管理与企业文化建设中的中国文化之应用。如东亚经济区有"儒家资本主义"之说；日本有"论语加算盘"的提法；在新加坡与朝鲜，大力提倡儒教来进行社会生活的文化整合，日本对《三国演义》等中国文化中的"思想资源"之用于企业管理等，都是具体的表现。

在这种形势下，我们考虑经济发展和现代化建设中，对传统文化的接续、运用和改革时，应该有一种"双相与双向把握"的对策。也就是说，要看到传统文化在现代化面前的双重价值和作用，一方面要在"传统／现代"的双向选择中，处理好继承与改革、接受与重塑的关系，使传统在驱动力上成为现代性追求的内在势能；另一方面，在上述两个层次的"传统运用"上，既在总体文化方向、文化精神上继承与发扬传统，在现代化过程中完成传统文化向现代的转化而又避免现代与后现代弊病，"超前"而又"就近"地运用本民族文化资源于现代化进程中，重建中国文化。同时，又在实用层面上，更"便利"、更"驾轻就熟"地运用中国文化于企业经营管理、企业文化建设以至社会心态的文化整合。

在正确地运用传统文化与现代化进程的"文化系统工程"中，定能使得经济更好、更健康地发展，符合"可持续性发展"的经济社会发展总方针，也定能使中国的现代化避免西方资本主义现代化的弯路和负效应，避免"四小龙"特别是中国香港、中国台湾地区所发生的"经济、社会、文化"现代性综合征。要在这方面取得预期的效果，首先是对于传统文化有一个全面的、辩证的认识，有一种"具体问题具体分析"的态度，有一种中西比较的研究。偏执于一个方面，民族虚无主义，或民族自大主义都是不利于经济发展与现代化副业的，也是不利于文化创新与发展的。

本着这种精神，略述我不成熟的认识如上，以参与"传统／现代"的讨论，并就教于专家与读者。

中国当代社会的演变与文化整合[①]

　　我国的改革和社会主义初级阶段各项事业的发展，都迫切地提出了文化问题，包括改革进入文化层的问题，改革和建设目标体系中的文化问题，工业化、商品化和社会变迁的文化保证与文化整合问题，等等。这不是一个单纯的、浅层的、孤立的和局部的问题，而是一个复杂的、深层的、具有广泛深层渗透与"经络"联系的全局问题。这里远不只是远效应的预测，而是现实生活已经提出了问题、实践中已经暴露了问题；它也不是偶然出现于一国或少数国家和民族的发展过程中，而是在历史上，那些发达国家在资本主义工业化和现代化过程中都曾经经历过这种"历史的痛苦"，也是发展中国家在六七十年代实行现代化进程中，都产生过的问题。因此，这不仅是个理论问题，而且是一个实践问题；不仅是个历史经验的吸取问题，而且是一个富有现实教训意义的问题。而且，社会学、文化人类学以及发展战略研究关于现代化和现代性问题的研究，在总结历史经验和研究现实问题中，也提出了这方面的种种问题和理论阐释，其中不乏中的之论和颇有现实意义的建设性意见。因此，就这个问题提出研究和寻找我们的独特建设方案、发展战略，既是必要的，又是可能的，既是有益的，又是现实的。

　　这里所要谈论的问题，自然同近几年来文化热中所研究的文化问题具有理论上和现实上的"血缘关系"，也不妨说是这个"热"的一个表现、一种发动。然而，无论从立论的动机与出发点、涉及的命题范围与命题内涵来说，还是就所要探讨与解决的问题来说，两者都是颇为不同、颇难叠合的。

---

① 　原载《社会科学辑刊》1990年第1，2期。

我们这里所谈的文化演变与文化重建，其范围更广泛，其内涵更丰富、复杂，它更带"非文化"性，它也更难与"非文化"问题如现代化、工业化、商品化等剥离。可以说，我们是从文化角度、文化领域出发和进行的对整个改革（改革的全局），对于社会主义初级阶段的总体发展以及现代化问题的考察、剖析和探讨。我们将从以下几个方面来研究这一课题。

一、现代性与现代化目标体系

　　社会的现代性和现代化的目标体系问题，是一个极为广泛、非常深刻的问题，它在历史上和现实生活中都曾经和正在严重地摆在人们面前。最主要的是，人们首先总是一提出社会发展问题，由此也就"迫在眉睫"地提出经济增长和提高人们生活水平的问题。这是自然的，也是正确的。但是，"首先"不等于"全部"。误解和挫折往往就发生在这里：以为有了这个"首先"或者自以为解决了这个"首先"，其他就无须解决，或者会自然地、水到渠成、连锁反应地解决了。这自然是一个很大的误会以至是一个错误。现代社会，首先是它的经济、技术优势和高生活水平。但是，这个结果是如何取得的，又该如何评价，即它的内涵、模式是怎样的？显然，它绝不只是经济的增长，而是政治、经济、科学、技术、思想、文化的普遍的、均衡的、协调的、有序的发展，它构成一个经济、社会、文化的大系统的发展。当代美国著名经济学家、《从起飞进入持续增长的经济学》一书主编华尔特·惠特曼·罗斯托认为，现代经济增长是一场革命，是一场要求社会观念发生巨大相应变化的社会经济变革运动。这是很有道理的，符合现代社会发展的实际状况的。新进化论学者们也提出过各自的论断，如社会进化是"社会总体能力的提高"（帕森斯），是"文化上全面能力的提高"（萨林斯、塞维斯），是社会的"更高、更普遍的适应能力"和社会组织的"更独立于它的环境"（贝拉等）。这些论断概括起来有一个总的倾向，这就是：① 不单纯作经济增长的评价；② 肯定社会能力、文化等的提高和更普遍的适应能力的提高；③ 在制约前提下的相对独立于它的环境。而这三个方面则总系于社会文化质的提高，也就是说，现代化社会是一个具有更高文化水平、文化质量的，适应力、独立性和创造力（它们又统一表现为生产能力）普遍提高的社会，比之传统社会，它在这方面是远远高出一头的。

显然，单一的经济增长，不可能代替这种在经济领域和整个社会发生巨大、深刻变革运动的"全景式"的发展、提高与进化。而且，只需稍微长久一点看，就会发现，没有"全景发展"而只有单纯经济增长，经济不但不能起飞，而且不能持续，最后甚至产生负效应，直至出现灾难性的后果。

这种全景式发展，根据诸家社会学、文化人类学和社会发展战略研究，可以概括为重要的、不可缺少的和互相联结的几个方面：

从总体的和宏观的方面说，应该包含五个方面，这就是：理智、政治、经济、社会、心理。经济只在这个有机的五相机体中占有一"相"之地。也可以把这五个方面进一步概括为两个方面，即经济增长和社会变迁。这把经济增长放到了重要的、基础的地位；但它离不开（不可剥离于）广泛、深刻的社会变迁。经济增长本身就是社会变迁的内涵和引发源。在社会各个方面都发生的变化中，真正发生变革的是人的知识和理智，它导致人对环境（包括自然与社会）的全部复杂性的理解、解释、掌握和利用，导致人对环境的控制力的提高。

这才带来了上述"五相"的发展，带来经济增长和社会变迁。"经济发展在很大程度上依赖于现代化过程的理智方面和政治方面，依赖于知识的增长和政治领导动员资源的能力。"经济的增长必然要引发广泛的社会变迁并且导致每个社会阶层和社会成员的整体蜕变，深刻的社会变迁也必然会伴随并补充现代化的理智、政治、经济、文化各个方面。因此，发展观和现代性观念中，不仅有经济的、量的指标，而且一定要有体制、社会、文化与人的、质的方面的指标。根据诸家的研究，我们可以归纳为这些方面：政治高度成熟、社会的稳定、高水平的国家行政管理、教育水平的提高、文化的改革与发展、交通运输的发展、娱乐休息时间的增加以及人的质量的提高。从社会变迁方面来看，它的主要内涵和顺序大体是这样的：农业生产的变化和农村生活结构的变化、职业流动、人口流动、社会整体的流动、生活方式的变化。这种社会变迁，既是经济增长的结果，又是经济继续增长的动力和全面促进性因素。

上述一切，都不是学者们理论上的虚构和臆想，而是对于已经实现现代化的两种类型的社会——西方发达国家与苏联的历史发展和现实状况的总结，它具有理论性，也同样具有实践性。

社会主义现代化，在经济增长和社会变迁两方面，都具有更高的指标、更广泛和更深刻的内涵，这是它的制度本性所决定的。在20世纪80年代，在社会现代性方面既有了增加的指标，又有了丛生的问题之时，我们的现代化目标内涵，也更有了新的内容。这表现了今天实现社会发展和现代化的时代特点。这一切，都是我们在社会主义初级阶段所要解决的；纵然不是全部、圆满地解决，也是要在这个历史时期，部分和大部分解决，并创造最后解决的条件和基础。因为要在总体发展规划中预计到未来的基本情况、主要问题，从而提出预防和未来解决的蓝图。

已经现代化的各国在现代化过程中都产生过"现代化阵痛"，现今许多发展中国家正经历着这种"阵痛"。这是一种人类前进、社会发展的历史现象，因为现代化就意味着对于传统社会的破坏，对传统的一切的否定和改变，人们的生产、生活、思维方式和人与自然、与社会、与人的关系体系，也随着发生根本性的、深刻的变化。这是一种时间相当长、幅员很广大、遍及于城乡、波动全国的大动荡、大变革。问题关键还不在于这种新陈代谢运动、变革的急遽、剧烈、深刻，带来的人的不适应性和社会动荡所引起的阵痛；更重要的是，在这个过程中，创造与毁灭并举，发展与滞后以至倒退同时产生，人类不得不以社会的震颤和人的心理错位、心灵痛苦为代价来换取发展的条件和机会：问题还在于，现代还带来这些本质性问题之外的、额外的、伴生与次生的种种问题，使人类面临业已产生、爆发和仍在发生的大灾难。人口爆炸、能源匮乏、粮食短缺、生态失衡、环境污染、社会犯罪、战争威胁等等，是普遍的灾害。除了这种泛化的共同性问题，还有反映社会本体病症的"内科"的、"心灵"（心理）的病害，个人更多自由的获得和认同特征的丧失，个人的不安全感和焦虑感、传统规范与价值观的解体及其病态显现，如犯罪、离婚、自杀、暴力行为、精神病、文化水平升高情况下的"非文化"（野蛮）性表现，等等。这表现了社会的结构断裂和人的文化与心理断裂，也提出了，同时事实上也在进行着社会与心态的重建。这个断裂与重建的过程，不仅表现为一种"现代化阵痛"，而且要求提出解决它的方案和途径。也就是要求，一方面要改造人，要进行文化重建，使之适应社会的变革和变革的社会；另一方面，又要对社会的变革施行调控、疏通和导引，逐祸趋福，求得合理的发展和弊害的减少。

我国在社会主义初级阶段的历史时期中实现现代化，自然也要面对这些问题、面对这种"阵痛"。也许应该说，正是两方面的原因，我们存在这种阵痛会来得更严重些的潜在可能性。一方面，西方发达国家的现代化是在前几个世纪实现的，是世界上第一批走入现代化行列的国家，它们的现代化要求和进程，是由于工业革命的发生和工业化过程的产生而自然地产生和进行的，它们带有按序发展和"顺畅"运行的性质，是一种渐进性的进化和发展；另一方面，它们是在资本主义化的过程中来实现现代化的，现代化于资本主义化进程之中。而我们始终带有一种外力推动的和强迫的性质。当然，现代化是中华民族的共同要求、几代人的伟大理想，这自然是一种内在的、主动的要求，但是，这种要求同时也是一种外力、强迫的内化与转化。因为中国近代以来的落后、挨打，受贫穷落后之苦，遭侵略吞食之害，所以要革命、要变革、要社会进步、要现代化。从世界全局看，所有"第二批"现代化的国家，都是受到"第一批现代化国家"即发达国家的剥夺和侵害的；在世界经济与政治体系上，发展中国家的落后，正是发达国家的发展的后果。因此，它们的现代化要求，也就都带有一种外力推动与强迫的性质。这种状况，一方面激起了民族义愤和调动了民族积极性，奋起投身现代化浪潮；但是，另一方面，也就表现出在一定程度上和一定时间内（主要在经济起飞前）不是经济、社会、文化体系自然发展的形态，发展的过程带有人力强化的色彩和行动方式，缺少了那种自然的、顺畅的发展运行机制。情况正如有人说的，把慢性病人当作急诊病人来诊治了。

与此相联系的是，我们要在几十年内，把第一批现代化国家在200—400年间完成的经济与社会发展任务高度浓缩，高速度、高效率地完成。这也同样，既有积极性的、有益的一面，又有在"速成"中自然带来的和由于主观预计不足而产生的种种问题。

总括起来，我们面临着要解决的问题有以下几个方面：

① 现代化过程中，由于经济增长和社会变迁必然产生的问题。

② 在资本主义化的过程中和在资本主义制度下实现现代化会产生的问题。

③ 在现代性发展到20世纪80年代后，提出的许多反思性问题：哪

些是现代性的应有内涵，哪些是传统破坏得过多而理应看作现代性的弊病、偏颇的，要予以纠正；哪些是"现代性"的病症，如西方目前的痛苦问题，我们应当规避和预为之禁的？

④ 我们的现代化要求中带有浓厚巨大的民族情绪，我们自然地也有目的地依靠民族精神的发动，来提高现代化运动的动力；而这又不免同现代化目标存在某种抵触。这应如何解决？

对于在社会主义初级阶段实现现代化的中国来说，这四个方面是需要加以研究、进行预测和制订规避方案的重大课题。正是解决这些课题，才能保证非资本主义地实现现代化，才能保证社会主义前途。

在当前，这里有两个层次的问题：一个是在追求经济增长的"狭义"领域中，顾及增长的相关因素和避害趋利的问题；另一个更深一层次的问题是，在避免资本主义方式、途径和前途，避免现代性弊害方面，预为之谋。综合这两个不可分割的、"二而一"的双层的问题，来确立现代化目标体系，在宏观的、深远的、总体的发展观的指导下，来规划和实现当前的与短期的目标，这正是我们当前迫切需要注意和解决的课题，这在实质上也就是社会主义初级阶段的重要课题。

二、经济增长与文化支援、文化保证

上述四个问题，自然不是孤立地存在，而是在现实生活中，以实际问题的形态，混合在一起呈现出来。因此，解决起来，也不会是单纯地、个别地进行，而是统一地、综合地解决的。

我国当前的迫切而严重的主要问题，自然是经济增长与经济起飞。这是社会主义发展生产力的根本方面。但是，经济增长与经济起飞，正如前面已经说到的，绝不是一个单纯的经济问题。罗斯托提出的"生物学经济理论"，把经济变化置于广阔的社会环境框架之中，他重视非经济因素的动力作用，注意政治制度、文化传统的经济发展的制约关系。我国经济学家苏东斌在《社会主义经济导论》中提出"人的经济"和"劳动者价值"的概念，强调人的创造力，认为这就是强调社会生产力。他指出："社会主义国家的任务之一，就在于开发、培养、发展社会主义人们即社会主义劳动者的这种创造力。"在这里，这两位经济学家，都在着眼于经济的增长发展时，把眼光投向非经济领域，从环境与人的角度，提出了经济增长和生产力发展的因素、动力和保证的新观点。其中，重要的因素与内涵就是文化支援与文化保证问题。这还只是从文化的直接意义、直接效用和狭义动力来说的。社会环境、文化传统和人的创造力，都离不开文化，都是为文化所装备，与文化递嬗相关联的。

经济增长的文化支援与文化保证，首先的和直接的是经济增长的文化需求的提出和不断高涨。劳动者文化水平的不断提高，不仅是劳动技术水平提高和劳动生产率提高的支援与保证，而且是企业文化与社会环境优化，从而支援和保证经济增长的动力；所有社会各业的从业人员的科技水平与一般文化素质的提高，同样具有上述两方面的作用与效应。技术优势与技术进步是现代化过程中经济起飞和尔后的持续增长的基本的、关键的环节。技术文化自然是这种优势与进步的保证，而且一般文化素质的提高，也是保证获得这种优势和进步的保证和基础。

不过，重要的还不在于这些明显的、直接意义上的文化支援与保证，重要的在于，文化需求表现在另外两个深层的方面，这两个方面不仅不易为人们觉察因而易被忽视或轻视，而且它的作用力和效应是广泛的、深刻的、持久的；不仅经济起飞需要它，尔后的持续增长更需要它，而且作为整个社会变迁和社会环境框架与文化传统背景下的经济增长，更不能没有这种支援与保证。我们不妨把这两个层次、两个方面称为"顺向"与"逆向"两种作用与效应。

一方面，是经济增长对文化传统、对社会环境的冲击和破坏。这是现代化过程中，经济增长与起飞必然发生的现象，也是必须有的前进过程。这是好事，也是进步。没有这种冲击和破坏，也就不会有经济增长和社会进步。冲击就是前进，破坏就是建设，前进和建设就是发展。我国现在发生和经历的正是这种过程的起始阶段。它带来了生气和生机，带来了活力——经济的活力，人的活力，创造的活力，社会的活力。我们过去所缺乏的正是这种活力。"九州生气恃风雷"，这种经济的、社会的、文化的和人的生气，才是真正历史的、民族的风雷。这中间就含有深层的文化底蕴。贯注于这种生气之中的，正是民族意识、历史感、责任感，正是意气风发的理想追求，也包含那种创业的、开拓的、竞争的、获利的、追求物质利益和高质量生活方式的种种观念与意识。这正是一个新的民族文化心态，正是我们前面所说的"五相"指标中的"文化相"。英国是欧洲乃至世界第一个实现工业化、现代化的国家，他们得到这"第一个"的光荣，并不是由于他们在经济上、技术上和地理环境上具有得天独厚的条件，而是因为他们在这些方面具有与他国相同、相似或相差无几以至相差甚多的条件下，能够建造一个先进的、适应社会前进需要的政治结构（不只是一般的制度，而且包括各级人员的文化素质、知识水平、行为方式与方法）；也还在于，培养了人民的历史责任感和政治责任感，有论者说英国是世界上第一个政治民族。正是这种文化支援和文化保证，促使英国获得了第一个工业化和经济起飞的结果。

正是这种对传统文化和社会环境的冲击和破坏，打破了、改变了传统人的文化心态，打破了、改变了传统社会的环境，从而引起了观念、理想、信仰、意志、心理的变革，这才有商品经济的发展、经商的积极性与这种才能的增长和社会心理支持，才有工厂的兴建与发展、各种企业的创建和发展，才有企业家阶层的形成和"企业家精神"的产生，才有适应经济增长和社会变迁的各种社会新生事物的出现。这都是技术、机器设备、资金等"硬件"之外的知识、智力、心态和总体文化的"软件"，没有这些"软件"的支援和保证，经济的增长和起飞是不可能的，也是不能持久的。

我们可以称之为"逆向"性的，即文化传统对经济增长的制约和阻挠。解决这种制约和阻挠的消极作用，以推进经济的增长，也是一种重要的文化支援和保证。自然，按照马克思主义的理解，存在决定意识，经济增长和社会变迁发生后的、处于向现代化迈进途中的社会存在，必然会引起上述一切"软件"的变化，这是前面说到冲击和破坏时已经提到了的；但是，这只是一个方面，是一种自运动、自调节的渐进性的进化状态。它还需要一种补充和助力，这就是人为的、主动的、有预谋、有计划的社会推进和政府制度决策与倡导，如在教育（各级学校教育和广泛的社会教育、职业教育）、行政管理、社会选择、各种制度和立法等方面的政策、措施与行动，都是一种从排除阻力和制约力量方面表现出来的文化支援与保证。

在社会心理方面表现出来的文化支援与保证，也显得十分重要，只是它往往是潜在的、默默的、在不知不觉中发生作用。对新的技术、新的劳动组织、新的生活方式、新的社会运行机制以及新的人际关系、新的公民与集团、企业、工厂、政府的关系，都有心理上面是抗逆还是顺应、是被动顺应还是积极投入的问题，不同的心理适应状态，导致不同的行为和不同的效应；在改革中的许多阻力、障碍、好的设计却出现坏的效果等，往往是由社会心理的这种"软性抵制"造成的。因此，通过各种渠道和各种工作，对于这种软性抵抗力的消减或转移，便成为重要的、不可缺少的文化支援与保证。我国在党的十一届三中全会前后在改革方面的不同状况与进展程度，在改革的前期和后来的巨大差异与效应差距，以及目前南方（广东、福建以及深圳）与其他地区在改革和经济发展上的差距，还有一些经济—文化落后地区（如西北和一些省、地区的山区和偏远地方）的改革与经济发展进步较慢、较小，都可以说，在某种意义上，更多和更重要的不是资金、设备、技术等的制约，而是这种文化心态——普遍的文化心态，从领导层、知识层、干部层到广大群众的传统文化心态，起了消极的、迟滞的、阻塞的作用，是人文环境、政治体制的不同，起了重要的作用。因此，冲破这种后进状况，首要的还是冲破这种传统文化与社会环境的约束。文化支援与文化保证更大于和急于资金、技术、机器设备等硬件的供给。

我国的改革现在已经进入文化层，这是历史跨度上的深入与提高，也是社会主义发展的深入与提高。它是马克思主义与新的中国社会主义实践的进一步结合，也是马克思主义与中国文化的进一步深入的结合。中国人的文化心态正在发生巨大深刻的变化。目前值得引起注意的是，席卷全国、持续几年的文化热，徘徊在高文化层、局限于部分知识分子中，而且大多数是比较抽象的、浮泛的、大历史跨度的探讨，更多的是在传统精英文化与符号文化（历史典籍、地下文物等）领域内的探讨，是在中西文化"体"与"用"的关系上的讨论，而对于存在于社会生活、社会心理、社会行为，特别是对社会经济活动、建设实践等"食民间烟火"的大众文化、世俗文化、社区文化接触不多，研究不够。这是文化热与现代化和经济增长的实践、实际状况接触、结合不够的表现。而近年来，各地区关于区域文化发展战略的讨论，又多限于文化设施、文化事业的发展规划上，名为"大文化"，实是"中文化"或"文化硬件"的讨论。这两者虽然都关涉文化支援与保证问题，但是一个太虚，一个太实，都未能正面、直接触及主题。这本身也就反映了目前这种"软件"性的包含文化传统和社会环境的变革在内的文化支援与文化保证，未能受到重视，尚未明确提到议事日程上的一种盲目状况。

这种盲目状况，在实际工作中的表现，当然就更为严重了。对文化教育的不重视，这个领域的危机状况的存在（现实的和潜在的未来的危机）、重物不重精神、重现实实利不重长远利益与文化利益、短期行为、投资饥渴、基建战线过长、建设速度降不下来、楼堂馆所不合理的兴建，如此等等，都是既表现了文化支援与文化保证的未在观念上真正树立，又反映了这个缺陷所造成的现实恶果。

在社会主义初级阶段，这种文化支援与文化保证，更具有双重的重要意义。因为我们用来发挥支援与保证作用的，正是建设、发展中的社会主义文化。它在发挥作用的过程中，不仅起到现实性的、经济、思想、文化的作用，而且会起到长远的、思想文化作用。这就是建设社会主义精神文明的实践步骤、实际工作，是这个建设的具体过程。同时，特别重要的是，这也就是我们的工业化、现代化的非资本主义方式的保证和社会主义前途的保证。

因此，这一工作本身，就是社会主义初级阶段的伟大实践和理论建设的具体表现、具体"文化工程"的实施。

三、社会变迁与文化整合

我国社会，在社会主义初级阶段正在经历一个巨大的、深刻的、空前的重新构造运动。这个发自社会深层、波及全国城乡的社会重新构造运动，是延续数千年的中国传统社会的一次真正的、彻底的变革的开始。它将由传统社会向现代社会转变，由农业-工业国向工业国转化，由传统文化向现代文化转化。这既是中国五四运动以来，尤其是中华人民共和国建立以来的社会变革的继续，也是中国几千年以来、近代和现代以来，从未有过的变革。这种变革必然引起社会的大分化、大动荡。它的动因和动力就是社会主义商品经济的发展，就是工业化的发展，就是社会生产力的提高。

工业化的发展既带来分工的发展，又不断地要求分工的发展。马克思、恩格斯对于分工及其社会效应给予了很高的评价，恩格斯在《英国工人阶级状况》中说，工业是用来震撼旧世界基础的三个伟大的杠杆。社会分工的发展，也就是社会分化的发展，也可以说，社会进化就是社会分化。由于这种不断产生、连锁反应式的分化的发展，社会产生出新的职业、新的阶层、新的群体、新的部门、新的系统，从而也就不断产生新的联系、新的纠葛、新的矛盾、新的问题、新的社会需要和新的亚文化，并且产生民族文化的新质内涵。由此，也就产生、分化出新的社会结构成分，并构成新的社会总体结构、产业结构、产品结构、分配结构、职业结构、人群结构、政治结构、家庭结构、伦理结构、感情结构、心理结构。总之，普泛地及于全社会的各种结构的变革、重新组合，都产生了，发展了。有的是旧结构的调整，有的是新结构的形成，有的是新旧结构的重新整合。这是社会重新构造运动的主要内涵、主要运动形态。一方面，由于工业化和商品经济的发展，产生了这种结构重建的动因和动力；另一方面，在这种社会结构运动中，又由于运动而产生动因和动力，推动了结构运动的进行。这在总体上表现为社会的震动、动荡、进化和发展。它是一种前进的运动。中国几千年来和几百年、几十年来，没有发生过这样深层的社会运动，因为没有获得今天具有的动因和动力。这自然是一件大好事，是民族复兴、国家兴盛的标志，也是社会主义真正发展的标志。

社会构造运动的另一方面的表现，是人们的生活方式、社会运动的内涵与机制的变化。正如马克思在《哲学的贫困》中所说："随着生产方式即保证自己生活的方式的改变，人们也就会改变自己的一切社会关系。"这种变化在社会变迁方面的表现，从大的方面列举，可以有：人口增长、城市化、消费化、世俗化、专业化、法律化等等。这些也都带来社会的分化与进化、发展与提高，增强了社会的生机与活力。一个新的社会结构，在这个过程中产生、发展、完善。在我国，这一切自然也是在社会主义初级阶段发生，它必须按照社会主义轨道和社会主义原则运行和发展。事实上，社会主义是一个动态的、形成过程中的制度，又带有民族的特色，因此，在同时，这种在社会主义轨道上运行的社会重新构造运动，也是建设社会主义的过程。具有中国特色的社会主义，正是在这个过程中实现的。

在我国，现在正以迅猛、急剧之势，发生人口的、职业的、社会地位的、阶层的大流动，它足以推动社会的重新构造运动，又是这种运动的表现。

在这里，不仅有人口的空间与地域流动，而且有职业与地位的流动。有人"一夜"之间成了巨富，有人数年之间擢升提拔，他们的地位、生活、社会角色迅速发生巨大变迁；新的阶层产生并发展了，他们是企业家阶层、个体户、私营企业经营者、个体企业的工人、亦工亦农亦商的新型农民（包括农民企业家）。这些都各自形成一个社会群体，形成其亚文化。这种文化既是从旧文化母体中分化出来的，又是从新的社会结构与社会运动中产生出来的；既与旧文化有千丝万缕的联系，又有新质文化的内涵与特质。它们与母体文化有矛盾纠葛，它们互相之间也有矛盾纠葛。这种矛盾纠葛必须在社会主义的原则规范中或解决或协调；有些则将随着社会主义现代化的发展而变化或减弱以至消失。上述各阶层的状况也会发生各种变化，有的转化，有的消失，有的发展。

这里，也需要种种文化整合。这种整合，也同样是社会主义精神文明建设的过程，是社会主义发展的过程。它构成社会主义初级阶段的社会内涵与历史内涵。

在这个社会重新构造运动中，中国人新的感性世界正在产生发展，传统中国人正在向现代中国人转化。一方面，我们应该肯定，随着改革开放政策的实行，随着工业化程度的提高和不断发展以及商品经济的发展，随着社会变迁的广泛深入的进展，中国人产生和发展着新的价值观念和行为规范以及道德标准，商品观念、时间观念、效率观念、革新观念、创造意识、开放意识、重视教育科技、自主观念、独立观念、关心政治与公众事务、守时守信守法等等，这些一般被视为现代人的指标，在社会上被承认为上进的品性，许多人在不同程度上和一部分指标上，实现了这种现代化转变或正在转变中。这形成了一种时代潮流和社会心理，它们当然是一种新文化因素、建构基因，成为推动社会主义现代化的重要社会的与人心的动力。但是，另一方面，我们也应承认，除了传统观念的牵扯之外，消极文化心态，这些新的文化心态的消极影响，也伴随着发生了，并且在社会上流行、传播，成为一种社会文化心态、一种风气和潮流。

这里，需要明确的是，这一切，简直带有一定的必然性。由于工业化的逐步广泛深入的实现，商品经济的发展，由于社会流动的潮流汹涌，由于各种亚文化群体的产生，必然表现为传统的被冲击和破坏，新的文化心态和感性世界在社会存在的决定性影响下产生，在社会分化、人情疏离中，产生心态变异。这是一个破坏期、过渡期、转换期、动荡期和生长期。在这中间，在前进过程中，无论是旧的死亡或被淘汰，还是新的诞生或发展，都不免带着痛苦、震颤和磨难，不免以扭曲的形态表现和实现。

但是，同样带有必然性的是：第一，这种种现象，虽然带有发生的必然性，但没有生存的合理性；第二，它的发生程度、蔓延范围、存在时间长短，却是应该和可以控制的；第三，人们对策的正确，可以抑制这种种现象的发生和发展；第四，正确的疏通、引导和强力压制，是必要的、有效的。

然而，最有效、最足以与之抗衡的，还是文化整合。社会主义制度和社会主义初级阶段的改革与社会主义的发展，可以为这种文化整合提供外在的与内在的、物质的与精神的、行政的与文化的条件。

所谓文化整合，就是通过文化手段、运用文化功能，使分化的社会达到大体的一致性，使社会的裂变得到剥离后的整合，使骚动、紧张的心态稳定化和获得安全感，使异化、污染的心态得到净化，从而使社会得到合理的、有序的、健康的进化，收获工业化、现代化的佳果，而减少各种弊害。

这种社会整合，是社会分化和进化过程中，自然会产生的一种机制。社会学的创始人、法国社会学家斯宾塞曾经指出，传统社会的进化是一种无凝聚力的同质发展，而以后则要进到异质的整合式的进化。前者如农业社会，各地区相同的、单独的生产单位的发展是无凝聚力的；而工业的发展，商品经济的发展，则把各行业、各地区的联系加强了，具备有机联系而成为一种异质整合了。另一位法国社会学家迪尔凯姆把这称为由整合的"机械"形式进到整合的"有机"形式，是很有道理的。他们的理论，反映了这种社会状况：社会的分工、分化与进化的发展，使社会复杂了、丰富了，也分隔、割离了，一个产品，分别由许多人、许多行业、许多地区，分别地、单独地完成；但是，它们又是互相衔接的，互相不能脱离的，是异质而有机地"生长"在一起和一起生长的。因此，内在地就存在一种整合关系。

因此，作为这种社会客观状况的主观反映，我们进行整合，要有意识地引导现代社会分化过程中这种自身具有的整合性的发展。一个新的工业部门的产生，必然分化为许多子部门，它们彼此分离了、相对独立地发展了，但是，事实上它们之间又是内在地紧密地联系着的，是形成一个互相隔离、互相独立而又联成一体的生产大系统，因而是具有内在整合性的。在相邻以至相远地区和行业、生产部门之间，也有这种相隔、相远而又相联系的整合关系。

在社会领域的大范围中，也存在这种发展过程中的对应性整合。如商品经济的发展产生了完整的货币制度，与之相适应的会有私有财产和契约法律制，两者是对应性整合关系；工业化引起和形成的产业结构，必然会形成、逐渐完善新的职业组成、核心家庭的普遍化，以及相对开放的社会结构，两者是相适应的；主要制度领域的分化，会导致与之适应的普遍的职业专门化和竞争的多重性结构；而竞争的多重性结构，会导致公民拥有广泛的权利和多党制民主政体，职业专门化和互相促进。所有这些都具有双重的整合关系：一方面是它们各自的对应整合关系；另一方面，则是它们之间的对应整合关系。现代化社会是在高度分化基础上的高度整合。它们形成了一种打破旧的社会秩序后的和谐共振的关系。我们的文化整合工作，就是要在了解客观存在的这种整合关系与整合机制的基础上，制定正确的政策来推动其整合机制的运动，取得和谐共振的效果。同时，还要通过决策、行政管理、社会运动来制定形成反映这种高度分化基础上的高度整合又为其服务的整合文化——它是实际生活和社会运行的结晶，它形成后又可以为文化整合服务。

另一种整合，我们可以称之为"外在整合"。这是在各社会子系统外部和内部，建立整合机制，使它像减震器、消音器似的在社会动荡、裂变、分化中，减少摩擦、纠葛、矛盾，或者使之得到缓解、协调。这种工作，企业和行政管理部门、工会、青年团、妇联以及党组织，还有其他各种类型的文化、科学、体育、文艺、娱乐组织，都可以成为中介和渠道，从事这种整合工作，起到这种整合作用。党团组织在这方面的工作在总体上和内涵上都可以纳入思想政治工作的序列，实际上是使这一传统工作得到发展，有了新的内涵和新的工作方式、方法，并且得到了社会学、心理学、文化学等现代科学的支援。球迷协会之类的群众性、亚文化群体和松散的联盟，有时也能在维护社会治安、协调社会关系方面发挥其特有的作用，就是这种外在文化整合的典型的例证。

在现代化过程中，社会的高度分化，还会导致社会各类群体的形成，它们可以分为目标集团和利益集团两类。这两类集团，都能在集团内部和外部起到文化整合的作用。上述球迷协会的社会作用，就是目标集团文化整合作用的表现。像企业家协会、个体户、农民企业家、私营企业等的组织，则是利益集团组织，我们还可以看到许多文化组织、学术组织、职业团体，也都是目标集团，它们按照自己的宗旨和章程，发挥着各自的文化整合功能。这样，这些政治、学术、体育、娱乐等组织，可以多元、多渠道、多学科地进行政治、哲学、文学、心理、宗教等文化整合。它们是以消灾弭祸、调整人际关系、平衡心理紧张、沟通思想、融洽感情等方式，起到黏结整合作用。

最后一种，则是直接的文化整合。这就是依靠文化设施、文化机构、文化组织，通过文化渠道，所发生的文化整合作用。各类学校、教育机构、科学研究机构和组织，俱乐部、图书馆、剧院剧场、电影院，文化馆、站、室，新闻出版单位，等等，都是这种文化整合的生力军。它们单独地和联合地、整体地所发生的作用，是很大的、长效应的，既有消灾弭祸之功，又有催生引发之效，既能起宣传、教育作用，又能起沟通、宣泄的作用，既有预防的作用，又有建设的功效。在总体效应上，它们对工业化、商品化、现代化，起着弭祸降福、推动促进、振兴发展的巨大而深刻的作用。对于经济的增长与起飞，也是起着直接的、间接的、短效果和长效应的作用。它们是"非经济的"经济推进器。

这里，我们还必须特别强调一点，即在总体文化整合方面，如何注意发扬中华传统文化的优势和作用问题。前述弗里乔夫·卡普里提到西方"文化失调"问题，他曾指出其总根源是在中国文化的阴阳两极中的"阳盛阴衰"，其表现则是理性知识重于直觉智慧、竞争重于合作、对自然资源的利用重于保护、分析重于综合等。他认为这严重地影响了个人、社会和生态系统三个不同层次上的"健康"。他提出补救之道，是注意从东方传统文化特别是中国传统文化中吸取营养。从这个总体文化视角观察，有两点值得我们注意：第一，在现代化进程中，在对传统文化的破坏中，如何一面保护那种有益有用（或经过改造有益有用）的优秀传统，并发挥它们在文化整合中的制衡、调整、中和作用；一面又由此而优化、改造、重建了传统文化，使之一步步实现向现代化的创造性转化。第二，如何在现代化过程中，预防那些西方目前产生了的"文化失调""文化病"，规避阳盛阴衰的问题，规避"现代科学"与"传统智慧"的失调问题，以免产生文化偏枯的病症。这种预防既是一种当代的整合措施，又是对未来的"文化整合需求"（即文化-社会病症）的抑制与预防。从积极方面讲，这也就是一种文化重建，是文化的创造性转化。

总之，在社会主义阶段，文化整合，是我们保证社会健康发展、保证社会主义前途的重要的和不可少的一环。它是不可缺少的，也是功效卓著的。我们现在的问题是对之重视不够，甚至视而不见，陷入一种"盲"的状态。现在，社会的发展已经把问题严重地摆在我们面前了。大喊社会风气不正、党风不正，固然有道理、有根据，但是，究竟未能追溯到问题的当代根源和时代特质、历史内涵，因此就未能正确地进行分析并提出有效的控制、抑制与改正的办法。

　　提高对文化整合的认识，更自觉地运用它来引导社会的健康发展、社会主义道路和前途的保证，是我们的当务之急。

　　当然，对于我们来说，这种文化整合工作，是以马克思主义为指导的，是在社会主义轨道上运行的。它的结果是经过整合，不仅仅是消灾弭祸，规避了资本主义道路，而且积极地建设了社会主义的物质文明和精神文明。比如前述的对应性整合中，在社会主义初级阶段，社会主义商品经济产生的完整的货币制度，就不是资本主义的，而是社会主义的，与之对应整合的，也不会是私有财产的契约法律制，而会是以公有制为基础的多种所有制及其多种类的契约法律制。这里，当然也就存在我们在决策上的正确与引导上的措施得力的问题，它是社会主义文化的保证。在知识、理智、道德、思想、文化及社会心理等方面的文化整合，其社会主义性质的要求，当然更为直接、更为明显，也更为重要。它对前一方面的文化整合，还具有一种包容性、弥漫性，可以起到推进和保证的作用。

　　社会主义制度在本质上不同于资本主义制度。获得最大利润是资本主义的最终目的，这决定了它的文化整合的根本性质；而社会主义制度，获取利润还只是实现另一个更大社会目标即建设社会主义制度的手段。这决定了我们的文化整合模式的基本要求是不断地提高人民的物质生活和精神生活的水平。

四、文化重建：文化现代化的历史课题

　　在社会主义初级阶段，我们在物质文明和精神文明的建设上，都需要建设一个社会主义的现代文化，也就是要使传统文化在这个阶段顺应历史的需要，也是反映社会的进化，实现由传统向现代化的创造性转

化。这是我们在前面进行的诸方面论述的必然结论。这种转化，从五四运动时就已经开始了，由于这个时期的西方文化特别是其中的马克思主义同中国文化的撞击—结合，开始产生了中国的现代文化，以后又有了几十年的发展。近十年来，改革开放后的经济发展、工业建设和社会变迁，创造了这种转变的条件，开辟了这种转变的前进道路。我们将会在社会主义初级阶段，在现代化过程中，完成这种转化。我们从前述的论证中可以得出结论：没有这个文化的重建、文化的转化，不建设社会主义的现代化的新的中国文化，现代化就不能实现。它既是现代化的内涵，又是现代化的保证。

在这种文化重建中，自然会有教育、科学、文化的巨大发展，会有各种文化设施、文化事业的发展；但是这些文化"硬件"的发展，还只是狭义文化（"小文化"）的发展，它是大文化和全社会发展的条件和基础，因此，还必须有广义文化（大文化）的发展，更要有深层文化（民族文化心态）的发展与建设。在这种意义上的大文化系统，是居于社会子系统之上的。社会子系统，不仅从文化子系统获得"小文化"的物质力量和精神力量，而且从大文化系统获得一个精神世界和获得全部的价值观念体系、社会的准则与道德，由此也决定社会的总体道德规范和行为准则。它们既是行动的一部分、实践的一部分，又是全社会行动、实践的总体调控装置和软件设计。社会认同，正是建立在这种大文化的认同上。各个社会团体、组织，各种亚文化体系，都在规定着谁（什么样的人）是"我们"，谁（什么样的人）是"他们"——本民族、本国、本地区、本社会意义上的"我们"和"他们"，这规定了不同的认同范围、深度和关系深度与性质；但是，这一切的最后解释权和最高控制闸，则是全社会共同形成并认同的文化系统。

我们的社会主义的现代化文化系统，就是要保证在认同趋向和价值取向上的社会主义方向与社会主义性质。在总体上、在整个精神世界，我们规避资本主义的方式、道路与前途。对于在一定时期内的这种"资本主义的萌发"也是尽力适当予以抑制——疏通、引导，进行文化整合。对于前面谈到的由于传统规范与价值的解体和它们的病态显现，对于由于现代社会个人自由的更多获得和认同特征的丧失，以及种种社会心理方面的症候及孤独感、失落感、焦虑感、骚动和不稳情绪，我们也要一方面规避，另一方面通过文化整合来加以消减。

因此，我们可以看到，我们的这种社会主义的文化重建，即文化由传统向现代化转变，是在几重坐标的交叉状况下，逐步实现的。首先，它是在社会主义的现代化，在生产的商品化、工业化、社会化和现代化基础上发展的，这一坐标系，规定了它的发展轨迹，它的科学文化与人文文化的一致性发展；其次，它是在上述经济增长、社会变迁的基础上，在传统文化受到猛烈冲击、遭到破坏、经受考验的状况下，既批判、继承，又筛选、抛弃的双重引动下，向前发展的，民族传统文化的坐标系，并不是完全取消、彻底抛弃，而是挖掘、整理、剖析、批判、吸收、优化，也是一种总体整合，使之新陈代谢，逐渐异变，而成新质。与此同时，在开放政策实施中，在外向型经济的建设中，在参与世界经济、政治、文化活动中，大胆地引进、吸收外域文化、异体文化，特别是具有现代性、科学性的西方文化的精华。这一坐标系，同时又是我们的参照系，它帮助我们进行前一工作。两者结合，促成传统文化的创造性转化。

　　我们现在正是存在阴盛阳衰的问题，即在传统文化上，重直觉、重神似、重和谐、重内省、重整体综合、重模糊、重人天合一等等，而轻分析、实验、理性、竞争与开发利用自然。但是，局部地却又是阳盛阴衰，尤其是近十几年来，这种弊害更严重，物欲日甚的问题已较严重。因此，我们存在着双重失调，整体上的阴盛阳衰和局部的阳盛阴衰。这是需要文化整合的，否则，这种文化失调和文化病症将妨碍当前并贻害后世。同时，它又是文化重建中需要认真考虑和仔细安排的。这种长远打算又是当前文化整合的一种。

　　中国人由传统人向现代人转化，这过程是艰难的、痛苦的，如果从前面所谈到的目前社会生活中和一些人身上发生的消极的、腐朽的、黑暗的现象来说，简直可以说是带血的蜕变。这既是现代化阵痛的表现，又是人的素质转化的代价。历史浪潮汹涌澎湃，这些现象终将改变、减弱、消失（当然，在社会主义初级阶段还不会完全消除），但却需要进行正确的工作，要加以抵制、批判、清除，更要有积极的建设。这里需要明确的是：第一，现代中国人，是从传统中国人演变而来的，是由传统中国人实行创造性转变后形成的，不会是凭空产生，也不会是从头来过的，因此是传统中国人的发展、优化、提高。第二，现代中国人不会是西方人。西方人（这里是指那些发达国家的人）是为现代文化所装备的，一般具有目前关于现代人应具有的那些性格指标，但他们不是现代人的唯一模式，更不是标准模式。现代中国人，会在许多方面与他们具有共同的地方，也有可以向他们学习的地方，但可以肯定，不会是西方人的翻版。这不仅因为现代中国人具有民族传统的素质，而且因为他们是在建设社会主义过程中成长起来的。第三，现代中国人，也不会是"资本主义人"。因为目前现代人的概念基本上是从资本主义国家中的人群中提炼形成的，因此有把两者（现代人与资本主义人）叠合起来的可能。但很明显，它们不是叠合关系；而现代中国人不会是、不应是资本主义人，也已如前述。

现代中国人的诞生，是在中国现代化的建设过程中实现的；而发展、成长中的现代中国人，又会为中国现代文化的建设与发展，起到创造性、决定性的作用。两者辩证统一地发展。

中国文化的演变和重建，就是中国人的新的文化——心理结构、新的国民性的演变和重建。这种文化重建即文化转化的工作，我们在前面的论述中，实际上已经分别就它的内涵、机制、途径、过程以及对经济起飞、社会变迁的作用，作了讨论与探究。事实上，在整个社会主义初级阶段，在现代化的进程中，经过文化整合的实际运行，中国传统文化就在一步步地向现代化转化，在社会子系统，在人们的文化动态中，在国民性格中，一步步萌发、生长、发展，直至完全实现。

重要的是认识它的必要性、重要性、必不可少的地位与作用，重要的也还在于决策的正确、及时、相对稳定、符合规律的引导。不过，值得注意的是，这个重大的、必须完成的历史课题，目前并没有引起应有的重视，在决策系统，在实际行动中，都远没有受到应有的重视。这种状况，已经显现了社会与心理、建设与工作的危机，而且还潜伏着日后的危机。它们给人们亮了黄牌与红牌，通知我们要把这个历史的与现实的课题，同经济的发展一同放到重要工作日程上，这是对文化的重视，同时也是对经济增长、经济起飞的重视。我们要在观念上解决这个问题，在价值取向上解决这个问题，然后才会有正确、全面、科学的决策。中国社会主义的现代化，已经进射其朝气蓬勃的曙光于中华大地的地平线上，于改革浪潮的洪波上，于迅猛变迁的社会肌体上。让我们用实际工作和科学的行动来迎接它吧！让我们创造性地来完成这个伟大的民族工程吧！

中国当代社会的流动和文化发展

作者曾以此为题，先后在美国加州大学（伯克利，1990 年 9 月）、德国波恩大学（1992 年 12 月）、日本国会图书馆东洋文库（1993 年 9 月）发表学术演讲。根据要求和对象的不同，内容有增删。此处为汇总纲要。

改革开放以来，中国发生了社会的结构性变化，这是中国几千年来所未曾经历过的变化，可以称之为"中国社会的重新构造运动"。

这种社会变革的基本性质，是由传统社会向现代社会转化，由农业、前工业社会向工业化、现代化社会转化。在这同时，也发生了文化由传统向现代的转型。这种文化转型，是由两个阶段、两个层次、两种性质的文化转型同时同步、交叉重叠地发生、演进的。这就是由传统文化、前现代文化向现代文化的转型，由现代文化向后现代文化的转型。前者，在西方发达国家和亚洲的日本，已经完成；后者，在那里正在发生、发展和蜕变。而中国目前，则是正在同时发生和演进。

这种社会结构的变迁的根本动因和动力是经济的发展，亦即生产力和生产关系的发展和变化。关于这种可以统归入"结构性变化"框架之中的社会变迁，大体上可以分为三个层面来予以揭示。

一、社会的结构性变化

第一，在经济上，由单一的公有制到多种所有制的变化（包括私人所有制、个体所有制、公私合作所有制、中外合资所有制、外资所有制等等），由单一的按劳分配的分配制到多种分配制度。

第二，多种社会实体和个人心态的结构性变化。过去中国社会基本上是由工厂、农村（公社）、机关、学校四大"社会单位"构成的，它们都是"公家单位"。但是，现在却在这四大"公家单位"之外，有了千百个公私合体、单一个体、私家合体、中外私家合体等不同所有制形式的种种公司、商店、"中心"、研究所、学校、酒肆饭店、舞厅等涉及众多行业的机构——社会实体，社会的结构分殊化、复杂化和多样化了。自然，分别从业于这些社会实体中的人们，怀有多种不同的价值观、具有不同的社会角色面具、代表着多种不同的利益，对国家、社会、政府、"公家"、"他人"，具有不同的利害关系和态度，他们由此构成了千差万别的心态。

第三，社会"基本结构因素"之间结构比的变化。在众多社会基本结构因素的构成学说的不同分类中，我们这里暂取政治、经济、文化的三分法。现在这种三者之间的结构比，已经由政治第一位和"全方位"性，变成经济第一位和几近具有"全方位"性。经济带动、推引、影响、改变着一切。个体的集群的行为规范与归宿、价值取向，都以经济为指归了。

由于上述几个方面的变化，带来了一系列的社会肌体的结构性变化，包括生产结构、产业结构、产品结构、分配结构、消费结构、城乡结构、家庭结构、情感结构、心理结构、审美结构、人口结构等的变化。

二、阶级、阶层及它们之间关系的变化

工人、农民、知识分子（军人是"穿上了军装的工人、农民"）三大阶级，在社会构成中、社会地位与作用上，以及由此而构成的彼此的关系上，都发生了空前的大变化。工人仍然是领导阶级，但是其构成却不是单一的"国家工人"（所谓"全民"工），其地位也自应有所不同，他们的收入，彼此之间相差悬殊。大有全民不如集体、集体不如个人、个人不如合资、合资不如外资之势。农民在实行联产承包制之后，生活水平大大改善，地位也有了变化，有了个体户、专业户、工厂企业主、商人等次阶层分化，其中许多人成为第一批"先富起来"的人。其"阶层性"即社会角色有了变化，可称为"农民—商人""农民—企业主""农民—工人"。知识分子的地位有了很大变化，上升为"重视知识""重视知识分子"的政策看重的对象。他们在整体上的地位也确实变化

了。有了比过去更优厚的条件、更宽松的环境来从事自己的专业工作，特别是能够更好地以自己的专业为国家、社会服务了，起到了更大更好的作用。他们之中，有一少部分人在近十年中，进入官员的行列。现在，各级领导干部绝大部分是知识分子。

这是旧阶层的变化。

同时，还产生了许多新的阶层、亚阶层，如专业户、个体户、企业主、"民工"、合同工、雇佣工、企业家等等。上海出现了所谓"三个新有闲阶级"，其他城市亦有。

三、社会大流动

有两种社会流动：水平流动和垂直流动。

这里列举出16种"社会流动现象"：

① 北人南下［"三北"（华北、西北、东北）人南下经商］。

② 南人北上［苏、浙、皖、赣、川等省民工北上干活（"打工"）］。

③ 高级人才东南流（即"孔雀东南飞"）。

④ 初中级人才走西口（去西北数省）。

⑤ 皖女进京（安徽女孩到北京当保姆）。

⑥ "川军"入黔（四川技术工人到贵州开矿）。

⑦ 农民进城（打工、当建筑工）。

⑧ 工人下乡（技术工人下乡帮助农村办企业；有所谓"一个退休的上海工人，乡下一个工厂"的说法）。

⑨ 儿童出走。

⑩ 青年闯荡。

⑪ 人才出国。

⑫ 投亲靠友走海外、去港台。

⑬ 劳务出口。

⑭ 弃农经商。

⑮ 弃官经商。

⑯ 科技人员下海、从政。

这16种社会流动，既有水平流动、空间流动、地域性流动，又有职业变动、角色转换，还有社会地位的变动升迁。从贫到富，由平民、教师、科技人员而"高官厚禄"。

这种社会变动，幅度大、幅员广、频率高、变化快，升沉变迁，频繁急剧，令人眼花缭乱。有人几年之间，由不名一文而腰缠万贯；有人由刑满释放人员，一跃而成"大款""大腕"；有人原本一介儒生，昨日平头百姓，明朝即官高位尊；同时，也有不少人，默然向学，数载而成就斐然，成长为新学人。

四、社会的前进性运动

在上述三个方面的社会结构性变化的驱动下，打动了、打乱了社会原有固定的、成规难动的、传统的、陈旧的秩序和结构，从而带来了社会的生机，带来了社会新的生命力，引发社会的前进性运动。

这正是中国社会由传统向现代、由前工业到工业化社会转化的表现。

在这种社会的结构性变化的同时，由于这种变化的驱动，文化的发展是必然的，既是其表现，又是其结果，同时也反作用于这种社会的结构性变化和变化中的社会架构。

社会的变化，带来了人们的观念、信仰、价值观、审美观以及一般心理状态的变化。价值标准、道德规范、行为准则、审美心理的变化，是中国十几年来的巨大文化变革的根本表现。时间观念、效益观念、风险观念、经商观念、金钱观念、性观念、"出身观念"、"海外观念"、知识观念、自由观念、民主观念等，在十几年中都发生了巨大的变化。

流动的人口和人口的流动以及社会的垂直流动，都带来了新的文化心态和文化要求，并且是新的文化生长点。

以上说的阶级、阶层的变化，也产生了新的文化生长点，并产生众多的亚文化群和次生文化，从而萌发众多的文化生长点、文化蓓蕾。

这就引来和驱动了新的文化潮流。

这种潮流，冲击着传统观念、传统文化，催开着新的文化生长点的文化之花。其重要内涵是科技文化、现代文化、工业文化、商业文化、调适文化、精神文化的旧的变化和新的萌生。

特别要指出的是，千万新兴的农村小城镇，是城乡的接合部，也是农业文化、传统文化和城市文化、工业文化、科技文化的接合部，因此是新旧文化转换、传统文化向现代文化转化的转换点、生长点和辐射点。

在这期间，中国文化受到三股潮流的猛烈冲击。第一股潮流是低文化以至无文化的亿万之众一下子涌入文化领域，他们以前与文化隔绝，现在则要享用文化、广泛接触文化，这自然是一种大进步，是文化的大普及。但是，这部分以亿计的人，对文化饥不择食，满足于也只能接受粗粝的精神食品，他们以"上帝"之姿，用"看不见的手"，牵制着文化发展的走向。这正是这几年间中国大众文化发展迅猛的社会原因和群众基础，自然也是一种文化发展和文化前进的表现。但它同时也冲击、压制和打击了高雅文化、精英文化和学术文化的发展，使它们受到冷遇、发展维艰，大有向隅而坐在冷板凳上之势。第二股潮流是商潮。这有两重意思，即商业社会运作之潮和与之相连的人们从商下海之潮，以及由此而产生的重商重利重金之潮。它一面是"客观地"和"主观地"，促进了文化的发展——狭义地说，商业的发展自然地带动了商业文化的发展，这也是文化的一种发展，而商潮之兴也推动和要求其他文化的发展。但由此而来的重商业利润、重金钱而轻忽文化之风也同时兴起，甚至在一定范围内起到支配作用。这又不能不大大抑制了文化的发展。第三股是异域文化潮流的冲击。这里包括欧洲、美国的文化，也包括日本的文化，还包括东南亚诸国文化的"入侵"，这里也是瑕玉并见、良莠不齐，但从文化的观点看来，"文化区域"受灾的一面是不小的。

以上所述情况，都反映了中国由农业社会向工业、商业社会转变，由传统社会向现代社会转变的状态在文化领域里的表现。它一方面扫除和冲击这种社会转型中的文化与心理障碍，尤其是广大群众的这种障碍，因此也就成为新的现代文化发展的新的生长点和推动力。但是，另一方面，也过多地，特别是无区别、无选择地冲击破毁了传统文化，特别是其中的优秀文化资源；又过多地取用了、引进了异域文化中的不健康成分，甚至渣滓，而腐蚀了自身文化。同时，这一切也在客观上抑制了新文化的健康成长。

总之，中国人正在产生新的感性世界和新的理性世界。传统中国人正在向现代中国人转化。人的现代化是现代化的根本依托。因此，这种人与文化的转化，是中国希望的根基。

以上所述的变化之普遍、广泛、迅速、剧烈，是空前的，是"现代式"的。它们具有两个特点：

一是上层文化、精致文化、高雅文化变化大；二是基层文化、世俗文化变化快、变化深入。

如果说五四运动主要体现为一种文化精英们感受到由于经济基因造成的社会与群众的需要，而发动起来的一种新文化运动，那么，这十几年来文化变革，就是由经济的变革、社会的变迁而从底层、深部，由广大群众的投入所促成的新的文化变革运动。

因此，它可视为五四运动的合理的发展和可喜的继续，也是中国文化由传统向现代化转化的一种契机、表现和发展。

当然，这些现象也带来了一些消极效应，如贪污腐化、社会犯罪、卖淫吸毒、心理紧张、心态失衡等等。

这是一种社会与文化震荡，带有必然性，也有一定的合理性。但需要文化的整合，以文化来治文化病。革除旧文化的陈旧落后部分，吸取科技文化、工业文化、城市文化、现代文化的进步的因素，非人文因素，从而实现文化由传统向现代的转化。

文化的复兴，终将带来民族的复兴。

关于经济—社会发展的几个问题①

首先，祝贺抚顺市计划学会的成立。计划工作是处理经济与社会发展的战略问题的，属于决策科学的范畴。它的重要性是可想而知的。人类用自己的劳动（包括体力劳动和脑力劳动）来改造世界，创造历史，不断地提高自身的生活质量，推动社会的发展。然而，人类又不能随心所欲地来对待自然与社会，而必须按照客观规律办事。计划工作就是反

---

① 原载《抚顺经济研究》1985年第3期。

映客观规律，掌握客观规律，并运用它来推动社会发展的。因此，计划学会把自己的研究工作同掌握与运用自然的与社会的各种发展规律联系起来，以自己的研究工作的指导为依据，是很重要的。其重要性，我以为提高到战略地位来认识，因此，我借参加这次成立大会的机会，来谈一谈有关经济与社会发展战略的几个问题。要特别声明的是，我并不搞经济研究，在大家面前来谈这方面的问题，真是班门弄斧。姑且看作野叟献曝、抛砖引玉吧！

一、关于发展观问题

考虑发展战略，首先遇到一个发展观的问题。这可以说是我们思考战略设想，对战略决策进行抉择和付诸实施时，都会遇到的一个先决性问题。有什么样的发展观就会有什么样的战略设想、战略决策以及实施战略的实际步骤。因此，这种发展观问题，是贯穿于战略问题的设计与行动的全过程中的，是指导行动、决定全局的。这样，它就具有决定性的意义了。因此，我们可以把它视为"战略眼光"。

曾经流行一种发展观，可以简单地概括为发展—增长。就是说，只要多建工厂，多办企业，产量增加了，产值增加了，就是增长速度加快了，就是经济与社会发展了。但是，事情有时候却并不如此简单。往往有这种情况：产量、产值确实增加了，但是，为了提高产量、产值而必须解决的能源、交通问题没有跟上，水源问题遇到窒碍，住宅缺乏、人口膨胀、生活资料供应紧张等，这些随着工业增长而增长的生产、运输、交换、分配方面的条件却没有相应增长，没有协调发展。于是，便产生许多逆反效应，它们阻滞了生产的发展，又降低了劳动效率、经济效益，并且引起其他逆反效应。于是，增长受到抑制，甚至出现负值。这种发展观我们可以称为线性的、一维的、恒定的增长观。国际和国内的事实都证明，这种旧的发展观是不对的、陈旧的，是不符合现代经济与社会发展的需要的。非洲的一些国家曾经在这种旧的发展观指导下来试图发展社会，实现现代化。法国有位社会学家杜蒙教授，早在20世纪60年代就看出了弊病，写了《黑非洲步入歧途》一书，竟被认为是对非洲的不友好态度，因此遭到不友好的对待。但是，事实证明了杜蒙教授的正确观点对非洲是有利的。他受到了非洲一些国家首脑的重视和礼遇。我们自己的实践也证明了旧的发展观是应该改变的。我最近参加了我省中部城市群的经济调查。在调查中了解到，我们这几座大城市，都存在一些共同的问题，如能源、水源问题，污染问题，基础设施落后问题，第三产业发展不够的问题，等等。这些问题所反映的正是旧的发展观所带来的弊病。这里只举一个简单的事实。据上海有关调查统计，因为交通拥挤，运输车辆的行驶速度由30千米/时下降到20千米/时，仅此一项，每年损失4亿多元。辽宁省不知是否有此项统计，但我估计这方面的损失会大于上海。因为据统计，中部城市（不含铁岭市）的城市化程度高于上海。

可见，多维的发展观和经济社会的协调发展是很重要的，直接影响发展的质量和速度。

那么，新的发展观应该是怎样的发展观？我们可以回答说，它应该是三维的、立体的发展观，就是说，第一，它不仅注意工业的增长（尤其不仅仅注意重工业的发展），而且注意农业的发展；第二，它不仅注意生产问题，而且注意分配问题；第三，它不仅注意物的发展，而且注意人的发展。

在这种发展观的指导下，就会在考虑发展战略时，不但注意增长，注意速度，注意直接的、明面的"收入"，而且会对发展做综合的、全面的考察和安排。其中，可能有的项目，是被抑制了速度、规模，缩小了增长比例；有的项目和事业可能还是"单纯"的付出，不见直接效益，简直是有点"消费"以至"浪费"的性质。比如，城市文化设施的增加，教育投资的增加，以至图书馆、学校、俱乐部、文化娱乐场等的增加，都好像是如此。但是，从三维的发展观来看，这正是注意社会分配、注意人的发展的表现。而这些方面的发展，一时的消费性支出，会以长期性的增长的因素为基础。

我们的"四化"的终极目的，是建设中国特色的社会主义。我们的社会性质和崇高理想，更加要求我们始终坚持这种三维的发展观。我们要消灭城乡差别、三大差别，对于农村的发展，对于分配问题按社会主义原则来处理；对人的发展，都是需要予以注意和采取正确的发展战略的。党的十一届三中全会以来，在农村采取了一系列正确的政策，取得了农业经济和整个农村的巨大发展，这个发展巩固了我们的社会主义经济制度，并且推动了我国经济与社会的发展。这正是三维发展观的一种表现，也是它的胜利。

值得注意的是，我们现在有些同志仍然没有自觉地来树立这种新的发展观，并在实践中贯彻这种观点，而是或多或少、或轻或重地，受到旧的一维发展观的影响。这不免给我们的计划工作、发展战略的制定和实际工作带来不利的影响。

这里，我想要特别就不仅重视物的发展，而且重视人的发展问题，简单说几句。所谓重视人的发展，首先是培养人才的问题。我们要发展生产，提高生产力，第一位的问题就是解决人才的问题。我们的地下资源和社会物质财富的资源需要开发，必须搞好人才开发、智力开发，这方面的问题不解决，谁来干这些事情并且把它干好？我们现在有些事业不能很快发展或不能发展，很大的一个原因是人才的数量不够或质量达不到要求。邓小平同志指出，《中共中央关于经济体制改革的决定》中，最重要的是第九条，概括地说就是"尊重知识、尊重人才"。这是很有道理的，也是很重要的。在发展观中重视人的发展，就要对科学、教育、文化加以发展，使它能够不仅满足眼前的、近期的需要，而且能够适应将来的需要。这就需要有科学的、准确的预测，有全面考虑的计划安排。应该说，我们现在在这方面还是重视不够的，在计划的安排上，还受旧的发展观的影响，因而没有把它摆在应该放的位置上。

所谓重视人的发展，就是重视人的体力、智力的一般发展。这里，就包含对人民的生活、劳动、休息的安排问题，不断改善他们的劳动条件、生产条件、工作条件，不断提高物质和文化生活水平的问题。因此也就联系到增加科学、教育、社会文化的设施问题，包括增加图书馆（室）、俱乐部、游乐场、公园、影剧院的设施；还有解决居住条件、环境保护、环境污染等问题。这些我们往往都看作"非生产性"的投资。但是，它们对生产的作用，对物的发展的作用，往往比较长时期地显示出来，或者隐性地发挥出来，因此，往往为持旧发展观的人们所看不见、不理解而至忽视，甚至轻视它们发展。

从三维发展观考虑问题，我们在从事发展战略研究时，就不能仅仅着眼于经济了。而是要对发展战略作多学科的研究，不仅搞经济学的要研究它，而且要吸收搞社会学、历史学、教育学、心理学、美学、文学的人来共同研究。此外，如生态学、城市学、文化人类学、决策学、科学学、未来学等这些自然科学的或边缘学科的研究，也都是同样需要的。然而，这一点，现在往往被忽视。所以我在这里顺提一下。

二、关于商品经济问题

这里，我不准备多谈对这个问题的一般性理解，而只想侧重地谈两点。第一，关于不能越过商品经济的发展阶段问题；第二，关于社会主义的有计划的商品经济与资本主义商品经济的区别问题。

《中共中央关于经济体制改革的决定》中指出：社会主义的计划经济，"是在公有制基础上的有计划的商品经济"。在这个命题中，首先肯定了社会主义的计划经济是商品经济，同时又指出：这种商品经济是有计划的。把商品经济和计划经济结合起来、统一起来，而不是像传统观念中那样去对立起来看待，这是观念上的一个重大变革，也是理论上的一个重大发展。大家知道，相当长的时期以来，我们对于商品经济问题没有能够树立正确的观点，这有一定的历史的理论的原因。

马克思主义是在资本主义高度发达的国家和历史条件下产生的，当年他们曾经设想在共产主义的初级阶段即社会主义阶段，就可以取消商品、取消交换，而实行统一的社会产品计划分配，因此货币也取消了，而采取"劳动券"制度。在社会主义革命的问题上，他们则设想和预期"法国人开始，德国人继续"，就是说在法国首先爆发无产阶级革命，然后德国起来响应、配合，然后全世界多数国家同时进行革命，无产阶级掌握政权，剥夺剥夺者。但是，历史的发展虽然没有离开马克思主义理论所总结出来的基本规律和轨道，但是，却没有也不会完全按照理论轨道去发展（如果是这样，那历史便成为宿命论的发展史了），而走了一条曲折的道路。事实上是"俄国人开始，中国人继续"，首先是俄国实现十月革命，建立了社会主义制度，然后是我国取得民主革命的胜利并立即转入社会主义革命和社会主义建设。但是，这两个国家都是落后的以农民为主体的国家，资本主义并没有发展成熟。因此，《中共中央关于经济体制改革的决定》中指出："要使企业真正成为相对独立的经济实体，成为自主经营、自负盈亏的社会主义商品生产者和经营者，具有自我改造和自我发展的能力，成为具有一定权利和义务的法人。"

我们必须这样做的原因，归根结底就是服从经济条件的决定权。恩格斯在《致约·布洛赫（1890年9月21日—22日）》中指出："我们自己创造着我们的历史，但是第一，我们是在十分确定的前提和条件下创造的。其中经济的前提和条件归根到底是决定性。"

我们现在创造着我国的历史，也是在十分确定的、我国历史和社会提供的前提和条件下来创造的。这个前提和条件的一个很大的特点是：我们是在半殖民地半封建的基础上来建设社会主义的，这里的经济条件是没有经过资本主义商品经济的发展阶段。我们虽然可以越过资本主义制度这个社会阶段，但是，我们却不能越过商品经济的必然的发展阶段。《中共中央关于经济体制改革的决定》中指出："商品经济的充分发展，是社会经济发展的不可逾越的阶段，是实现我国经济现代化的必要条件。"

这段话是值得我们认真学习和领会的。

当然，说我们的社会主义经济是有计划的商品经济，并不是说一切都要成商品了。我们同资本主义的商品经济存在许多的、带有根本性质的不同。首先，在我国社会主义条件下，劳动力已经不再是商品了；其次，土地、矿山、银行、铁路等一切国有的企业和资源也都不是商品了；最后，我们已经没有了剥削阶级，劳动人民当家做主，我们的生产是为了满足人民不断提高的物质生活和文化生活的需要，以及我们能够在全社会的规模上自觉地运用价值规律。这些都不仅是我们的社会主义有计划的商品经济的特征和具体表现，而且是我们建设中国特色的社会主义的保证。

三、关于消费问题

为什么要谈一下这个问题？因为我感到我们过去有一种观点，好像消费就是消极的、消耗性的，因此对于经济、社会的发展是起不了作用，甚至是起消极作用的。这种观点自然是不对的、不符合经济规律的。

事实上，消费决非消极的东西。马克思在《资本论》中说，生产直接意味着消费，消费直接意味着生产。这是很深刻的，它阐明了生产与消费的辩证关系。消费可以从两个方面推动生产。首先，它对消费本身所需要的产品（如衣、食、住、行等方面的需要）的生产，是直接的刺激需求的，社会有需求了，生产也就发展了。其次，它对为了生产消费品而需要的原料、材料、生产工具等的生产，也是一种刺激，要求提高和扩大这方面的生产。这样，消费就在生产领域中表现出了它的积极的、推动的、促进的作用。

因此，我们对于消费问题，仅仅从经济领域来观察，也是不能忽视的，要纳入发展战略和经济计划中加以考虑和安排的。

我们现在面临着新的消费态势。其主要表现是消费的数量增加了，质量提高了。按照恩格斯的划分，生存资料、发展资料和享受资料这三种消费资料，现在的要求都发生了显著的变化。生存资料已经是全社会、全民性的得到充分或比较充分的满足了，而且其数量标准与质量标准也都普遍地提高了。至于发展资料，即发展人的智力、能力的资料的享有范围和享有需要，也在日见提高了。享受中等高等教育、文化工作方面的需要，终身教育与业余教育的要求提高、普及化趋势，如此等等，都已经成为值得注目的现象了。特别明显的变化是，享受资料的需求量也大大提高了。不仅城市，而且农村的广大居民，也对享受资料提出了比较普遍的要求了；甚至摩托车、小汽车、沙发、电视、电冰箱这样的高档的享受资料，也在向普及方向发展了。而且，由于文化因素在社会生活中的普遍增长，享受资料和发展资料有时是合为一体"亦此亦彼"的。比如录音机、电话机，就既是享受资料，又是发展资料——它们可以用来学习。

这种情况，就更加向我们提出，不能忽视消费问题的研究了。这是因为，第一，这种人民群众的大多数提出的消费要求，我们自然是应该加以满足的。第二，满足这种消费需要，不仅是一般地使群众的生活要求得到满足，而且，这种带着文化因素的，属于发展资料方面的需要的满足，能够提高人的素质、智力与劳动技能，因此又会从消费领域进入生产领域；由于提高了劳动者（体力劳动和脑力劳动者）的智力与技能水平，以至健康水平，而推动生产的发展。第三，在这个范畴中，消费就表现为生产性的了，一面是对物质的消费，一面又是对生产的增长。从这个意义上讲，我们要注意消费增长在计划领域的表现和反映，就是很自然的了。

讲到这里，便又提出了一个消费模式的问题了。消费模式是随着生产的发展、社会的发展、科学技术的发展，而不断发展、提高、丰富的。这是社会现代化和人的生活现代化的一种表现。然而，消费模式又是具有民族性的，它不仅反映着民族的风俗、习惯、传统，而且反映着民族心理与文化的构成。另外，这种模式也不是完全自发形成和发展的。它可以由人们来设计、引导、规划。现在值得我们注意的是，不少人，尤其是青年，都以西方的消费模式为目标，追求这个目标的实现。这一方面是我们普遍的经济收入水平所不能达到或不易达到的；另一方面，也是不符合我们民族的习惯与文化传统的。对这个目标的追求，有时候，成为一些人的一种物质上和精神上的负担，有的青年甚至为此而犯错误以至犯罪。

在这方面，计划工作者的任务是在根据对于民族化的消费模式要求，去设计、安排、引导消费品的生产为供应。以此，从物质上和生产上去帮助引导和形成新的消费模式。

这里，还有一个消费指导的问题。这一工作，工会、青年团、妇联都是可以做的。这个问题，就不多说。

借祝贺抚顺市计划学会成立的机会，接受会议指定的任务，作一个发言，说了一些看法，同大家讨论，向大家请教，有不当的地方，请大家指正。谢谢大家！

学术文化面对的双重挑战与我们的应答选择[①]

在世界范围内，人类文化正面临着重构和转型的新趋势，后现代主义文化作为现代主义文化的反叛和延续而成为当代"显学"。科技和文化成为当代人类社会变迁前进和"苦闷"的动力源和动荡源。这种来自后工业、后现代社会的社会—文化震动波，已经并且必然会日趋加剧地波及前工业、前现代社会，尤其是对于那些全力奔赴现代化，已经具备和迅猛增加工业化、现代化成分的准现代化或次准现代化社会，这种冲

----

①　原载《社会科学辑刊》1993年第5期。

击波来得更加迅猛，震荡也更剧烈。中国属于后一种情况。

然而中国的情况特殊。一方面是这种后现代社会与后现代主义文化的冲击波；另一方面又有现代化和现代主义文化对于前工业社会、前现代主义文化的冲击波。因此，文化的转型和重构，也是两方面的：一方面是由前现代文化向现代文化的转化和重构（即传统文化和现代化的转化），另一方面是前现代和现代文化向后现代文化的超前性的转型。而在学术文化上，则呈现出传统的约束和现代思维的不成熟而又有后现代的焦虑的症候。

这里存在双重的挑战。因而在应答上自会有一种两难选择。不过，如果选择得当，既合世界前进之潮流，又葆民族固有之血脉，"两难"也会转化为两美、两优。

在比较狭小的范围来说，学术文化的这种双重挑战和两难选择，可以具体化为商潮、市场经济和拜金主义的猛烈冲击，学术文化在以此为背景和语境的反主流、反传统、反权威、反高雅、反"清高"的思潮与心态面前的尴尬难耐，而另一面则又是学术文化的极需发展、极需从业者的耐得住寂寞、坐得住冷板凳、经得起相对清贫考验的文化精神，只有这样才能完成既向现代化转化又向后现代主义转型的同步进行的文化工程的历史任务，并且，经济的发展和社会的现代化，才能获得后劲来源的"文化血液""学术燃料"。然而，现在我们缺乏这种本是急迫需要的社会文化觉悟和资源投入。

面对"此景此情"，学术文化界人士就更应反求诸己了。大概不妨设想，在这种双重挑战和两难选择面前，又有这种具体社会文化语境的困厄，我们的应答只好是"两顾"的了。也就是说，一方面，要顾生存、顾实用、顾"现得利"、顾"解燃眉之急"；另一方面，又要顾发展、顾长久、顾文化积淀、顾不为稻粱谋、相对脱离实际的民族学术文化工程。从长远说，这不仅符合国家民族发展的历史规律，而且文化是明天的经济，文化有时显得比经济更重要，没有文化远水之济，可能就会受竭泽而渔之苦。这种两顾，也许不仅在"近利"方面，可以解燃眉之急，而且在"远益"方面，也会在经济富裕手头宽时，在结构比上，会有新调整，能够腾出一些近获之利的"闲钱"，来适当投资文化学术，以促进发展。

实现现代化的根本保证：人的现代化①

一

日本在明治维新时期，提出了培养"和魂洋才"人才的口号并付诸社会实践。明治维新成功了。

近代日本形成了融汇和学（日本传统文化）、汉学（传统中国文化）、兰学（荷兰文化）和洋学（西方文化）于一炉并融进了现代科技的"合金文化"。他们用这种"合金文化"培养了日本现代公民，创造了新的经济腾飞的成就。

第二次世界大战之后的德意志联邦共和国，恢复了歌德时代的民族文化传统，去除和转化了被希特勒的纳粹主义恶性发展了的本民族传统中的"黑暗基础"和"恶魔因素"，发扬了德意志民族那种高精密的理论思维能力和"舍命拼死求真理"的科学精神，发挥了本民族"精于计算和制作"的科学的"动手"智能，再贯以高科技。短短20来年，便创造了被称为"世界经济奇迹"的成就，从废墟中站起来，重新走到世界经济前列。

人是世间最宝贵的事物。

人是最活跃的生产力。

只有人才能创造现代化的奇迹。

但是，人必须是现代化的人。

---

① 原载《友报》1994年4月29日。

二

国家民族的落后，不仅是一堆经济落后的统计数字，而且是"一种心理状态"。许多追求现代化的发展中国家，在经历了现代化阵痛和难产之后，在耗费了大量民族资产和人力而没有取得预期的效果之后，意识到一个根本的障碍：传统的国民心理、落后的公民素质，同现代科技、现代管理、现代经济是格格不入的。没有人的现代化，就有可能使现代科技成果消融在传统农业文化落后性的"软垫"上。

美国社会学家英格尔斯，在论述在现代化过程中人的现代化的重要性时，曾提出了两点：

（1）"我们要重新调整以往研究国家发展的重点，把人作为注意的中心，特别是普通人，而不是那些杰出人物。"

这一点说的是，研究现代化，不仅要注意物，而且要注意人，要把人放在中心地位。也就是说，不仅要注意生产，注意经济，注意财富的增长，更要特别注意教育、文化和人的智能的增长。而且，这个"人"，不只是那些少数的杰出的人物，更重要的是普通人，要普遍地注意普通人的教育和素质的提高。

（2）"我们的目的是要向那些认为人格中重要的东西，在6岁以前已经发生并且在16岁前便已定型的心理学家挑战。"

这里，英格尔斯是向传统心理学挑战，提出人的可以重新塑造性。6岁以后甚至16岁以后的人仍然可以重新发生心理—人格的新质。他的论旨是：现在每一个人都可以改塑，不同意只有现在是6岁以下的婴儿和幼童才能在成长过程中培养成现代人的说法。

中国的事实证明了这一点。目前，在中国大地上的60—80岁的人、40—59岁的人、16—39岁的人，每一个年龄段的人都不同程度地改变了自己的传统心理，意识都发生了不同程度的变化。主动或被动地、程度不同地朝着现代化的目标改塑了。改塑的程度并不以年龄段为唯一标准，有的老者变化和改塑的程度，即"现代化率"还要高于年轻者。

三

我们在最近十几年来所取得的成就，包括在经济建设上的、在改革开放方面的、在思想文化方面的所有成就，基本上都同这种思想意识方面的由传统向现代化部分的转换分不开。经商意识、利润意识、竞争意识、时间观念、效益观念，以及"重政治轻经济"观念的转变、"重出身轻表现"观念的转变、"知识分子不可信"观念的转变，等等。这些人们观念意识上的转变，是一种文化心态、社会价值观念的转变。它们的转变，带来了人们思想的解放，带来了积极性、创造性的发挥，带来了各种不应有的束缚的解除，这才有了政治、经济、文化、科学各方面向现代化方向的发展。

四

但是，我们也不能不同时看到，人们思想、观念、意识从传统束缚中解脱出来之后，并不是像预期的那样全部都向现代化发展。往往也有另外的情况，有些人思想如"脱缰野马"，无正确目标地顺应不良潮流滑坡而下。在新的、时髦的外形包裹下，或者复活了已经（甚至是早已经）退败、失势、消逝的"旧病"，即传统中的消极的落后以至腐朽的东西，或者从西方文化中吸收那些腐朽没落的东西，包括那些只适应西方社会的历史传统和文化语境，而在我国不适用的东西，甚至那些在彼地也遭抵制、受谴责和明令禁止的东西。比如，由重利润而至拜金主义，为富不仁，唯财是举；由重经商而至商潮席卷一切，一切都以商品原则对待都使之成为商品化；由冲破封建的孝道的束缚而至弃养父母以至虐待父母；由冲决封建贞节观念的网罗而至无贞节观，在性行为上无"爱洁"观念。还有贪污受贿、卖淫嫖娼、耍钱赌博、剽窃抢劫、杀人越货等等。这都是旧观念在新温床上的复活，又在新的条件下变本加厉，恶性发展，或是"新观念"与旧观念"土洋杂交"成畸形怪胎。所有这些，都不是观念意识的现代化，不是人的现代化，也不是真正地由传统向现代化转化，而是一种在现代经济社会条件下的，以"现代性"面目出现的人性的恶性发展，其对社会的危害是显而易见的。

五

因此，我们当前面对的迫切课题有两个：一个是积极促进人们的观念意识，从传统到现代化的转化；另一个是积极引导这种转化向健康、文明、科学、现代的方向发展。

为此我们要做的工作很多。公检法部门的打击、惩罚、禁止是必要的，但这还不够。釜底抽薪的办法是以文化的、精神的手段来解决文化领域、精神领域里的问题，加强教育、增加文化设施、制定文化规范，建设物质的和精神的、社会的和个体的"文化后院"，还有便是对坏现象社会性的声讨、对好风气社会性的倡导，树立全社会性的新道德观念、新价值标准和新行为规范。在这方面，文化、教育、科研部门要做和可做的工作很多很多，其收效也能够很大很久远。在短视的眼光看来，这是不增加经济效益的"消极投资"（消耗）；但从长远看来，于经济的发展，于国家民族的复兴，其作用是巨大和久远的。这是长治久安之道。

我们已经在人的现代化方面取得了部分成就，由此而取得了改革开放的成就。但我们也因为人的现代化的目标仍远未达到，人的现代文化素质当有待培养，所以出现了许多消极现象和困扰社会的问题。现在，该是我们把人的现代化问题作为一个迫切而重要的课题提出来的时候了。

市场经济仍需要雷锋精神①

从理论上讲，21 个世纪雷锋仍会与我们同行；但从实践上讲，这

---

① 原载《辽宁经济日报》1999 年 3 月 5 日。

要取决于人们的具体行动。雷锋是一个思想的典型、道德的典型。20世纪60年代是物质上比较匮乏的时期，雷锋将他对新社会的热爱体现在热爱党、忠于革命、为人民做好事上，但这个行为本身并不能代表他的思想，只能说是他思想的一个体现。然而由于当时特定环境下的需要，他也只能做到这些。后来由于在宣传上的狭隘化，甚至是庸俗化，雷锋精神的内涵就被狭隘地解释成做好事不留名、不要钱。最近，也开始有人警惕到学习雷锋在现实生活中变得有些虚假化和形式化，从而在人们的心目中产生了一些反感。

在我国，市场经济发展到今天，拜金主义在部分人群中开始盛行，在一些人的道德开始滑坡、感情弱化的情况下，雷锋精神所体现的集体主义观念、助人为乐的风格、勤俭节约的作风以及高尚的组织纪律性将在帮助人们树立正确的价值取向和竞争机制等方面起到相当大的作用。有些人之所以感到雷锋精神和市场经济存在矛盾，是因为这些人对市场经济存在着不同程度的误解：一是认为市场经济的运行规则就是整个社会的运行规则。社会有很多的体制，市场经济体制只适用于经济体制范畴，卫生事业、教育事业、慈善事业等便不是以经济利益为先，它们是含有服务性、奉献性的。二是认为市场经济是低文化的经济。然而，事实恰恰相反，因为市场经济讲求等价交换，而文化和科技的含量是低投入、高产出的保证。另外，目前我国物质文明和精神文明的比重是失衡的，经济过热、文化过冷使社会科学和人文科学没有得到足够的重视，致使雷锋精神在人们的心目中弱化了，社会科学和人文科学是长期、潜在的效益，我们不能在抓自然科学、技术科学的同时而将其忽视。

编后语：

原以为雷锋这个话题是老生常谈，但经过一番随机或有目的的采访，我们深深地感受到，部分人深爱着雷锋，大多数人渴望雷锋，但绝大多数人没有去做雷锋。莎士比亚曾说："一千个读者有一千个哈姆雷特。"同样的道理，一千个人中就有一千种学雷锋、做雷锋的方式，雷锋并不是"让座""义务劳动"的代名词，而是人间正义与真善美的凝聚。如果我们人人都能怀揣着这样一种信念，雷锋就会永远陪伴你我同行！

现代化与社会主义生活方式①

社会主义生活方式问题，已经作为建设具有中国特色的社会主义这个大系统中的一个重要子系统的课题，提到我们面前。这同在现代社会中，生活方式的内涵、影响力的增加与强化有关。因此，我们当前有必要在理论上来探讨这个问题。

一、社会主义生活方式的基本构成因素

讨论社会主义生活方式的建立和发展，首先需要探讨它的基本构成因素。

我们知道，一定的生活方式决定于一定的社会生产方式，这一历史唯物主义原理，马克思主义经典作家有过论述。马克思说过："'机械发明'。它引起'生产方式上的改变'，并且由此引起生产关系上的改变，因而引起社会关系上的改变，'并且归根到底'引起'工人的生活方式上'的改变。"②马克思阐述了生产力发展引起生活方式改变的基础和改变的途径与机制。生产力提高（"机械发明"）→生产关系改变→生活方式改变，这便是一个系统发展的主要环节。如果用这个观点来观察今天的社会生活，我们就会看到，经济体制的改革，工农业和第三产业的不断发展，经济社会的全面发展，必然会带来生产关系的巨大而深刻的变化，而这种变化，又会引起社会生活方式的改变。经济条件，生产力的提高，这是改变旧的社会生活方式和建设新的社会生活方式的基础和决定性因素。因此，它便是新的生活方式的基本构成因素的基础与

---

① 原载《社会科学》1988年第5期。

② 马克思，恩格斯：《马克思恩格斯全集》第47卷，人民出版社，1974，第501页。

骨干。

这里需要特别指出的是，当前世界性的科技革命已经引起和将要引起的变化，将比当年机械发明引起的变化要大得多、迅速得多，其影响与引起连锁反应的面也要广泛得多、深刻得多，无论是经济、政治、教育、文化、技术，也无论是生产还是生活，每个领域的情况都是如此。因此，对于这个新的生活方式的基本构成因素，我们要有足够的认识和估计，不可掉以轻心。我们一方面要看到它如何必然地引起社会生活方式的巨大变革，要看到它是一股冲击力和推动力，可资利用；但另一方面，要看到它同时又是一股压力，要求我们自觉地去适应它，主动地调整生活方式。为此，一是要有思想准备，去迎接社会生产方式的变革带来的社会生活方式的变革，做顺应潮流和推动潮流发展的力量；二是要主动地、创造性地运用客观规律和力量，变"自在"为"自为"，主动去建立新的社会生活方式，以适应潮流发展之所需。

除了经济条件以外的其他诸种因素，也分别地和共同地构成新的生活方式，其中包括政治制度、教育制度、法律制度、思想文化、艺术、道德和一般社会交往方式、行为准则等。它们无论是物质的还是精神的，都影响到生活方式的变革。因为它们在实际上和在意识上，在社会组织、家庭结构或在心理—文化结构上，都决定人们的社会生产和生活活动各个领域的内涵和方式，从而形成社会生活方式的总体。因此，这一部分的整体和其分部，作为一个大系统和各个子系统，其因素、结构、有序性以及与其他系统之间的关系的处理，都是会影响社会生产方式的发展的。我们对之既要做纵向的、历史的研究，又要进行横向的、空间的研究；既要进行已经形成部分的研究，又要进行可能形成部分的研究，即现状研究与预测研究、应用研究与发展研究，在这方面，我们可以和应该进行的工作是很多的。

民族传统是生活方式的重要组成部分。虽然生活方式决定于生产方式，由此它便被赋予经济内容以及时代性、阶级性，但是民族性却作为恒定因素，给予生活方式以区别于其他民族、国家的生活方式的内容和形式。不同国家和民族在生活方式上都是各具特点的。生活方式上的民族特点，当然也反作用于生产和整个社会经济的发展。

生活方式的民族特点，既具有延续性，又具有变异性，无论是优秀的还是落后的，都是如此。在建设、发展新的社会生产方式时，对于民族传统的改造、取舍，是一个重要的课题。它既是时代的课题，也是历史的课题。

外来影响，是社会生产方式形成过程中的一个不可忽视的因素。对于一个民族来说，它们是外在的、异己的，但是在历史发展的长河中，这种外来的影响，往往被同化了，被归化了，被吸收到民族的生活机体中，而成为它不可缺少的组成因素。在我国几千年的历史中，曾经多次发生这种将异域之花移入本土的情况，并且逐渐使之与中华民族固有文明相融汇合流，丰富、发展了本民族的文化和社会生活方式。

这里只是对社会生活方式构成的基本因素做了一个简括的叙述，以明确我们在探讨这个问题时的主要方面，划定它的基本范畴，但是，更重要的是这些构成因素的内涵和性质。这是我们探讨社会主义生活方式需要解决的主要问题。

二、社会主义生活方式的"向量"与"标量"

社会主义生活方式，有它的综合体系指标。这个指标的内涵是多方面、多维、多层次的。作为生产方式和消费方式的一个方面，它体现着经济关系，即人们从何处、以何种方式来取得生活来源，人们如何来消费他们的生活资料，以及他们在家庭内如何来分配他们的生活资料与财产等。生活方式作为精神生活的过程，则反映了人们的政治的、伦理的、道德的关系，这些人际交往的多维关系如何，既是某种具体生活方式的体现，又是这种生活方式运动与发展的动力之一。作为人们价格观念的具体体现，生活方式则又反映了人们的世界观和人生观，反映了他们如何对待宇宙、世界、人生，如何对待社会、民族、国家、集体、他人以及自我，如何对待工作、劳动、学习、婚姻、金钱，等等。而当生活方式作为人际关系的表现时，它所体现的则是每个人在社会中所处的地位，他与家庭及其成员、与朋友、与周围的人，与集体和各种社团、组织的关系。作为全社会人们的整体关系和群体与群体、群体与个体、个体与个体之间的错综复杂关系的反映，生活方式像一个指示器一样，标示这种关系网的内涵与性质。

综合上述的各个方面，形成一个综合体系指标，它有一个总体"向量"。"向量"包含着民族性、区域性、时代性和阶级性等几个重要的内容。

社会主义生活方式的总体"向量"，是受社会主义生产方式、社会主义基本经济规律制约并为它所决定的。这个大前提，便决定了社会主义生活方式的基本"向量"是通过不断提高生产力来满足全体人民不断增长的物质生活和文化生活的要求；它要有利于为培养有理想、有道德、有文化、守纪律的社会主义新人服务；它要能保证和促进社会全体成员的全面发展。在人们的生活来源的获得和分配关系方面，它的基本原则就是各尽所能，按劳分配。按照劳动的数量和质量，按照每个成员对社会的贡献大小来分配报酬。

保证和坚持社会主义生活方式的这个"向量"的社会主义方向，是最为重要的课题。如果在这些方面有所背离，我们的生活方式的社会主义性质就会发生变化，从而成为不利于建设社会主义的因素了。

在这方面，我们的整个社会，应该和可以发挥其系统功能质的作用，我们可以通过经济手段，按照经济规律来贯彻"向量"所要求的目标；也可以通过政治教育、思想工作以及文化、教育的形式和办法，其中包括正规的、各个梯级的教育体系和社会的、日常的、各种形式、各种渠道的教育，来求得"向量"所要求的目的的实现。

社会主义价值观念体系的形成和发展，是完成这一重要课题中的重要环节。马克思、恩格斯在《共产党宣言》中指出："人们的观念、观点和概念，一句话，人们的意识，随着人们的生活条件、人们的社会关系、人们的社会存在的改变而改变"①。随着社会主义生活条件、社会主义生产关系的出现和发展，人们的观念必然会发生变化。这种变化的必然性当然会开辟自身发展的道路；但是，它同时需要人们自身的努力，使必然性变为现实性，或者加速这种改变的进程。这个观念体系，指导着每个社会成员的全部社会行动，包括工作、劳动、学习、休息、人际交往、婚恋及家庭行为等等。这是社会生活方式中的具体行动和个体实现。贯穿于这些范畴之中的基本思想，应当是革命化、科学化、现代化，是社会主义的行为规范。只有这些得到贯彻，价值观念体系才能属于社会主义意识形态，从而在实践中保证生活方式的社会主义性质。

这里，同时提出了培养现代化的社会主义新人的课题。恩格斯在

---

① 马克思，恩格斯：《马克思恩格斯选集》第1卷，人民出版社，1979年，第270页。

《共产主义原理》中指出："用整个社会的力量来共同经营生产和由此而引起的生产的新发展，也需要一种全新的人，并将创造出这种新人来"①。这种全新的人是新的社会生产方式和生活方式所产生的、所创造的，同时，这种新的人也把这种"产生"和"创造"的客观物质条件，变为自己的主观意识，从而去创造新的生活方式。这是社会主义生活方式的"向量"在客观上和人的主观上的体现。

这个"向量"的实现过程会在一系列的实际"标量"中体现出来。这种"标量"的主要方面，可以列举出这样一些：

首先，物质文明与精神文明的比例应该有一个大体明确的标量。对于社会主义生活方式来说，两个文明是应该协调发展的，在比例上不应该重视了物质文明而轻忽了精神文明，而应该在两者同时发展的过程中大力发展精神文明，使文化因素、科学因素的增长，在人民生活方式中占据重要的地位，使精神生活的充实得到保障，使人际关系中的社会主义互助合作原则贯穿于生活方式之中。因此，对于精神文明的实体部分（科学、教育、文化，包括社会文化的各个层次）的设施及总投资，应该在财政支出中保持应有的比例。

同这一问题相联系的是，就全社会来看，在改善人民物质生活的同时，要注意精神生产，注意精神消费。这当然同样有一个财政、物质、人力等方面的投资和消费标量。从个体消费来看，用于提高物质生活和用于提高精神生活两者之间也有一个标量比，需要规划与调整，以确定正确的关系。当然，从全社会和个体来看，都应该创造条件，保证满足的可能性和享有权的获得，要水涨船高地普遍地提高衣、食、住、行诸方面的社会标准，使之现代化、科学化。但这只是一个方面。还有另一方面，就是精神文化消费的考虑、规划和实际保证。这里有两个问题，一个是在标量上，与物质生活上改善保持协调的比例关系；另一个是社会保证与个体享受权的实际获得，也有一定的标量比。在研究社会主义生活方式时，这些问题必须探讨。因为，这方面的前述"向量"原则的体现与标量的实际安排，正是社会主义性质所决定的，是它的特征和优越性的体现。

按照恩格斯的分法，人类的消费资料可以分为生存资料、发展资料

---

① 马克思，恩格斯：《马克思恩格斯选集》第1卷，人民出版社，1979年，第222—223页。

和享受资料。这三种类型、三个层次互相之间是渗透沟通的。三者在社会主义方式中的体现大体是：生存资料普遍有保证，水平不断提高；发展资料也是由少到多、由低到高地发展；享受资料则为一部分人所拥有，不过它在人口中的比例则日益扩大。三者之间的标量结构比是不断上升式地发展和改变的。体现三者结构比的社会与个人的消费标量，也有着几方面的结构变化比，它们是资金投入比、时间消耗比、精力消耗比，在社会与个体发展过程中的作用比、动能比。很显然，在社会主义方式中，第一层次的投入与消耗，绝对量将不断增加，而相对量则将逐步下降；而第二、第三层次的消耗，则绝对量与相对量都将增加。正是这种结构比的向上的发展变化，体现了社会主义生活方式的特征与优越性。

三、传统、时代性与现代化

社会主义生活方式不是无源之水，它是民族传统生活方式的延续和变异。传统保持了生活方式的承传性，变异保证了生活方式的时代性。民族传统是不可抛弃的，但是又不应该无所变异；变异是必然发生的，但又不能从头来过。认识和处理好两者的辩证关系是很重要的。我们既不能固守传统、抱残守缺，又不能全盘否定、数典忘祖。在这两方面，我们现在确有一些值得引起注意并需加以解决的问题。

由于我国长期以来处于封建社会状态中，小农经济若汪洋大海，小生产思想习惯长期留存，因此，在国民观念上形成了不少保守、落后的传统，包括时间观念差，效率观念差，效益观念差，信息观念差，竞争意识弱而忌妒心强（狭隘性的表现），重经验（保守性的表现）而轻知识，地域观念强、据守故土而眼界不开阔，疏人际交往，利用现代化设备的要求不迫切而且技能水平低，利用大众传播手段的习惯差、能力低，等等。现在在程度上虽并不如此之甚，但性质并没有根本的改变。这些传统作为一种观念形态，往往排斥外来的、先进的、现代化的事物，因而在行动上就会表现出一系列不适应现代化要求的"逆反行为"。综合地表现在生活方式上，就是生活节奏缓慢，活动意识薄弱，排斥竞争而安居落后，办事不讲效率，经济活动不顾效益，官僚主义、事务主义、懒汉思想在生产、工作、劳动中流行，不积极谋求发展，等等。这种生活方式，同现代化社会的快节奏、高效率、现代化、科学化的状况和客观要求是不符合、不适应的。

当然，另一方面，我们既要传承我国古老悠久的优秀文化传统，包括生活方式中的优秀传统，在家庭关系中的重人伦、重亲系之情，重家庭的相对稳固，老幼相亲，兄弟相爱，在社会活动中的重信义、讲友情、注重道德，等等；对西方的以及一切外来的东西，也要择优而用，或者加以改造而后用。我们应该预为之谋，不要让西方流行病、社会公害侵入我们的社会机体，污染我们的生活方式。也更要注意防止在我们的社会生产方式变化、商品经济发展之后，产生类似的消极现象。"物欲来蔽，精神憔悴"，这种鲁迅在70多年前就呼吁过在学西方时要引起注意的问题，我们今天还是要同样引起注意。

现代化事业的进展，在生产方式、经济生活和生活方式上，都必然引起一系列广泛的、巨大的、深刻的变化。在生活方式方面，加强社会性横向联系，改变一切仰赖家庭，改变消费结构（从衣食住行的消费结构比的变化到每项消费内涵的变化），改进活动方式，加快节奏、提高效率，加强竞争、讲究效率，改进教育制度，提高全民的文化素养、科学水平，提高闲暇时间的娱乐性和娱乐中的文化因素以及变闲暇为发展时间，等等，都是随着社会生产力的提高、社会主义生产关系的发展提高和全社会文化因素的增长所必然带来的结果。它们对于生活方式改变所起的促进作用，所灌输的进步内涵，都是大大有利于建立文明的、健康的、科学的社会主义生活方式的。

四、社会主义生活方式规范与社会实践

社会主义生活方式应该有它自己的规范。它包括观念体系、活动方式、行为准则、道德规范等，它们共同体现由社会性质、生产方式、经济条件、自然地理条件与民族文化传统所综合形成的社会主义生活方式。社会主义方式是由社会主义社会的这些因素的具体内涵、素质和功能所决定的。这些客观的物质条件和反映这些物质条件的观念、意识、理论具有决定性作用，我们应该根据这些客观条件所提供的基础、所提出的要求，去制定各种准则与规范，引导和帮助人们正确认识人生的意义，不断拓展生活的内涵，明确人们应该如何生活，应该以什么态度和

行为来对待劳动、工作、学习，对待集体、群众、国家、民族，对待公共财产和个人的财产；应该以什么道德标准、行为准则来指导自己的一切活动；在人际关系中包括应该信守何种原则，以及其他许多领域与行业的具体规范，等等。我们可以作为客观条件的反映而制定出种种规范，以便明确社会主义生活方式的基本内涵与要求，使全社会和每个公民明确方向，有所约束，从而自觉地共同为建设和发展社会主义生活方式而努力。

这种规范，根据客观条件的诸种因素，根据由此而明确的社会主义生活方式的"向量"和"标量"，是可以制定出来的，并会反作用于社会主义生活方式的制定的。

但是，这种规范不是在室内凭空去制造的。它应该总结群众实践的经验。人类创造历史的行动，总是不断开辟历史前进的道路，创造种种意想不到的形式。在几亿人民的大规模的生产、生活的实践中，自然会产生建设社会主义生活方式的基础或萌芽，我们可以通过逐步的概括和总结，来凝集成理论的结晶。因此，在这里规范与实践是相辅相成、互相推动的。

城镇化：现代化的新途径与模式①

中共中央关于"十五"计划的建议中，把城镇化放在重要的地位上。其理论与实际的发展逻辑为：国民经济持续快速发展→对经济结构进行战略性调整→提高城镇化水平。按照这个逻辑逆推，其结论是提高城镇化，就能获得国民经济持续发展的结果。建议指出：我国现在农村生产水平提高、工业化进程加快，推进城镇化的条件已经成熟，应该不失时机地实施城镇化战略。这说明：较之城市化，城镇化将成为现代化

---

① 原载《探索与决策》2001年第2期。

的新途径与新模式。

城市化是现代化的必经之路，这是第一批现代化国家的实际发展状况所证明了的。经济学理论和发展战略学，也从学理上对此给予了充分的论证。工业化带动城市化，城市化带动工业化，两者互动，促使农业人口转化为城市人口，农村"萎缩"、城市膨胀，城市人口占全国人口的绝大多数；职业结构中，集中城市的第二、三产业占主要地位，由此社会结构从传统向现代转化——这就是工业化→城市化的大体路径。这个过程的成果是，城市成为现代文明的产生地和社会的重心，政治、经济、文化的中心都在城市，城市的价值成为全社会的价值，城市的生活方式成为全社会的范本。整个农村则成为城市的附庸，只有百分之几的农村人口，负担了全国人口的农副产品的需求。大城市，特别是百万人口以上的特大城市出现。第一批现代化国家和地区，为了实现现代化目的，在这种城市化过程中，付出了沉重的代价。农业破产、农民离乡背井，一种社会性的带血的蜕变中，多少悲欢离合、家庭—社会悲剧发生。此外，人口膨胀、环境污染、住房紧张、社会犯罪、人际关系淡漠、道德滑坡等，问题成堆，不一而足。我们在西方文学艺术作品中，可以领略到一些具体表现。

马克思主义创始人根据社会生产力高度发达的前提，也出于消灭社会弊害的目的，提出了消灭城乡差别、工农差别的理论。"消灭三大差别"是马克思主义理论和革命学说的重要内涵。恩格斯在《反杜林论》中更论证这种差别的消灭将会导致"大城市的消灭"。但是，斯大林在《苏联社会主义经济问题》一书中，又根据苏联的实际，反驳了恩格斯，认为"不仅大城市不会消灭，并且还要出现新的大城市"。然而，从近半个世纪的新的事实、新的实践看来，斯大林还只是看到和总结了某一个社会发展阶段的事实；而恩格斯则做了更长远的历史时期的估计，从一种城乡差别、工农差别消灭后和社会高度发达的状况的视野，来预测了"社会远景"。这符合当今现代化高度发展的社会状况和未来走向。看来还是恩格斯正确。不过，现在的实际，用新的事实补充了恩格斯的论证。当代西方发达国家出现的一面是城市病、现代病和"城市与现代综合征"迸发；另一面则是郊区化，或多数城市居民在节假日从拥挤的大城市散入广大"乡村"，以及接近自然、减少现代享受、过更俭朴生活的生存选择。这样两方面的事实，反映了城市尤其是特大城市的负面效应，人们的"现代性反思"，也透露了社会—人类生产方式的发展前景。其核心意义简述之就是：产业结构更合理，生产力与资源配置更合理，尽量减少城市的负面效应，适度缩小城市规模，"分散城市功能"，大力发展各个层次、各种规模、各种类型、各种功能的"城镇系列"，包括城镇、县镇、乡镇。

我国在现代化进程中，城市化速度较快，中小城市转化为大城市，大城市转化为百万以上人口的特大城市。在这方面，辽宁的进展尤为显著，尤其以沈阳为中心的中部城市群，表现更为突出，可以说居于全国最前列。这是现代化的重要成果。但是，在这一过程中，弊病也明显地表现出来了。上述"城市病"的种种弊害都不同程度地存在。

现在，三个方面的事实，为我们提供了产生新思路、提出新战略的基础和"灵感"。这就是：① 发达国家现代化进程和现实中的负面效应以及他们"现代化反思"后得出的结论，城市在向"乡村"分流与"疏散"，大公司和居民在"郊区化"；② 我们目前还只是城市化初期所出现的种种负面效应；③ 县镇企业的发展和城市的扶持所带来的各类城镇的发展，引发了良好的效应。

这些现实状况，在理论和实践上启示我们：第一，在现代化与城市化过程中，接受第一批现代化国家在这个过程中的教训，避免、减轻他们所经历的农村凋敝、农民破产流离城市的负面结果，不走他们走的先城市化（甚至过度城市化）再郊区化的"弯路"。第二，我们可以引导、设计在城市化过程中，一方面"自然"地发展城市规模，不硬性压制大城市、特大城市的出现和发展；另一方面，又不让这一切完全自发地发展，更不拔苗助长甚至盲目发展（这种情况，在有些地方是不同程度地存在的）。第三，与此同时，在乡镇企业、农村经济发展的基础上，在集市贸易发展的基础上，又利用城市生产结构转型和社会经济结构的战略性调整，有计划地发展大、中、小城镇，发展特大城市、大城市周边地区，建设、发展近郊与远郊，建设与发展卫星城。这样，特大城市、大城市、中小城市、县镇、乡镇，形成一个城镇体系，不再是"单纯"的城市化，而是城市体系和城镇、乡镇相结合、相协调地发展。

乡镇企业的发展，为农村经济的发展、为吸收农村剩余资金和劳动力创造了条件，在它的周围，为它服务和被它连带地发展起众多第三产业。这也就吸收了大批农民，使他们得以转化职业和身份，为脱离土地的农民"离土不离乡"创造了条件，他们不必远途跋涉离乡背井出外打工，更不会破产流浪。这就避免了第一批现代化国家城市化过程中的弊害；这样，乡镇企业就成为发展乡镇的以至新的中小城市的基础，也为城镇化奠定了基础。

乡镇企业在迅速发展，农村多种经营蓬勃增长，为县镇发展创造了极好的条件，也提出了迫切的要求，在农村经济发展的基础上，特别是在集农工贸于一体的新型农业经济发展的基础上，一批具有交通条件和"地缘经济"优势的地方（集市、墟），会逐渐成长为乡镇；零星小乡镇的聚集，又会渐渐形成"中心点"，从而形成大乡镇、县镇和城镇。

我们正在进行经济结构的战略性调整，城市工业技术转移，甚至技术人才（包括技术人员与技术工人）从城市向乡村"倒流"，现在还已经出现城市下岗工人下乡打工的现象。所有这些，都成为乡镇发展的重要生长因素。

在这些方面，辽宁具有优越条件，尤其以沈阳为中心的中部城市群，更是得天独厚，"水到渠成"。以沈阳为中心，向周边辐射，已经具有一个经济发达、高速公路连成一体、点面结合的城镇化的雏形规模基础。尤其向南，"沈阳→辽阳→鞍山→海城→大石桥→熊岳→瓦房店→大连"一线的"特大城市→大城市→中小城市→城镇→县镇→乡镇"，已经成为一个有机体系。此外，向西、向北、向东也都有"线线勾连"，线与线间形成了网络的且中间有中小城市、城镇作为"结节"，向城镇化发展的基础。以这一雄厚的基础为依托，在整体经济结构战略性调整、城市经济结构转型和乡镇企业发展、农业多种经营开展的过程中，是能够较快地实现城镇化的战略目标的。如果计划得当、导向正确、指导有方、措施有力，辽宁有可能成为全国实现国家"十五"计划中城镇化目标的"首战告捷"者。

城镇化还有其十分值得重视的意义和价值。首先是城镇化的实现，为"二次现代化"（与世界第一批现代化区域比）的"城市化模式"即城镇化模式，探索了道路、摸索了经验、做了示范。其次，就辽宁的"以沈阳为中心中部城市群城镇化区域"来说，由于工业化程度高、经济发展水平高、高速公路联网，将可以建设成为一个"现代化经济、社会区域"，它会成为一个经济发达、社会进步的新世纪现代化"岛"，在全省以至全国展现其熠熠风采。

21世纪：儒学的演进与
东北亚经济——社会的发展

——在"二十一世纪东北亚"国际学术研讨会上的发言摘要

主席先生，女士们、先生们：

我发言的主题是研讨儒学的当代价值和命运，以及它对东北亚经济发展的功能和作用。

请允许我在进入主题讨论之前，先说一些既在题外又在题内的感想。

在听了两天的学术讲演之后，我感到很高兴，想起中国《诗经》里的话，"鹿其鸣矣，求其友声"，我听到一种充满国与国之间和学科与学科之间的友谊之声。这是一种呼唤之声。它是一种来自经济与社会领域的，超越国界的，对于文化的呼唤，甚至含有对于儒学的呼唤。

现在，在祖国大陆和台湾地区，都有一种新儒学的学术思想的兴起。赞之者有之，批之者亦有之。这是一个复杂的问题，不可简单对之，也不可匆忙作结论。匆忙作结论，往往不好。

我现在就这个问题，谈一些简单看法，当然只能是一点提示性的说明。

第一，人类文化向来有两大板块，这就是科技文化与人文文化。在现代，这两种文化越来越分化，这给人类带来了问题。且因为科技文化带来了负面效应。正如英国学者C.P.斯诺所说："技术具有两面性：行善和威慑。在全部历史中它都给我们带来了福和祸。"的确，不要说科技赋予武器超级杀伤力和对自然的毁灭性破坏，就是医药这种治病救人之科技，不是也可用来杀人并产生药害吗？因此，科技文化必须要有人文文化的平衡、补充和整合。

第二，经济与社会发展和现代化，主要的依靠力量和手段，正是科技文化。它所造成的负面效应，连同工业化、商品化、金钱化的发展所造成的世道人心之恶化，造成了现代化过程中的种种负面效应。

第三，儒学正是可以救治此种社会弊害的一种思想文化资源。

儒学是人伦文化、伦理文化，非宗教性和突出的人文性，正是它的特征。它的思想文化内涵由三大板块组成：① 治世之学，即治理世界、统治和管理民众之学；② 伦理之学，即处理人与人之间关系之学；③ 心性之学（狭义的），即处理人的自我修养之学（广义的心性之学，包含人生观、心理、伦理及认识论）。综合起来，是所谓修身、齐家、治国、平天下。儒学轻视科技文化，认为其"奇技淫巧"；儒学也轻利重义，但它的上述的总体精神，在人类两种文化失衡情况下，正可以提供一种进行文化整合的思想资源。

第四，我们今天的任务，既不是恢复儒学，也不是建立新儒学来充当主流文化的角色。而是一要继承，二要改变，三要发展。这要求对儒学作为一种思想文化资源，作出新的诠释、现代解读和"现代处理"。

第五，儒学从孔子创立到现代，经历了六次大嬗变，即从先秦儒学、汉代儒学到魏晋玄学、唐之纳佛入儒、宋明理学、清代乾嘉训诂学，到五四运动的新儒学，如果加上新儒学的第二代传入，则是七次。既有以往之数次大变，自然亦可有今日之再变。这是历史的证明，不是空洞的幻想。

第六，当代人类文化正处于转型重构时期，其特征正是从高科技型文化向科技与人文型文化转变。因此，将儒学、将老庄之学吸纳以充实加强人类文化正是一种可取的文化选择。

最后，我谈一点对经济与文化两相构造的基本看法。

当人类用粗糙的石器谋生，也就是从事生产时，这是一种文化水平、文化状态，也就是一种经济状态、生存状态。而当人类在现代运用电子计算机来指挥生产、用机器人来生产时，则是一种高科技水平，高文化水平，也就是高文化状态，这本身，同时也就是一种高水平的经济状态、生存状态。两者是人类生存的有机结合的两个层面，不可分割，不是各自独立存在的。

马克思说，生产是表现为生产的消费，消费是表现为消费的生产，生产和消费是同一事物的不可分割的两个方面。在我们讨论的范围内，我们也可以说，经济是表现为经济形态的人类文化，文化是表现为文化形态的人类的经济状态。

由此可以作出三点推论：

第一，文化是经济发展的支援和保证。

第二，文化更加是经济的养育系统。

第三，文化是人类经济发展的最终归宿。经济发展不具有终极价值。经济领域除了工具理性，还要有价值理性。发展经济最终目的是改善、提高人类的生存状态。

下面，我开始正式发言。

一、儒学是否还具有当代价值？

人类在告别20世纪迎接21世纪之际，面对着急剧而巨大的经济与社会发展问题，也面对着深刻、空前的文化的转型与重构问题。其中，包含东西方文化的对话和互借互补问题。在这一全球经济、社会、文化的发展变化的背景下和文化语境中，存在一个儒学的命运问题，同时也是我们如何对待儒学的问题。儒学会因为与文化总体断裂、对社会的发展失去意义而消逝呢，还是会不断适应新的要求、更新自我直至"自我"消失呢，或者，会是不断更新但又不失去自身特点而获得新生命呢？会出现新儒学以至"新新儒学"吗？

我们还可以从另一方面提出问题，即人们应该怎样认识和对待儒学。是接受马克斯·韦伯的观点，把它当作于工业化、经济发展不利的旧文化沉垢而"弃如敝屣"呢，还是不断更新它的内涵，尤其是发现并且发展它的内在的对于经济与社会的发展、对于现代化有利的因素，还更进一步刷新它的构造，从而使之成为一种文化的养育系统和内在动力呢？

这里存在两方面的选择问题。如果我们只把问题放在"经济与社会发展／文化支援与保证"的题旨框架中来分析，那么，这里涉及的是：① 儒学的内在思想与文化素质，对经济与社会的发展是能成为推动力还是仅能是一种阻滞力？也就是儒学是否具有当代价值？这是儒学自身素质的问题。② 人们如何认识儒学，是进行"文化掘藏"发现它的当代价值并加以正确运用以推动经济与社会发展，还是相反？这是人们如何对待儒学的问题。

这两个问题是紧密相连而不可分的。

二、东北亚地区的经济与社会发展，不可能回避如何对待儒学这一问题

儒学在东北亚诸国家和地区，曾经是而且现在仍然是一个具有极大文化覆盖面和极深刻的人心影响力的存在。在这个地区谋求经济—社会发展，不可能回避这个存在，也不可能不对它采取一种全局性的战略。因为，我们知道，从发展社会学和经济社会学的角度来看，现代化的目标体系必须包含两大板块：① 经济发展；② 社会进步。而两大板块之中，都渗入了、包含着文化的巨大深邃的因素。这一点，只要指出各派社会学家所列举的现代化指标中都有关于人的智能提高、利用和创获更高的自然资源利用率等内容，就可证明了。

因此，在东北亚各个国家和地区中，不仅在发展的文化战略中，而且在发展的经济战略中，都面对一个现实的问题：如何对待儒学。是批判、否定、抛弃，足可取得更好的经济与社会发展效应呢，还是继承、改造、发展，使之适合时代需要而演进更有利于经济与社会的发展呢？

三、在百年之中，儒学通过了两次经济与社会变革的"现代考核"

我想尝试主要通过对历史和实际的考察，而不是学理的论证，来探讨一个仅供选择的对问题的回答。

最有力的回答是两个巨大的历史和现代的事实。

100多年前日本的明治维新，是一次向西方文化学习的运动。"脱亚入欧"和"文明开化"这两个口号，一个作为总体战略方针，一个作为文化纲领，都突出地表现了把眼光和双手从东方转向西方、从大陆转向海洋的强烈意向，而其中，即潜存着一个否弃日本向来以之立国的儒学的文化母题。但是，日本在明治维新之中，却并非实行全盘西化，虽然在"富国强兵"、"殖产兴业"和"文明开化"三大口号下，大力学习西方的科学技术，发展工商业，推行西方政治、经济、教育制度，以至生活方式方面的衣食住行等，也都由天皇带头和实行社会强制性的办法

来推行，如剪短发、穿西服、喝咖啡、吃西餐，等等。但是，在明治维新以后，日本仍然保存了天皇制度，并且在实行了西方的议会民主、政党制度之后，在政治的运作、国家的治理等方面，仍然保留了儒学的思想文化成分，在教育的内涵方面仍然留存了儒学的内蕴，在道德规范、行为准则方面则保留了更多的儒学成分；至于衣食方面，和服依然存在，日本式的饮食及饮食文化依然存在，东西方两种方式并行不悖。在精神文化方面，武士道精神中所蕴含的忠勇思想依旧存在，如此等等。在总体上，表现为日本的民族文化并非纳入西方文化体系或纯西式构造，而是由汉学、兰学和洋学组成了一种既有现代精神又有民族特性的合金文化；在经济与社会的发展上，在实行工业化、城市化、商业化的过程中，则是一方面引进了西方的先进科学技术、管理制度、经济制度、教育制度，以及与之相伴相生的精神文化，西方的、资产阶级的学术文化；但是，另一方面，却在这一切中渗透、灌输、融会进去本民族的传统，其中渗透着浓重儒学思想文化的民族文化传统，日本学者所说的"算盘＋《论语》"的精神可以勉强地部分概括这种东西文化的汇合。特别值得提出的是，在这同时，日本正是以这种"脱亚入欧"以后仍然未曾完全脱亚亦未曾完全入欧，而保留了饱含儒学精神的民族文化，支援和保证了经济与社会的发展，推动了这种发展，并赋予它一种民族独有的形态，这就是日本-东方式现代化模式，它在许多方面不同于欧洲和北美的模式。

在这个范围内，一方面，我们可以说，这是儒学经受了历史的考验，也可以说是儒学的现代延续和继承；另一方面，则可以说是，日本成功地运用儒学的有用因素，推动了经济与社会发展。

在第二次世界大战之后，在一种特殊的国际背景和经济条件下，亚洲四个新兴工业区即"亚洲四小龙"的经济发展，则是儒学的又一次成功地通过实践考核的证明。在这四小龙中，台湾、香港本是中国的土地，那里本是以儒学为核心的中国文化的天下；韩国自古接受儒家文化，原属东亚文化圈即汉字文化圈，第二次世界大战以后仍然保留了儒学的传统；新加坡虽然不在东亚文化圈内，但其居民中占半数以上的华裔身上留存着浓厚的儒学文化传统，而李光耀总理是一位坚定热忱的儒学信奉者与倡导者，他在治理和发展新加坡的时期，推行了许多以儒学文化为特征的政策和社会文化措施。这一切都说明"亚洲四小龙"在经济起飞的过程中，并不是以彻底否弃儒学才得以起步、得以前进的；而相反，是在保留了儒学文化的基本精神的情况下，取得经济发展的成就的。而且，运用了儒学精神来直接推动了经济的发展，成为经济运作中的文化杠杆和养育系统。

当然，这里并不是原封不动的儒学的文化天下。变化和演变是存在的，而且不可忽视。这主要有两个方面。一是大量吸收、运用了从欧美引进的科技文化、现代文化、管理文化和学术文化，使社会的整体文化构造是现代科技文化与以儒学为中心的传统文化（新加坡例外，应是拥有大量儒学文化成分的传统文化和文化构造）两相结构。这自然使传统文化中的儒学文化不仅在整体文化构造中的结构比发生了弱相变化（"逆变"），而且在文化构造中的地位和作用也发生了弱相变化（"逆变"）。二是儒学文化与处在文化共同体中的另一相文化，发生了互渗、互变的"物理的"（外在的）和"化学的"（内在的）作用，从而其自身也发生了内涵性的和形态性的变化（"顺应变"）。这一切，特别是后一种情况，自然就是统属于传统文化向现代转换这一总体文化态势中的儒学的演进。其演进足迹，便一方面是儒学的原有素质在同现实的经济与社会发展的实践过程中，经过实际的操作，与另一相文化的互渗互变而向前演进，产生新的部分质变，但本质未变；另一方面则是儒学经过现代解读、现代处理，而获得新的素质——或者是原有的演变而生新质，或者是原质中未有之新质。

四、21世纪：儒学可能发生的演进之轨迹

从以上强有力的历史和现实的事实中，我们可以看到，儒学在近代100年的历史中，历经了巨大的演变，这种演变，不同于儒学在中国历史上的汉、唐、宋、明以至清代的几次大演变，也不同于它在五四运动所发生的形成了现代新儒学的演变，它是发生在日本近代化巨变和"亚洲四小龙"的现代化进程中的演变，这种演变的重大特点是适应经济与社会重大变革的演变，是人们运用它来推动近代化、现代化进程的演变。这个事实说明了两个方面的问题，一是儒学可以赓续继进，对自身进行变革，以适应经济与社会的发展，这说明了它的文化品性的强大生命力、广泛适应性和一定程度的可塑性；二是只要人们能够采取确当的

策略，便可以利用儒学这一思想文化资源、这一精神动力，来使之作现代趋向的演进，从而推动经济与社会的发展。

这里，我们可以列举五个方面的事实和可能性，来尝试描述儒学在21世纪发生的演进的轨迹，以及它对东北亚地区经济与社会发展可能发生的积极作用。

第一，目前可以预感到科学技术高水平的发展，还将带来21世纪的新的、更高水平、更强大冲击力和推动力及改造人类生活的科技革命。这当然会引发像历次科技革命所曾经引起过的那种经济与社会的大发展，不同的只是其作用力的广度和深度远非此前任何一次科技革命所可比拟；而同时，也就会引发新的人类文化的重构和发展。这将会是儒学在21世纪中所处的文化语境的突出特征。儒学在这一语境中，一面会是其影响力、作用力（包括作用的范围和力度）都将缩小；一面则会是进一步改变其视科技为"奇技淫巧"的文化视角和品性，从而引起自身的部分质变。这一点，我们在五四运动中的文化保守主义者即第一代新儒学创业人中，都可以找到一种"人证"：他们之中如章太炎、梁启超、蔡元培等人，都容纳了科学这一来自西方的文化因素。而这种改变，显然会对经济与社会发展产生积极的作用。

第二，人类文化的转型和重构的态势进一步发展，从"科技型文化"向"科技—人文型文化"的发展势头更强大，并且人文性加强，在自然科学、技术科学、社会科学、人文科学这四大科学部类在科学综合体中的结构比中，社会科学与人文科学大为加强。这一点，对于属于人文型、伦理性文化的儒学，则是一种颇为有利的态势，不仅文化语境的这一方面，有利于儒学的生存和发挥其作用，而且它对于科技文化、工业文化、商业文化都可以发挥它的人文作用。这主要是足可防御、抵制、消解这几种文化中的机械性、非人文性因素的消极作用，而发挥儒学的整合作用。在总体文化精神上，以"开物成务"为特征的西方文化，正可以从以"人文化成"为特征的中国文化中，获取精神的、心理的、人伦的思想文化资源，从而提高科技文化等的积极性、创获性，而减少或抵制其消极的、破坏性的作用。这自然会直接地和间接地提高经济与社会发展的功效，而使人们既获得物质的福利，又获得精神的福利；既能取得经济发展的福利，又能得到社会进步的佳果。

在这种经济、社会、文化情态下，具有儒文化传统和优势的东北亚地区诸国家和地区，自然会取得一种发展的优势。这种优势我们在日本战后的大发展和"亚洲四小龙"的发展中，都得到了证明。而在21世纪的新的情势下，这种优势将更显出其效力之强大，而使东北亚地区之经济与社会得到长足的发展。

第三，在人类文化转型重构期的今天，西方有人提出了诸如"把眼光转向东方""从古代吸取新的智慧""从过去获得新的灵感"等说法。这些提法的背景是科技高度发展的负面效应，如人类自然家园、社会家园、心理家园这三大家园的破坏、物种灭绝、环境污染等，使人们觉醒到"社会的现代性"出了问题，即对传统破坏得太多、太深刻了，还感到比较更落后些的、更农业化的、更非科技型的东方文化，其中主要的代表是以儒学为基础的中国文化，又有可取之处，又有不必那么彻底摧毁抛弃的理由了。这一背景，也使我们体验到，儒学对于现代化进程中的东北亚地区的经济与社会发展，具有其积极有效的功能。它不仅在经济与社会发展的局部上，在具体的运作上，能够具有功效，而且在经济与社会发展的模式规划、方向选择、目标体系、社会效应等方面，起到它的战略性的作用和文化整合的作用。

第四，中国的发展，将提供一个儒学适应现代化发展和人们运用儒学来推动经济与社会发展的最巨大的实际例证。中国是东亚文化圈的发源地和大本营，在近百年的时期中，虽然一方面是经济与社会的不断摆脱传统、走向现代化；另一方面则是从戊戌变法、洋务运动、五四运动的一次次猛烈的冲击，但是，儒学的精灵，仍然在中国大陆社会生活的每个角落存在，儒学的灵魂潜存在每一个当代中国人的心中。而在改革开放以来的十几年中，儒学一方面受到了新兴文化的冲击；另一方面又受到许多肯定，接受了比较科学、比较冷静、比较不那么政治化的解读、研究、吸取的尝试和运用的实践。就目前的事实看，趋势不是儒学的灭亡，而是儒学的转换，不是儒学不适应现代化发展，而是可以成为精神文化的资源。

中国的这一事实，对于认识21世纪儒学的运命和对东北亚经济与社会发展的意义，是富有启发意义的，是具有说服力的。

第五，儒学在100多年中，在日本的明治维新运动中，在第二次世界大战后"亚洲四小龙"的经济起飞中，在最近十几年中国大陆的经济发展中，都有了变化，有了演进，它不是经历了衰败的没落史，而是走过了转换的演进史。另外，在学理上，从中国戊戌变法、辛亥革命到五四运动的鸿学硕儒以至新儒学诸公身上，在台湾、香港地区的第二代新儒学传人身上，在他们的学说中，我们都看到儒学的非灭亡性而是新生性的演进。

这些儒学演进的事实的和学理的两方面证据，提供我们有力的思索与探讨儒学在21世纪的命运的材料，得出它将推进而不是阻滞东北亚地区经济与社会发展的结论。

以上，我对我的发言的主题，作了一些事实的描述和谨慎的、有保留的分析。因为时间和篇幅的限制，未能展开。这里只是提出问题，以供讨论，诚恳希望得到批评与指正。

1995年7月，沈阳

儒学在东北亚文化与经济发展中的作用

一、经济与文化双相交流的互动与功效

经济与文化，实际上是不可分地整体性地存在和活动于社会肌体之中。因此，国家、地区与民族之间的经济与文化交流，虽然常常以"单相"的方式进行，但是实质上却是"你中有我，我们有你"地同时存在；当然，重点是各不相同的。这理由，可以明确申述的至少有：① 经济实质上是表现为经济的文化（如用什么工具生产是经济，也是一种文化），而文化则表现为文化的经济（如电脑、电视的应用是一种文化，但同时又是经济）。② 表层地而非本质地说，经济之中包含着和渗透着文化，文化之中也包含着和渗透着经济。③ 经济交流之前和之后，都会跟随着文化交流；文化交流亦如此。

因此，我们可以说，经济和文化交流是互动、互促的，无论它们之中的哪一项交流，都会带来另一项的交流的效应。

我们从这种"功效链"中，所能受到的启发是：文化交流是经济发展中不可缺少的链条和杠杆。这不仅是可以的，而且是必须的、必然的。认识到这一点可以弥补我们由于在经济交流和经济发展中忽视文化交流所带来的损失和"功能缺损"。

二、在可以预见的时期中，在东北亚地区将出现一种几个国家和地区之间的文化交流的"涡旋"

这是以中国大陆为主体的新儒学文化，同台湾、香港地区的新儒学文化的汇合，并向日本、韩国以至北亚地区和国家的流入。同时，又有日本、韩国的既在本体与核心上一致又有各自的民族特色的同类文化，向上述地区的流入。自然，还有上述地区的自身文化向中国、日本和韩国的流入，也有日本和韩国的现代文化、科技文化以及精神文化向中国以至北亚地区的流入，这就形成了一个多向、多相的文化交流的涡旋。

这一文化交流涡旋的形成，是文化交流的结果，但同时，更重要的是各个国家、地区和民族之间的经济交流与经济发展所带动和"顺便"造成的良好效应。这种结果，又会反过来促进经济交流和经济发展。

我们可以列举出一些"项目"来作为例证：机器、设备、技术的输出和引进；跨国公司的建立；合资、独资企业的开办；各类商业公司在外国的经营；以上各种情况中的外国人员的驻在、居住及同时带来的异国生活方式，如此等等。所有各项，都同时裹带多种文化因素于经济交流与营运之中，因此同时就产生一种显在和隐在的文化交流。同时，这种交流又产生回返影响，推动经济交流、经济合作。

三、为什么这种足可推动、带动经济交流与经济发展的文化交流涡旋，是以新儒学文化为主体呢？

（1）中国的文化由传统向现代创造性地转换过程中，将较多地保留传统文化中经过现代诠释和改造的儒学成分，它们将转化为中国现代文化中的重要成分之一。

（2）亚洲四个新兴工业区即"亚洲四小龙"，在工业化和现代化过程中，取得了正确对待传统儒学以推动经济发展的经验。这主要是两个方面：一是大力地引进了西方的科技文化、工商文化、管理文化以及大量现代形态的文化因素，从而改变了本国和本地区的文化构造，不是"一统的儒学文化天下"；二是对儒学进行了除了上述的在文化整体构造中的结构比、地位、作用的改造之外，可称为内部构造的改造，对其基本内容作出新的阐释，发挥其利于经济发展的一面。

这个经验，不仅具有狭义的儒学自身变革的意义，而且具有一般性的文化意义，即成为具有普遍意义的推动经济发展的文化养育系统。这种被称为"日本模式"，或"东方模式"的经济发展道路和方法、策略，同时也是一种文化模式和态势。其有效性，已经引起西方的注意，认为可以取其可用者而用之；自然，它对东北亚地区更为适用，更具有经济、社会、文化的发展效应。

（3）儒学中有不少部分可以有利于经济与社会发展，而不是如马克斯·韦伯所说不利于经济发展。儒学的文化精神和构造，体现为一种人伦文化、伦理文化，其所侧重和具特长之势者是人生哲学、政治哲学。在这样一种总体精神中蕴含的许多具体内容，都可化为一种经济发展和企业经营的方式、方法和策略。在日本所说的"算盘＋《论语》"，大约可以概括其特征。在日本，例如"和为贵"、"家庭观念"、"精神管理"以及注意企业内部的人际关系的调谐等，也都是证明。

四、东北亚各国和各地区之间运用文化交流来发展经济的可能性和现实性

据上所述，东北亚各国和各地区之间，可以和应该运用文化交流来推动经济发展：

（1）已如上述，文化交流就包含着经济的交流并带动经济交流。

（2）东北亚各国家和地区，通过文化交流来普遍认识、理解、掌握"亚洲四小龙"取得发展经济成就的经验，其中核心的部分是"东方模式"，以及儒学在进行现代解读、现代诠释和结构改革之后，对经济发展的推动作用。

（3）运用改塑之后的新儒学的有用成分以推动经济的发展；

（4）在"亚洲四小龙"之中，台湾和香港本是中国的一部分，是儒文化的天下；韩国、日本是东亚文化圈即汉字文化圈的古老的、重要的成员，在那里保留儒学的传统，比在现代中国还要多；新加坡居民中的数量巨大的华裔，他们身上具有浓厚儒学装备，而李光耀先生正是大力推行儒学来治理国家，取得了经济发展的成效。

五、在文化交流中的经济发展与经济发展中的文化交流

在东亚文化圈中的诸国家，即中国、日本、韩国和朝鲜，在历史的文化广泛而深刻的认同和当代的频繁、广阔的文化交流中，都包含了经济的发展和推动经济发展的功效。而在北亚部分，则除了历史上的紧密的经济、文化联系之外，现在，又在两方面日益强化了经济与文化双向的同东亚文化圈的交流。这就是：第一，北亚的国家和地区，在经济上日益强化了同日本、中国和韩国的联系和交流，因为它们都不仅是当今亚洲和东方的经济发展的热点地区，而且是位于世界经济发展前列的地区。第二，中国、日本、韩国的以儒文化为核心部分的传统文化正处于"在蜕变中推动经济发展"的势头上，这对北亚地区也是具有启发意义的。

这里还必须提到，在人类文化转型重构期，当在人类文化，从科技型向科技与人文型转化时，以人文性为其突出特征的中国传统文化，显出了它的优势作用，显出了它的对科技文化引起严重负面效应的西方文化的一种补漏罅隙的作用。这一文化态势，更推动了东北亚内部和外部的文化交流，以及这种交流对经济与社会发展所能起到的推动作用。

同时，这一地区的迅速转型和发展的经济，在它的前进过程中，也有较大的文化含量，除了经济性文化，也有人文性文化和一般科学-学术文化。这种经济交流和发展所促进的文化交流，同样反过来促进经济交流和经济的发展，并表现为经济与社会发展的养育系统和后续力量。

优势与弱相：辽东半岛开放的文化态势分析[①]

——建设辽东半岛外向型经济的文化支援与文化保证问题

现代化是社会的一种"全景式"发展，从总体的和宏观的方面说，应该包含五个方面，这就是：理智、政治、经济、社会、心理。经济在这五"相"结构中只占一"相"之地，另四"相"又可概括为社会与文化系统，或称经济增长与社会变迁。这里把经济增长放到了重要的、基础的地位；但它又离不开（不可剥离于）广泛、深刻的社会变迁。经济增长本身就是社会变迁的内涵与引发源。而社会的变迁，则表现在人的知识、智能、文化与心理结构的变革和社会构造的整体性协调变革。这就导致人对环境（自然与社会）的全部复杂性的认识、理解、掌握与利用，导致人对环境的控制力、利用率的提高。由此，便又强力反馈于经济，刺激、推动、助长经济发展、起飞。这就是文化与公民文化心态变革的经济效应。也可以说是经济增长的"软件"和非经济条件。"文化往往比经济更重要""文化是明天的经济"，这是很有道理的论点。

因此，经济增长的文化支援与文化保证就是很必要、很重要的了。

我们如果立足于这种认识基础上，来分析辽东半岛的开放和建设外向型经济，就会发现这样一种文化态势：优势与弱相并存。由此我们也就可以导引出一种对策思考了。

文化支援与文化保证，首先的和直接的，自然是全方位、各行业的从业人员（从高级人才到普通劳动者、从精英文化层到大众文化层），从领导决策层到一般人员的高文化水准，各生产部门的高文化层次。在这方面，辽东半岛是具有相当优势的。我们仅从最直接支援与保证经济增长的科技力量——科技文化来看，便很清楚。据有关方面1985年的

---

① 《中国·辽东半岛·国际交流》1989年第4期。

统计，我省每万名人口有自然科技人员数高出全国平均数近一倍；农村每万名人口有科技人员数高于全国平均数5.2人。在选取比较的11个省、市中，辽宁的科技实力也居于领先地位，仅次于上海、略高于江苏，雄踞亚军宝座（科技实力是上海的93.11%，是江苏的1.05倍、河北的4.48倍）。若按人均科技实力计算，则低于上海与天津（指标值为上海的31.45%、天津的63.71%）。至于技术水平则居于第一梯度区，名列第八，但在沿海诸省中，仅高于福建、广西，而落后于沪、苏、浙、粤、鲁诸省市。在东北经济区中，拿辽宁科技研究人员的力量对比来看，科研机构占东北三省总数的50.03%，科技人员则占52.82%，高级科技人员占43.62%。从以上数字看，辽宁省，尤其是辽东半岛的科技实力在全国是名列前茅的。因此，我们可以看到一股强大的文化支援与文化保证之潮，推动半岛经济之"舟"扬帆前进。这正是辽东半岛对外开放和建设外向型经济的优势所在。特别是，辽东半岛的科技力量90%以上为国营大企业所拥有，这是一支有组织、很稳定、日益发展和提高的文化支援与文化保证的科技大军。它更是优势中的优势。

但是，从另一方面看，弱相便也显现出来了。第一，据统计，辽宁的经济实力的比重低于科技实力。第二，科技队伍学历偏低、职称偏低、年龄偏高。全省技术人员中，具有研究生学历的人员低于全国平均水平0.39%，具有高等院校学历的人员低于全国平均水平，但是具有中专以下学历的人员却高出全国平均水平的54.6%。具有高职称的科技人员数也低于全国平均水平0.78%。从年龄看，56岁以上的科技人员数，高于全国平均水平53.2%。另有更为值得注意而目前又不为人们注意的问题：短线专业严重短缺，专门人才大量集中在工程技术专业，而管理、经济、政法及农村方面的人才，还不到总数的3.5%。

这种弱相态势，在世纪经济运行中，就表现为文化支援与保证的力量不足，甚至成为一种抑制因素，成为增加起飞翅膀重量的坠力。这里提醒我们注意的是：增强科技力量转化为生产力的文化机制，以使科技实力更好地发挥生产力因素的作用，转化为经济实力；增加高级人才、中年人才的数量；增加科技队伍中以及各类人才中高学历人员的比数，改变文化队伍学历的结构比数，提高其文化素质；增加管理、经济、政法及农村方面的人才。这类人才在目前社会文化结构情况下，在国际人才总体结构中的比数为22.3%，改变目前这类人才只有总数的3.5%的落后状况。

如果我们把前面的文化支援与保证视为硬性的、直接的和显性的，那么，还有两个软性的、间接的和隐性的支援与保证，从重要性、迫切性和长效应力来说，后者比前者更为值得重视。我们不妨称它们为"顺向"与"逆向"两个系统。"顺向"表现：经济增长，必然带来对文化传统和社会环境的冲击和破坏，对人们文化心理结构的震撼、动摇与改变。社会仿佛在地质运动中的大地与山河一样，重新构造：生产结构、产业结构、产品结构、家庭结构、感情结构、伦理结构、心理结构，广泛而深刻地发生变化。人们在空间上、在社会地位与社会角色上、在职业上，也都发生流动，发生结构性变化。这是经济增长与起飞过程中必然发生的现象，也是现代化必然经历的过程。这是历史的好消息、社会的好现象、光明未来的好兆头。中国过去几千年、几百年以至最近几十年，正是因为缺乏这种社会深层的变动，缺乏这种物质力量与动力源，所以并未真正发生翻天覆地、脱胎换骨的社会变迁。现在发生了这种冲击与破坏，也就产生了动力，带来了活力——社会的活力，经济的活力，人的活力，创造的活力。

正是这种对传统社会、传统文化与心态的冲击与破坏，产生了新的社会质，社会质在增殖的性质基础上，发生前进性变化，改变传统社会环境、传统文化心理结构和传统行为规范，从而导致了观念、意识、理想、信仰、意志、情感的变革，时间观念、效率观念、商品观念、创造意识、冒险意识、民主意识、参与意识、世界意识以及现代观念，都随之萌发、增长，成为新的社会功能中的重要因素，被社会接受、认同并视为前进性意识形态。正因为有了这种变化，才有商品经济的发展、国际国内贸易的发展、乡镇企业的发展、各种公司的兴起，才有科技人员的流动、党政干部的改行、新型人才的产生，特别是作为一个民族的工业化和现代化的结果与动因的企业家阶层的形成与企业家精神的诞生和发展，也才有一切适应经济增长和社会变化需要的各种新生事物出现。这些都是机械、器皿、技术、资金等"硬件"之外的心智、能力、心态和总体文化的"软件"。这是重要的文化支援与文化保证。没有它们的发展和提供条件，经济的发展与起飞是不可能的，也是不能持久的，发展于一时，也会中断于某时，遗患于后世，产生负效应。

辽东半岛在这种"顺向"文化支援与文化保证方面的态势又如何？同样是优势与弱势相并存。在这里，国营工业、大型工业、联合企业也就可以指引出一种对策思考了。

生命终极的光辉①

——兼及国民心态与社会质量

一天，日暮黄昏，躲债在外的中江兆民和日夜陪伴他的妻子在大阪湾海边沙滩散步。月色如水，松涛阵阵，风景着实优美，然而却气象凄凉。他已身患绝症，医生宣布他只能活一年半左右。面对凄凉暮色，他对身旁的妻子说："你已四十出头，我死恐难再嫁，莫不如咱们一同投海，马上到平安无事的地方去，好不好呢？"说罢，两人大笑。这是一种凄苦的解嘲，却表现了一位学人哲士在穷困和死亡面前幽深通达的襟怀。正是在这种襟怀下，他通过三张报纸，保持同现实社会的联系，通过自己深邃开阔的思想保持同历史、文化的联系，通过自己真挚热忱的感情同人民的心灵保持联系，其所见所思所感所得，都记录在他拖着病体写的一本著作——《一年有半》中。他在贫穷中用自己丰富的思想同世人、同民族、同历史、同世界对话，让自己的生命之火发出最后的光辉。正是这种光辉的热焰，振作了他的生命力。一年半过去，他仍然顽强地活在世上。于是他继续写下去，最后完成了一部遗著《一年有半，续一年有半》。

这部著作的中译本列入商务印书馆的《汉译世界学术名著丛书》，中江兆民列入欧亚古今学术大师的排行榜。作为日本近代杰出的思想家，日本明治维新也是资本主义发展时期的民族"思考人"，在这部篇幅之大思想却很丰富的最后著作中，涉及哲学、教育、经济、政治，涉及现实和历史，对当时日本的现实提出诤言谠论。中江兆民既是一位专于形而上思考的哲学家，又是一位关注现实的社会评论家。他曾说：

---

① 《友报》1994年1月15日。

"我认为哲学家的义务，不，哲学家的根本资格，就是在哲学上抱着极端冷静、极端直率、极端不妥协的态度。"这一点，不仅是他的"哲学路线"，而且是他的"现实态度"。他以诗人般的热情和哲人的深沉，对日本明治维新这一近代化和资本主义化"共时性发展"时期的现实，对既有突飞猛进的发展又有弊端丛生的社会现象，进行了猛烈直率的抨击和深刻的批判。有关这方面的内容，这里不能细数诸端，只说印象最深刻难忘的两点：① 他指出："日本从古代到现在，一直没有哲学。"② 他揭露在资本主义发展途中的种种社会腐败现象，这两者外表看好像"风马牛不相及"，骨子里却有血肉相关的联系。我理解，所谓"没有哲学"，就是对世界、历史、社会、人生，缺乏深入的、独创的、民族的形而上的思考，如中江兆民所说"茫茫然不懂得宇宙和人生的道理"。这里，中江兆民出于爱国热情，对本民族的缺点采取了"批判从严"的态度。他并非说本民族完全不懂哲学道理，而是缺乏对这些问题做"暂离物质、暂离现实"的哲理式思考，没有追究人类的生命的终极价值，只注意了工具理性与现实价值，说白了就是只重眼前的现得利的价值。这一点，不能不说同贪污贿赂横行、腐败现象蔓延有关。这样的社会恶果是从心灵空虚的花结出来的。中江兆民指出，由于没有哲学，不论做什么事情"都没有深沉和远大抱负，而不免流于浅薄"，有着"浮躁和轻薄的重大病根"。他说，近来日本上下"变得人情浮华和轻薄，甚至腐化堕落"。"日本人相继沉沦到了腐化堕落的境地，这是令人叹息的！"在这里，中江兆民勾画出"没有哲学"同"社会弊端"之间的关联，揭示了国民心态、文化性格上的弱点同社会人心的腐化堕落之间的内在联系。

这一点，对于我们今天来说，是颇有警示之意和触痛之感的。且不说中江兆民所列举的日本当时种种现象，我们今天也或多或少地存在，只领会到"人心"同"社会"之间的这种内→外、人心→社会的深刻勾连因果关系，就很有意义了。我们至少可以领会到，现在社会上存在的浮躁、轻薄、堕落、腐化现象，是同公民心态、民族文化性格有关，是精神世界出了亟待治疗的毛病。

从这种意义上说，中江兆民的最后著作，对日本、对现在的中国和发展中国家以至整个人类，都有启发意义。这本书虽然写于患难中、穷困中和生命已临末日之时，然而它的整个思想却是强健的、丰富的，具有永久生命力的，是他生命的最后光辉。

　　还有件趣事值得一说，中江兆民曾经"搞事业"，或者就是经商，也就是我们今天所说的"下海"吧，他的原则是"赚了钱让别人拿去，蚀了本就自己负责"。结果是可以想见的，弃己所长，用己所短，怎能不倒霉呢？"相继招来了审判、律师、法警、破产"，最后弄得负债治疗，穷愁潦倒而终。中江兆民临终已经醒悟，他说："然而我的本领，却在于别的方面。这不是别的，就是这部《一年有半》的稿子。这就是我的真我。"

　　这个事例说明一个通则：每个人各有所长，应该自明长短处，用长避短，切勿反其道而行之。这是人生一大关节，不可马虎，也不要趋时赶浪头。

　　我由此还想到，一个民族、一定的时代，不管时代主潮是什么，是阶级斗争、革命起义、民族战争、经济建设，还是工业化、现代化、产业革命、科技革命，等等，不管是什么，总要有一部分人，数量不一定很多，但不可少，最好质量要高，专门从事文化的创造、文化的积淀，从事学术文化事业、科学创造，专事形而上思考，对现实、历史、社会、人生、世界，进行从哲学、经济学、社会学、美学、文学、人类学、心理学等不同学科、不同领域、不同视角的思考。这是一种以个体思考形态出现的民族的思考、大范畴、大主题、大角度的思考。就像中江兆民所说，这些人的思考，"对于贸易的顺差逆差，银根的松紧，工商业的发展与否等等，好像没有什么关系"，但是，对于国民性的健康发展与建设，对于公民文化性格的塑造，对于宇宙和人生道理的认识，对于生命终极价值的体认，都有着密切的、内在的、深沉的关系，有着重大的作用。

　　我好像遥遥望见中江兆民在20世纪初所发出的生命的终极光辉，让我们除了看见眼前物质、金钱、权力和荣华富贵的光环之外，更多注意到头上的星空（像康德所说的），注意内心的生长、灵魂的纯洁、心灵的高尚、精神世界的辉煌吧。

"民族母题"与个体实现①

　　每个民族在每个时代都有它的总体"母题"，表现为共同的、普遍的为全社会所"信奉"与实行的文学艺术、时代思潮与文化精神气质、生活的目的与追求，其中包括价值观、道德观、生活的与文化的追求等等内涵。五四运动时期，作为中华民族"文艺复兴"、"文化再造"与现代化追求的时代，"民族母题"的集中表现就是在"科学"与"民主"的旗帜下，对传统的批判、反叛和对新文化、新道德、新制度的向往、追求与创造。一时间表现出一种全民族的青春气质，积极向上、奋发进取、批判革新，追求现代性的创造。那时的进步青年具有一种民族责任感、时代使命感，他们在"民族母题"的感召下，把个人的人生追求同民族与时代的需要结合起来，奋发图强，自强不息，从而创造了丰功伟绩，为民族立功、为历史添彩，个人也在事功或学问上取得巨大成就。我国现代第一批成就卓著的教育家、科学家、学者、作家、艺术家、政治家、军事家，就是在这一时期产生的；我国现代工业、经济、文化、科学、文艺的发展，以至整个现代社会的创建，都是他们在全民族支持下，发挥聪明才智、创造精神而取得的。这是一种"民族母题"与"个体追求"的结合所产生的历史的辉煌和个人的建树。当然，大浪淘沙，有许许多多他们的同时代人，只徒然"享受"历史的赐予，浑浑噩噩度过一生；或者只利用"民族母题"需求的机遇，为一己创业牟利，风光一时而成历史过客，甚至有人遗臭万年。

　　"五四"精神和"民族母题"在新的历史条件下，都有了新的发展、新的内容、新的精神：一切都更广泛、更宽阔、更高、更深入和深刻，也更现代。经济发展成为首要的主题。民族复兴的历史任务形成一

---

① 《辽宁日报》2001年5月14日。

个总体战略与母题：实现现代化和建设中国特色社会主义。这一母题化解于经济社会发展和生活方式各个领域，

要求实现工业化、商品化、市场化、城市化，实行和追求经济效益、等价交换、按劳取酬、利益原则、对等规则，等等；要求更广泛深刻强烈地对传统的批判、"亵渎"、改革和否弃；对外来制度、事物、文化和生活方式的更广泛、多样、深入的学习、引进和接受；这样，在社会思潮、精神气质、文化选择与人生追求方面，就表现为经济指标与利益原则、索取报酬与等价交换、个人发展与生活享受等，都不仅得到尊重，并且被视为全社会接受的、天经地义的生活准则与处世箴规。利益驱动、发财致富和生活享受的个体追求，同社会的发展趋势统一，黑格尔提出并为恩格斯所肯定的命题"贪欲是社会前进的杠杆"，得到现实的证实。

于是，这里就出现了个体追求与文化选择上的歧路和优劣差异，因为这种以经济效益、利益驱动、生活享受、个人至上等为指归的社会心态、精神气质与人生追求，必然会有它的负面效应和消极作用，会对社会和历史打上灰色以至黑色的印记。在这种历史抉择、文化追求和生活安排的当口，广大的人们尤其是青年人，去取之间是有着巨大的原则区别和良莠的分野的。除此之外，还有高低文化层次不同、选择标准正确与否的人生追求的分别，如旨趣情调的高雅与低俗、传统/现代的关系处理得当与否的问题等等。这里有几个原则性和根本性的方面，是我们在进行选择时要特别考虑的。

有一位经济学家在一次社会调查中发现，受调查的大学生90%以上追求"成功"的目标是当企业家、发财。这当然是一种社会选择与人生追求的偏颇。这位学者指出，茫茫人海、芸芸众生，能够成功者，总是极少数。每个人应该是根据自身的各个方面的条件和机遇，来设计自己的人生追求，确立"成功"的标的。至于企业家与发财，固然是当今的热门热点，但究竟不是全社会唯一的需要，而发财梦更不是人人皆可做皆能"圆"的。应该各有所长、各有其志、各有千秋、各领风骚在人间。在"自我"与"他者"（包括国家、民族、集体、他人等等）之间，利益与关怀的两者统一、"双赢"，也是人生选择与追求中的日常的又是根本的问题。尤其当代人类文化发展新趋势表明，"他者"是每个自我存在的条件与幸福的"依据"，社会的人不存在绝对的个体自我的

孤立，只能失去幸福，即使是家财万贯。传统/现代，不应该以"传统"皆错皆坏而"现代"皆对皆好为准则。20世纪人类对"现代性"的反思，得出了"现代化过头"和"传统否弃过多"的结论，对"现代性"的适度抑制和向传统的适度回归，是当代新趋势，值得全面盲目否弃"传统""玩儿'现代'"者深思。正确对待"中、外、东、西"的关系，也是重要的方面。现代化要学习西方，但不是西方化，东方文化、中国文化有它的弱点以至某些与现代化抵触的性质，但在欧洲文化中心论已经过时，东方文化与中国文化受重视，西方学界以东方文化与中国文化为自身的"他者"，甚至有人提出"通过孔子来思索"，在这样的时代，我们既要对传统进行批判扬弃，又要发掘、整理、继承，进行现代诠释。对西方文化，也要分别对待，进行过滤、选择、改塑。那种鄙弃中国的春节而沉醉于过圣诞节式的"重外轻中"的文化态度和文化选择，是不可取的。还有新的"生活质量标准"，也是甚可注意的。在生活质量中注意精神文化的追求，注意减少过多的物质享乐、技术享用、他人服务，适当地增加自然物质、天然食物、朴素方式与自己动手，等等。这是"过度现代享受"之后的反思、回归以至呃逆，是新的生活质量的追求。这也是值得我们正处于极力追逐"尽情竭力追逐物质享受和感官刺激"的人们借鉴的。

回望"五四"精神，展视当今并前瞻未来，面对"民族母题"，我们在选择个体追求时，需要思索这样一些课题。它有益于自我、有益于他人、有益于社会。

应当重视中外文化对接中的误读与错位问题①

我们在追求现代化目标的过程中，最核心的、关键的问题，抽象地

---

① 原载《理论与实践》1994年第9期。

来表述，就是追寻现代性。其中，基本的问题又在文化的从传统向现代化转换，从文化的"人格化"表现（也就是以人为文化的载体和用文化来武装人）的意义上来说，就是中国人从传统人向现代人转化。在这种人与文化的转换过程中，在文化上的对外开放，积极地、主动地、创造性地吸取异域文化，以补传统文化之缺，以增强传统文化的新的生命力，以及用新的文化素质来改造旧有文化，都是非常重要的。

我国的改革，现在已经进入文化层，在越过了器物层和制度层的改革之后，当然不是"只剩下文化问题"，而是前两个阶段、两个层次的问题仍要解决，仍然是改革的内涵。不过，文化问题突出了、迫切了，前两个阶段和层次的问题，如今也深化到文化层了。这样，文化的改革和改革的文化问题，就成了摆在面前亟待解决的课题了。

不过，这是牵涉一个接受问题。从接受学的理论上来讲，无论是个体的接受还是群体的、民族的接受，都有一个基本的前提，这就是接受主体（个人或民族）的接受定式——文化上的、心理上的定式，这种定式是接受主体的"前文化状况""预设状态"，它决定了主体在接受时的"接受屏幕"和"期待视野"。主体凭此以接受其接受对象所提供的文化本文。这种接受，又是通过对被接受的本文进行解读、诠释、选择以至改塑之后才实现的。在这一系列的接续性的主体活动过程中，对象——也就是接受对象所提供的文化本文，被"消化"后，部分地被理解接受了，部分地因不理解而被放弃，或者部分地由于"异质相斥"而被排斥。只有一部分被接受的东西，作为新事物、新养料，而成为传统中的新质和促进转换的酶化物逐步转换，这在接受学上就叫"视界融汇"。

但是，这只是一种一般性的理论描述。在实际生活中，在一个民族接受外来民族的文化本文时，常常发生误读现象，常常发生伪诠释，以至错位性对接的情况。所谓"种下的是龙种，收获的却是跳蚤""种下的是跳蚤，收获的竟是龙种"的情形都是有的。中国话说"歪打正着"，便可以形容这种接受失范。

我们目前遇到的问题，更直接、更迫切、更加是"前沿性"的，倒不是"现代化对传统如何选择"，而是"传统对现代化如何选择"，也就是：在现代化的千万事物中，传统（传统的人和传统文化）选择什么？如何选择？如何运用？这里，便发生了"传统的接受定式"在那里兴妖作怪的问题，它的接受屏幕和期待视野会出问题，会舍"龙种"而取

"跳蚤"，会使龙种蜕变成跳蚤。

我们现在在这方面的误读、伪诠释以至错位对接，是很多的，其结果是劳民伤财、败坏事业的发展。

我们往往是群众性地先接受享乐性文化，比如吃、穿、用方面的"洋货"。现在我们在这方面的超前发展是很突出的，社会性靡费也很突出。我们的生活水准和生活的"整体性状态"，本还没有达到"欧美式"或"现代化"，但养宠物却先在社会上流行起来。我们至少在居住条件和方式上，是不适于养宠物的。我们的化妆和美容，一方面是缺乏应有的水准，一方面则是非美化的美化，并且许多有害人体的化妆品充塞市场，伤害人群。这都不是真正科学的、先进的、高文化层次上的化妆、美容。这是一种对现代文化的误读和伪诠释。

在技术文化上，则是常常以农业的、手工业的心态、观念、操作方式，去对待现代化的、科学的、高技术的机器、设备和技术。"一弄就坏""弃置不用""买来几年不开箱""一浪费就几十、几百万元"等事情，发生得很多很普遍。

当今汽车文化在社会上很时兴。汽车，意味着速度、时间、效率。这是发达国家汽车文化的主要功能和标志，它是工具文化。西方生产领域、经济领域里的运作，离不开汽车。从运输、交通的意义上来说，汽车也是速度与时间、效率的保证。但汽车文化到了我国，却成了权力、地位、财富的象征和标志。对于其节时、增速、高效，倒是不十分注意的，注意的主要是牌子、价格。更有甚者，有的给教师开白条子的县，买高级轿车；有的赔钱的企业，也买高级轿车；结婚大操办，主要是比赛汽车的多少与好坏。这是典型的误读与错位了。

还有一种将外来的、高科技文化，错位对接和消融化解其先进性的问题。这就涉及整个文化层的改革问题了。这里，同时还有一个改革的文化问题。即用什么文化心态、什么文化"接受屏幕"去接受外来的进步文化，又用什么文化来解读、诠释、对接外来进步文化的问题。

这些问题的产生，在于传统文化中的不适应现代需要的那一部分在起作用。解决的办法就在改革深入到文化层，使文化与人，都在改革的实践中，实现从传统到现代化的转换。

建设精神文明要解决的几个重要观念问题①

人的行动受思想观念的支配。存在决定意识，但意识常常落后于存在。意识对存在的条件和要求做了解释反映，不是自然而然的，有时也要人们发挥自己的主观能动性。因此，主动地去解决一些观念上的落后问题，以满足行动的需要，往往是取得行动效果的前提性条件。建设有中国特色社会主义也是如此。当前，在建设有中国特色社会主义伟大事业的过程中，关于精神文明建设问题有几个认识上、观念上的问题必须解决。

一、建设精神文明是建设有中国特色社会主义的题中应有之义

建设有中国特色的社会主义，建设社会主义现代化国家，在总体的目标体系中和在最后的归宿上，都包含建设精神文明的内涵在内，并且以其为不可或缺的重要组成部分。这是因为，社会主义的现代化不同于资本主义现代化，在与之伴行的制度建设和社会形态的过程与归宿上，都是社会主义而不是资本主义。这就必然要求在现代化过程中，抵制、防止个人主义、享乐主义、拜金主义等价值观的侵蚀，而且要建设和发展集体主义、共同富裕、奉献社会等社会主义价值观和道德规范。

社会主义社会的发展目标是"两个文明"的统一，是物质财富的极大丰富和人们道德水平的提高，社会主义的发展过程是两者统一的、互动互促的发展过程，而不是分歧差异的两极发展。只有两者的共同发展，才能保证发展过程的健康和社会主义制度的巩固。

---

① 《精神文明建设》1997年第2期。

目前不少人却把两者分开、割裂开来，错误地以为搞现代化、建设有中国特色社会主义，就是抓物质文明的发展，就是单纯地发展生产力、增加物质财富和发展经济，而精神文明建设是外在的，不是建设有中国特色社会主义的奋斗目标。因此，在实际的行动上，只抓物质生产一面，而把精神文明"分给别人"、交给"业务部门"，即"一只手抓一面"，而"分"出另一面交给"另一只手"去抓。这种外在地分割两块的认识和做法，实际上反映了一种把两者割裂开来的观念。

从两种文明本是内在地结合在一起的观念出发，就会明了，在物质文明的建设过程中既有精神文明的投入和保证的作用，又有精神文明的创造和收获；同样，在精神文明的建设过程中，也是既收获物质文明的成果，又能推动物质文明的建设。

二、物质文明上去了，不等于精神文明会自然地同步上升

不可否认的是，在物质生产发展、经济起飞的过程中，随着物质基础的日益雄厚，精神文明建设的设施会由于投入的增加而得到改善，如文化福利设施的增加、城市基础设施的发展、城乡各项公共建设的发展，以及教育、科学技术、文化以至娱乐设施的增加和现代化水平的提高，等等。这些物质条件的改善是精神文明建设必不可少的。但是如果不是自觉地、主动地、积极地、有计划地加强精神文明的物质基础建设，加大精神文明的物质投入，就是经济发展了，精神文明建设也不会自然得到必要的物质保障。改革开放18年以来，我国经济得到了较大的发展，但是精神文明建设的物质投入仍然偏低，就足以说明这个问题。

除此之外，还有更重要的问题：精神文明建设主要是意识形态部分、狭义的精神文化的建设方面的发展。这包括崇高的理想信念和思想道德，正确的人生观、价值观。总之，一种现代人的文化、心理性格的形成和新的国民性的塑造，这些是不会随着物质生产的发展而自然地发展的，而是必须作为一项社会精神文化工程有目的、有计划、有组织地去建设的。

三、物质的发展和精神的发展要保持平衡

一个国家和民族，乃至一个人，其发展，总是要物质方面和精神方面保持平衡的。不保持平衡，就会产生问题。比如一台计算机，"物质"是硬件部分，"精神"是软件部分；又比如一个人体，"物质"有如中医所说的"阳"，"精神"有如中医所说的"阴"。硬件是基础，软件是关键，没有硬件，软件失去存在和发挥作用的根，无所施其技；而没有软件的设计和开发，硬件就是一堆废物。人的阴阳失调，为阳盛阴衰，就要生病。社会的发展、国家的繁荣，以至具体到现在实现社会主义现代化，如果只有物质的发展，硬件的建设，即"阳盛"，而缺乏精神世界的发展和建设，人们的思想意识、文化心态以至整个精神世界还是陈旧的、低级的、浅层的以至腐朽的、没落的。比如说陷于道德水平低下，文化素养欠缺，个人主义、拜金主义、享乐主义盛行，那么，社会生活就是阳盛阴衰，肌体失调，就会产生社会病症、发生社会祸灾。即使物质文明发达、经济增长，但整个民族难以兴旺发达。因为不是协调发展，整个社会不是全面进步，在整体上就不是"经济起飞与社会进步"的全面发展状态。这就像一个人处于阳盛阴衰状态一样，虽然拥有金钱、广有物质财富，但是文化低浅、道德沦落、精神空虚，那么其人于社会无益以至有害，本身也过着一种平庸低俗的生活，其人生是无意义的。

在客观上，物质生产的发展和精神生产的发展，可能会是平衡的，也可以是不平衡的，领导者、决策者、社会管理体系（机构），都要主动地去进行整合，使之趋向平衡。当然，平衡是暂时的、动态的，当不平衡出现时，就要去主动地调整，或者有预见性地在不平衡尚未出现时，就未雨绸缪地、有计划地进行宏观的调控或微观的调整，使之保持一种趋于平衡的走向。这才是高明的领导者、决策者、管理者。这样做，也不仅是从精神文明的这一面来看，是与物质文明的发展保持平衡了，而且从物质文明这一面看，也在这种平衡中得到精神文明的支持和保证，得到了精神方面的驱动力、智力创造与推动的能量。并且，在两个文明的平衡状态中，得到一种良好的发展环境，并得到社会全面健康持续发展的良好归宿。

我们在现实生活中，往往只见到物质之光、物质之福，而不见精神的隐在的光和力量、终极意义上的价值；同时，对于社会的动荡、秩序的不稳、人心的浮动、道德的滑坡等不良现象，也只能治标，而不知治本。其根本原因就是忽视了"物质与精神"两极的平衡，只重物质而轻精神。因此，在这一问题上树立一种正确的平衡观，并以之指导实践，在操作层面上予以落实，就是保持清醒的头脑，就能解决"一手硬、一手软"的问题。

四、精神文明建设方面的投入不是单纯的支出

一种比较普遍的观念，都以为对精神文明建设的投入，是一种单纯的、"绝对的"支出，是亏本的投资，稍好一点的"高度评估"也会认为这是救不了近火的"远水"。包括不少领导人和管理者在内，也认为这方面的支出是一种没有效益的"开销"，有时是不得不为。因此，多年来宣传文化事业投入总量偏少、比例偏低的问题总是难以解决，精神文明建设也未能切实纳入经济和社会发展的总体规划。

我们应该看到，轻视精神文明建设的物质投入，是一种政治上短视的表现。投资教育、科学、文化以及其他一切统属于精神文明建设方面的事业，即使从表层来看，也可以看到在短时期内、在实际上，是会收到经济和工作上的实效的，有的也会在稍待时日，比如一年、两年以至三五年内收到实效的。这只要从简单的推理和实例中就可以得出结论来。无论是机关、工厂、企业还是农村，只要从业人员（不管干什么业务的）文化程度提高了，道德水平提高了，精神文明水平比较高，工作和劳动效率就会提高。其他方面也都会提高，这是成正比的。据报道，有两个乡村收入相当悬殊，其他条件大体一致，不同的就是乡民文化水平；文化水平较高的村，收入就高。

更重要的是，总体上精神文明建设的投入，一方面是在"表面上"提高了人们的文化程度，从而提高了各方面的能力，足可提高劳动效能；另一方面，从内在的、潜隐的层面上看，由于精神世界的变化——这包括道德水平、智能水平、管理水平、创造力水平、人际关系良好水平、人的整体素质水平的提高等，会使物质文明建设的各个方面都收到良好的效果，而得到更好的发展。从另一个视角来看，还可以看到，由

于精神文明建设取得成就，一方面是物质文明也在精神方面的成就上得到体现（精神文明的实体部分，同时也是物质文明的成果，如教、科、文设施的建设等），并且"反射"于物质文明的层面上也闪着精神文明之光（如从业人员精神文明水平的提高，使工作面貌马上发生变化），这在总体上就是物质文明与精神文明的"双丰收"。同时，在另一方面，物质文明建设，也会在精神文明发展的基础上和所创造的条件（精神世界的现代化、文明环境的建设等等）下，得到经济效益、社会效益和文化效益三者的统一。这在总体上也同样构成两个文明一起抓的成效。

从以上的意义上说，精神文明建设既是"远水"，又是"近水"；既能"解近渴"，又能见长效。因此，这方面的投资绝不是单纯的支出；相反，是一举两得、可收双重效益的高效投资。

新世纪精神文明建设的新课题①

一

人类在20世纪取得了空前巨大的胜利，生产力提高、社会进步、文化发展等方面都取得此前任何世纪未曾取得过的成就；人类在物质文明和精神文明两个方面，都有了高度水平的进展。这为人类的生活质量和智能发展提供了强大而稳固的基础和条件。但是，成功也带来许多问题，胜利之中也包含着损失。因此，在不断取得胜利和成就的同时，人类也不停地随时进行了总结和反思。尤其是关怀人类命运、始终进行超越性思维的仁人哲士，可以说进行了百年反思。在20世纪末，汇集、

---

① 原载《精神文明建设》2001年第3期。

总结百年反思的成果，并作世纪末的总体回顾，面对当代巨大麻烦和困惑，各方面人士，从各个方面、各种视角，以多种学科进行了总体性反思和总结。概括起来可以说进行了三大反思。这三大反思，是我们思考在新世纪人类如何更好地发展、进步、提高的思想与实践的基础。当然，也是我们思考新世纪精神文明建设新课题的基础。因此我们从这一问题谈起。

所谓世纪末的三大反思，第一是对现代化的反思。"现代性是否出了问题？"这是已经提出很久的问题。它的命题意义就在于：对传统是不是破坏得过多、过重，是不是否弃过头？同时，"现代性"本身是否也出了问题？过分的现代性追求，过度的物质、金钱追求，过分的感官刺激和物质享受，使人类有脱离文化故乡、心灵家园过远的惶惑，"芸芸众生，物欲横流，何处是归程？何处觅心灵家园？"第二个反思是对科技文化的反思。20世纪是科技的世纪，高度发达的科技和连续发生的科技革命，使人类在20世纪取得了生产力的迅猛的高度的发展、社会财富的巨大增长以及生活福利水平和生活质量的巨大的提高。高科技仍然是21世纪生产发展、社会进步的巨大动力。但是，科技也带来了、产生了巨大的问题和负面效应。这就是"三大家园"（自然、社会、人类心理）的破坏、"三大关系"（人类、自然、社会）的紧张，自然破坏、环境污染、生态失衡、物种灭绝、人体和心理多方面受害，不一而足。这些并不是科技本身的问题，不应由科技来负责；问题出在人类如何使用科技、调控科技的功能与效应这方面。因此，人们提出了"人性地使用科技"和"使科技具有人性"的科技战略和发展方针，提出了要同重视科技文化一样重视社会科学和人文科学，还提出由"科技导向的现代化"向"文化导向现代化"转换，等等。这都是在反思基础上提出的纠偏补罅的战略性思维和方针。第三个反思是对于"生活质量和生命真谛"的反思。现在人们已经实现了很高的生活福利水平，创造了很高的生活质量。物质的、精神的、社会的、伦理的、人际关系的、审美的等主客观条件，都已经具备了。但是，人们仍然感到苦恼和困惑，感到寂寞、孤独、失落，心灵失衡。主要的原因，是物质的享受、物质的满足，超过了精神的愉悦和不能代替精神的满足。而且，越是在物质水平高的生活中的人们，越是感到生活的空虚、心灵的孤寂。因为过分的物质享受、过分的感官刺激，过分的机械化、自动化、电气化、电子化、工业制品化和享受别人服务，倒使人失去自主性、主观性、随意性、随机性、情感性，而产生失去了自我的感觉。因此，感到一种对于生活质量和生命真谛的理解片面，偏向物质，偏向机械，偏向自我，偏向"受用"。总之，增加精神指标、自然状态和"他者视野"，成为生活质量和生命真谛的意义补偿和价值补充。

二

在三大反思的基础上，产生了重新审视和正确处理以人为中心的"五大关系"的思考。在这"五大关系"中，一方面，人是中心项，人立于核心的、主体和主动的地位。但另一方面，人类又处于被动的、客体的和被挤压的位置。原因是人类没有完全正确地处理这些关系，也可以说是人类过于以"中心""核心""主体"自居，人类把自身看作"主人""主宰"，因此遭到报复。现在，在总结与反思的基础上，人类力图摆正自身的地位，正确处理这些关系。这"五大关系"是人与自然、人与科技、现代与传统、东方与西方、"自我"与"他者"的关系。

在人与自然的关系方面，长期以来，人以自然的主人以至敌人的姿态，用强力、暴力，用高科技，开发、利用自然，向它索取，以至破坏了自然、生态和环境，遭到报复，同自然的关系全面紧张，而且到了不改善关系就会遭到自身毁灭结局的程度。因此，人类需要把自己正确地看作自然的一员，与自然一体，既要开发利用自然，以为自身的生活之本、生命之源，又要保护自然、尊重自然、养育自然，与自然为友，与自然共存共荣，建设一个美好的自然环境，使之成为人类的家园。在人与科技的关系方面，要保持科技文化与人文文化的共同的、平衡的相协调的发展；要加强科技的人文性和人文关怀，采取正确的科技战略、科技政策，在科技发展和科技应用等方面，都将有利于环境、人类、动植物以至一切生命的因素考虑在内；如此等等。在人与"他者"的关系上，把"他者"——自己与他人、集群的本群体与其他群体、国家民族的本国本民族与其他国家民族——放在与"自我"必在必有的地位，只有互存才能互荣；"他者"是"自我"之必须。"现代"与"传统"是一对矛盾，现代化必然必须批判传统、改革传统、扬弃传统，现代化的过程就是改变传统的过程。但是，必须掌握一个"度"，过度就遭害惹祸，使人类失去精神家园、文化故乡。这个"度"，就是不能完全抛弃传统、彻底否定传统、在"无传统"的基础上"从头来"。失去传统，就失去现在。两者的关系，必须整合到良好状态。现在人们已经发现"现代超重""传统式微"的严重失衡状况。与这相关的是东方与西方的关系。近代以来，世界以西方文化中心论为主，造成西方话语霸权，东方国家、民族被殖民化，遭掠夺，文化遗产遭劫掠摧残，东方文化体系被轻视否弃。在现代化过头、"现代性反思"过程中，人们发现东方文化精神有其对西方文化、"现代化问题"的纠偏补罅的作用；未曾破坏的东方传统中，不少应该保护，或使其向现代转换。"以东方文化为平等的'他者'来重新认识西方文化"，已成西方共识。

三

上述的两个方面的几个问题所提出的总结和思考，是现代人类经济与社会发展的重大课题，同时也是精神文明建设的重要方面和重大课题。它们提出的主要精神就是人类需要重新考虑自己的生存策略和生活目的，需要挑战整体文化方向，需要调整物质世界和精神世界建设的方针，需要整合理性和感性世界。依据以上所讨论的这一系列问题，我们对于新世纪精神文明建设的方向、方针、内涵以及具体举措，可以得到多方面的启示。这里主要从内涵方面着重谈若干问题。

1. 对自然的亲近、保护和珍爱的思想、感情和行为

这是全人类需要尽快建立并全面地付诸实践的观念。江河湖海以至几乎所有大小水域的污染，广泛的自然生态和广泛的种植业生态失衡，珍稀动物和众多物种的灭绝，大气层的破坏，等等，都达到了严重的程度，尤其是发达地区和发展中地区，都已经或正在大规模地施行破坏政策和行为。人类的自然家园可以说满目疮痍。它反过来危害人类生存和生活质量，人类的物质生活和精神生活都面临危机。因此，在精神文明建设方面，亟须将环境意识、环保观念和行为纳入，作为重要内涵、重要目的，作为人们日常生活中必须具备的精神文明建设的指标。这一点对于我们国家来说尤为重要。因为我们正在全力奔赴现代化目标，正在建设中国特色社会主义，正在大规模开发自然、发展经济，正在开发欠发达的大西北，如果不把"自然""环保"纳入视线和战略方针之中，

作为精神文明建设的必备指标，我们的自然家园将会遭到严重的甚至是万劫不复的破坏，我们留给后人的就会是罪恶而不是幸福。而且，社会主义国家、中国特色社会主义，保护、建设自然家园本是题中应有之义。

2. 建立全面的科学观，对科技文化和人文文化同等重视

科技文化与人文文化两种文化的分裂是人类文化在科技高度发达时代的重大问题之一；而现在两种文化的渗透、汇合与"携手共进"，又是重要的发展趋势。在现代人的精神世界里，应该理性地和感性地既重视自然科学、技术科学，建立科学的世界观，反对封建迷信，又重视社会科学、人文科学，在智能和才干的发展上，应该"两者兼备"。同时，决策者和社会领导层以及普通公民，都需要建立人性地使用科技和使科技具有人性的思想观念，需要制定和严格执行这样的战略方针。这是精神文明建设的必备指标。这一点，对于一向重理轻文和科技发展、人文落后的我们来说，尤为重要而迫切。

3. 对人文科学、社会科学的关注和人文精神、人文关怀的重视，应该是现代精神文明内涵和目的的高层次追求

人文社科的落后和人文精神淡化、人文关怀缺失，是当代人类苦闷、困惑以至产生寂寞感、孤独感、失落感的重要原因。对重视人文社科和重建人文精神的呼吁，已遍及四海。精神文明建设正应该在这方面发挥其重要作用。

4. 对传统的珍爱情感、慎重态度以及向传统的适度回归与对传统的现代诠释

现代人的情感世界里，越来越多地萌发了对某些传统事物、风俗、习惯，对于历史遗迹的留恋、追忆之情。这里包含着人类的集体无意识、民族记忆和念旧情怀。这是一种对社会生活中过度现代性的逆反心理和对传统的情感回归。人类创造的古老传统和文化遗存，有的部分是人类永恒的记忆和永存的心灵家园，在现代化过程中，应予保留、适度修复或加以现代诠释、现代利用。这是人类精神世界的一种有意义的积极建设。

5. 对比较稳定的恋爱、婚姻、家庭的重视和积极的建设

婚姻不稳、家庭破毁、亲情疏离，造成离婚率攀升、单亲家庭和非婚生子家庭增多、社会问题增加以至青少年犯罪率增加等，已经是困扰

人类的严重问题。这在精神方面大大降低了人们的生活质量，甚至由于精神的原因，物质层面的生活质量也受到一定程度的影响。因此，精神文明的指标体系，把这项"婚恋—家庭"指标纳入，已是相当迫切。

6. 集体、民族、国家观念的强化和维护其利益的实际行动

在市场经济体制的建立过程中，在社会转型过程中，人们的个体利益、个人享乐、个性张扬，都得到社会的承认和适当的鼓励，因此在社会心态上，"人心趋己"，集体、民族、国家的利益受到冷漠的对待，甚至有人不惜损害、破坏这些利益。有的人还不惜损害国家民族的形象，以求私利的满足。这种思想行为，不仅于公不利，而且到头来终会害己。把自觉维护集体、民族、国家利益，并为此而抵御、反对相反的行径，列为精神文明建设的重要内容，很有现实意义和长久作用。在新世纪，应该加以强调。

7. 现代观念

社会的现代化必须与人的现代化同步进行，没有人的现代化，社会现代化就不可能实现。现代人，现代人的精神文明，必须以现代观念为思想基础之一。一个人对自然、社会、世界、人生、他人等一切事物、人事，都具有现代观念，才能具有较高的现代精神文明。一切不符合、不适应现代化的旧观念、旧意识，都是应该在这种现代观念面前消失的。

8. 时间观念

这里的时间观念不仅指珍惜时间，而且指对时间有一种科学的观念、实践的观念以及在时间问题上尊重他人的意识。应该把时间同自己和他人的生命联系起来，有效利用、积极创造。一个现代人、具有现代精神文明的人，"时间"始终是他的观念中的一个重要角色。

9. 世界意识

资讯全球共享、经济全球化、世界一体化，是新世纪的突出现象。因此"世界意识"就成为现代精神文明的一个重要指标，而为每一个现代人所必备。具有世界意识的重要内容之一，就是要能在观察、分析事物，思考、处理问题的时候，一方面，实事求是，根据现实的、当时当地的状况来分析思索；同时也具有世界眼光、国际知识和国际性衡量标准，以此为参照系。当然，如果是对待国际性问题，后者就更居重要地位。

10. 新的"生活质量"观念和标准

依据上面所述的一些新世纪的新趋势，人们衡量生活质量的观念和标准，已经发生变化。重要的内容之一，是对于生活中的精神因素、精神方面更重视了，放在重要地位了，注意和要求与物质生活的平衡了。这"精神因素"，包括对于教育、科学、文化的重视和它们在生活中的地位的提高；对于恋爱、婚姻的稳定性的重视，对于家庭的重视和依恋情感，对于亲情的重视和悉心维护，等等，也包含对于他人利益与人格的尊重，对于有益传统的爱护和亲近等。这种生活质量标准和观念的建立，不仅有利于个人生活，而且有利于社会的稳定和发展。

11. 把"他者"纳入生活本质的价值观、人生观

不是只顾个人利益、个人享乐、个人发展，而是同时尊重、重视他人的利益、人格、幸福，把"他者"（不仅是他人，而且包括集体、国家、民族以至动植物、自然环境，等等）纳入"自我"的本质之内，这种人生观、价值观，应是现代精神的重要内容、重要指标。这是人们在对20世纪的生活进行反思后得出的有益结论。

12. 对金钱的新的观念和态度

金钱在人的一生中的重要作用和意义，这是谁都懂得的。生活教会了人们重视金钱。但是，金钱不是生活质量高的唯一依靠，有钱并不是就有幸福，对金钱的追逐甚至成为祸害，这是只有亲历者或具有类似生活经历的人才会体会到的。中国近些年里揭发出的大贪污犯由于追逐金钱而家破人亡，西方豪门贵族虽拥有数不尽的钱财却生活在痛苦之中，这些事实在提醒人们，对金钱要有冷静的、正确的、科学的态度。幸福和高生活质量，适量的金钱是基础，但不是唯一的条件。生活中有许多比金钱重要得多的事物。

当代精神世界之再造^①

一

我们面对着一个崭新的心理世界：情绪的骚动、心理的失衡、情感的失重——总体上的失落感。大家都觉得在某个地方有点儿不得劲、不适应、不妥帖的感受。一种心理上的"失乐园"。这种社会心态，是一种相当普遍的心理倒错。这是一种"现代人心态"的初步反映，既有进步的、积极的因素，又有落后的、消极的方面。哲学家说："现代人在寻找精神家园。"心理学家说："现代灵魂的自我拯救。"文学家说："现代人在寻找失去的'草帽'。"当代中国人，还没有"失落"到这种程度，还没有大家全都和全部精神都进入这种"现代病"的状态。中国人现在还处在从传统人向现代人转化的过程中。因为中国社会仍在实现现代化的过程之中，我们在总体上还没有失去精神乐园，还没有失去那传统文化的母亲——精神上的草帽。

但是，当代中国人的感性世界已经紊乱，理性世界也已经变化，一个新的情感与心理天地在迅疾地、剧烈地，有的是大张旗鼓、热热闹闹地、公开地，有的是悄悄地、暗暗地产生、发展和蔓延。这种变化，遍及所有人群与阶层，青年是"先锋"，中年人是"骨干"，老年人也并不示弱，连少年也不自觉地跟上来了。尽管变的性质、强度、深度不同，但无论哪个职业部门、哪个阶层、哪个文化层次，都在变。总体上可以说，**传统中国人正在向现代中国人转化，新的现代化的中国人正在产生**。这种变，在总体上是精神世界与精神文明之变。变化的渊源有几个

---

① 原载《精神文明建设》1995年第5期。

方面。第一，中国社会在改革大浪潮中的急遽、剧烈、深刻的变化。这种变化在中国历史上是空前的，其性质是从未有过的，是一种社会重新构造成的运动。因此，简直是带着"颤动性"的。第二，由于这种变革而带来的旧的、固有的、传统的精神世界、感性世界、心理世界动摇了、改变了、消失了或者是退坡了。第三，一个过去陌生的几乎一无所知或者被歪曲了的世界，突然五光十色、光怪陆离地展现在眼前，迷惑、眩目、震惊、欣羡、倾慕，心旌摇曳，心理失重。毫无疑问，这种变化是好事，是前进的、积极的、向上的，**是历史进程的一种表现，是深层的历史涌动与前进在人的心态上的表现。中国过去所缺乏的就是这种人心的真正变动和发展**。近代中国，洋务运动实行了器物层的改革，辛亥革命实现了制度层的改革，五四运动则进行了文化层的、人的心态的改革。但是，由于社会结构终未彻底地变革，现代中国人心态终未产生。现在，终于出现了这个客观条件，这样的社会基础，人的心态真正向着现代蜕变了。不过，事物总有两个方面，在积极的、向上的、前进的现象产生的同时，也有消极的、向下的、后退的事情产生，就像事物在光明中都有阴影一样。

二

变化在多种人群中是形形色色的，但在一定程度上，大体可以分为两种类型：一种是自己心目中的传统"图景"破损了，另一种是沉浸于自己所追逐的新"图景"中。前者感到迷惑、忧心而产生失落感；后者感到兴奋、冲动，从而产生了主体的失落。前者自以为失去了掌握自己命运的主体权；后者以为命运正向自己招手，并已被紧紧地抓住了。但两者都失去了或脱离了自己的精神家园，因而有某种空虚感。前者，又有几种情形，有固定地形成了自己的认识、理论框架，自己的社会发展图景以至"路程"的老革命；有虽无如此高层次，但也有一种固定的（虽不鲜明，虽不体系化、理论化）理想模式的老公民；有看惯了世事、听惯了历史、见惯了旧社会和原社会状况的老人们。他们都不同程度、不同深度、不同激烈度地有着空虚感，有一些不顺眼、不顺心的地方，有说不出和说得出的牢骚。后一类人则类别更多了，他们分布于各个阶层，出现于各种年龄阶段，但以青年、中年为多，社会阶层则以从事商业、工业者为多（这里又有广泛的、大体上分为上中下三个层次的各种次阶层）。

对于前一种人来说，不能否认他们之中的许多人和他们之中许多人的一部分意见、牢骚、"不顺眼"、"不顺心"有合理的部分或正确的内核，这是"管事的人们"——负责社会整合的人们所应该注意搜集、听取、分析和化为正确决策依凭之资讯的。至于这部分人自己，为了自身的安宁和健康，为了问题能够得到正当的解决，则是一方面要调整自身的思路，看有哪些"过往的记忆""固有的模式"已经同前进了的社会和社会的发展不合拍了的东西；另一方面，还要冷静分析当代的新情况：新景象、新问题、新发展，认清它的前进着的主流，然后就其不足之处、消极方面和各类问题，提出批评，谋求改正，并于其中贡献自己的一份力量。这样，心理平衡了，紧张的身体松弛了，生活充实了，精神家园不再失去，传统的文化母亲的"草帽"也不会丢失。

至于后一种人，主要是其中的"春风得意马蹄疾"者。他们主要有两种类型。一种是完全沉醉于自身的得意的美梦中的人。他们成功了，胜利了，发财了，颐指气使，一呼百纳，一掷千金，觉得自己完全是一个人生的主宰、生活的主人，但实际上，失去一切约束的"无拘束"状况，却并不是真正的自由状态，而是无根的、无着落的状态，也就是心理失重状态。他们内心的深层有一种也许自己也说不出甚至尚未感受到的空虚感、失落感。他们倒确实失去了精神家园，而沉湎于物质获取、掠夺、享受之中，他们倒确实丢失了内心的传统文化母亲的草帽，光头秃顶暴晒在物质的、享乐的以至作恶的炎日之下。他们之中有些人，内心萌生出一种破坏欲、一种毁灭欲。另一种则是既非完全的沉湎，又非已然的清醒者。他们之中不少人，常会白天欢乐畅快，夜里惆怅抑郁；人前春风得意，独处秋意瑟瑟；玩弄女性时忘乎所以，过后便痛悔苦涩。他们时念精神家园的风光，想结束、想改变，他们时时反顾传统文化的故乡，以至自己昔日的单纯。

这些社会角色的心态，是新型的，是非传统的，是蜕变中的向上与向下、向前与向后、向西与向东的矛盾惶遽之态。

的确，只有寻找到自身寄托的精神家园，只有找到那丢失的草帽，才是自己和社会都得到稳定发展的文化路径。

三

德国的心理学家维克多·弗兰克在他的有趣的著作《无意义生活之痛苦——当今心理治疗法》中说："每个时代都有它的神经官能症，都需要有它的心理治疗法。"他说，在弗洛伊德那个时代"面临的是性挫折"；在阿德勒时代，所患的则是"彻底的无意义感"并"伴以空虚感"；而在他做报告的时代，即第二次世界大战之后30年，所面对的社会心理问题则是"生存挫折"。从社会发展阶段性大体的"对应状态"来说，我们是空虚感和生存挫折并存的状态，或说"中国式社会神经官能症"。不过，中国的社会和中国当代经济—社会结构状态与发展情势，决定了这种"中国式社会神经官能症"有它特有的社会内涵和文化素质。

我们许多人的"空虚感"，并不是真正的、实际的"彻底无意义"，而是自己不知追求有意义，或是自己不能发现生活中的意义，也就是自己离别了精神家园和弃置了文化的草帽。这在我们前述两种人中是都存在的实情。

我们也不是真正遇到了"生存挫折"，而是我们在生存中，因自己的主观状态与社会客观发展情势不合拍而又不能去主动整合，从而产生了一种主观的生存挫折。

前述两种人，都存在这种状态。比如前一类人中的"老公民"们，只要整合主客观之间的某种不协调，就自然会充实起来；又比如后一类人中的"得意者"和"矛盾者"，只要在一定时候，在白天过去的黑夜，能够回顾一下"精神家园"；在文化后院，来一番文化的冲凉，思索一下人生的意义，生命的真谛；在自己之外，环顾一下环境，照顾一点儿他人，那么，就会在"他者"之中，发现自己并获得自己，而使自己充实。

四

个体的心态的稳定、心理的平衡，是社会安定、稳态发展的基础。就每个人来说，无论处于何种生存状态，都可以通过自我的心理治疗、自我的文化养生，得到一种失衡中的平衡、紧张中的松弛、动荡中的平静、激动中的冷静的。

我曾经多次在国外的紧张劳碌中，在参观名胜古迹或得片时安坐默思中，得到这种"片时千古"式的文化坐禅。我在一篇散文中写到自己在德国一位友人家中，当主人全都外出，我独坐于他那个坐落于郊区，为田野所包容的别墅式的庭院里，静坐读书时的内心感受。斯时也，红尘远去，脑波不兴，心绪平宁，胸襟清朗：总体上感到一种无物的充实、无思的沉思、异乡的家园感。但这不是"梦里不知身是客"，而是一种"精神家园"的觅得。文中我写道："这异邦游子心中的家园感，这人生搏斗中的暂息，这人世熙攘中的孤独，带着一种苦涩的甘甜。"这种感受是由于暂时割断了种种尘缘，一切事务的纠缠、事业的苦恼、人事的纠葛、物质的惦念、情感的羁绊等，都暂时远去和遗忘了。这形成一个思绪、情感和心理上的稳态平衡，解脱、宽松、平静、超越，这是最深沉的休息，是无思维的直觉思维，是无目的的自省，是总体把握式的人生体验，也不妨说是一种气功的"入静"或"参禅"。当我返身入屋，重新"走进世界"时，便会感到有了新的力量、新的信心、新的希望和理想，因为我经历了一次"灵魂的洗涤"。

五

我这里所写到的感受，虽然是一种物质欲望的超越、一种世俗生活的超脱、一种名缰利锁的解脱、一种感官享受的摆脱、一种红尘俗念的消除，而且具有一种文化养生的功能、一种超凡脱俗的思想境界。当然都是短暂的、一时性的，但它的功效具有全局性、整体性、文化性，可以使人在思想上、信念上超越世俗红尘，而补救物质追逐和功名羁绊所造成的苦恼人生的苦恼。虽然如此，但这仍然是**个人式**解脱和补救，是"世人皆浊我独清"式的自我拯救和自我净化。虽然这对许多人来说，已经难能可贵，若能产生广泛的社会效应，也是于世有益的。但这究竟仍是个体的修养——修身养性。

我们还应该有**群体性的、社会性的、利他为他性的文化养生**。这就是以利他之心、利人之举，而既利世，又反利于己，达到利人利世式的自我文化养生的效应。其实质是通过利他利世而成就一种社会公德，群体性地解放社会性的精神紧张、心理失衡、精神家园毁弃、文化母亲的草帽丢失的心灵充实。

这里，我想再次引用弗兰克的箴言，他说："人只有超越自身才能获得人生的意义。"也就是说，只有利他人、为他人、为群体，才能使自己这一个体获得生活的意义、生命的真谛。简单地说，也可说是只有在为别人的行动中，你才能真正肯定自己的意义，**如果只为自己，你就失去了自己**。当前许多人的**失去自己**就是如此。有人说："我现在除了有钱，什么都没有了。"这就是一种只为自己而失去自己的心态。所以，弗兰克说："他越是通过**献身某一事业或他人而忽略自身、忘记自身**，他就越成为一个人，越是**实现他自身**。只有自我忘却才达到**灵敏性**，只有自我献身才产生创造性。"①这说得多么好，充满了辩证的人生哲理。他最后说："基于人的自我超越性，他便是一种寻求意义的生物。"②通过自我超越，来寻求意义，来获得意义，这既是集体主义精神，也是社会主义精神，又是中国传统道德中的精义。

东北振兴极需开发文化力

当今之世，已经进入以文化为轴心的时代，文化成为人类生产与生活发展与提高的主要动力、资源和保证。

有三个方面的社会与文化现象，构成了这种"文化的力量"和"文化的轴心"。第一，知识经济的产生和高科技的发展，而且这两项的发展又是速度超前、频率极高、从量变到质变的过程短促而迅疾的。第

---

① 维克多·弗兰克：《无意义生活之痛苦——当今心理治疗法》，生活·读书·新知三联书店，1991，第116页。

② 同上。

二，在人类所有活动中，包括生产、生活、学习、政治、经济、教育、创造发明、人际交往、福利享受、娱乐游戏等，不一而足的众多方面，文化的功能和作用，都大大地、空前地提高了，达到具有决定性威力的高度。第三，文化自身成为一种产业部门，而且是越来越重要、影响力越来越大的部门。文化部分的产业化，不仅推动了、带领了其他产业的发展，而且提炼、结晶、创造了文化的发展，即产生了文化的收益、文化的创造和文化的果实。正是由于这种原因，文化具有了前面所说的威力和作用。

面对这样的文化力量，我们可以和应该说：文化已经从经济与社会发展的跟跑角色，变成为领跑力量了。

在这样的时代背景下，在这样的经济与社会发展环境中，在这样的全球性文化语境中，我们来探讨东北振兴，自然地会遇到和提出文化力的开发问题。

我向来还坚持一种观点，我曾经在许多场合下，表述过这一观点。这就是：经济是表现为经济的文化；文化是表现为文化的经济。

这意思是说，经济和文化好比是一枚钱币的两个面，是一体而"异面"。也就是说，经济之中有文化，文化之中有经济。但这种说法仍然是表面的。更深一层地来表述，我想是否可以采取这样的语式：在经济体内，整个地蕴含着、充盈着、弥漫着文化的因素和成分；同样，在文化的体内，整个地蕴含着、充盈着、弥漫着经济的因素和成分。两者是融会在一起的，是彼此渗透的。而且，我们还应该更进一步说，越是文化含量高的经济，便越是具有文化蕴涵；越是高科技、现代化的经济，其文化的蕴涵也越高。这就更加体现了经济与文化的一体性。

面对这样的经济与文化，这样的经济与文化的一体化状态，我们在探讨东北振兴时，也势必讨论文化问题。

探讨东北振兴中的文化问题，最主要的就是要探讨文化力的开发问题。

所谓"文化力的开发"，有几个重要的方面。

第一，人们首先想到的，自然是文化的载体——人的力量的开发。人的力量的开发，就是人的文化力的开发。人是由文化装备起来的。人的文化力的开发，又有几个方面。首先，人的文化素质、人的认知能力和人的技能的开发。其次，但却是最先遇到和迫切需要的是，人的观念力量的开发。即人的思想的解放。比如，东北振兴这个主题，在不同的观念中，就有不同的看法、不同的内涵、不同的开发战略和策略。而这些的不同，就会带来不同的结果和不同的效应。再次，人的文化力的开发，面对的是科技文化力的开发。这里包含科技含量很高的机器、仪表设备，各种硬件软件中的文化含量，各种生产技术中的文化，以及"技术文化丛"中所包含的各种文化，等等。这里涉及的文化系统、文化事项、文化现象，是很多很多的。最后，是我们一般考虑经济问题、经济与社会发展问题，不是很注意的问题，这就是经济发展、生产发展中的人文文化问题。这里涉及的面也是极为广阔的。最一般的列举就有：生产单位领导班子的建设，尤其是团结一致、思想观念的一致、同心协力的团队精神等，管理的现代理念、整体战略思想、现代管理方式；经营的现代理念和战略策略；企业内部的人际关系准则的确立与实践，企业外部行为的准则、特色；整体企业文化的建设等。

第二，文化力的开发，就是人才资源的开发。这里包括已有人才资源的开发与利用，合理的人才组合，管理和使用人才的现代方式；引进人才的机制和软环境与硬环境的形成；未来人才的培养与发展；等等。人才战略，是文化力开发中的首先的和关键的方面。

第三，文化力的开发则是现代企业文化的建设与发展。企业文化是企业发展和现代企业建设的灵魂与核心。在企业文化的科技文化、产业文化、经营管理文化和人文文化等诸多方面，都存在一个继承既有的文化基础、民族的文化传统问题和一个同时存在的现代企业文化的创造和创新问题。

以上提出了一个文化力的开发问题，还提出了文化力开发的几个方面的课题，作为我们在研讨东北振兴问题时的一个方面、一个思考的领域，供大家参考。

2004 年 4 月 26 日

文化，对于辽宁的特殊意义^①

　　文化作为人类共同的创造，既具有普惠性，又是任何地方、任何人都不可或缺的。文化对于不同的区域、不同的人，有其不同的意义和价值。作为对国家发展具有重要意义的工业基地，特别是重工业发达地区，辽宁对于文化有着较之其他省区更为巨大、厚重、深沉的需求。在科技文化、城市文化、现代文化比较强势的前提下，辽宁在继承传统文化，在发展与建设精神文化和强化人文文化的发展方面，有急迫和重大的需求。文化意识和文化情怀，对于辽宁人，是一项特别重要的文化心理素质。

　　任何地区、任何人都是用文化"装备"起来和"生活"下去的。不过，文化这个普适、普惠、普需的人类创造物，对于不同的区域、不同的人，又有其与众不同的意义和价值。对于辽宁的经济社会发展，文化有些什么特殊的意义？或者说，辽宁对于文化应该有些什么不同于其他地区的特殊需要？对于这个问题的认识如何，涉及一个"文化觉悟"问题，至关重要。

　　首先，作为对国家发展具有重要意义的工业基地，特别是重工业发达地区，辽宁对于文化有较其他省区更为巨大、厚重、深沉的需求。其程度，与工业尤其是重工业在国民经济中的比重成正比。特别是在"文化已经从经济与社会发展的跟跑角色成为领跑力量"的现代文化语境中，更是如此。工业是科技文化和现代文化的产物，以文化为其养育系统而存在和发展、提高。这里面包含着多个方面和多重结构的文化因素：需要科技含量很高的机器设备，需要高科技含量的技术设计、技术谋略和技艺，为此就需要具有高科技知识和科技头脑的人才，其中包括高科技人员、初级和中级技术人员以及工人。而管理以及经营方面，则

---

① 原载东北新闻网2012年3月20日。

需要具有高文化素质的人员，包括领导者和一般人员。这里还有一个将这一切组合起来、使之不仅正常而且高效率地运转的文化——管理、指挥与调整系统的文化需求。这便涉及一系列、成系统并形成自身构造的"系列文化"（"文化系列"），包含诸如科技哲学、技术政策与策略、经济学、社会学、行政管理学、人才学等学科。这是一个"文化丛"，它的多少、高下、优劣，决定经济社会发展的速度、效率和后续绩效，并且包含负效应的避免和发生问题后的"自我疗救"的效应。所有这些，并不是一种单纯的理论推论，它就在实际生活中存在。我们如果仔细考察，就会发现在辽沈地区存在正负两个方面的事实。值得注意的是，如果从这种"需求"与"实际存在"之间的配合与契合状态来考察，我们虽然不能对现在的状况说一个"否"字（这绝不符合实际），但是，我们是否可以说完全合格，或者说"圆满"？恐怕不能这样评估。即使堪称圆满吧，也还有一个提高和发展的要求。

辽宁是一个城市化程度很高的地区，十几个大城市，百万以上人口的特大城市有数个之多。这在全国位居前列，可与珠三角和长三角地区相比，有些方面甚至超过它们。由于城市化程度高，生产规模效应固然也高，现代化程度也高。但是，既有环境污染、空气质量低以及人口密集带来的一系列问题，又有城市化所提出的特殊需求，特别是除了外延的城市化和硬件建设，同时要求内涵的城市化和软件的建设。而所谓"内涵"和"软件"，其集中和深沉的意义，就是文化。其中包括城市各种产业的文化素质和城市人口的文化素质的提高，各行各业的文化软件的具备和进步，等等。所有这些方面的需求，辽宁都是高于除长三角和珠三角地区之外的其他地区的。这既是辽宁的光荣，也是辽宁的责任与需求。在文化的大发展、大繁荣中，辽宁既有条件优厚的一面，又有文化责任与需求大于其他地区的一面。

辽宁城市群相当密集，沈阳周边城市可与之"同城化"，这种城市群结构，又进一步提出"高文化化"的需求。城市大而多且密集，自然会人口多、阶层多、需求多、矛盾多、是非多、不稳定因素多。解决之道，除了其他途径和手段，就是文化，也只有文化，可起平衡仪、润滑剂、黏合剂、调和器、减震器、缓冲机之作用。这是为中外许多理论与实践所证明了的。

还需要特别指出的是，在科技文化、城市文化、现代文化比较强势的前提下，辽宁在继承传统文化，在发展与建设精神文化和强化人文文化的发展方面，有急迫和重大的需求。前者与后者的平衡、互补和整合，是辽宁文化发展的特殊需要。这方面的弱势，不仅抑制了辽宁的文化发展，而且抑制了辽宁的经济发展。

与工业化、城市化程度高的状态相匹配的，是对于发展企业文化的特殊和迫切的需求，并且是一种高层次的需求。文化是明天的经济，企业文化的高度和高层次的发展，是企业成功发展和超前发展的必需和底蕴。

由于工业化程度高、重工业比重高以及城市化程度高，辽宁的经济社会发展，能耗、泄污、空气污染、沙尘袭击、生态破坏等，都自然趋高，对环境的冲击力很强，故环境的脆弱状态也比其他地区严重。因此，在辽宁人（官员和平民，尤其是前者）的文化意识中，环境意识、环保意识和生态伦理观念都十分重要，而且是目前迫在眉睫的课题。现代人的观念和新的现代化理念中，环境意识和生态伦理观念，是一个居于首位的觉悟指标。环境已经作为文化项纳入文化的进步与退化的框架之中。在这方面，由于前述辽宁的特殊产业结构和社会结构，而显得特别重要。文化，在辽宁的特殊意义，也由此突显并在客观上吁请全社会高度关注。

科学发展观从文化学的角度来解读和执行，其含义十分丰富。"以人为本"这个科学发展观的核心，充分体现了以人为发展的出发点和归宿的精神，而"全面"、"协调"和"可持续"，则要求深刻的现代文化意识来理解和执行。辽宁的生产结构复杂多样，涉及面宽广而复杂，因而其文化构造和需求也复杂多样。因此，协调任务重，文化联系密如蛛网，需高度文化意识来把握、安排与整合。为此，也就要求全体社会成员（包括各个阶层、各个行业）的高度或比较高的文化修养，要求一种自在自为的文化精神以及普遍的文化关怀。只有这样，才能在复杂多样、要求广泛深邃地贯彻执行科学发展观上，达到客观需要的标准。在这里，其标准、其文化需求和文化层次，都是高于其他地区的。

鉴于上述一系列高水准和特殊性，辽宁在现代传媒的高科技、现代性发展方面，也都有高于其他地区的需求；在教育方面，尤其是高等教育和中等专业技术教育方面的需求，也是很重大的；在人文科学与社会科学方面的发展要求，也较其他地区更为迫切。

最后，还需要指出，文化意识和文化情怀，对于辽宁人，是一项特别重要的文化心理素质。"工业人"、"经济人"，曾经是世人对于只是或者过于重视工业化和发展经济的国家和民族的调侃式称谓，而"文化人"，则是对于他们的期盼和马首是瞻。辽宁人正是应该在工业高度发展和经济发展迅速的境况中，成为"文化人"，至少是"经济—文化人"。

总之，在工业化、现代化、城市化建设均居前列的辽宁，对文化有特殊的要求，文化对于辽宁来说具有特殊重要的意义。

辽河文化略论①

提要：

（1）辽河是可与长江、黄河媲美的民族母亲河；辽河文化已经被认同为我国星罗棋布的中华文明源头之一；代表辽河文化的红山文化考古发掘，唤醒中国、震惊世界。

（2）"龙出辽河源""辽河玉生辉"：中华文化基因符号的诞生与滥觞。

（3）对辽河文化的历史轨迹新解读：草原民族的游牧文化注入汉族农耕文化，使之变革、创新、强化、提升；草原民族的游牧文化，与汉族农耕文化汇合熔融，构成中华文化"不断变化的复杂共同体"，绵延数千年，辉耀世界史。

（4）"翻读"历史的"背面"，窥见"五胡乱华""五胡十六国与南北朝"，推动历史进展、获得"侵扰""乱华"另一面的"历史进步的补偿"：其间，草原民族和游牧文化，以"塞外野蛮精悍之血，注入中原文化颓废之躯"，"胡汉杂糅"，"相磨相镞"，从而冲破"历史出口"，开启了接续的隋唐盛世。

---

① 为沈阳城市学院成立辽河文化展览馆而作。

（5）宋、辽并存时代，中华文化因获草原民族与游牧文化的汇融而取得进步与变化：有辽一代，与宋朝对峙共处，在辽河流域，尤其是在辽宁境内，农耕文化与游牧文化的混融合和，业绩突出、遗存丰富，历史的足迹丰厚。至今，辽塔处处，经千年风霜雨雪、战乱兵燹而不颓圮，既显示其历史的遗迹与风光，又成为辽宁文化的出色亮点。它们在建筑上、艺术上和宗教上的影响，已经融入中华文化的精髓。

（6）长城与辽河，一山一水，逶迤并行，长城不仅是防卫御敌的"国之干城"，同时也是文化碰撞、交流、汇合的"文化带"。

（7）列举两种文化汇合之机制与成果：汉族农耕文化因应草原民族与游牧文化的渗入、融汇，而获得生活起居、物质文化与精神文化等多方面的改革与提升；佛教之传入，屡受汉文化冷待、抵牾、排斥，因草原民族之接受与传播，而接纳吸收，并使佛教中国化，形成儒、道、释三者汇通的文化总体；草原民族的佛塔建造，输入新的建筑元素，推动中华建筑的发展；中华文化中"平、上、去、入"四声之分以及音韵之学的发展，得益于草原民族之引入佛教。

辽河，虽然位居全国七大河流之一，但是，可能由于流域只寓于内蒙古、河北、吉林和辽宁四个省和自治区，一般被视为区域性河流，因而对之注意不够，研究也不很够；而辽河文化，更是向来被局部性认同和研究，而并未纳入中华文化的基因部分，成为全国瞩目的研究课目。不过，自从辽宁牛河梁红山文化遗址发掘后，震惊世人的系列重大考古成就，引发了对辽河与辽河文化的瞩目及研究的不断关注与浓厚兴趣。现在，辽河文化不仅已经被认同为中华文明"星罗棋布""满天星斗"的多个引人注目的源头之一，而且是屹立东北地区，堪与长江文明、黄河文明并列的"中华文明起源的三大主要区域文明之一"①。可见，辽

---

① 王绵厚：《高句丽与秽貊研究·辽河文明在中华文明形成中的历史地位》（哈尔滨出版社2004年6月第1版，第336-337页）："辽河作为中国古代先秦文献中的'六川'之一，……为代表早期华夏文明覆盖面的重要水系之一。""《吕氏春秋》中的'六川'是先秦时期在大禹治水后，划定'九州'方域内的代表性水系，也是当时人们已认定的'华夷一统'的水系地理和经济、文化区。从历史自然地理上考察，这'六川'中，除'辽水'外，所谓'河水、江水、赤水、黑水、淮水'基本划定在分属今黄河水系和长江水系的古燕、秦、汉长城以南和'五岭'以北。（谭其骧主编：《中国历史地图集》第一册第29-30页，战国时期全图）只有'辽水'地处燕山以北、长城地带，成为名副其实的中国北方环黄、渤海岸的独立的经济、文化区。"

关于中国考古文化的测定，中国新石器时代文化可以分为六个大文化区（"苏秉琦说"）或十二个文化区（"严文明说"）；而公元前4000年起，在中华文化发展进程中，居于具有重大作用和地位的文化，则有黄河下游的大汶口-龙山文化、长江下游的崧泽-良渚文化、长江中游的屈家岭-石家河文化、中原地区仰韶文化，以及其后续的龙山时代诸考古学文化，还有燕山地区的红山文化。①这里，居于辽河流域的燕山地区的红山文化赫然出现在系列中华文化主要源头的光荣榜上，也就是"星罗棋布""满天星斗"中的亮星之一。这里所说的"燕山地区的红山文化"，其地域概念，可以以红山文化的典型代表辽宁牛河梁红山文化遗址和内蒙古赤峰市敖汉旗的兴隆洼文化来标识，而这一区域正处在辽河流域的范围之内。

辽河，我国七大河流之一，全长1345千米，流域面积达21.9平方千米。而从活动在这个区域的诸多草原民族的流徙、征战以至建立广大区域的统治政权的状况来说，或者从文化的繁衍、生发与变迁的视角看来，实际上其影响所及，遍及整个东北地区，以及内蒙古广大的东部地区。这则是一个更辽阔广袤的区域，它包含辽、吉、黑三省和内蒙古自治区的赤峰市（原昭乌达盟）、哲里木盟、兴安盟、呼伦贝尔盟四盟（市）以及河北省的承德、唐山、廊坊三个地区，其中包括北京市和天津市与上述三个地区邻近的部分，总面积达189万多平方千米。这是包括整个东北地区和部分河北与内蒙古地区的辽阔区域。由此可见，辽河流域既是中原地区通向东北的门户，又是东北地区走向中原的通道。它在地理上，形成一个相对独立的区域。它形成我国新石器时代独立的考古学文化区域。活跃在这个地区的，曾经在中国历史上建立帝国，统治广阔的北方和东北地区的鲜卑和契丹民族，以及后续的女真（金）与蒙古族（元）、满族（清），以武力侵扰中原和汉族政权，甚至建立全国政权；又以文化侵染汉族和中原文化。因此，从文化的领域探索，可以说，辽河不仅是辽宁的母亲河，而且可与黄河、长江相媲美，亦堪称中华文明的母亲河，虽然它的流域仅限于北方四个省区。但文化的作用和影响，主要应该是取决于它进入民族文化核心，即文化的DNA的性质

---

① 袁行霈等主编《中华文明史（第一卷）》，北京大学出版社，2006，第75页。

和深度、其影响的广度和深度、其作用与意义的价值大小。而在这些方面，辽河文化都是毫不逊色、闪耀光辉的。

中国和中华文化是"一个不断变化的复杂共同体"①，是"多元一体"混融构成，而其基本构成元素，则是农耕文化和游牧文化的熔接、汇融与整合；两者各具特色，然而互补互惠、水乳相融、浑然而为一体，不可分割。

如果我们取这样的视角来作历史与文化的追溯和探究，我们就会发现，辽河文化，在中华历史数千年的演进中，在农耕文化与游牧文化这两种文化汇融和合的进程中，发生过、起到了主要的影响和作用，它代表了、体现了草原民族的游牧文化与汉族为主的农耕文化的汇合进程；它具有中华文化基因另一半的性质。对东北史研究做出过卓越贡献的金毓黻曾经指出："东北史者，东北民族活动之历史也。无东北民族，则无所谓东北史。故述东北史，必以民族居首焉。"这阐明了也规定了东北历史与民族史的一体性这一特质。而另有论者更进一步指出：

> 东北有史以来即为民族聚居之地，先后形成了四大族系，华夏族系、东胡族系、濊貊族系和肃慎族系。中国有国家政权的历史仅4000多年，而东北少数民族左右中国政坛就达1400余年，占三分之一的时间。从公元前16世纪殷人首次南下中原开始，到满族从白山黑水间崛起，建立后金，东北民族曾六次逐鹿中原，与汉族及其他民族相碰撞、融合，打破了民族间的壁垒，为各民族间政治、经济、文化的互相渗透、互相交融创造了条件。中华民族逐渐形成了多元一体的格局，推动了中华民族大家庭的形成，促进了文化的繁荣与发展。②

以上论述，实际上论证了辽河文化在中华文化这个"不断变化的复杂共同体"中的重要位置、作用和意义。我们固然不能在"东北史"和"辽河流域史"之间画上等号，但是，辽河流域除涵盖河北之外的东北地区——广义的"东北"向来包含辽、吉、黑三省和内蒙古的东部地

---

① 许倬云：《说中国——一个不断变化的复杂共同体》，广西师范大学出版社，2015，第35页。

② 《中国社会科学报·专版（7）刘立强：＜长春师范大学'东北民族与边疆特需博士人才培养项目'东北史研究成果评介＞》，2017年8月15日。

区，这就说明在地理学意义上，东北史涵盖了辽河流域史，而且也就涵盖了辽河民族史。

本文即在这一论述范围中和在这一基本论点指导下，来探讨辽河文化。

一、"龙"出辽河源、辽河"玉"生辉：红山文化的"龙"与"玉"是中华文化基因符号的诞生与滥觞

关于20世纪80年代辽宁红山文化的系列考古发掘及其辉煌成就，论者赞为"惊世的新发现"，指出："辽河地区以红山文化为主的一系列考古新发现，唤醒了中国，震惊了世界。一向认为中国古代只有软遗址的传统观点彻底动摇了，黄河文明中心论的一统天下被全面推翻了，依赖文献进行文明起源研究的模式被根本改变了。"并指出："于是，文明起源的'满天星斗'说应运而生了"。[①]

红山文化作为出现在辽河流域的中华文明发源地之一，与前述大体同时期出现在黄河流域和长江流域的文化发源地相比，其突出特点和优势，就是它的"龙出辽河源"和"辽河玉生辉"这样两大特点和文化蕴涵。

辽河流域的"龙"形象与龙文化出现最早，堪称"中华第一龙"；红山文化中的玉器形制多样、制作精美、蕴涵丰富，成为北方玉文化中心。

在辽宁省境内，原始"龙"的形象出现的突出特点是：出现早、类形多、形制独特、技艺精湛。辽宁阜新查海遗址出现的堆塑龙，问世于八千年前，这是目前考古发现的唯一的，也是最早的龙的形象，是我国最早的出现崇高民族文化符号。这条"中华第一龙"，全部使用大小均等的褐色砾石堆砌成形，故称堆塑龙。它身长19.7米、宽1.8至2米，平躺在聚落居民遗址的中心，头朝东南、尾向西北。其遗存，至今躺在地面上，闪耀其历史的光辉。此外，沈阳新乐遗址和内蒙古敖汉旗赵宝沟文化遗址，也有龙的迹象显现。在龙的类型上，红山文化的"龙"，除查海堆塑龙外，还有玉雕龙和彩陶龙等多种形制。它们的主要功能是

---

① 卜工：《文明起源的中国模式》，科学出版社，2007，第89、105页。

通神对象和神器装饰。值得注意和赞美的是，红山文化的龙已经进行了美的创造：其雏形类似某个动物，如野猪、鹿和鹰类的鸷鸟，但既不是写实，也不是完全抽象，而是在"似与不似之间"。牛河梁遗址的玉猪龙便是典型的代表。这一事实，补充和延伸了闻一多关于中国龙的形象发展衍生的著名考证。闻一多曾经细致地考证过"龙"形象的形成过程，其基本论点是："龙"的形象是综合了诸多动物形象的特点而成的。他在几十年前的考证是精慎的、能够成立的。但是，有了红山文化的发掘和发现，可以说，闻一多的考证既是红山文化发掘前又是"龙"的形象后期衍生塑造的情况。从玉猪龙等的形象看，红山文化时期的人们塑造"龙"的形象是以一种动物为主来塑形的，比如猪或其他飞禽或动物原型。这表明："龙出辽河源"，龙形象的创造和龙文化的滥觞，以及"龙"的中华民族文化符号的意义，在红山文化时期，便已经确立了。这是辽河文化对民族文化的奉献，也是它的闪光的亮点。

龙，作为中华文明的文化符号，作为中华文化的精神象征，在5000—8000年前，就在辽河流域产生并达到相当成熟的程度了，到目前为止，它是最早出现而且已经塑造成型的中华龙。经过几千年的发展和濡化，龙，这一人工创造的动物形象，成为中华民族的象征，成为中华文化的最崇高的精神体现，成为中华精神文化基因的代表符号，为中华民族所珍爱和尊重。这说明，红山文化时期的人，首先塑造了中华龙的形象，并赋予了精神寄托和文化蕴涵。它最早奠基了、赋予了中华文化基因的体现和形象表达。从这一点来思考，说"辽河流域是中华文明的源头之一"，因此视辽河为中华母亲河，是应该允予成立的。

玉文化是中国独有的民族文化特色。辽河流域的玉文化与龙文化大约同时产生。最早的玉器也出现在查海遗址，其年限在8000年前，同样是中华玉器和玉文化最早的源头和滥觞。查海遗址发掘的玉器有玉斧、玉锛等工具和玉玦、玉匕、玉管等装饰品。地质学家以地质特征为标准，考定查海玉器是目前所知世界上最早的玉器。许倬云更指出："红山文化的玉龙代表了东边一系列的古代文明。"①

红山文化的玉器选料准确、种类繁多，工艺精细，造型优雅，在

---

① 许倬云：《说中国——一个不断变化的复杂共同体》，广西师范大学出版社，2015，第52-53页。

"意义"和"技艺"上，均已达到相当成熟的地步。红山文化时期是辽河流域玉文化发展的高峰期，也是玉文化中心正式形成的时期。其标志主要是：在意义含蕴上，"唯玉为葬"、"唯玉为礼"和"以玉事神"。玉器为主要的陪葬品；《越绝书》云："夫玉亦神物也"，玉能通神，故可沟通人神之间的隔距；在技艺上，则已经精雕细刻、造型美丽、形制多样，可谓臻于精美超拔。玉器既是优雅美丽的装饰品，又已经越过一般装饰品阶段，而成为统治者和上层人物"权力"和"德"的象征，它已经附着了社会意识和审美意义以及两者的结合。红山文化的玉器，以龙、凤为主要造型，此外还有熊、野猪、鹰等动物造型。与动物形相配的，还有勾云形、斜口筒形玉器以及玉璧类形制玉器。可以说造型多样、形制丰富。

这些形制各异的精美玉器，敬神通天、象征权力、敬祖祭祀、入土陪葬、身体装饰，被广泛应用于生产、生活和祭祀与巫术活动之中。

在牛河梁红山文化遗址，还形成了北方玉文化中心，与以凌家滩文化和良渚文化为代表的东南沿海地区的南方玉文化中心，双峰对峙，南北媲美。

费孝通认为，玉文化是中华文明独有的文化现象和文化成就，应属中华文化的基因表现之一。红山文化的玉器，集中地、综合地表现了当时人们的敬神尊祖的原始信仰和宗教意念，也体现了他们已经相当成熟的审美观念以及技艺水平。玉崇拜，至今是中国人的信仰和审美的综合性社会心理表现，是中华民族独有的文化基因之一。它的源头之一，而且是已经具有规模、成型固化的源头，也正是辽河流域的红山文化。这再次说明辽河具有民族母亲河的资质。

吕思勉说："中国之俗，敬天而尊祖。"[①]这就是中国传统文化的"礼俗"，其活动形态和精神要旨则是敬拜天地和祭奠祖先的礼仪。它是人们和社会的行为规范和文化诉求，但不是宗教。关于中国的"古礼"，卜工在其所著《文明起源的中国模式》中，有详细而审慎的论述。他指出："本书强调古礼与原始宗教是完全不同的概念，提倡用礼制的观点重新谱写西周以前的万年历史。"又说："中国新石器时代中期

① 吕思勉：《中国民族史两种》，上海古籍出版社，2008，第44页。

以后，社会秩序建设最伟大的历史贡献就是古礼的形成。"①这些论述，值得注意且与本文论旨直接有关的是，这种不是宗教而与宗教同样重要、起着同样作用的民族古礼，在红山文化中已经具有相当的规模和成熟度，形成了日后发展的滥觞。前述玉器的广泛运用和在祭祀、巫术活动和生活中，以及在人们思想中的作用与意义，就已经是一种成型的原始古礼了。红山文化中，牛河梁的"女神庙"、积石冢等应该就是"融祭天地、祭鬼神、祭祖灵于一体"的礼仪活动场所。而多样形制的玉器的使用即表现了通神、敬祖、祭奠、显示威权等等的古礼意义。这种情况正说明地处辽河流域的红山文化是辽河文化的源头和主要内涵，它为辽河文化奠基和开源。同时，它也是中华文化的源头之一，辽河文化是中华文化的源头，辽河是民族的母亲河。属于这个流域的红山文化的文化创造，奠基了中华文化的核心基因，塑造了民族文化塑形和象征体系与审美系列的元素，是日后民族文化发展的源头和滥觞。至今思辽河，难忘文化源。

二、对辽河文化历史轨迹的新释读

露丝·本尼迪克特在她的世界名著《文化模式》的扉页，引用印第安人箴言"开始，上帝就给了每个民族一只陶杯，从这杯中，人们饮入了他们的生活"②为题词。这就是说，一个民族最初生活在怎样的"饮入生活"的"陶杯"中，也就是生活于什么样的地理环境中，就会过着怎样的生活，即靠什么来生产和生活，用恩格斯的话来说，就是凭借什么来从事人类必须进行的两种生产和再生产——人的生活资料的生产再生产和人类自身的生产再生产（即生育）。生产力和生产关系以及社会形态、生活方式、文化性质等等，皆决定于此。

中华文化诞生于具有特殊地理环境的"陶杯"中，因此，中华文化由两种基本文化形态构成：农耕文化与游牧文化。农耕文化的源头在黄河流域和长江流域的民族文化发源区域；游牧文化则发源和发展于"三北地区"：西北、华北和东北广阔的拥有辽阔富饶草原的区域。前者，

---

① 卜工：《文明起源的中国模式》，科学出版社，2007，第5页。

② 露丝·本尼迪克特：《文化模式》，生活·读书·新知三联书店，1988，扉页。

萌发衍生在黄河流域和长江流域的山水林田中，产生和发展了精耕细作的农耕文化；后者，则族源先起于西北，尔后在长时期的历史过程中，由西向东和由北向南不断征战迁徙。游牧民族，在广阔草原上，挽弓控弦、驰骋杀伐，逐水草而居，生存并繁衍，产生和发展出游牧文化。两者便这样各自形成了独具特色的文化类型。

中原的汉族及其农耕文化，并不是在短暂的历史时期内出现的。它也是经过相当长的历史发展过程，才逐步形成。其大体过程和构成是：先在黄河流域中游出现和形成一个以汉族文化为核心的"文化共同体"，以后又加上夏、商、周的连续融合，并将四周的地方文化吸纳于内，形成文化的核心。接下来，则是春秋、战国时期两个阶段的演化，并将这一核心推展到黄、淮、江、汉地区，形成中国文化共同体坚实的"核心"，堪称其为"本部"。①

而草原民族和游牧文化的产生和发展，则相对晚一个历史时段；至少，两种民族和两种文化的频繁碰撞交流，是稍晚以后出现的。从已有的历史记载看，明确而有历史记录的，应该是从秦汉开始。在汉族历史记载中，匈奴、胡人（西胡）的出现是比较早期的。其中留下了卫青、霍去病、李广、张骞等国之战将抵御进击以至降伏匈奴的英雄故事，还有"苏武牧羊"、"李陵降胡"、"昭君和番"以及《胡笳十八拍》这些优美和忧伤感人的历史故事和文学叙事，从侧面反映了这段历史的雄伟进程和悲壮凄怆。至于文化交流方面，则向来比较缺乏正面的叙事。

论及这个历史时期的状况，向来的史书，不免都是记述草原民族如何侵袭了中原，如何"袭扰"和"作乱"，以及草原民族和他们的游牧文化，如何接受汉族中原文化的影响，而改塑了自身，即"胡人汉化"。这些都是符合历史事实的。不过，应该说这只是历史的"正面"，同时却还有其"背面"。而今，我们且"翻"读历史，一睹历史的背面，一窥草原民族如何影响、改塑了汉族和农耕文化，即"汉人胡化"。在这里，我们尝试从这一视角，其中特别是侧重从"辽河文化的视角"来窥视一下历史的"背面"，并解读诠释其中的意义。其主旨，则是探寻在农耕文化与游牧文化汇流和合的长时段历史过程中，辽河文

---

① 许倬云：《说中国——一个不断变化的复杂共同体》，广西师范大学出版社，2015，第7页。

化的位置、地位、作用、意义和价值。

在长时段的历史时期中，农耕民族和游牧民族这两种生产和生活方式及与此相应的两种文化，不断产生侵袭与反侵袭、掠夺与反掠夺，以及大规模的和相当长一个时期的、规模巨大并绵延时间颇长的战争。在这样的历史时期和历史"纠葛"中，便发生了两种文化的抵触、碰撞、逆袭和争战，但同时也就产生了各种方式、千丝万缕的联系、交流、汇合与熔融，产生"你中有我、我中有你"的文化效应和文化汇合的果实。在中国数千年的历史发展中，尤其是在有史记载的两三千年的历史中，便发生了这样的金戈铁马而又血溅史册的征战，以及汗漫其间的丰富多彩而又闪光汗青的文化汇流与成果。不过，在这种漫长至数千年的历史时期中，文化的变异、蜕化、转换，却有一个强盛的、高端的、特征明显且生命力强劲的文化为其核心、为其基质，这就是早早成熟的汉族文化，在地理历史学概念上称为中原文化，屹然存在。"由于很早就凝聚了一个核心，才有不断转变与成长的依托：因能容纳，而成其大；因能调适，而成其久。"① 因为拥有汉文化-中原文化-儒家文化为中华民族的文化核心和基质，所以拥有吸纳、转换、成长的"依托"和凝聚力；因为宏博，有容乃大，所以能够融会、涵盖其他诸多少数民族尤其是草原民族的异质文化；又因为能够调适整合，所以能够运命久长，不是断裂，而是变异绵延、转型发展。还有一点需要指出，这就是汉族文化这个民族文化核心与基质，本身没有排他性却具有兼容性。"中国这个复杂系统没有一神教的排他性，有多元并存的空间；……中国体系容易接纳外来的新因素。"② 但是，这个汉族的农耕文化核心和基质，却不断得到草原民族的游牧文化的冲击、渗透和滋养，从而革新、发展、转换自身，因此能够运命长久而不断裂。这应该是草原民族和他们的游牧文化对于中华文化的奉献，也是他们得以进入中华民族整体文化而使自身永存的运命和荣光。

早在20世纪60年代初，著名历史学家翦伯赞就在《内蒙访古》一文中，深情地写道：

---

① 许倬云：《说中国——一个不断变化的复杂共同体》，广西师范大学出版社，2015，卷首语。

② 同上书，第2页。

不知从什么时候起，匈奴人就进入了内蒙；到秦汉时期或者更早，它就以一个强劲的民族出现于历史。以后，鲜卑人、突厥人、回纥人，更后，契丹人、女真人，最后，蒙古人，这些游牧民族一个跟着一个进入这个地区，走上历史舞台，又一个跟着一个从这个地区消逝，退出历史舞台。这些相继或同时出现于内蒙地区的游牧民族，他们像鹰一样从历史上掠过，最大多数飞得无影无踪；留下来的只是一些历史遗迹或遗物，零落于荒烟蔓草之间，诉说他们过去的繁荣。①

翦氏此处所论，是立足于历史地理学或曰地理历史学的视角，来论说内蒙古地区尤其是呼伦贝尔草原，对于诸多草原民族的生存发展、历史风貌和贡献所作的论述与赞誉。然而，我们却从这里可以透视到，内蒙古尤其是呼伦贝尔大草原，这个被称为草原民族的"粮仓、武库和练兵场以及'历史的后院'"的区域，都与辽河脱不了干系，甚至应该说，都是与辽河息息相关的；我们也还可以领略到从东胡到乌桓到鲜卑、契丹，又都是以呼伦贝尔大草原以至大兴安岭为发源地、养息处、出发点和根据地，也就是为"后院"，而后，又从这里走出去，进入辽河区域，进入其流域所至的内蒙古、河北、吉林和辽宁地区，又尤其是辽宁地区。他们从内蒙大草原、从呼伦贝尔出发，驰骋征伐，挥戈奔腾，进击辽河流域，然后占据、生养、发展，进而越过之向黄河奔去，以至在某个历史时期，越过黄河，进入中原，或者在黄河之北、辽河流域，建立政权，统治管辖这一广大地区。

辽河流域是他们主要的活动地区，是他们进击中原的前进阵地，又是他们退而休养生息的基地，而当他们掌握政权时，这里便是他们统治的中心区域。当然，这也就是游牧文化与农耕文化交流汇合的主要区域之一。

历史演进的进程和"路径"是：匈奴、胡人最早在西北侵扰，以后，则由于天灾造成草原衰微，并由此引发他们侵扰中原汉族农耕民族地区的战争，因而发生了"东迁"与"南下"的民族大迁徙。从族群演变的轨迹来说，则由此而有东胡，以及与他接续衍生、具有血缘关系的，陆续出现在历史舞台上的乌桓、鲜卑、契丹等民族。黄仁宇在《赫

① 翦伯赞：《内蒙访古》，《人民日报》1961年12月13日，第5版。

逊河畔谈中国历史》中指出："自从东汉覆亡，中国人口因天灾与战争的影响，长期由北向南而由西向东的迁移。即魏晋间的战事，也带着武装移民的情调。"①

这种对汉族来说，是外来民族、外来文化基因的骚乱和侵袭的历史情境，可以说十分宏伟、壮观、深刻而意义非凡。许倬云曾经如此论述这段民族大流动、大迁徙的"历史变故"也是历史伟剧，以及其产生的推进历史和文化的巨大作用与深刻意义：

> 因此，从东汉末年开始到隋唐统一的四百年间，中国这块土地上的人民，吸收了数百万外来的基因。在北方草原西部的匈奴和草原东部的鲜卑，加上西北的氐、羌和来自西域的羯人，将亚洲北支的人口融入中国的庞大基因库中。
>
> ……隋唐以后，这些新起的族群又会和中国的庞大人口互相激荡，构成另外一波的接触、冲突、交流与融合。秦汉中国天下国家的体制，经过这番衰败和重组，尤其添加了不少外来基因。中国地区的人类组织，包括国家、亲缘和地缘族群，以及他们的文化成分，无不经历蜕变，在形成另一形态的复杂系统。②

这里，论述得很清楚，而值得我们注意的是：时间有 400 年之久长，吸收外来的基因——草原民族的基因，则有"数百万"之众，而且它们都已经"融入中国的庞大的基因库中"；再有，秦汉以后的"国家体制"以及"文化成分"，"无不经历蜕变"，形成了"另一形态的复杂系统"。这是根本性的变化，这是基因库的变化，这也是新的复杂系统的形成，其中包含文化成分的变异。值得在此处提出的是：在这个长时段的历史时期中，发挥了这种巨大的、根本性的作用的力量和成分，来自辽河流域的草原民族鲜卑是主要角色之一，而且可与西部草原的匈奴并列且有过之而无不及。以后，同样发挥这种作用的，接续出现的族群，则先后有契丹、蒙古、女真和满族。

总之，他们都属草原民族；而其东迁与南下的地区，则主要就在辽河流域以及它的周边区域。他们正是从黄河流域迁徙到辽河流域及其周

---

① 黄仁宇：《赫逊河畔谈中国历史》，生活·读书·新知三联书店，1992，第69页。
② 许倬云：《说中国——一个不断变化的复杂共同体》，广西师范大学出版社，2015，第103页。

边区域，而以辽河流域的内蒙古东部和东北部以及河北的北部和中部、吉林的南部和辽宁的西北部这些地区为主。

在长时期的历史发展过程中，从匈奴到胡人，其方向和趋势是逐渐东迁和南移，从西北迁徙至河北北部、内蒙古和东北地区，在这广阔的原野上，选择水草丰美的地区落脚、繁衍，在族源大体一脉相承的情况下，分支衍生，依所居住的地方不同，而先后形成多个血统亲近的族群，且拥有多个不同的族名。而他们先后居住、侵占、盘踞的地区，多是草原丰美之处，于是他们先后形成了"草原文化圈"，既与中原汉文化碰撞、抵触、抗逆，又与之频繁而深入地交流并既防范又学习，甚至皇家倡导、认真并带强制性学习汉文化。但同时，也将自身的文化即游牧文化的优势、特色、积极因素，输送给汉族和他们的农耕文化。

翦伯赞先生无限感叹地述及那些曾经先后辉煌一时的草原民族，一个个威武雄壮地登上历史舞台，上演壮伟的历史活剧；但"不知如何"又先后消逝于历史的尘沙之中。其实，"翻"过来一窥历史，就鲜明地显示出，他们并不都是如"飘风尘沙"那样消失于历史长河中，一去无踪迹。他们在自身汉化的过程中，也曾经自然地、强制地或有意无意地向汉族、向农耕文化传输了自己的民族血脉与游牧文化，从而改塑了汉族、提升了汉族，也改塑、提升了农耕文化，这一切，进入了中华民族的基因。他们就是历史学家们所说的对于汉族来说的"外来的基因"，是"汉人胡化"；他们进入了中华文化的基因库。他们虽然消逝了，但他们的血脉在、基因在、业绩在。他们虽然消逝于历史的长河之中，但他们留下了辉煌的、本质性的伟大业绩和文化功勋，而永存于中华民族的血脉和文化之中。

在这个数百年的人口大流动、大迁徙的过程中，因势而成的草原民族与农耕民族和两种文化的交流汇合，深沉地、日常化地、生产与生活紧密联系地发生、演进、深化，其中，特别包括异族通婚、生育，"家庭化—血缘化的文化混融"这样的深层次、进入血统和精髓的交流汇合。因为在这种人口大流动、大迁徙的过程中，并不是"人潮纯粹""民族单一"的流动，而是各族混杂，特别是汉族与草原民族的混杂结伙流动迁徙。这流徙的人群中的汉人，有被流徙的草原民族劫掠的，有被其裹挟的，也有追随他们逃难避祸的。这里只说流向东北的一支。正如陈寅恪所论证的："……流向东北慕容氏治下的人民，在阶级上有士族，有庶民；在籍贯上，有冀、豫、青、并等州人。"他还说：对这些各阶层的汉民，"慕容廆从流人中大批起用中州士人为谋主、股肱，对前燕的建国与推行魏晋屯田旧法，对东北地区的开发，起了重要的作用。"①这里正反映了草原民族之一的慕容鲜卑的"与汉人—农民共同生活"的情形，同时也就反映了草原民族如何既利用汉族又向汉族灌注了草原民族的游牧文化：两者在社会化层面上和日常生产与生活上的广泛深入、旷日持久地交流混合。值得在这里提出的是，这种交流汇合的情景与史实，正是发生在辽河流域的辽宁地区。这也就反映了，辽河文化曾经在农耕与游牧两种文化交流汇合的历史进程中，发挥了重要作用，是主要的"基地"之一，是进入中华文化基因组织的意义层、核心层的元素之一。

金戈铁马的杀伐征战和丰富多彩的文化交流是相伴进行的。翦伯赞在《内蒙访古》中就指出："我还想指出，阴山一带在民族关系紧张的时期是一个战场，而在民族关系缓和时期则是一个重要的文化交流的驿站；甚至在战争的时期，也不能完全阻止文化的交流。"②当然，更重要的是也有和平时期或者休战时段的历史时期中和平常情况下的，平缓的、细水长流的、日常化和生活化的、平民百姓与皇家贵族均入于其中的多状态、多形式、多模式、多内涵的，从政治到经济、从社会制度到人际关系、从日常生活到经典文化的交流与汇合。就这样，两种民族和两种文化，在生产和生活中，尤其在"胡汉杂糅"时期，还包括征战中，不断接触、碰撞、交流和汇融，逐渐融合，汇流成中华民族的"多元一体"的统一文化，形成"多变的复杂共同体"。其主要表现形态和汇流格局，一面是草原民族的游牧文化向汉族的农耕文化学习，接受其传播、熏染、陶冶和濡化，即"胡人汉化"，这是主要的方面；另一方面，则是草原民族以游牧文化，向农耕文化渗透、浸入、灌注，也还包括农耕文化和汉族，主动学习、汲取、接受游牧文化，这是"汉人胡化"。两面汇合，汇融和合而成中华文化这个"复杂共同体"。

先后雄踞从辽西到全辽宁地区以至整个辽河流域的乌桓、鲜卑、契丹、女真与满族诸多草原民族，传输给予同他们错住杂居的汉族，影

---

① 陈寅恪：《魏晋南北朝史讲演录》，贵州人民出版社，2008，第105页。
② 翦伯赞：《内蒙访古》，《人民日报》1961年12月13日，第5版。

响、"异化"、提高了他们的气质秉性，贵壮尚武、崇强尚健，英勇强悍、意气雄健，这些骑射民族在奔驰千里草原上所形成的形象和性格基因，在"汉人胡化"的过程中，在汉族文化与心理结构的变迁中，所造成的新的气质秉性，至今还是中国北方人的性格基因，而不同于南方人。

这里且以鲜卑族为例一述。在辽宁地区的鲜卑族对流徙辽西地区的汉人影响巨大，"汉人胡化"现象显著。可略举其例略窥一斑。比如墓葬的变异：中原地区汉族流行的是箱式棺椁形制，而慕容鲜卑习用的是前高宽、后低矮的木棺，这种形制的棺椁，随慕容鲜卑入据辽西后，即开始流行，到龙城时期成为定制，为汉人所取用，到唐代则流行至全国，直至现代，人们土葬时仍然使用这种形制的棺椁。又如驾驭马匹车乘器具的设置制作，是骑马民族鲜卑的优势。以高桥鞍、勒、蹬俱全、功能齐备的骑乘马具，前燕时期，首先成熟发展于辽西地区。这提高了生活用骑乘的完善层次，更加大大提高了骑兵的战斗力和骑兵队伍的建设。这些骑射文化的输入汉族文化中，提高、改进了农耕文化的气质禀赋，已经进入中华文化的基因库。北燕时期，佛教在龙城（今辽宁朝阳）盛行，直至北魏时期。北魏文成文明皇后冯氏建造了著名的"思燕佛图"（现存朝阳市的白塔，即在其废址上兴建）；辽宁义县著名的万佛堂石窟，则是北魏孝文帝时开凿的。这些佛教遗址，以古迹遗存的面貌，记录了历史的业绩，也引发今人的历史记忆，它们向人们诉说着辽河文化的昔日辉煌。扩大范围看内蒙古："（在内蒙古）东汉末年，鲜卑等族又先后出现在内蒙古历史舞台上。十六国后期，拓跋鲜卑经过数年的迁徙，崛起于蒙古草原，建立北魏政权。……留下了丰富多彩的文化。流传在长城内外、大漠南北的北朝民歌，字里行间，无不浸透着北方游牧民族豪放旷达的民族心理，以及他们特有的民俗文化与生活方式。"①

三、"五胡十六国"与魏晋南北朝：历史的"翻读"反思与文化诠释

在历史的节点上，往往发生历史的转折，突显出历史的风貌与真

---

① 李联盟主编《中国地域文化通览·内蒙古卷》，中华书局，2013，第81页。

谛。如果跳过一个相当长的历史时期，越过其时、其中的多个族群和多次征战杀伐的历史，暂予不述，那么，魏晋南北朝直至隋唐，则是中国历史的最重大的转折期、转捩点，同时也是农耕文化和游牧文化这两种文化广泛、深入汇流融合的重大历史时期。其中，辽河流域正是上演这种民族争战以及文化混融和合的主要地区之一。这种两族混融、文化浸润互渗的情况，在辽河流域的燕山地区，出现最早。"考古发现的燕国遗址，处处显示周文化与当地土著及北方山戎族群的混合。"①这是一个良好的开端。而它正是从辽河流域开始的。不过我们此处暂不顺历史纪年来屡屡追述其迹，而是跳跃式选择历史发展的结节、历史的转捩点来作记叙，以求证辽河文化的发展轨迹。

那么，我们就跳过秦汉时期，进入魏晋南北朝时期来作一探索。这个时期，是中国各民族之间，互相大混战、民族大迁徙和族群与文化均处于大融合的时期。而涵盖辽河流域在内的整个北方，则是其时实现大融合的"大熔炉"。这个历史时期的大趋势、大格局是：东汉结束，中国陷入民族混战也是民族混融的时期，一方面是"大批外族进入中国，同时中国的主流族群转移于南方。这一调整过程经过上百年，吸收了南、北两方面的新成分，开启第二次具有'天下'格局的隋唐时代"②。对此，许倬云这样评说："因此，从东汉末年开始到隋唐统一的四百年间，中国这块土地上的人民，吸收了数百万外来的基因。在北方草原西部的匈奴和草原东部的鲜卑，加上西北的氐、羌和来自西域的羯人，将亚洲北支的人口融入中国的庞大基因库中。"③"数百万外来的基因"，这数目是很可观的，这在古代更是绝不可小觑，他对汉族和它的农耕文化的深刻影响，当然也不可小觑。

在我们这里的论题中，需要提前指出：以下所叙述的历史进程和历史内涵，其中活跃着诸多草原民族，尤其是鲜卑族和契丹族，是最重要的历史角色，是活跃于历史舞台上和辽河流域中的主角。

在这长达400年的历史大动荡、大变革的时期中，有几个重大的历史转折期和转捩点。回溯历史，晋代的"八王之乱"和其后接续的"五

---

① 许倬云：《说中国——一个不断变化的复杂共同体》，广西师范大学出版社，2015，第45页。

② 同上书，第8页。

③ 同上书，第103页。

胡乱华"、"五胡十六国"和南北朝，便是两个重要的转折期和转捩点。

首先是"八王之乱"，造成了曹魏的迅速没落，从而引发西晋的衰颓，并导致尔后的"永嘉之乱"，而后晋室东渡，于是西晋亡、东晋立，于是而长江为界、南北分治，中国分裂为二，于是而出现"五胡十六国"的局面。

所谓"五胡乱华""五胡十六国"本是一个"历史沿袭"的说法，"五胡"之说，最早见于《晋书·刘曜载记》，其中列出"胡、羯、鲜卑、氐、羌豪杰"一说，但并无"五胡"称谓，"'五胡'名称最早出自苻坚之口，'次序'也是苻坚讲的。"[1]以后的史著就都沿用此说，而成定规。事实上"作乱"的不只"五胡"，此外还有賨（音宗）人甚至还有汉人在其中；"十六国"，也不只有十六个民族政权，而且也不都是少数民族的政权，如北燕、西凉是汉人所建；同时也有"五胡"之中的民族所建而未列入十六国的，如鲜卑人所建的西燕。这种"历史叙述的缺失与倒错"，也许正反映了历史的另一面：胡汉混杂、乱象丛生。

关于"五胡乱华"，古今史册记叙颇多，近世的史著也卷帙浩繁。要旨大都是"一面之词"："胡（匈奴）、羯、鲜卑、氐、羌"这五个草原民族侵袭、搅乱、占领了中华大地北方广大的土地，建立了他们的非汉族统治的政权；其中，苻秦一度几乎统一了北方，如果没有淝水之战，苻秦甚至可能统一中国。草原民族在北方达到了如此强盛的境况。

这不能不造成中华大地数百年的战乱。烽烟四起、战乱频繁、生产毁弃、农田废耕、白骨遍野、人民流离。毫无疑问，这是历史的倒退、人民的遭难、民族的不幸。那些汗牛充栋的历史记叙也自然是有历史依据、符合历史事实的。

但是，我们还可以而且应该，取综合历史观和长时段历史观的视角，从"背面"看一看历史，"翻过来"窥视历史的另一面。正如恩格斯所指出的："没有哪一次巨大的历史灾难不是以历史的进步为补偿。"[2]我们从"五胡乱华"和"五胡十六国"的历史的另一面看到的，正是这种"历史进步的补偿"：除了"乱华"和"分裂"的一面，还应

① 陈寅恪：《魏晋南北朝史讲演录》，贵州人民出版社，2008，第75页。
② 恩格斯：《致尼古拉·弗兰策维奇·丹尼尔逊（1893年10月17日）》，载《马克思恩格斯全集》第39卷，人民出版社，1974，第149页。

该有另一面，即在这种长时段动乱的历史中，还有汉族和诸多草原民族的杂处混融，更有"胡汉民族和两种文化的汇合"及其正面的、文化进步的积极效应。

这种情况表明，在其时也，在其境遇中，真正是"胡汉杂糅"，从血统族属到文化基因，率皆如此。也就是说，在这个历史时期中，一方面，南渡的北人及后续跟随来的中原人口，登录在册的就有大约70万人，还不包括漂流不定未落户籍的"浮浪人"。这可能应以百万计的中原人口，从中原携北方农耕地区的先进生产工具和耕作技术还有铁农具的推广和兴修水利等，来到南方。于是，不幸的历史动乱带来的人口流徙、流离失所，却引发了先进农业生产在南方的推广，并且开发了落后的南方。从此南方的优厚自然条件，在先进技术的开发下，得到迅猛的发展，以至"后来者居上"，超越北方。这则成为"五胡乱华""背面"的积极历史功绩，也是"进步补偿"。

更重要的是另一方面，即在中国的北方这个"大熔炉"里，汉族与少数民族血统杂糅，农耕文化与游牧文化混融。秉此，而中华文化的北方区域（其广阔辽远超过当时的南方），发生了基因性质的转换，已经取得新的文化质地和文化与心理积淀。同时，不可忽视的是，此一历史时期内的南方，起先是有其数众多、各阶层及其文化聚团均有的，北方人群渡江南移，即历史上著名的"衣冠南渡"。这些南渡的原来的北方居民中，本来就有为数不少的"胡汉杂糅"的人群，也有受草原民族熏染、影响，具有游牧文化质地的人群。而南渡后，他们又与南方的原居民混合杂糅，传播他们的具有草原文化秉持的文化。这就造成了南方区域和人众的两种文化混合、渗透的境况。其程度虽弱于北方人民，却也具有了"文化心理结构变异"的状况。这样，南北综合起来，应该说就是中华民族及其文化这一"不断变化的复杂共同体"的大变异、大进展时期和重要的形成时期。在本文论题中，需要特别指出：在这个主要的历史转捩点上，辽河流域的草原民族，东胡、乌桓、鲜卑等民族，都是重要的族群，是历史伟剧的重要角色，并在农耕与游牧两种文化的交流混融中，起到了决定性的作用，做出了重要的贡献。这些，就是辽河文化的构成因素和文化积淀，是它的丰功伟绩。

回顾历史，这种族群与文化"和合混融"的状况，大致是：作为历史进步的契机，首先是雄踞北方的草原民族积极地学习来自中原的汉文化，总体上是一种向先进文化学习进步的汉化风潮，是民族文化的进步性转换；这就是农耕文化与游牧文化融汇和合的一个方面的进程。其中的典型代表和走在前列的，就是北魏孝文帝。他强制地在本民族中、在其统治地区，强力推行"全盘汉化"，可谓达到"痴迷"的程度。他解散部落，改族群为乡里，这是社会制度和治理上的汉化道路和政策；他改汉姓、用汉文，重用汉族人士，如此等等。由于他的努力和执着，大多数的胡人实际上已经同化为汉人了。这是草原民族向汉族学习、实行汉化，因而造成两个民族、两种文化的融汇和合大浪潮的一个方面。而另一个更重要的方面则是，汉族和汉文化，接受（被动和主动）、汲取、纳入、汇融草原民族的游牧文化的优长，改进、重塑了本民族的文化基因，提高、壮实了自己的体魄和精神气质与文化—心理结构；农耕文化也从游牧文化中汲取了优质元素和基因。在草原民族汉化的大过程中，在"五胡乱华"和"十六国"的建立中，自然也发生"汉人胡化"的文化现象；或者是被迫的，或者是主动的，也或者是自然而然的、日常生活的熏染。总之，必然产生"汉人胡化"即农耕文化与游牧文化的交流、混融、汇合的现象，也是文化效应。值得注意的是，对此种历史与文化现象，史学家们也是有过扼要论述的。许倬云曾指出："不过，胡汉融合的方向，也并不一定是由胡人汉化——北魏在东北边疆上的驻防部队，所谓'六镇'，其中颇有汉人成分，却因为长久居住北方而彻底胡化。"[1]这是"汉人胡化"的一种现象、一个方面。他又说："在北魏汉化后，六镇颇受歧视。尔朱荣率领六镇反攻中原，北魏统治阶级一度回归胡人文化。"[2]这里又说了两个方面的"汉人胡化"：一是北魏的驻防部队中，有数目不少的汉人"彻底胡化"了；二是"六镇"反攻中原后，北魏"回归胡化"。当时，"六镇起义中一大批胡酋边将突然崭露头角，随后的东魏北齐和西魏北周两个政权都源于六镇鲜卑，他们带来了浓厚的'鲜卑化'因素。在东魏北齐出现了'鲜卑共轻中华朝士'的情况，朝廷上的多次党争，往往以汉族士族受到重创而告终"[3]。西魏、北周的'鲜卑化'看来更深刻些，不仅恢复了胡族诸将之胡姓，还

---

① 许倬云：《说中国——一个不断变化的复杂共同体》，广西师范大学出版社，2015，第102页。

② 同上。

③ 缪越：《东魏北齐政治上汉人与鲜卑人之冲突》，《读史存稿》，三联书店，1962。

向汉人赐胡姓。"①这里记述了当时汉族连氏族、朝士等在内的人们，是何等受欺压，因而在其中进入"鲜卑化"的境地。

值得注意的是，对于此种"汉人胡化"的现象，陈寅恪作了积极的论述。他指出："自六镇、尔朱荣之乱起，北朝曾一度发生胡化的逆流。……胡化无疑是一种退化，但并非全为退化，而是胡汉民族又一次交混产生的一种新局面。假使一直汉化下去，也可能使北朝变得更腐败。"②他还指出："李唐一族之所以崛起，盖取塞外野蛮精悍之血，注入中原文化颓废之躯，旧染既除，新机重启，扩大恢张，遂能别创空前之世局。"③陈氏的这一论断，不仅是对于一个时期的"汉人胡化"现象的肯定，而且肯定了它对以后历史发展的积极意义，肯定了胡人血脉的进入汉人体内、游牧文化的渗进农耕文化，对汉族及其农耕文化都具有推进历史进程的积极意义和文化价值。

对于这种"汉人胡化"的历史现象，吕思勉更从广泛、长期的历史范畴作了进一步的论述。他指出："尚武风气的衰落，起于秦汉以后，既已统一，无须竞争。虽有对外竞争，只需一部分去应付就够了，不必劳动全国。而专制政体，又不利于民气之强，民力之厚，不但不从事奖励，而且不免于摧折。如此，本身和外缘，都不适宜于武德的发达，尚武的风气，就渐渐地消磨了。在制度上，关系最大的，则为民兵的废坏。"④柳怡徵则从文化发展的视角指出："汉以后政治主权不全在夏族，而他族则以征服夏族者而同化。盖夏族自太古至汉，经历若干年，已呈老大之象，而他族以晓勇劲悍之种姓，渐被吾之文教，转有新兴之势。新陈代谢，相磨相镞而成两晋、南北朝之局。"⑤

在"五胡乱华""五胡十六国"时期，"五胡"从血统到物质文化与精神文化，都注入与之错居杂处甚至互通婚姻的汉人中，使"汉人胡化"。这结果是汉族的民族性与文化得到进益性变异、本质性转换和跨越式提升。黄仁宇在论及这段历史时，运用他所提出的"长时段历史

---

① 袁行霈等主编《中华文明史》第2卷，北京大学出版社，2006，第76页。

② 陈寅恪：《魏晋南北朝史讲演录》，贵州人民出版社，2008，第224页。

③ 陈寅恪：《李唐氏族之推测后记》，转引自袁行霈等主编《中华文明史》第2卷，北京大学出版社，2006，第80页。

④ 吕思勉：《中国民族史两种》，上海古籍出版社，2008，第314页。

⑤ 柳怡徵：《中国文化史（上）》，东方出版社，2008，第342页。

观"，指出："中国在公元4世纪及5世纪因此陷入历史的最低点。"接着则说："当时人失望之余，只好以'五胡'配上一个'十六国'，强调其负面因素，殊不知破镜终能重圆，假以时日，中国残破的帝国仍能恢复原状，而且发扬光大，不过需要一段长时间而已。"[1]历史与文化的负面"原素"，沁入异体文化之后，却是使之强化提升，使得"原状"发扬光大，而产生积极成果。有论者更指出："而今看来，……不同文化背景的民族交汇到一起，长期受礼教熏陶的汉族农业文化被注入了一种豪侠健爽的气质，而长期处于野蛮状态的鲜卑游牧文化中也逐渐加入了一种文质彬彬的精神内涵。儒家一统天下的文化格局被冲破，春秋战国之后的第二次思想解放运动也终于爆发。""于是有了打马球的男人，荡秋千的女人，醉酒当歌的诗人，也有了袒胸露背的女装，宽广笔直的大道，金碧辉煌的庙宇，高耸入云的佛塔，纷至沓来的使者。而这些最终造就了隋唐帝国向世界兼收并蓄的博大胸襟，使创造了辉煌历史的唐王朝成为世界经济文化的伟大中心。"[2]此处所论，是符合历史事实而颇具见地的，也揭示了历史的真谛；而它同时也就显示了辽河文化的历史荣光和对于历史的贡献。更有论者进一步指出："五胡十六国"和南北朝时期，胡汉杂糅，游牧文化浸入农耕文化，以"塞外野蛮精悍之血"，"注入中原文化颓废之躯"，竟开辟了隋唐大帝国的"历史出口"：

> 北方少数民族的制度与华夏制度的剧烈碰撞，最终在北方地区激发出了新的变迁动力与演进契机，交替的"胡化"和"汉化"孕育出强劲的官僚制度化运动，它扭转了魏晋以来的帝国颓势，并构成了走出门阀士族政治、通向重振的隋唐大帝国的历史出口。[3]

在南北朝时期的北朝诸草原民族政权，在政体、法制、人才选用等方面，也都出现优于南朝的状况。这是我们"翻"读"历史的背面"应该加以注意的另一方面。吕思勉指出："十六国统治者'其重视法学，转非中国之主所能逮也'"[4]。陈寅恪则指出："律学在江左无甚发展"，

---

① 黄仁宇：《中国大历史》，生活·读书·新知三联书店，1997，第81页。

② 高洪雷：《另一半中国史（插图版）》，人民文学出版社，2012，第79页。

③ 袁行霈等主编《中华文明史》第2卷，北京大学出版社，2006，第80页。

④ 吕思勉：《两晋南北朝史》，转引自袁行霈等主编《中华文明史》第2卷，北京大学出版社，2006，第78页。

而"元魏之刑律取经用宏，转胜于江左承用之西晋旧律"①。程树德甚至给予超高评论，认为，"太和中改定律令，君臣聚堂，考定之勤，古今无与伦比。"②为什么会这样？就在于草原民族向来尚武功、重军法，所以建立政权、治理社会崇尚事功、重视法制。而且，由此在用人制度上，不像南朝那样注重门阀，依出身门第取材用人，而是士庶的界限淡薄，能够因才录用，不问出身。所以，从制度形式更及于政治文化，北朝更优于南朝。而且，这种优势和长处，转至遗惠于后续的隋唐。"'从宏观来看东晋南朝和十六国北朝全部历史运动的总体，其主流毕竟在北而不在南'。③最终是北方得以统一南朝，是北朝而非南朝构成了隋唐盛世的来源，这不是偶然的。"④

综览上述历史学家的论断，其总意就是："五胡乱华"和"五胡十六国"、南北朝，在其"历史的背面"，显示了历史的进步补偿、民族体质精神强健、文化转换进益，即农耕文化与草原文化的深度汇合混融，而成一体。

总之，我们总结"历史的进步补偿"，在"胡汉杂糅"、通婚生育、血统混融、文化汇流的大潮流中，汉族和诸多草原民族，都获得历史的进步和文化的提升，呈新兴之势：草原民族因与汉族混居杂处、通婚育后，热情真挚、全面学习汉族先进文化，取得"汉化"的积极成果，民族性得以改善提升；而汉族，也是在体质和精神方面汲取"野蛮"草原民族的"对应"性长处，而改善、提升、更新了自身。草原民族从体质到精神，魁伟强悍、英武雄杰、刚毅坚韧，杀伐征战，一往无前。从体魄到精神，从文化到气质，率皆如此。在这个历史时期中，汉族的血统得到改进，文化也得到器质性的进益。这就开启了随后接续的隋唐盛世。

这些方面的进步和成就以及对后续历史的影响与惠赐，就是草原民族对于历史的贡献，就是"五胡十六国"南北分治时期，"历史进步"

①　陈寅恪：《隋唐制度略论稿》，转引自袁行霈等主编《中华文明史》第2卷，北京大学出版社，2006。

②　程树德：《九朝律考》，转引自袁行霈等主编《中华文明史》第2卷，北京大学出版社，2006。

③　田余庆：《东晋门阀政治》，北京大学出版社，1989，第360页。

④　袁行霈等主编《中华文明史》第2卷，北京大学出版社，2006，第79页。

的重大补偿。

隋唐时期，这种"胡汉杂糅"的状况，就更加广泛深入了。首先，皇室血统就不纯，而具有浓厚的鲜卑血缘。据考证，隋炀帝杨广和唐高祖李渊的母亲，都是拓跋鲜卑独孤氏出身；唐太宗李世民的母亲则出自鲜卑纥豆陵氏，而长孙皇后的父母都是鲜卑人；唐高宗李治的汉族血统竟只剩四分之一，应该算是外民族血统占主要成分了。所以"有研究据此认为，隋唐时期的汉族是以汉族为父系、鲜卑族为母系的'新汉族'"①。许倬云论及隋唐的这种民族血统的状况，不无感叹地写道：

> 隋唐的帝室都是北周将领的后代，最初的根源都是尔朱荣率领的六镇军人，其中包括胡人和汉人，即使是汉人，也已经相当程度地胡化。这个军事集团的领袖们，几乎家家都是胡汉通婚，所以隋唐帝室都是兼有胡汉的血统。在隋代取得中国南朝领土以前，六镇集团的行为仍旧保持着强烈的胡风。整体来讲，唐代的君主传统，不论生活习惯还是族群观念，其实并不符合汉文化的模式。例如，他们的婚姻关系，在中国人看来相当混乱，子烝父妾、兄弟相残，亲戚杀戮如仇人。至于女子掌权，武则天就是最著名的例子。具有如此行为的统治阶级，在胡人看来，就是胡人。所以，隋唐的中国与各方胡人的交往，远比汉代的胡汉之间为亲密。②

值得注意和思考的是，隋唐的这种状况，出于统治阶级的皇族，其影响力和衍生性，从上到下、从皇家到百姓，都非同一般。正如马克思、恩格斯所指出的："统治阶级的思想在每一时代都是占统治地位的思想。这就是说，一个阶级是社会上占统治地位的物质力量，同时也是社会上占统治地位的精神力量。"③这里包含"胡风"的强烈、生活习惯、族群观念、婚姻关系、文化模式等文化事项，这还不是"汉人胡化"吗？这还不是游牧文化的深入汉族农耕文化的骨髓吗？说是"新汉族"，恰如其分。而且这种情况远不止于皇室和皇室的影响，此外还有多种表现。

---

① 高洪雷：《另一半中国史（插图版）》，人民文学出版社，2012，第78页。

② 许倬云：《说中国——一个不断变化的复杂共同体》，广西师范大学出版社，2015，第106页。

③ 马克思、恩格斯：《德意志意识形态（节选本）》，人民出版社，2003，第42页。

再从人口总量和比例来说，"从开元、天宝到唐末百余年来，先后迁移入华的族群，总数不亚于三五百万，他们在中国休养生息。唐末时，胡人总数可能达到千万上下。"[①]千万胡人"迁移入华"，在当时总人口中的比例，占有相当大的分量，更不要说，还有为数众多胡化的汉人和受胡人影响的许多汉人。这情景可以说是"新汉族"与"胡人"共同组成新的种族。农耕与游牧两个民族、两种文化实际上已经融为一体，构成"复杂的共同体"了。

总结这些历史发展的轨迹，许倬云在《说中国——一个不断变化的复杂共同体》里写道："安史之乱乃是唐代盛衰的转捩点，从此以后，河北藩镇形同化外，整个地区彻底胡化。唐代晚期契丹兴起，取得后晋割让的燕云十六州。即使宋代统一中国本部，但从西部的关陇到东部的燕云，包括河北大部，都不在汉人中国疆域之内。这一大片土地，胡化大于汉化。辽、金、西夏都是在这一形势下长期立国。这是胡汉混合的一个方式。"[②]

这个方式，贯穿了从唐到宋、辽、金、夏的长时段历史时期之中；而辽河流域就是这种"胡汉混合方式"得以实现的主要区域，中国北部地区的草原民族与汉族的汇融，就是在这里广泛深入地实现，就是以这种方式实现了"汉人胡化"。

这些历史记载，反映了从三国时期起，到契丹建立辽朝，从乌桓到鲜卑到契丹，都是发展于、活跃于、征战于辽河流域的冀、辽、内蒙古一带的草原地区。农耕与游牧两种文化的汇流和合，也正是在此地区行进、衍生、混融。这也是辽河文化的辉煌的历史一页。

以后的历史时期，无论是女真建立的金朝，还是满族建立的清朝，女真和满族，都是辽河的"儿女"，是在东北地区发育滋长，并"从此出发"，"走向全国"。在这种情况下的游牧文化与农耕文化的结合混融，就更加是空前的。不过，较比此前的长时段历史时期，游牧文化融入农耕文化，少数民族文化融入汉文化，更全面、更深入、更深入精髓，而至以汉文化为主体，它们以自身文化的精粹，化而为汉文化的基

---

① 许倬云：《说中国——一个不断变化的复杂共同体》，广西师范大学出版社，2015，第112页。

② 同上。

因元素，做贡献于中华民族文化。其中，辽河文化具有不可忽视的主要的作用和意义。

四、宋辽并存时期两种民族和文化的融汇和合

我们再接着审视一下继鲜卑之后的契丹族的历史作用和历史奉献，以及"汉人胡化"的状况。这是处于宋朝和辽朝并存的历史时期。

较之鲜卑，其后裔的契丹族和它建立的辽朝，与辽河流域的"血肉相连"的关系，可说是"百尺竿头，更进一步"。

从契丹的历史发展来看，其衍生、迁徙、定居、发展的轨迹，同于鲜卑而有过之。它们的发迹地、根据地、后院，都在辽河流域的河北、内蒙古、辽宁、吉林等省区。

契丹，意为镔铁，即精炼的铁，以此为族名，体现其民族性之刚强坚韧。

契丹的族源是东胡鲜卑宇文部。它起源于辽河流域的内蒙古巴林左旗，其族称始见于《魏书》。唐初，契丹八部居于潢水以南、黄龙（今辽宁朝阳）以北，均属辽河流域。东晋初，鲜卑鼎立三部的宇文、段和慕容，居于辽河流域：宇文部据辽河上游，慕容部据辽河下游迤东，段部在宇文部迤南、慕容部迤西。北魏登国三年（388），契丹和奚一起被北魏击败退走，避居于潢水（即今西拉木伦河）以南、土河（即今老哈河）以北。[1] "今存于义县万佛堂的502年（北魏景明三年）石刻《慰喻契丹使韩贞等造窟题记》，是契丹一称的最早物证。"[2]这显示契丹民族和其建立的辽朝，是以辽河流域为根据地和活动、建业的主要地区。

关于契丹族的诞生，有一个美丽的传说：起初，有一个男子乘白马沿土河（内蒙古老哈河）向下行，而一个女子则乘小车驾青牛沿潢水（今内蒙古西拉木伦河）向下行，到了二水汇合的木叶山，二人相遇，相爱结婚，后生八子。这就是契丹的始祖了。这族源传说之地，都在辽河流域。

天显三年（928），唐朝河东节度使石敬瑭反唐被击败，乞救契丹挽

---

① 王钟翰主编《中国民族史概要》，山西教育出版社，2004，第50页。

② 同上。

救危局，契丹出兵击败唐军，获得了石敬瑭割让的燕云十六州，于是据有华北富饶关要之区，雄视中原。

公元916年，耶律阿保机在龙化州（今赤峰市）称帝建国，国名契丹，建都临潢（今内蒙古巴林左旗）；公元947年，耶律德光（辽太宗）取得燕云十六州后，改定国号为辽。它比宋朝的诞生还早了53年。一般认为国号为辽，是取辽水而得名。依据前述契丹与辽河的深切关系，此说可谓"查有实据"。这更进一步说明契丹辽朝与辽河的深切关系。

辽朝疆域广阔，北至从黑龙江出海口到今蒙古国中部，南面从今天津经河北霸县到山西雁门关一线。全盛时期，疆域东到日本海，西到阿尔泰山，北到额尔古纳河、大兴安岭一带，南到河北省白沟河。辽朝共传九帝，享国200多年；与宋朝对峙160多年。当时的欧洲只知"契丹"而不知有宋。

辽立国后的"五京"，上京在今巴林左旗，中京在今赤峰市宁城县，东京在今辽阳市，南京在今北京市，西京在今大同市。五京所踞大部分在辽河流域。

契丹辽朝一直维持草原民族的游牧经济，但也重视农业，在既有的农业基础上，推进农业生产和手工业的发展。同时，全面学习汉文化，特别是儒家文化。崇拜孔子、建立国子监和孔庙。其政体，取两院制，即北院、南院——"以国制治契丹，以汉制待汉人"。但同时又实施充分的游牧民族的治理制度——"四时捺钵"（皇帝游猎时所设行帐称"捺钵"，即汉语的"行在""营盘"），即春夏秋冬四季分别在选定的适当地方，举行狩猎活动；而夏冬两季，在"捺钵"，皇帝与北南两院的大臣会商国事。此外，更在汉字的基础上，创立了契丹文字。虽然如此，契丹族从皇室到平民却依然保留着许多游牧民族的生产和生活习惯。游猎生产依然留存，连妇女也依旧长于骑射。辽太宗耶律德光在《新五代史·四夷附录》曾说："吾在上国（即上京），以打围食肉为乐，自入中国（指中原），心常不快。若得复吾本土，死亦无恨。"其喜狩猎之生活习惯与心理情结，充分表现了也代表了游牧民族的文化心态。皇帝以至皇室始终保持着游牧民族的生活传统，这不能不影响到他治下的汉人；作为统治者，其生活习性和文化与心理性格，也不能不影响、推行甚至强加于被统治的汉人，汉人因而跟随着产生适度的胡化现象。这里有一系列的胡汉杂糅、汉人胡化的内蕴。

契丹人长时期活动于潢水流域及其附近，建国以后也以这一地带为活动和建设的中心，其中，现在的内蒙古东南部和辽宁、吉林西部的草原地区，为辽国的中心所在。四时捺钵、往来行幸，大致不出这一范围。因此在辽代，这一地区经济开发成就最显著。成批的汉人被迁徙到这里，进行屯垦，从事农业生产。昔日的荒僻草原上营建起城镇，形成了农牧兼营互补的经济结构，手工业、商业也有明显的进步。这也同样会产生胡汉杂糅、汉人胡化的结果，也就产生游牧和农耕两种文化的结合。"澶渊之盟"以后，辽朝与宋朝和平相处，经济、文化交往频繁。当时在河北边境陆续开放了四处榷场（商贸区）：雄州（雄县）、霸州（霸县）、安肃军（徐水）和广信（保定西北）。辽、宋之间，互相以茶叶、瓷器、漆器、缯帛和香药（宋）等，与羊、马、骆驼（辽）交换。宋、辽之间，休兵养息，商贸往来、经济交往、文化交流，进入两种文化的顺畅交流混合的境界。

契丹贵族普遍信奉佛教，故其文化中，留下很多佛教文化遗存。佛教建筑遗存中，蓟县独乐寺观音阁、山西应县木塔、内蒙古宁城砖塔、呼和浩特万部严华经塔等，都有很高的建筑学水平和文化价值。这也影响了汉族的有关建筑。

在这个历史时期，可以说是农耕文化与游牧文化的高度和深度的结合，混融一体，从血统到精神都入其中。

故此，历史学家评议这一历史时期时认为，包括辽河流域在内的"这一大片土地，胡化大于汉化"[1]。这也就是说，在地域大于宋朝的辽国，以辽河流域为主要根据地的草原民族和他们的游牧文化，与汉族的农耕文化，取得了深度结合混融的"文化和合"的巨大效果。并且，由此形成了"胡汉混合的一种方式"，影响到其后女真的金朝，甚至满族建立的清朝。这是辽河文化的历史状态，也是历史贡献。

有辽一代，与宋对峙100多年，在辽河流域，尤其是在辽宁境内，其于农耕文化与游牧文化的混融合和，业绩突出、遗存丰富，历史的足迹丰厚。至今，辽塔处处，经千年风霜、战乱兵燹而不衰颓，既显示其

---

[1] 许倬云：《说中国——一个不断变化的复杂共同体》，广西师范大学出版社，2015，第111页。

历史的遗迹与风光，又成为辽宁文化的出色亮点。它们在建筑上、艺术上和宗教上的影响，已经融入中华文化的精髓。至今在辽宁的北镇、法库、阜新，依然留存着从皇陵到墓葬、从习俗到宗教的历史遗存和远久的影响。这些，都是辽河文化的组成部分，都是辽河文化的历史业绩的"昔日辉煌、今朝荣光"。历史学家黄仁宇对此曾发出如此"历史的感慨"：

> 而且中国过去一千年的历史中最重要的一段发展，则是汉多数民族与其他少数民族在华北长期的武装冲突。……只是站在今日的立场，我们却不能完全保持过去多数民族的观点，抹杀少数民族对中国历史的影响。……这原因很简单，中国境内各民族普遍的通婚由来已久，即本文作者及大多数读者也无从有把握的证实自己在血缘上讲，其为汉人实系公元二世纪以前之汉，或称唐人为九世纪以前之唐。其为多数民族与少数民族混成的继承人，则难于辩驳。①

这就是说，我们今日之"我"，并不都是汉人之子，即使是也是汉唐以前的汉族，这以后，则混入融进了少数民族的血脉，是汉族和少数民族（在辽宁就是契丹族以及后续的女真和满族）的血统，是"民族混成的继承人"。这是人格化了的两种文化的汇合熔融。它显示了辽河文化深沉的积淀。

以后的历史时期，无论是女真建立的金朝，还是满族建立的清朝，女真和满族，都是辽河的"儿女"，是在东北地区发育滋长，并"从此出发"，"走向全国"。尤其是满族建立的清朝，更是维持300多年的全国性政权。在这种情况下的游牧文化与农耕文化的结合混融，就更加是空前的。不过，较比此前的长时段历史时期，游牧文化融入农耕文化，少数民族文化融入汉文化，更普遍、更全面、更深入、更深邃而入精髓，而至以汉文化为主体，它们以自身文化的精粹，化而为汉文化的基因元素，做贡献于中华民族文化。其中，辽河文化具有不可忽视的主要的作用和意义。

在居于辽河流域的辽宁地区，通过先后雄踞从辽西到全辽宁地区的乌桓、鲜卑、契丹、女真与满族诸多草原民族，传输游牧文化给予同他

---

① 黄仁宇：《赫逊河畔谈中国历史》，生活·读书·新知三联书店，1992，第155页。

们错住杂居的汉族，影响、"异化"、提高了他们的气质秉性，贵壮尚武、崇强尚健，英勇强悍、意气雄健，这些骑射民族在奔驰千里草原上所形成的性格基因，在"汉人胡化"的过程中，在汉族文化与心理结构的变迁中，所造成的新的气质秉性，至今还是中国北方人的性格基因，而不同于南方人。

五、长城与辽河：文化的交汇线与"文化带"

长城与辽河，在进入华北和东北地区之后，既是一道防卫线，又成为一道农耕文化与游牧文化的交汇线。长城一线绵延，与辽河一脉川行，在内蒙古、河北、辽宁相交汇。两种文化的既碰撞又交汇的情状和效应，就在此处和如此发生。这使长城从军事城堡变成文化桥梁与设施。这是一种很有趣而又值得深思的事情，也是一个中国特有的意味深长的历史与文化现象。

长城之修筑起于齐国，以后魏、赵、楚诸国相继仿效，本都是中原诸侯国互相防御之用。秦始皇统一六国之后，北方匈奴崛起，于是长城的修筑就均是意在防范草原民族的内侵了。最初的燕北长城和燕南长城就是这么修建的。它们正是处在辽河流域的燕山地区。由此可知，长城的修筑与辽河的走向有着密切的关联。《史记·匈奴列传》载："燕有贤将秦开，为质于胡，胡甚信之。归而袭破走东胡，东胡却千余里。……燕亦筑长城，自造阳至襄平。置上谷、渔阳、右北平、辽东、辽西郡以拒胡。"这就是关于著名的历史掌故"秦开却胡"的记载。由此可见，辽河、长城以至辽东、辽西诸郡之建立，它们之间的密不可分的关联，可谓血脉相连。

由此可知，长城的修建，起初是诸侯国之间的防范；至"秦开却胡"之后而修建燕长城，却是为了防范草原民族的内侵：修建的背景和目的都发生了原则性的变化。由此产生的防卫构思和战略策略，也都发生了相应的变化。而这种多方面的变化，自然顺应性引发功能的变化。最带根本性、原则性的变化，引人深思。因为这引发、派生了长城的防卫之外的功能，特别是文化交流的功能。

历史上，自从边疆地区的草原民族陆续兴盛起来之后，由于受到自然气候的影响，经常会有由于干旱而致水涸草衰引起的草原民族的生存危机。于是他们便挽弓控弦、驰骋沙场，侵袭农耕地区，掠夺粮食、财物和人畜。这是他们的生存手段，也成为他们的历史"业绩"；从他们的生存境遇来说，他们凭征战和掠夺，取得了生存资料，维持了民族血脉，甚至获得了本民族的生命源泉。所以在他们的民族道德的范畴内，驰骋农耕民族地区、掠夺人畜财物，为自己所有，是光荣的，而不是"强盗"行为。不过他们的这种侵袭和掠夺，并不是经常的，而是只在干旱灾荒年岁才施行。但在边疆地区，小规模的、随机性的袭击和抢劫，却时有发生。这种飘忽而来、倏忽而去，打家劫舍之后，旋即消失的侵袭，防不胜防。与之邻近的汉族地区、农耕居民，不胜其扰；人民的生命财产受到威胁和损害。于是产生了适合"敌方"侵袭特点的特殊防卫方式。因为小规模偷袭是经常而又没有规律的，而大规模侵扰，则是非经常的、一定历史时期和历史条件下发生的；因此，长时期的大部队驻防是不合适的，而小规模的驻扎则既可以应对小的侵袭劫掠，一旦发生大的军事侵略，又可以大军奔赴以迎敌。对此，明代的朝廷官员有过恰当不过的描述。如久在陕西三边任职的杨一清写道："虏贼……动号数万，倏聚忽散，出没不常。未至而广征士马，则徒费刍粮；既至而调兵应援，则缓不及事。"[①]还有兵部尚书王琼说："朝廷命将出师，彼贼已去；留兵在边等候，为因边地广阔，彼贼出没不常，不得恰好相遇一战。以此劳费甚多，不能成功。"[②]吕思勉则更有恰当的评述，他说："此等小部落：大兴师征之，则遁逃伏匿，不可得而诛也；师还则寇钞又起；留卒戍守，则劳费不资；故惟有筑长城以防之。""然则长城之筑，所以省戍役，防寇钞，休兵而息民也。"[③]

于是修筑城墙、布置连绵的防卫体系、小量驻扎卫戍部队，以及时应对小股袭击，就成为一种军事防卫战略设想和设置。它既可以"省戍役"，又可以"防寇钞"，还能够起到"休兵息民"的长久作用，真是一举数得。长城防卫体系就此产生。所以它并不是一种静态的、消极的、希图"一劳永逸"的笨拙防卫战术，而是高明的和战两用、劳逸结合的防卫军事战略思想的体现。从秦开却胡之后修筑燕长城，到秦始皇修长

① 景爱：《长城》，学苑出版社，2008，第33-34页。

② 同上书，第34页。

③ 吕思勉：《中国民族史两种》，上海古籍出版社，2008，第65-66页。

城延至明代修建恢宏的明长城，都是沿着农耕地带与草原地带一线，"界限分明"地修筑的。

正是由于出自这种军事战略设想，长城的修筑，就产生了它的一系列的设置和防卫作用之外衍生、附着的功用。因为骑马民族的偷袭是忽来忽去而又攻无定所，故防御设置就不能只限于通衢大道或繁华地带，而是需要绵延逶迤、不绝如缕，这就决定了需要修"长城"。这样，沿长城一线就需要众多必备的建设。所以长城附属建设很多，有镇（如辽东镇、宣府镇、大同镇均是名镇）、城堡（比如大同镇就有大小城堡70处），还有驿传（驿站）、邮亭、加工场，等等。边关以及以上诸多设置，当然都有戍守人员和为他们服务的生活设施与人员；同时也会有守城边防军的眷属，居住在长城附近的村屯，他们也需要一系列生活设施。此外，还有修墙、扒沙（解决草原破坏后沙埋问题）、植树（森林堵塞骑兵）等工程。这样，长城内外就成为军民共生、平战结合的生活区。于是而形成长城内外的商品交换、商贸往来、人员交流等等。这些均自然蕴含文化内蕴，也更有与生产、生活、商贸等活动交融一起的文化交流。于是，长城便演变出一种非单纯军事设施的性质，而具有了文化功能和文化质地。而总其意旨而言，就是农耕文化与游牧文化的交流汇合。

在平时，长城内外的居民，商贸往还、生活交往甚至结为朋友亲戚，于是两个民族、两种文化的交流就细水长流、蔓延生发，以至和合混融。长城一线，一"墙"之隔，在通关大道、在要塞关隘，平时两边居民，和平相处，友好往来，有商贸交易、有以物易物、有友好交际。这其中，就蕴含着风俗习惯和文化的交流，关这边输出农业产品、农耕生产与农耕文化；关那边，送进畜牧产品、游猎生产和游牧文化。长城一线，由此成为文化交流的"文化带"。辽河流域（及其周边地区），与长城一线逶迤连绵，成为东胡、乌桓、鲜卑、契丹等活跃在这一广大区域的草原民族与汉族汇流和合的文化带，成为构成中华文化的两大文化元素——农耕文化与游牧文化汇流和合的文化场域。辽河流域所经之处都起到了、发挥了这种文化桥梁、文化渠道的作用；它起到了农耕文化和游牧文化汇流和合的巨大作用，对中华文化的基因合成和质地形成发挥了它的巨大作用。这也是辽河文化的内涵，也是辽河堪称民族母亲河的价值所在、意义所在。

六、两种文化交汇和合的契机与成果例举

关于农耕文化与游牧文化的交汇和合，并进入中华文化这个"多变的复杂共同体"之基因的统一组合之中，以及它们和辽河文化的亲缘关系，表现在人类活动的各个方面，包括物质文化和精神文化。其情景历史悠久、头绪纷繁、事项众多，这里不遑多述，且只举其要者而言，举"例"言之，略窥一斑。这里的所谓"要"者，就是指与活动于、建业于辽河流域的主要民族鲜卑、契丹、女真和满族关系密切者而言。而所谓"例"者，则是指生活起居方面的物质文化事项；当然，这些物质文化事项之中，也蕴含着精神文化的内蕴。再有就是关于佛教在中国的传播中，草原民族所起的助推作用，并及因此而引发汉族文学艺术的进益与变化。

所有这些内容和业绩，同时也诉说着匈奴、东胡、乌桓、鲜卑、契丹、女真和满族等，这些草原民族对中华文化的卓越奉献，显示了草原民族的游牧文化与汉族农耕文化和合结为一体的文化荣光。这也同时就是辽河文化的荣光。

有关这方面的内容，葛兆光在《〈说中国〉·解说》中有过扼要的综述。他写道：

> 现在我们可以承认，无论是蒙古西征和回回东来，还是满族入关与大清建立，虽然是"以草原力量进入中国"，但都给中国传统乡村秩序为基础的社会和儒家思想为基础的文化带来了巨大的冲击：……元与清这两个异族王朝，多多少少冲击了中国社会结构，曾使得若干城市越来越发达，以至于形成与传统"士农工商四民社会"相当不同的价值观念，也同时影响了小说和京剧等原本在乡村秩序中处于边缘的文艺形式的繁荣；各种不同族群与宗教的进入，又多多少少改变了传统中国同一的文化与思想；特别是，元时代把中国带入欧亚一体的大世界，成为"早期全球化的前奏"；……。①

---

① 葛兆光：《〈说中国〉·解说》，转引自许倬云：《说中国——一个不断变化的复杂共同体》，广西师范大学出版社，2015，第253-254页。

在生活起居方面，汉族自古席地凭案而坐，并由此产生一系列生活起居的习惯与行为准则，以至礼仪。这在《礼记》中有明确的记述。桌椅之创设与使用，是吸收草原民族生活智慧取得的。"虽战国时已有高坐者，然尚未为普通之俗。唐、宋以来，始有绳床、椅子、杌子、墩子诸物，是亦俗尚之大异于古者也。"①起初，是南北朝时期，北方为胡人统治，开始出现所谓"胡床"（折叠椅）和地毯。这是胡人适应草原生活的需要而创置的，先为北方汉人所取用。以后发展到南朝人们也使用高椅高桌，改变了席地凭案而坐的旧习，也由此产生了一系列的行为准则、待人接客的礼仪。于此也体现了汉人"胡化"的一面。"饮食方面，南方的茶和北方的酪，都成为常用的饮品；肉类的消费，比汉代为多，南方的鱼虾，也在北方上桌。今日所有食物，尤其香料，带'胡'字的，例如胡椒，都是从外面引入。休闲的音乐舞蹈更是高度胡化，在中国传统的箫、笛、钟、鼓的基础上，加了许多乐器，例如箜篌、琵琶、胡琴等。旋转活泼的胡舞，不论男女都很喜爱。"②

所有这些涉及日常生活起居和休闲生活与娱乐活动的种种表现，都显现草原民族的游牧文化对于汉族农耕文化的注入新鲜血液、物质与精神文化的营养，从而丰富了中国人民和中华文化的基因与素质。在这方面，辽河文化同样是"与有荣焉"。

汉族在衣着服饰上的取诸草原民族，是多方面的，草原民族对于汉族在这方面的改革创新作用之大，可以说是为汉族的衣着服饰创获了新境界，达到既实用又美观的目的，尤其是汉族女性的美丽，由于汲取草原民族的服饰花样而更添姿色。自从赵武灵王以"胡服骑射"改革汉族服装的"峨冠博带"以来，汉族就相继学习、采纳草原民族的"奇装异服"，乐而用之。"十六国、南北朝时期是我国服装史上的大变革时期，服装的变革和民族的融合在同步进行。"③这里所说的"民族的融合"，正是主要活动于辽河流域的鲜卑族、契丹族与汉族的融合；其中包括在北方少数民族政权下的汉族与草原民族的混杂和胡化，也同时有草原民族向汉族、向中原文化热情、认真学习的汉化。在这个民族混融的过程

中，产生了汉族服装的变革，其主要的方面，就是汉族向鲜卑族学习，制用鲜卑族的民族服装。当其时，简直来了一个汉族服装的鲜卑化。"南下的鲜卑族本着鲜卑装，其男装包括圆领或交领的褊衣、长袴、长靴及施带扣的革带，头戴后垂披幅的鲜卑帽。当各民族长期杂居之后，这种服装在华北逐渐流行，汉族劳动人民也有人穿。"唐代的汉服，分"法服"和"常服"，前者是正式礼服，后者是日常服装；它却是略施改革的鲜卑服装。它形制如此："包括圆领胯袍、幞头、革带及长靿靴。缺胯袍即开衩的长袍。"①

　　前已述及，隋唐汉人胡化的程度更高，在衣着上有明显的表现。唐代前期，人们欣赏胡服，男女皆然。汉服是宽袍大袖斜襟束带，而胡服则是窄袖、瘦腰、翻领，这样装束，利索、精神，尤其是女性借此显露了体态之美。有的还着靴、身披飘逸的披风，如此更显气韵风度。胡人之取此种衣着装束，应是源自适应骑马奔驰的需要，从而创获了贴身裹体形、利索显精神，靴与披风，上下打点，既适用（利于骑乘奔驰），又有风度的衣饰装束。唐代妇女，尤其宫中女性，尤喜胡服，因为女性胡服紧身、暴露部分多，显示女性之体态美。直至清代，女人的旗袍，又为汉族妇女十分喜爱，在适于自身身材的基础上，加以细节的改革，成为汉族妇女自贵族到平民，皆取用为常服和礼服。直到现代，旗袍仍然是汉族女性喜爱的服装，甚至已经显其美丽娇艳于世界，获得欧美女性的青睐。"旗袍"之名，依旧显示汉族向草原民族学习和"胡化"的历史遗迹。

　　佛教传入中国为时甚早，但准确时间，向无定论。汤用彤在《汉魏两晋南北朝佛教史（增订本）》中则认定："汉明帝永平年中，遣使往西域求法，是我国向所公认佛教入中国之始。"②虽然传入甚早，但传播不广不畅，更不深入。历史上，在汉族区域，甚至有毁佛之举。这种宗教的轻忽和抵触，实是文化矛盾所致。

　　汉族与中原文化，向来敬神尊祖，并深受儒家文化的教诲影响，重人伦，敬天敬祖先，一神教的宗教精神情怀不重。吕思勉在《中国文化史》中论及宗教时，指出："中国社会，迷信宗教，是不甚深的。此由

---

① 孙机：《中国古代物质文化》，中华书局，2014，第103页。

② 汤用彤：《汉魏两晋南北朝佛教史（增订本上册）》，昆仑出版社，2006，第16页。

孔教盛行，我人之所祈求，都在人间而不在别一世界之故。"①柳怡徵则指出："吾国国民脱离初民之迷信最早。唐、虞、三代之圣哲，专以人事言天道，即殷人尚鬼，有似于宗教性质，然其祭祀仍专重人鬼，无宗教家荒诞之说也。"②

陈寅恪更具体指出："僧侣或沙门不拜俗。一不拜父母，二不拜皇帝、王者、官长。前者为社会问题，后者为政治问题。不拜父母不合中国的习俗，……不拜王者，在中国社会中是很难行得通的。"又说："然而，同佛教徒疏《盂兰盆经》，在行孝上做出解释、让步一样，在'忠'字问题上，佛教徒也必须做出解释。"③

这些有见地、有史实的论述，概括起来说，就是印度的佛教文化与中华以儒教为基质的文化，在思想文化的根本上是抵触的、不接榫的。所以佛教虽然早就传入，而不兴盛，除一定历史时期的决然排斥抵制之外，整个历史时期是遭遇冷淡和拘束不前。而变化起于魏晋南北朝时期。汤用彤指出："佛教至孝武帝之世（373以后）已在中国占绝大势力。"④柳怡徵更指出："魏黄初中，中国人始依佛戒，剃发为僧。"又说："佛教之入中国，蝉嫣五六百年，至于隋、唐之时，遂成为极盛时代。隋虽短祚，特崇译学。西来大德，中土僧俗，飙起云兴，赍经译梵。"⑤

佛教传入中土，如此历经坎坷，有如上述，是因其与中华文化精神不符且有抵牾。但是，北国草原民族，却能够且易于接受佛教思想。柳怡徵说："诸族之兴，亦非仅同化于中夏也，其输入印度文化，亦有力焉。"他说："三国时，孙权、孙浩皆致疑于佛教，崇信未深。"但是，石勒、石虎、苻坚、姚兴他们，却"敬礼佛图澄、鸠摩罗什"，"而译学始兴，演说亦盛"。即翻译佛经兴起，讲经说佛也兴盛了。⑥

契丹和他所建立的辽朝，深信佛教。"契丹族对佛、道两教，特别

---

① 吕思勉：《中国文化史》，海潮出版社，2008，第287页。

② 柳怡徵：《中国文化史（上）》，东方出版社，2008，第333页。

③ 陈寅恪：《魏晋南北朝史讲演录》，贵州人民出版社，2008，第293页。

④ 汤用彤：《汉魏两晋南北朝佛教史（增订本上册）》，昆仑出版社，2006，第308页。

⑤ 柳怡徵：《中国文化史（上）》，东方出版社，2008，第400、462页。

⑥ 同上书，第349~350页。

是前者，十分信仰。耶律阿保机早在称帝之前，就崇信佛教。"①"在契丹统治集团提倡下，佛教在辽朝又很大发展。"②"辽王朝的寺院遍布五京各地，佛塔也遍布五京，不少佛塔历经千百年来风雨沧桑，仍然巍然屹立。"③这些史学论著和历史记述，很好地陈述、论证了佛教起初传入中国几百年间，由于文化的抵触相悖而不克流行的原因，以及草原民族对佛教的信仰传播所起到的作用。陈寅恪还从哲学思维方面，说明汉族接受佛教的窒碍。他解释谢灵运《辨宗论》的主旨说："华人易于见理"，重"顿悟"，而佛教则重"渐悟"，讲究长时期甚至终身的艰苦修行。"夷人易于受教"，所以接受渐悟，也就是说，草原民族易于接受佛教的修行义理。故陈寅恪说"顿与渐之分为华夷之分"④。

综观这些历史论说，说明佛教在中国的真正传播兴盛，是在魏晋南北朝之后。这原因，确实是草原民族的接受、传播、笃信，起了助推作用。而他们的这种接受，也同样是民族文化的作用具有决定性意义。这是因为，草原民族"重少轻老"，政治制度不像汉族政体那么完善规范，"忠""孝"二字，在他们的民族性里，不占重要位置，所以易于和乐于接受佛教教义。草原民族既无儒教的影响，又甚信生死轮回之说，于是在萨满原始信仰的基础上，笃信佛教。尤其在魏晋南北朝时期，战乱频仍、迁徙流离、民不聊生、田园荒芜，所谓"白骨盈野，饿殍遍地"，因而"人生无常""瞬息祸福"之感，充满人们心间。而此时，思想、心理、情绪上，都足以促使接受佛教的教义与心理文化，从中能够获得心灵的慰藉、生活的依循、希求的寄托。于是，佛教便成为众生"救苦救难"的救星尊神。当然，在我们这里的论题中，值得注意的是，由于草原民族的传播和笃信佛教，也影响、促使、推动了汉族对佛教的接受和传播。起初应该是"永嘉之乱，晋室南渡"，流离南方的北人随带着佛教渡江立足。更为重要的是，历代北方草原民族中佛教传统的存在以及它在北方汉族和胡化汉族中的传播，更有两个政权、两个区域、两个民族的和平时期的交往、文化交流的影响作用存在。同时，也还有"江右"或称"江东"的晋室和宋、齐、梁、陈六朝的战争频仍、

---

① 李联盟主编《中国地域文化通览·内蒙古卷》，中华书局，2013，第139页。

② 同上书。

③ 李联盟主编《中国地域文化通览·内蒙古卷》，中华书局，2013，第143页。

④ 陈寅恪：《魏晋南北朝史讲演录》，贵州人民出版社，2008，第295页。

社会动乱以及文化变异，所创辟的社会条件和人们的心理状态，造就了接受佛教影响的思想文化土壤。正如黄仁宇所说："面对如此长期的动乱不安，历来作为社会纲纪的儒家思想，已无法满足人心的需求；而新近传入的佛教，却适时提供了饱受苦难的人们精神慰藉，使佛教一时大为盛行，深深影响此后千百年的中国。"①

佛教传入华土，对中华文化来说，是输入了新的文化质素，是文化的再建与复造，由斯而转化文化、产生新质，并在佛教中国化的过程中，进入儒、道、释三元结合，和合混融，使中华文化从秦汉以来获得新的进展。这应视为一大文化创造、文化进步和文化成就。而在这种异域文化与本土文化的交流汇合并生发新成就、新品质的过程中，草原民族游牧文化的输入以及通过他们而促使、推进汉人的深入接受佛教，也起了很大的作用。在这里、这时期的所谓"草原民族"，主要就是鲜卑和契丹两个民族了，他们起到了重要的作用，卓有贡献。因为佛教之立足中华，与儒教结合，是与他们的钟情佛教、传播佛教分不开的。而从历史地理学的角度评释，这也就是辽河文化的卓越表现之处和文化奉献之一。

还有值得特别提出的是，据陈寅恪的考证和论述，中华文化，特别是诗词文化以及审美特征与美学构成中的"平、上、去、入"四声之分殊与确立，与佛学的传播和在中国生根开花，有着密切的、根本性的关系。他指出：南朝平、上、去、入的四声之分，得益于佛教的传播；其中，天竺韦陀的《声明论》之输入中土，起了至关重要的作用。陈寅恪论证说："南朝文学极重要的发明为四声。四声，除去本易分别，自为一类的入声以外，复分别其余之声为三声——平、上、去。之所以分别其余之声为三声，是依据并摹拟当日转读佛经的三声。"②这就是说，汉族由于模拟佛教诵经的三声，而于入声之外，分出了平、上、去三声。所以他说："韦陀《声明论》依声的高低，分别为三：一称 Udatta，二称 Svarita，三称 Aundatta。佛教输入中国，教徒转读经典时，此三声的分别，亦当随之输入。"③柳怡徵也指出："古乐亡而音韵之学兴，语言

---

① 黄仁宇：《中国大历史》，生活·读书·新知三联书店，1997，第83页。
② 陈寅恪：《魏晋南北朝史讲演录》，贵州人民出版社，2008，第307页。
③ 同上。

文字之用，因以益精。是亦三国以降，异于两汉以前之一特点也。汉以前人不知反切，魏世反切始大行。""则音韵之学，亦受佛教东来之影响也。"[1]

这是佛教文化对中国文学艺术所起的推进与提升的作用，意义十分重大。因为四声之分，对中国诗词以至文学艺术的许多门类的创造、产生审美效应，起了非常重要的作用。这也是草原民族的游牧文化对汉族农耕文化的重要奉献。于此，辽河文化也是与有荣焉。

佛教在北朝的兴盛，引发寺庙、佛塔以及石窟佛像的绘制与雕塑，从而在建筑和文学艺术上，给汉族输入了新的建筑元素、新的艺术思维与艺术创作的新天地、新境界。其中，契丹辽朝时期，在营州（今辽宁朝阳）的"思燕浮屠"的建造，引发各处辽塔的建造。至今，朝阳的北塔，辽阳的白塔，沈阳仍存的东、西、南、北"四塔"，以及内蒙古林西的白塔、大明塔，历经900多年的风霜雨雪，依然屹然，仍然在显示契丹辽朝的昔日风光异彩，被世人称为世界建筑史上的奇观。翦伯赞在《内蒙访古》中曾赞扬说："契丹人也在前进的路上留下了他们历史的里程碑。他们在锦州市内留下了一个大广济寺古塔，在呼和浩特东四十里的地方留下了一个万卷华严经塔，还在大同城内留下了上下华严寺。……从这些建筑艺术和雕塑艺术看来，定居在锦州和大同一带的契丹人也是一个具有相当高度文化艺术的民族。"[2]

此外，更有敦煌石窟、云冈千佛洞和龙门石窟，这些闪耀世界的艺术瑰宝、中华艺术圣殿，都在生动地、形象地诉说鲜卑、契丹民族的历史业绩，也就是辽河文化的荣光。

以上所述，挂一漏万、掠取点滴、以例言事，不过即此也显示了辽河流域的草原民族，以其游牧文化，注入农耕文化，引发了农耕文化的质地的变化，已经进入中华民族性格与文化基因，构成了农耕文化与游牧文化混融和合的"复杂共同体"，并获得文化机运的久长。这是辽河文化的历史荣光，也是启示和推动我们认真研究辽河文化的"历史动力"。

---

① 柳怡徵：《中国文化史（上册）》，东方出版社，2008，第383-384页。

② 翦伯赞：《内蒙访古》，《人民日报》1961年12月13日，第5版。

开展认真的、系统的、有计划的辽河文化研究，这是有关学术单位和学者的职责。此文只是抛砖引玉而已。作者初涉此题之研究，史实与论点之运用和提出，有误或不当，均所难免，敬乞方家指谬教正，是所至盼！

（2017年9月1日—11月1日）

校园文化断想①

"校园文化"是一个通用称谓，从小学到大学，凡是学校皆可用。但大学的校园文化显然与中小学的校园文化有原则性的区别。一方面，就学校的建筑状况、环境面貌、校区美化以及学校的文化活动、文化水准、文化精神等方面的内涵性质来说，它们是一致的；但是，就高层次和深层次的层面来说，两者就有原则的区别了。大学是国家的高等学府，是社会的精英文化和文化精英的培育和产生之地，它是在中小学进行基础知识传授、国民义务教育的基础上，培养高级人才，完成"人才生成"基础工作的基地，它的任务不仅是继续传授分门别类的、专业的、高级的知识，而且更重要的是，它的重要的和主要的任务是从事专业的、高新技术的、思想文化的或科学前沿的研究工作，并且着意培养学生的研究能力。创办研究型大学，正是我们现在要努力实现的目标。因此，学术文化、研究氛围、科研成就与成果及其展现，便是作为高等学府的大学的校园文化的必备成分。而这与中小学的校园文化是根本不同的。

① 原载《东北大学报》2002年8月28日。

一、校园文化的性质

校园文化像企业文化一样，也是一种次生文化，是由主流文化、民族文化派生出来的，但又有自身的特点，具有由自身的总体性质、特殊本质、社会效用和存在状态产生并与之相适应的内涵和文化。

但它与企业文化不同，它的文化质地更重、文化性能更强、文化作用与影响也更大。它不仅是一种在校园内所有地方存在、以各种各样形态呈现出来的文化，更加重要、更加有意义的是，它是一种由学校历史和全体师生历久形成和营造的一种文化积淀，一种文化精神，一种具有独自特色、彼此统一的行为方式与行为规范，一种特殊的价值观、特殊的学术风格和研究风格。这种校园文化的存在，形成一种文化氛围，它影响和铸造着一代又一代的老师、学生、领导人和全体职工。这是一种潜移默化的力量，一种绵延不绝的文化传统，是每个学校的精神的、文化的传家宝。

二、校园文化的内涵

校园文化的内涵是很丰富的，这里只依据个人未免偏狭的见解，大体列举之。首先可以按外在/内在、外观/内涵、景观/内庭、前院/后院的两分法，来分别列举。按照这一标准、范畴来分，属于外在的、外观的、景观的、前院的，可以有这样一些方面：校园内的各种建筑及其风格，校园内各种区域（办公区、教学区、学生住宿区、家属住宅区等）的布置、美化，道路、甬道、园林等的分布、设置、绿化，校区内各种文化设施及它们的风貌（含建筑水平、风格，内部设置，文化装备，等等），校区内各种标牌、栏板、设施的文化内涵、外貌美化等，整个校区整体的和各类的装饰美化及其审美水准，如此等等。属于内在、内涵、内庭、后院的，则包括长期形成并存在于实践中的办学理念，行之有效的制度、规则，教学、科研以及各项工作中的作风、风格，学术研究及其成果的文化品性，全体教职员工的行为准则与行为规范、办事风格，统一存在于校园内、表现于重大举措与日常作风中的文化精神，以及弥漫整个校园的文化气氛，等等。

从各种不同文化形态的类别来分，则有校园物质文化、学校制度文化、学校精神文化、校园学术文化、校园活动文化。从作为高等学府的大学来说，还应该具有几个重要文化门类的组合，它们是：科技文化、人文文化、艺术文化、教学文化。它们不是以单体的形态存在，而是统一蕴含于校园的全部的、日常的领导工作、教学活动、研究工作、事务工作以至休息娱乐活动之中。

三、校园文化的形成与培育

校园文化不是一日之功，而是长期形成的，是历史的产物、历史的积淀。一方面，它是自然形成的；另一方面它又是学校领导着意培育、全体师生员工共同努力的结果。它的形成，首先决定于学校的文化基础、文化性能、培养目标。同时，它也决定于学校创办者特别是历届领导者，根据学校的主客观条件、依据自己对社会要求和时代精神的考察和体验，建立的办学理念、学校制度以及校训、校风等。

校园文化与学校所处的区域（在中国，大而言之，南方、北方；细分如东北、西北、西南、华南、华东）关系极大，与其社会环境、周边环境关系也极大，同时，时代精神的影响也不可忽视。如东北大学，其诞生地东北地区的地理特点、社会环境和文化语境，其创办的时代背景，特别是九一八事变以后的时代背景与时代精神（抗日救亡，爱国主义），其在九一八事变与抗日战争后的流浪经历，其初创阶段的师资队伍的文化构造，其初期发展阶段的学生成分与文化状态等，这些主客观条件，都是决定东北大学校园文化的重要的、不可忽视的因素，是其构造基础。

当然，客观基础和自然形成，还只是一种可能性，要使之成为现实性，还需要人的主观努力，特别是领导者的着意培养。在这里，基础具备了，学校领导的着意培养就是决定性的了。他们要使校园文化在自然形成的基础上，进行理性的提炼、逻辑的概括，使之理性化、理念化、理论化和制度化；并且要采取种种有效的措施，又能够团结广大师生员工，在实践中，逐步地、坚持不懈、锲而不舍地，使之实现。如洪堡之于世界著名的柏林大学、蔡元培之于北京大学、张伯苓之于南开大学的校风、学风、校园文化之形成，都是著名的例证。

校园文化之形成，始初的创办者、领导者的倡导培育固然重要，但后继者的忠实继承和发扬光大，也是同样重要的。后来者，不但要继承，而且要根据社会进步、文化发展、科学成就、时代精神，来不断充实、提升、发展原有的校园文化的内涵和文化精神。

四、校园文化建设的一些提示

这里对校园文化的建设项目，做一些提示，以供参考：

1. 建筑

校园内的建筑不仅是校园文化中重要的，而且是抬头即见的标志性文化目标。建筑的或古老或现代、设计的古朴与精巧、宏伟与精致以及具有历史价值、纪念意义和文化意蕴等，都是具有文化意义和观赏价值的。牛津大学、哈佛大学的古老校舍和教学楼建筑，是著名的世界性大学标志，是启人遐思和引人观赏的对象。

2. 校园雕塑

校园雕塑是校园文化的重要项目。校园内矗立的名人青铜或理石塑像、建筑物上的历史人物浮雕，给校园增加了浓重的文化氛围与文化内涵以及艺术韵味，也增加了肃穆的氛围。哈佛大学古老校园里的哈佛坐式石雕像、俄国高尔基文学院内的赫尔岑坐式石雕像、北京大学校园小山上的斯诺墓，都给校园增加了浓厚的文化气氛，为人们驻足观赏的对象。

西方大学建筑物上，里里外外常常布有一些与本校有关的名人、学者、教授的浮雕像，它们也成为人们注意的文化对象。当然，还有建筑物上或校区各处摆放的各种雕像，也都是校园文化的亮点。

3. 历史纪念地、纪念物

这是校园文化重要的有意义的项目。对这些纪念地、纪念物加以修整、美化、"意义化"，是建设校园文化的一个方面。日本东京大学的朱舜水碑、与著名作家夏目漱石有关的校园内河，上海华东师范大学的丽娃丽坦河，清华大学内因朱自清的散文《荷塘月色》而出名的荷塘，都是这方面有名的纪念地和纪念物。

4. 艺术作品、艺术设施

校园内的艺术作品、艺术设施，是校园文化的重要内容和展现。可以是名家作品（含古代、已故艺术家和现代艺术家的作品），可以是本校师生的作品，也可以是艺术家的赠品，或学校的收藏品。

本校师生的学术成果展览，这是学校学术、文化成就的展示，是学校历史文化的积淀，因此是构成校园文化的重要内涵。

5. 本校师生学术成果精华的出版

这种出版物，是校园文化的高层次与高文化含量的展示。

6. 办学理念的提出与实施

每个学校都会有其长期形成、逐步完善的特有的办学理念。这是校园文化的核心部分，是总揽全部校园文化的纲领，是校园文化的文化旗帜，是全部教学工作的指导方针。办学理念应该是提纲挈领、精练鲜明、言简意赅而又内涵丰富的。它应该具有自己的特色。

7. 校风、校训、校歌的确立

它与办学理念是统一的，它是后者的具体体现，又是其补充与发展。这些属于学府文化灵魂的"文化理念、口号、规范"的确立，足可统一全校所有人员的文化方向、文化精神，统领和指导师生员工的思想与行动；同样也是大学的文化旗帜，飘扬于全校与全社会。如哈佛大学的校训："让柏拉图与你为友，让亚里士多德与你为友，更重要的，让真理与你为友。"这条闻名于世的精彩校训，既具有鲜明思想文化内涵，表达了哈佛大学的文化精神，又有一种美好的表述。校风、校歌确立的意义和作用，语言、文字和艺术的表现，也是同样的要求。

8. 研究风格的提出和实现

这是校园文化的深层次和高水平的表现，是作为大学校园文化的灵魂。这种研究风格，不仅是指导本校的研究工作的，而且会成为培养一代又一代的学生的研究与工作以至为人风格的圭臬，甚至可以成为影响社会学风的一种中坚理念与风格。

9. 与社会、与实践单位、与国民的联系方式和关系处理的原则和理念

此可视为校园文化的生命线。大学的教学、科研、生产以及一切工作的经济来源、物质资源、灵感启迪、推动力、文化成果的接受、消化、利用，都有赖于社会、实践单位和全体国民。因此，这方面的理念、原则的准确、鲜明的提出，是构成校园文化的不可或缺的方面。

10. 一般价值观、道德与行动规范以及工作风格的确立

这是在通行于全社会的价值观等的基础上，根据本校的特点和要求提出的，它应该通行于全校各个部门、各个方面，也指导全校人员的对外行动和社会行为。

11. 经常的、规范化的学术活动

这是活的、动态的，也是经常的校园文化的重要内涵，它体现着一所大学的教学、研究的生命力。因此校园文化的特色部分、闪亮部分其重要一项，就是经常性的学术报告的举办。

12. 活跃于校园的文化娱乐活动

这是体现学校勃勃生机的部分，是活跃校园气氛的动力，而且也是培养学生的活泼性格、创造能力、艺术趣味的课堂。

学校建设、校园生活的方方面面都体现校园文化。校园文化的建设事项也很多，在此很难尽述，只依据个人所见，列举若干，未必有当，仅供参考。

《东北大学校训》试释①

编者按：校训是学校制定的对全校师生具有指导意义的行为准则，它反映学校的独特气质，体现学校源远流长的文化底蕴。本学期学校校园文化建设委员会恳请彭定安先生结合东大实际，从传统文化的角度对校训进行全面阐释，彭老在百忙的工作中成文——《〈东北大学校训〉试释》。"我看校庆"专栏全篇刊登此文，旨在增强师生对校训的认识，并以此为契机推动学校校园文化建设。希望广大读者积极投稿，阐发自己对校训的理解。相信"自强不息，知行合一"的校训，对于激励全校师生员工进一步弘扬传统，增强对学校的荣誉感、使命感，继续奋发努

---

① 原载《东北大学报》2005年12月2日。

力，把东大早日建成国内一流、国际知名的现代大学，一定会起到重要的推动作用。

日前，我有幸应邀参加学校80年校庆校园文化指导委员会的工作会议，在这次会议上经过广泛论证、专家征求意见，东北大学的校训确定为："自强不息，知行合一。"这一校训的内容很好，含义丰富，而且词语优雅、合辙押韵，读来朗朗上口。两个短语，均取自中国传统典籍，流播广泛，向为国人所重视。它们既是中国传统的哲学命题，又是中华文化的精髓，在中华民族文化与心理性格的形成和精神构建的历史中，发挥过并且仍然在发挥着巨大的作用。尤其是在20世纪前半期，在中华民族处于生死存亡、外御列强、内抗顽敌的历史时期，更是对全民族发挥了鼓舞斗志、激发热情、指导正确思想路线与实践精神的作用。

在新的世纪和改革开放时期，这两个精神哲学命题和实践行为指导，又具有了新的文化意义和认知价值。这是传统与现代的结合。这一校训的两个短语中，"自强不息"是东北大学老校长张学良对东大学生的要求；"知行合一"则是东大第一任校长王永江，针对当时年轻人浮华之气日盛，力戒他们不存虚浮侥幸心理，对学业实事求是，少说话、多做事，而提出来的。事实上，它们都具有东北大学老校训的意义，曾经发挥过作用。现在又将其合并起来使用，组成新的校训，既具有东大传统精神，又赋予了新的意义，这是继承与创新的结合。

对于校训中的这两个短语，如何在更广泛和深邃的意义上去把握，是我们的一项迫切任务，也是一件富有意义的工作。"言之无文，行之不远"，识之不深，其行亦浅。如果只是在词语的肤浅意义上了解，在行动上，也不免会流于浅薄浮泛。因此，在大家共同理解、把握、诠释新校训的过程中，我愿谈一谈自己的认识，未必确当，谨作为参与讨论的发言，以就教于大家。

先谈一点接受学方面的认识，也许有利于我们的解释。按照接受学的说法，人类的语言是历史地形成的，随着社会的发展变化而不断地变化。因此，语言具有社会性、历史性、生成性。也因此，任何一个词语，都含有它的社会的、历史的内涵，其意义是发展的、变化的，一个历史时期，有其新的理解和接受。这不是说词语没有固定的含义，而是表明词语提供意义基础，每一个词语都有它的"原意"，而人们在理解和解释时，却自然会也应该是，加上自己的生活经历、文化修养和知识结构所形成的理解框架、接受屏幕和解释体系，并赋予词语以"意义"。这"意义"是在词语"原意"的基础上产生的，也是理解、接受者在"原意"基础上创造的。所以，在理解、接受和解释一个词语时，人们要掌握它们的这种丰富内涵，才能理解深透。而要做到这一点，理解者就要提高自己的前知识结构的水准。正是在这个意义上，黑格尔说，同一个成语，在青年人和老年人那里，意义是不同的。因此，对于来自传统典籍的校训的"词语意义"的理解，必须掌握它的"原意"，又要赋予新意，从现代生活角度和以现代理解框架去创造"意义"。这既是传统的，又是现代的，是传统与现代的结合，是接受与创新的结合。"抛开古人说今话"，是不行的；"死抱着死魂灵不放"，也是没出息的。

　　校训的第一句"自强不息"，出自《周易·乾》中的"象辞"，原句是："天行健，君子以自强不息。"它的原意是说，天总是刚劲强健而运行不止的，君子观此象而感同身受，因而发愤图强、奋斗不息。后人多取其第二句"自强不息"而用之，以鼓励、赞誉人们精神振拔、意志坚强、努力奋斗、自强自立的精神志气。《辞源》上"自强不息"解为"不断努力"，意思虽然简单了一些，但把主要精神和意义实质说出来了。在19世纪末20世纪初以来，尤其是20世纪的前50年里，中华民族灾难深重，列强宰割、日寇侵吞、反动统治倒行逆施，人民一面是痛苦沉沦、屈辱偷生，一面是挣扎反抗、浴血奋战，并且在民族战争、解放斗争中，不断取得胜利，走向光明。在这个争取自由解放的斗争长途中，"自强不息"是使用最多最广泛的，也是给全民族以激励鼓舞的口号和精神号召。东北大学作为东北地区的文化旗帜和精神堡垒，在沦陷后的东北地区，在东北沦陷后的中国，张学良老校长以"自强不息"训导师生，其意义更为特殊，更具有鼓舞斗志、激励精神的巨大作用。而当东北大学流亡关内以后，这"自强不息"的号召，更带有一种悲壮的气氛，具有既鼓舞自己又鼓舞全民族的作用。在中国人的精神发展史中，在中华性格的发展过程中，中国人锤炼自己的坚强意志、铸造自身的人格力量时，总是以"自强不息"这一规训，作为座右铭，作为精神指引和实践导向。可以说，自强不息在中国人的精神发展史上，发挥了巨大、悠久、深邃的作用。它是中国人性格形成和人格培养的砥砺之石、冶炼之炉和行为圭臬。因此，也可以说，"自强不息"这一词语和思想，是中国文化的积极因素的代表之一，是中华性格的特征之一，是中国传统的精神瑰宝，是先进文化前进方向的代表。因此，我们取而用之，作为校训的内涵，正是继承民族文化传统，取用民族精神资源，也表达了继承历代民族志士、革命先烈和改革前驱的崇高志向和英雄伟业的志向。

当然，取用民族精神文化资源，不能停留在原地上，不应该只停滞在"原意"的基础上，而要与时俱进，注入时代精神、涵盖社会内涵、吸纳现代理念。现代的自强不息，改革开放时期的自强不息，远不止是抵抗列强、救亡图存了，现在内涵更丰富、精神更积极、品格更崇高了，而且打破了民族局限，参与了世界事业，服务于全人类的伟业。现在的自强不息，是中国人要振兴民族、走向世界，在许多世界事务中，既居于前列又举足轻重，在经济发展和文化创造上，恢复昔日的荣光，显现再度辉煌。在个人的性格养成、人格培养上，"自强不息"的引导意义，也都更积极、更科学、更崇高、更现代了。21世纪的自强不息的现代民族，21世纪的自强不息的现代人——这就是自强不息的现代导向、现代意义、现代内涵。

"知行合一"是中国传统的、基本的、具有核心意义的哲学命题。"知"指知识；"行"指行动。中国古代在这一哲学命题上，划分为三个派别，一派主张"知"是"行"的基础，有知而后能行，知指导行，行受知的支配。一派则主张"行"是"知"的基础，离开"行"则无法得"知"。还有一派则主张知行合一，认为"知"即"行"、"行"即"知"。北宋的大哲学家程颐是"'知'乃'行'的基础"这一派的代表。他强调"以知为本"，指出："知之深则行之必至，无有知而不能行者。知而不能行，只是知得浅。"明清之际的大哲学家王夫之则是"'行'乃'知'的基础"这一派的代表。他说："知也者，故以行为功者也；行也者，不以知为功者也。行焉可以得知之效也，知焉未可以得行之效者也。"明代的王守仁则是"知行合一"说的代表。他说："知是行之始，行是知之成"；"只说一个知，已自有行在；只说一个行，已自有知在。"在现代，这一哲学命题，仍然为我国思想界、理论界的一个论题。孙中山主张"知难行易"学说，可以看作先行后知。他举例说，有一次他家里的自来水龙头坏了，一直弄不好，后来请了一名工人来，他只轻而易举地弄一下，就修好了；所以孙中山说知道道理、理论是难的，而行是容易的。现代教育家陶行知则是另一种主张。陶行知曾改原名为"知行"，以后又改为"行知"，这以后就以"行知"名闻世。这名字的变化，反映了他的认识的变化：先重视知，可以视为主张"知是行的基础""知比行重要"；后来则反过来了。正是在这种认识的基础上，他批判地改造杜威的实用主义，提倡"教学做合一"，创办生活教育社和工学团，形成了适合中国国情的"生活教育"思想体系。在"知"与"行"的关系的认识与论辩上，提法的不同往往与时代精神和论者的针对性有关。孙中山为了唤醒民众、发动革命，改变人们的愚昧落后思想，树立进步意识、革命观念是主要的步骤，故强调"知"的重要和首要性。而陶行知在20世纪20—30年代民族危亡之际，针对许多人尤其是国民党统治阶层和部分知识分子的"口头爱国"和"五分钟热血"，提倡"行"的重要，强调行为先，也是自然的、有意义的。我们现在讲"知行合一"，已经不完全等同于原来的意思，而是立足于马克思主义的基础上，主张知行统一，两者是一种实践的、辩证的关系。"知"是在实践（"行"）的基础上产生的；然后，在总结、反思"行"的基础上，产生了"知"；再后，又以"知"（意识、观念、理论）指导"行"（实践）。如此循环往复，不断辩证的发展提高。这是一个人类在实践的基础上，不断实现马克思所说的"在改造客观世界的同时改造主观世界"，又以"改造、提高了的主观世界改造客观世界"。

《东北大学校训》将两个短语合在一起，成为一个完整的意思，既有"自强不息"的爱国意识、民族精神和传统文化思想性格，又有坚持实事求是精神，重视实践也重视知识的，理论与实际结合、实践与理论统一的思想作风与工作作风，以及教学做统一的优良学风。从认识论到方法论都有了。我们在遵循《东北大学校训》培育学生，以及每个人自觉形成与熔铸自身的思想品格与文化精神时，固然要接受传统的诠释，吸取传统的文化资源和文化精神，这样做，可以使我们的理解与实践，具有更深厚的历史渊源、文化内涵和传统精神。但同时，还可以和应该注进时代精神和现代的、科学的思想与方法。在21世纪，面对全球化经济与文化，面对知识经济、信息社会、高科技发展与科技革命，面对计算机文化和网络化突飞猛进的发展，以及面对高等教育的改革，人类知识和认知体系的新的发展和新范式的形成，自强不息和知行合一，都具有了新的内涵、新的精神、新的文化品位，并由此导致了思想和行为的准则与规范的不同。今天的自强不息，是要继承并发扬光大东北大学的爱国主义传统，继承、发扬民族精神与文化传统；是要在建设中国特色社会主义和中国现代化进程中，走在高教改革的前列，让东北大学在已有的基础上，与时俱进，不断创新，成为一流高等学府，培养出适应新世纪需要的新型的、高知识高智能的、全面发展的综合型人才。今天的知行合一，则是要坚持理论联系实际、知与行统一的实事求是的思想路线和学风、文风，接受、传播科技与人文社科的新知识，既用高科技武装头脑与技能，又以新的人文文化涵化精神与心性，做到既能言又能行，言行一致。以上，不揣浅陋，对《东北大学校训》作了一些尝试性的解释，未必确当，容或有误，愿意接受批评指正。

一个社会课题：建立现代礼仪庆典[①]

一

最近，在报上读到两则惊人的消息。一则消息报道：辽宁省建设厅副厅长张某某，因为给儿子大办婚礼、收受巨额礼金而遭到严厉处罚。婚礼在锦州举行，迎亲时出现了长长的车队，其中公车10辆，参加婚礼的500多人自带的车辆50余辆；同时摆婚宴50桌，收礼金两万元左右。

另一则消息报道：沈阳一个"富豪"结婚时雇了20辆"皇冠"，包20桌酒席，花了一万元大酬宾，被人们传为"佳话"。事隔不久，又来了一家更阔绰的，以15辆紫红色本田、250辆摩托车开道，30辆"皇

---

① 原载《友报》1991年3月25日。

冠"、10 辆中巴紧跟后面，新婚夫妻则站在敞篷轿车里向人们招手。他们摆了 88 桌酒席，更特别的是用百元钞票叠成飞机轮番轰击"幸运嘉宾"。此外，不太阔绰和比较阔绰的婚礼每天都有，现在已经形成了 90 年代一种婚礼庆典模式。其主要标志就是礼金丰厚、轿车出行、宴宾众多，还有许多陈规陋俗。

这种庆典礼仪，不但反映了一种个人的心态，而且反映了社会的价值观念和文化选择。但这又不仅是一种结果或行为终止，而且还是一种社会影响滋生的过程、一连串社会行为的开始。

二

需要说明的是，这种婚礼庆典虽然已成约定俗成的模式，已成一种社会风气，但人们对它的态度是不一致的。就当事者来说，有三种态度：一是积极自愿、主动"显示"；二是风气如此，也就随大溜阔绰一回；三是迫于形势，不得不为，甚至忍痛借债，是谓"胁从"。从这些情况可以说明：这种风气需要改变。

在不同的反应中，虽说有些人以羡慕的眼光，"传为佳话"，甚至决心要仿效，就像当年刘邦见了秦始皇的威风，躲在人群中说"大丈夫当如斯也"一样，但也有一部分人是传为笑话的，认为这是一种没有意义、低级庸俗的行为；至于大多数人则是摇摇头，觉得太过分、太奢华了。广大人众的心态是各个不同、各有选择的。

三

礼仪庆典的举行，可以说同人类的成长一同成长。人是在举行礼仪庆典中来形成、表现、传承价值观念、行为准则、理想信仰、愿望希冀，以至一切文化选择的。礼仪庆典是人类的一种文化创造和文化形态。动物是没有任何礼仪庆典的。人类精神之花的文学艺术，包括音乐、舞蹈、诗歌、戏剧、文学、绘画、雕塑等在内，都是以礼仪庆典为重要温床和依托发展起来的，都是在这一活动中，为了实用的目的而操作运行，从而得以创造和成熟起来的。人类至今的礼仪庆典仍然容纳种种艺术于其中，并以其为重要的手段、内涵和形式。人类在童年时代，为了狩猎的成功、战争的胜利、作物的丰收、人种的繁殖，以及为了庆祝胜利、解累歇乏、男女合欢，都举行庆典，并以巫术形态出现，同时也以原始艺术形态出现。这种礼仪庆典，总是庄严的、肃穆的、欢乐的、狂迷的，有规范又常常越出日常规范的，是原始人的一种理性的、感情的、心理的、审美的、集体的、社会性的、乞求性的、祝福性的、有意义的活动。因此，它是人类的一种生存模式，一种对某种价值的确认，一种对生命的意义的体认。既是对过去的一种反思和总结，又是对未来的祝福和设计。在总体上，它是对人类生活本质、生命意义的思考形态与过程，因此，它也就影响、规划和支配人类在未来的日子里和未来的世界中继续生存下去的态度和模式。

人类在度过童年期以后，这个早期的创造物在漫长岁月中继承下来了，并且大大地发展了。礼仪庆典这种文化心态已成为人类文化承传和文化选择的一种方式。

四

人类远古的信息告诉我们，完全是一种表面化行为的礼仪庆典，包含着传达生命信息和社会意识的深厚的文化内涵，它的承前启后、社会传播的作用是很大的，不可忽视的。同时，也说明它是人类社会必需的一种文化形态，是社会运行机制中不可少的。

当20世纪80年代中期，人们从极简单的婚礼仪式中冲出，而"创设"种种仪式时，同我幼时所见，并无二致。就是说：复旧了。人们在新的条件下创新，往往从历史的记忆中去寻求。到80年代末和90年代初，形式发展到前面所说的状况。汽车、金钱成为主要的仪典事物（主角），显财斗富、撒钱敛钱，成为目的。仪式可以是非常隆重的，婚姻本身反倒是随便的（现在的富有者离婚的很多）。这样的婚礼，婚姻成为次要的，显财斗富、要脸面、摆阔气成了第一目的。男女的婚事成为非婚姻目的以显示自身的附着物，本末倒置，莫此为甚。

五

值得十分注意的是，此种颠倒不只发生在婚礼上。在丧礼上，在送往迎来上，在开幕闭幕时，也都如此。礼仪和庆典，旧的发展了、讲排场了；新的，不断新添，不断有新名堂。

社会财富和社会物资，大批地被浪费、被虚掷。但更严重的，不仅是在物质上，而且是在精神上。正如前所说，这种仪典中，正渗透和表露出一种价值观念、行为准则、道德标准、生存模式，也表现了一种对爱情、婚姻家庭、事业、人际关系，对社会的义务与责任等方面的本质意义和终极价值的宣传和体认、肯定和传承。也就是说，通过这种礼仪庆典，在塑造当事人、塑造后代、塑造当代公民的精神世界。

总括现代婚丧以及类同性质的礼仪庆典所宣传、肯定和承传的观念文明，就是金钱、权力、名誉、地位。这自然是一种明目张胆、敲锣打鼓、大吹大擂的反文化宣传和社会精神污染。

六

所以，我们要革除这种复旧的又是"创新"的有害的礼仪庆典，而设计、创造、推行一种新型的、健康的、高文化层次的礼仪庆典，应是当今文化建设、精神文明建设的一个重要方面。

婚礼、丧礼、庆典、生日聚会、各种社会集团的和各种活动的开幕闭幕，以至节假日的聚会、中小学的升旗礼等，总之，大至国家性的，小至家庭个人的，普及于全社会的，各种各类的礼仪庆典，都应该有一个规范，有一个设计。让其中贯彻、传达、抒发、传播和传承一种民族的、社会的、历史的、时代的、审美的文化内涵，这样庆典既是一种有意义的聚会，又是一种自然形成的教育手段和形态，同时还是一种有意义、有文化意蕴和审美情趣的集群的、游乐的活动。

这种社会倡导、管理部门的制定规范、各种传媒的宣传以及礼仪单位和营利性礼仪庆典公司的实践，是古代和其他国家行之有效的做法和成功经验。孔夫子制礼作乐，中国之有《礼记》，就是中国历史的辉煌。

我们不应该听任群众（一部分）把纯粹自发地依照自己受时代浪潮左右的盲目做法，成为一种社会的无形规范而贻害大家。在这个意义上，本文开始所说的那两个例子中的主人公，正是受害者。我们要把受害者都变成受益者。

走出对现代化理解的误区①

现代化，有其由人类历史实践和理论总结所形成的相对稳定的基本概念内涵，它既可以是人们在社会实践中的行动目标，也能成为人们行动的指导。因此，对于"现代化"或者说"社会的现代性"具有正确的理解，是非常重要的。如果按照不正确的理解来形成一种追索的现代化目标，或者更以此为行动之指导，那么，纵然不是南辕北辙，也会走许多弯路，事倍功半，付出更多的代价。要知道，"历史的弯路"，可不像田径赛场上的短跑，几十分钟以至几分钟足可挽回，而是一"弯"就"弯"去几十年以至更长时间，社会财富的损失也很大。

然而，我们现在许多人恰恰是凭着一种常识性的理解来形成对现代化的认识，因而走入误区，这表现在人们的社会实践中就是一种不正确的行动。这里主要提出几点来探讨。

一

现代化不是单纯经济增长，而必须包含社会的整体进步在内。一提起实现现代化，人们必然首先想到经济增长。的确，这是现代化的首要指标。本来，经济增长就是一个综合指标和社会综合行为的结果与表现。因为取得经济增长的效应，必然要有工业化、科技化、商品化、社会化等生产力提高和经济发展的必备条件。因此，经济增长必然表现为和引导到社会的现代化。但是，这只是社会的"一相"发展，只是现代化必要的、首要的和重要的指标，但却绝不是唯一指标。目前世界社会学多系派中关于现代化的概念和目标体系，有种种不同的定义和概括，

---

① 原载《辽宁日报》1993年2月18日。

但它们不管有何差异，有两项内容是必然共同列入的，这就是经济增长和社会进步。后者包括的方面极广，城市基础设施、福利保障体系、乡村的整体发展、文化教育科学研究事业的发展、公民素质的提高，以及整个社会的多方面的发展和运行机制的顺畅合理，等等，均在其内。概括起来说也可列为两项，即社会的整体进步和人的智能的提高（亦即人改造、控制自然能力的提高）。不要多列举，仅仅以上略为提及的几个方面，就可以说，每一项都是巨大复杂的社会工程，都需要巨额的投资、相当长的发展时期。同时也就是经济发展的强大支柱和资源，因此社会进步同经济增长是同步互补的。也因此，如果只注意经济增长而忽视或无视社会进步诸项，那么，社会就会跛足地发展，现代化目标难以达到，经济增长的速度、后劲也受到抑制；而且，表现出经济增长与社会紧张和混乱同时出现，经济繁荣与拜金主义、社会犯罪同步增长，而经济增长却又和公民素质下降同在。这不能不引起我们的警惕。

二

现代化不是全面非传统化，现代化首先意味着改变传统，意味着现代化对传统的选择。这是人们所熟知的。然而，实质上是现代化首先接受传统的选择：任何国家和民族都是立足于对传统的批判性认识，而后选取本身现代化模式的。其次，才从这种"在批判旧世界中认识的新世界"的认识模式出发去革旧鼎新，实现现代化。因而，这里是一个实践的、流变的、双向互动的改革和发展的过程，其运动式可为：传统⇄现代化⇄革新的传统⇄吸收传统的现代化。

世界上第一批实现现代化的国家的历史过程和现在正奔赴现代化目标的发展中国家的状况，都表明固守传统当然就不会有现代化运动，但抛弃传统，却也会是无立足之点的、失去依据的，因而是空疏的、外来的现代化。所以，现代化绝不是全面非传统化，而是传统向现代化的创造性转化，审慎地对待传统，就是审慎地对待现代化。我们不是毁弃传统的"家园"，而是革新、改造、重建一座现代化新家园。

当代国际学术界提出："现代性是不是出了问题？"提出此问题的背景就是现代化发展导致了人类的自然家园、社会家园和心理家园都遭到破坏，产生了污染、失衡、紧张、"无意义感"。因此，对问题预设的回答就是：现代化对传统的破坏过了头。第一批现代化的发达国家正在就此进行历史反思和现实反省，审慎地寻找"故土的归依"和"家园的复苏"，其中包括向东方文化（重点之一是中国文化）寻找"解毒剂"、"缓解剂"和文化整合的要旨。

然而，我们现在对自己的传统却是大意大度得很，不经意地、随时地、迅疾地、猛烈地、不分青红皂白地在破毁传统，包括几千年文化传统中的优秀部分、几十年来的社会主义、马克思主义传统中的优良成分。目前许多道德方面出现的问题以及这种心态在坑蒙拐骗、社会犯罪、贪污受贿等社会实践上的体现，都与此有关。因此，纠正此种"全面非传统化"的认识之偏，是我们当前不可忽视的严重课题。

三

现代化不是泛商业化。现代化必须实行生产的商品化，建立商品经济。由此，就会导致社会生产与生活中的广泛的商业化，商业行为、交易关系、金钱杠杆、利益标准、谋利的行为动机与准则等等，都成为合理合法合情的，而且是必须的、积极的、足以推动经济发展、社会前进的事物。我国历来轻商重农，几十年计划经济模式中的产品经济、商品生产和商业机制不发达。现在，在实现现代化的过程中，从观念到行为、从全社会到单个人，重商趋利已经普遍受到肯定和重视。这是有利于经济发展和现代化事业的。

但是，这绝不是整个社会要泛商业化，即全社会各行各业、各个领域、各种人、各种事业和社会行为以至各种人际关系，统统成为商品交易活动和金钱交易关系，统统商业化。从社会运行机制来说，以及从社会分工来说，有些领域部门、行业，其事业性更重于商业性，比如教育、科学、艺术、新闻出版、文化、医疗、社会福利等领域，固然有不同程度的商业性，但其中又视行业性质之不同，而有不同程度的事业性，包括非营利性、社会奉献性、服务性、义务性、福利性、救济性等等。在这里，行为的动机、机制与归宿，赢利的性质较小、很小或没有，而其道德感、文化性、纯洁性、人道精神以及创造欲、事业心、同情心都更为浓重。它们不是作为商业化的抵抗力量而存在，而是作为商业化的补充和抗毒素与"洗洁精"而起一种社会整合与文化整合的作用。它包容于社会的文化建设与精神文明建设之中。至于这个领域中的广大从业人员，会有一部分在商业性运行机制中活动，挣大钱、发大财而不脱离事业与服务的轨道（那些只为钱不服务者，不在我们的讨论之中）；而有一部分则会因心性另有寄托或因能力限制，基本上悬浮于商业化机制之外，"埋首""坐冷板凳"，保持了本行业和自身的非商业化；更有一部分人，自觉自愿、特立独行于商业大潮之外，专心致志从事文化奉献与文化创造。我们固然无须在这几种人之中分它个高下优劣，但却确实可以明确他们在事业和社会行为、个人出处的本质性分化。任何一个民族、任何一个时代，总有一部分人是安贫乐道，从事文化创造、文化积淀，以文化的"冷""软""长"性服务，为国家民族之发展振兴奉献心力的。社会必须要有这种分工。各种单位、所有人都投身商业潮，全社会的泛商业化，是同现代化的整体目标体系之达到相悖的。因为泛商业化，就会使本不应进入商业网络和运行机制轨道上的事业，或不应全部进入的领域，一律卷入其中，就会侵蚀这些非商业性事业，侵蚀这些部门的从业者的事业心，以至浸染整个社会心态，这于精神文明建设和社会进步是不利的，最终势必影响经济增长和现代化事业。即使是早已实现市场经济的现代化资本主义国家，也并非社会行为泛商业化的。

四

现代化不是西方化。的确，第一批现代化国家，除了日本，全都在欧美。所以人们往往把现代化与西方化等同起来。当然，在现代化的目标体系之中，有许多是西方国家已经实现而我们也要去实现的，两者是等同的，如工业化、高科技化、农业工业化、城市化、社会化、商品化等等。但是，即使在这些"共同目标"中，也仍有两点大同中之中异或小异，一是"化"的内涵不完全一样，二是化的途径和方法不完全相同。此外，还有许多不同之点。这是由不同的民族传统和文化根基而带来的差异。日本是亚洲学习"洋学"而实现现代化的第一个国家，但它今日之诸种"化"，都同欧美诸国大不相同或不大相同而带有东方色彩和日本特点。至于我国之不同于西方发达国家，更在于我国的现代化动机、动力和归宿是有中国特色的社会主义而不是资本主义。

还有值得注意的一点是，西方发达国家在实现现代化的过程中，走过的弯路，吃过的苦头，以及曾经发生过的种种"现代化阵痛"，我们不应当去重复，而应尽可能避免。尤其是，被称为"后现代化"时期的社会与文化中的种种弊害，如环境污染、生态失衡、"文化—心态神经官能症"、社会犯罪、家庭离析等文化转型期的痛苦，我们更应该和可以预为之谋，既设防又规避或创制社会、经济、文化的"减震器""平衡仪"等。

五

现代化不是先物质后精神的单相递次分层发展的过程，而是物质与精神双向同步相应的发展过程。人们对于现代化的向往与歌颂，第一条就是由于生产力提高、经济发展而带来的人民物质生活的提高，所谓"发财致富，小康生活"便是。但这只是对于现代化好处的突出之点的提示，却不是全面的概括。事实上，现代化绝不是先把物质生活搞上去了，然后来抓精神生活的提高，即不是先物质文明后精神文明，而是物质与精神同步相应提高。这不仅是因为物质生活提高了，就要求精神生活的质量提高来取得平衡，而且更在于高度的物质生活没有精神文明的后援和充实，就会比贫乏的物质生活条件下的精神生活更空虚。"饱暖生淫欲"，在优厚物质生活的基础上，滋生精神的霉菌和毒疮。我们现在已经看到不少"文盲加财富"的糜烂以至犯罪的典型生活方式产生于"高物质、低文化"的社会层面上。就全社会而言，物质文明发展而无精神文明同步的协调发展的配合，物质领域的发展也受到抑制和难于提高其速度与水平。歌德和席勒还在刚刚有了铁路和现代钢铁生产的时候，就提出不能只注意速度和财富，而要同时注意人的精神结构；在注意地上的、物质的、外在的生活时，同时注意"天上的"、精神的、内在的生活。这可避免社会成为单面社会、人成为单面人。这种现代化，才是全面的、持久的、稳定的、合理的现代化。现代化不是攀登物质感官享受的单相生活顶峰，而是在物质丰厚的基础上升华到一种物质与精神双相和谐统一高尚美满的生存境界。

六

现代化不是先实现社会现代化，然后实现人的现代化，而是社会与人双向互动同步实现现代化。落后不仅是经济和社会生活的低指标，而且表现为一种民族心态、一种公民素质的普遍低水准，没有人的现代化，社会难能现代化。但又不是人先现代化了，再来实现社会现代化，而是"在现代化的实现过程中同时同步实现人的现代化"；否则先进的技术、高超的管理经验、现代化的制度纵然移植进来了，落后的传统人的因循守旧和普遍的人的素质低下，会使一切先进成为一个躯壳，内瓤不变，仍是"新瓶陈酒"，不能实现现代化。我们现在出现的经济增长与公民素质下降相背而行的现象，是令人担忧，十分值得注意的。

以上列举六点，远非全面概括，但都是目前人们蹈身其中的理解误区，在实际生活中反映出消极行为与社会现象的几个方面。愿郑重提出，以共同探讨并密切注意与切实纠正。

对辽海文化的新体认

——《中国地域文化通览·辽宁卷》结语

通读《中国地域文化通览·辽宁卷》，我们有一个深刻的感觉，就是对辽宁文化的认识增强了、加深了、提高了，对它有了新的体认。过去的认识不够全面，缺乏体系性，有缺陷，有的还不够了解，甚至不了解；现在，认识全面了，具有体系性了，也深刻了。"让世人更了解辽宁，让辽宁人重新认识自己"，我们编撰《中国地域文化通览·辽宁卷》的初衷，可以说是实现了。当然，就我们这卷《中国地域文化通览》所确定的年限的下限，即止于辛亥革命时代来说，我们叙述的对象，应属辽宁传统文化范畴。而辽宁文化从传统进到近现代，经过辛亥革命，经过五四新文化运动，尤其是经过新中国半个多世纪的发展，是有很大进展、很深刻变化的。因此，在本卷结语中，我们愿意在历史叙述的基础上，略述辽宁文化在辛亥革命之后的历史时期中，其大致发展路径和大体状貌，以窥"全豹"，也是研究辽宁文化的需要，同时就辽宁文化发展的未来，作一简略探讨。

一、对辽海文化的新体认

辽海文化是辽宁文化的合适的文化称谓。在省的地区划分上和省内地域性文化的区分上，习惯的和合理而适当的区分是辽西、辽东、辽南，即辽西平原、辽东山区、辽东半岛地区。辽西近冀；辽东居江畔而多山；辽东半岛近海而与齐鲁隔海相望，故称辽海，名副其实。这样，在地域文化上，有农业文化和海洋性文化之别。在民族文化上，有鲜卑、朝鲜、蒙满之分。

历史发展的轨迹显示，辽海文化是汉文化和多个少数民族文化融合而以汉文化为主体的地域文化。在2000多年的历史上，有诸多草原民族出没辽海地区，他们的族源复杂而多有混同，称谓也多有变换。在不同的断代，不同的历史时期，有的民族占据主要地位，掌握了东北地区或整个北方的统治权，甚至全国政权。乌桓、鲜卑、契丹、女真、蒙古族和满族，便是主要的族群。他们各自以自己的民族文化贡献于辽海文化之中，注入汉文化之中。辽海文化也以汉文化为主体，吸取接受了这些少数民族的文化因子和文化资源，而丰富发展自己，并铸就自身的文化特质。在北魏时期，从辽宁走向华北，建立北方政权，鲜卑族文化注入中原文化，有其一份贡献。在清代，以辽宁为发祥地的满族，统治全国，使满族文化波及、影响全国。总之，辽海文化由多元构成，而以汉文化为主体；它靠吸取、接受中原文化的营养和资源而发展自己、成就自己，从而进入中华文化的整体；同时，它也以鲜卑文化、满族文化和蕴含少数民族与草原民族文化因子的文化，奉献于中华文化，产生过它的影响。

汉文化是以移民的形式，以移民为载体，输入辽海地区的。所谓移民，有多种形态。在古代，在千年以上的历史时期中，有的移民是普通的迁徙，有的则是中原战乱中避祸逃难的流民，有的是具有技能的农民或手工业者。他们或者是谋生，或者是被劫掠，或者是被雇聘而来到辽宁；还有士人被统治者延聘来的，进入统治集团，有的身居高位要津。这样多的群体，这样多门类的人众，带着生产技能、农业文化、知识智慧，满载中原文化，传输于辽宁地区。一方面与地区民族文化结合，一方面学习接受少数民族文化。总体上是农业文化与骑射文化的碰撞与结合，互渗与汇融。在明清时期，又有流人文化输入辽海地区。所谓流人，皆非等闲之辈，他们或为横遭贬谪的学士名人，率皆饱学之士；有的是高官显宦，位高学厚，也是学有所长的人士。所以流人的到来、定居，对于辽海地区文化的发展，对其接受中原文化、儒家文化、中华经典文化，均起到重要的作用。尤其他们之中，有的人士，在清贫困厄中，犹钟情文化，著书立说、讲学授徒，热情传播精英文化，对辽宁地区文化的提升发展贡献颇丰。近代以来，几次大的"闯关东"浪潮，人员众多，气势恢宏，大多数是贫苦农民，以赤贫之身，拖家带口，凭借双手，辟地开荒，带来了生产技术、农业文化和齐鲁冀豫的民间文化，落地生根，结出丰硕的民间文艺之花和民间文化之花。它们在冻土地上，在荒僻原野上，创辟了中原文化与民族文化、辽宁文化的汇融的文化之果。

进到近现代，由于辛亥革命的发生，由于五四运动的发生，还由于日俄帝国主义的侵略，辽宁的新的文化因子产生了。现代工业的建立，现代交通、公路铁路的筑建，导致现代城市的产生，以沈阳为中心的中部城市群，包括鞍山、抚顺、本溪等重工业城市的出现，大连、锦州、丹东、营口等港口城市的兴起，以一省区而拥有如此众多而密集的工业城市，在全国居于先列。因此，辽宁近现代文化中的工业文化、科技文化、城市文化得到长足的发展，进入京津文化的行列，在东北居于首位，并逐渐成为文化中心。其中，以日俄尤其是日本的侵略和文化输出为契机，殖民文化得到发展，它或者为侵略者所强制推行，或者为移民移植，侵入辽海文化的肌体脏腑；一方面是强力灌输，另一方面是随着生产、生活而嵌入。与此同时，反殖民文化也应运而生。它与殖民文化相抵触、对抗，产生民族的自我保护意识和自豪感，产生反抗异族统治、侵略和文化输出。殖民文化的产生，是消极的结果；反殖民文化的萌发、发展，是积极的文化成果。在辽宁近现代文学艺术作品中，在精神文化形态上，那种固有的粗犷、反抗、豪侠、勇毅的气质品格，因应时代的要求而尤显突出，在同时代文化领域里独显光彩。

在中华人民共和国成立之后，辽海文化得到迅速提高和重大发展。作为老解放区，先行一步的大规模经济建设的区域，作为"共和国的长子"的重工业基地，辽宁的现代文化，包括工业文化、科技文化、城市文化、现代文化，均有突出的进展，在东北地区名列首位，在全国亦居前列。这种优势发展的形势中，也有另一面的潜在的羁绊。传统文化积淀中乡土文化的农业、农民文化的保守倾向、内敛意识，商业精神的缺乏，经营管理才能的弱势，都影响了辽海文化的现代性进展。所谓"辽宁人往往醒得早，起得晚"，厚重沉稳有余，而开拓进取不足，是辽宁人多番反思的课题。

这里显现了辽海文化的内在的两面性，一面是传统文化精神气质，多元、开放、开拓、兼容、大器，这是主要的、核心的、厚重的。另一面，虽然是次要的，但却存在，或者说在潜意识里隐存，这是辽宁人思想、观念、心理性格上，力求反思、积极改进的方面。

二、保护与诠释　继承与创新

面对辽宁传统文化，主要不是发思古之幽情，而是回顾往昔，思考未来，是如何继承传统、发扬光大，更是如何改革进取、实现向现代化的创造性转换。继承不是故步自封，改革亦非否弃传统。为了继承，首先是对传统、对历史遗存，精心爱护、悉心保护，要进行发掘、梳理、研究。为此，"重读"与"细读"是必要的。任何历史都是现代史，历史永远是与现实的对话，这些名言说明了重读传统的必要和精要。这就是根据现实的需要和现实的状况，以此为出发点和归宿，去重新研读传统，以发掘新义，析解旧意，为现实服务，为文化建设效力。细读就是为了这种目的而通读，训诂、分析、深究，联系相关资讯以扩展解读界域。尤其重要的是，对传统文化资源，做出现代诠释，以至"现代化处理"，使旧文化遗存化为新文化资源。

这种现代诠释与"现代化处理"，必须在尊重传统的基础上和文化理念上来进行，否则会损伤传统，甚至毁坏传统，使其"万劫不复"，那就适得其反。同时还要在准确理解的基础上进行，只有准确地理解，才能做到准确的继承和改革。妄作解人，歪曲传统，甚至戏说传统，都不是现代诠释，而是现代人从不纯正目的出发的对于传统的嘲弄与糟蹋。当然，更进一步的要求是能够以新的理念、新的方法来研究，以新的学术规范来解读和运用传统。

对于传统文化的爱护、保护与继承，不仅是对于历史、对于传统与前辈的尊重，而且是要"化腐朽为神奇"，要"从古老的智慧中寻找现代灵感"。我们从古人的生命体认中，从古人的生活智能中，从他们的器物、文学、艺术的制作中，都能获得启示，获得"古老智慧的现代刺激"，而创获文化成果。辽宁在这方面可以继承和发扬的历史文化资源是丰富而富有特色的。

三、依据实践需要，实现文化创新

对传统文化的发掘、整理、重读与进行现代诠释和"现代化处理"，不是最终的目的。这一切的归宿是文化创新，使文化从传统向现代转换。中国文化在现代化过程中，在建设中国特色社会主义过程中，必须实现从传统向现代的创造性转换。这是历史的课题，也是现实的任务，更是我们的责任。辽海文化要实现这一艰巨任务，拥有有利的条件。作为振兴东北战略目标的前沿和先行区域，作为新兴产业、重要重工业产业、现代产业发展的新兴地区，作为再振雄风的重要国家工业基地，辽宁拥有众多大型企业，众多高科技人才和广大科技人员，还拥有成批科学研究机构，又拥有现代城市群，城市化程度也居全国前列，这些都蕴含多元、广泛、深厚的现代因素，是构成文化现代性的宝贵资源，为许多其他省份所缺少。同时，这些条件，又构成迫切的任务，提出了迫切的需要：它们的实践和实际迫切需要改革传统文化的不适应部分，需要文化创新，需要文化从传统向现代创造性地转换，以养育经济，引领、推动、保证现代经济的发展。现正积极推进的转变发展方式的战略任务，正需要文化的现代性和现代文化的促进和保障，推进和领跑。

从实际出发，理论结合实际，既充分运用传统文化的积极因素，发挥传统文化的功能与作用，又实行文化的从传统向现代转换，实行文化创新，以新的文化力量来促进新的经济发展。这是文化的力量所在，也是我们的任务所系。

文化还有另一个重要的任务，就是发挥辽海文化优秀传统，发挥文化创新，抵制、防止、消除现代化进程中的文化偏向，使信仰缺失、理想失落、价值观混乱、道德下滑等现象得到纠正和防治。辽宁文化的现实任务，可谓任重道远。

《中国地域文化通览·辽宁卷》的纂修，是一次对传统文化的梳理和阐述与诠释。它将辽海文化的发展历史及其规律，揭示出来，将它的亮点展示出来，让人们了解辽宁，使辽宁走向世界。

我们进行了一次从历史到现实的文化之旅。我们全面梳理了辽海文化的发展史，展现了辽海文化的鲜亮点。这既是在继承前人的研究和工作的基础上进行的，同时又进行了我们应有的自己的发掘与研究，做了在性质上应属开辟性和总结性的工作。我们经过集体的努力，完成了现在的成果，把它呈现于世人面前。我们希望能够被满意地接受。但我们愿意接受批评指正。

三卷（四册）本《沈阳文化史》总绪论

《沈阳文化史》全书以三卷（四册）的学术范式构成，分别为《古代卷（远古至清末，公元前—1840)》《近代卷（辛亥革命至新中国建立前夕，1911—1948）》《现代卷（上册，新中国建立至今，1949—2000)》《现代卷（下册，学术沈阳现代文化的特色亮点)》。三卷（四册）本《沈阳文化史》，首次将沈阳文化的发展历程与规律、主要历史分期及其主要内涵，以及沈阳文化的特色与亮点予以考证、梳理和系统的陈述。这是第一部沈阳文化通史，其撰述，在原有分散著述和既有史料基础上进行，既有继承的工作，又具有拓荒的意义，带有一定的开辟性和初创性，其价值或可定于此。然不足以至缺陷之存在亦所难免，其因也在于此。

对三卷（四册）本《沈阳文化史》，作为科研成果，其研究结果和学术水平，可以做如此总评，即两个开辟和初创、一个全面梳理和系统叙述，从而首次完成了对沈阳文化发展的历史面貌和发展规律的全面、完整、系统的历史叙述，提炼、勾勒、描述了沈阳文化的特色与亮点。

第一，"两个开辟与初创"。

过去存在一种"沈阳文化向来无史"的说法，意思是沈阳虽然有局部的、片段的、个别的、分门别类的关于其文化发展与文化状态的著述，但是却缺乏全面、系统、成体系性的完整论述。因此，此次以三卷（四册）本的完整的、体系性的学术形态，陈述沈阳文化史的全貌和过程，是开辟性的工作。至于文化史方面的专著，更付阙如，此次的沈阳文化史的撰述，是初创性的。这表现在两个重要的方面：第一是在历史资料的挖掘、收集、集中、梳理、排比和研究上，做了开辟性的工作，为了解沈阳文化的历史和全貌，做出了初创性的成果。第二是将已经掌握的历史资料，在历史唯物主义的指导下，在实事求是的学风规范中，进行由远及近、由表及里、由浅及深的深入研究，理清历史脉络、寻觅发展线索和规律、论定符合实际的历史分期、提炼地域文化特色和亮点，这是一个重要的开辟性工作。而且，将这些系统的研究成果，形成文字，以规范的学术专著的文本形态呈现出来，这是一个值得肯定的初创性工作。另外，现代卷的历史陈述采取文化通览性质和范式的做法，即分上下两册，上册纵写历史，下册横写特色亮点。这样做，既有对于历史发展脉络的陈述和规律性探讨，又有对文化特色亮点的比较侧重和详细的描述。虽然在一定程度上，难免有割裂之嫌和重复之弊，但对突出陈述和显示沈阳文化的特色亮点颇为有利，而且下册具有单独存在的价值和阅读的资质。当然，我们在编撰过程中，尽力避免内容的重复。

上述"开辟"和"初创"，在古代卷部分，表现尤为明显和突出，因为对于从远古到近古的沈阳文化发展，向无系统的历史资料的挖掘和积累，更缺历史文本的陈述。在近代卷方面，则其开辟和初创性突出地表现在对某几个阶段，如清末、民初和殖民时期的历史资料的挖掘、梳理等方面的开辟和初创，尤其是对沈阳文化近代化的表现和进程方面，做了开辟性和初创性的研究；对"张氏父子"时期的资料的发掘与整理，也做了补充性和填补空白性的工作。在现代卷方面，上册对新中国成立初期沈阳文化发展的情况做了开辟性和初创性的收集与整理，尤其是对"文化大革命"以后和改革开放以来沈阳文化的突飞猛进的发展，做了开辟性的收集、归纳和整理，对沈阳文化现代化进程也做了开辟性和初创性的研究；而下册则是在纵写历史的前提下，侧重横写沈阳文化的特色与亮点，并颇具创意地将沈阳文化分为物质文化、精神文化、社会文化和文化产业四个方面，逐一详细陈述，资料丰富，方面全备，尤其是对改革开放以来沈阳市在文化方面取得的进展和成就，做了比较详细的介绍。

第二，"一个全面梳理和系统叙述"。

三卷（四册）本《沈阳文化史》对沈阳文化从远古到近古、从近代到现代的发展进程和发展规律，以及其历史分期与各个时期的主要历史内涵，以历史叙述规范文本的形态，做了完整的、全面的、系统的、成体系性的历史与文化叙述。这里对"成体系性"还需做以简略陈述。所谓"体系性"，就是把沈阳文化及其历史，与本区域的经济与社会发展的基础相对应，以历史唯物主义为指导，理清了历史发展的线索，确立了合理的历史分期，并陈述了各个时期相区别又相联系的历史内涵。尤其是对沈阳文化发展历史进程中的三大跃进和突变，即"皇都时期"、近代化时期、现代化时期的集中突出的叙述，构成了一个完整的、符合历史逻辑的、具有文化特征的历史陈述。

《沈阳文化史》的三卷（四册），在学术性方面，各自具有特色和优点。古代卷叙事严谨古朴，规范整饬。这种叙事，符合叙述古代历史的文化要求，与其对于古籍的多所徵引，在叙事上的契合和文脉沟通，颇为有利。撰著者的这种叙事选择是很正确的。近代卷的叙事则显得清顺畅达、流利雍容，尤其是向近代转化时期的叙事，事关许多新鲜事物和外来事物，如电灯、电话、电报、火车、汽车、轮船之类以及各种洋货、西洋风格的建筑等的输入和建设，叙事自然地与之契合，而显白话叙事之顺畅流利。现代卷上册，整个为叙述现代事物和现代社会的生活与文化，尤其是改革开放以来的文化发展和现代化进程中，新鲜事物纷至沓来、层出不穷，文化学术和叙事语言方面，都进入一个崭新时期，所以全卷叙事，欢快淋漓，具有新时期、新时代，文化向现代急剧转换的气势；而下册则对新中国成立后尤其是改革开放以来沈阳的文化发展，分门别类，展开记述，特别是在城市建筑、教育卫生等以及旅游文化、传媒业、娱乐业这些新兴文化事象，做了比较详细的陈述。总体上，表现了各个分卷的撰稿人尤其分卷主编，对于历史叙事的选择具有

学术眼力和学术功底。这对于本研究课题的成果显现，具有重要的
作用。

在具体表现方面，还需补述：古代卷对于古史方面一些重大问题的
考证，严谨求实，功力深厚。近代卷对于张氏父子时期，沈阳以至东北
地区的近代化过程的叙述，集中突出，资料丰富，叙事全面，并突出重
点，表现了史学家的眼力和功底。现代卷上下册对于难于处理的"文化
大革命"时期的叙述，严谨克制，叙事节制；而对于改革开放以来的文
化大发展，尤其是科技、文学艺术等方面的快速与高度的发展，城市面
貌的历史性变化和现代性面貌，积极热情地叙述，富有历史激情。

当然，由于尚属开辟和初创性质，不足与缺点在所难免。目前可以
认识到的有：历史资料犹有不足，仍然有待历史的新发掘；三卷（四
册）史著由于处理的历史时期和历史资料的区别甚大，在叙事风格上，
难免不够统一；还有关于古代沈阳文化状态，关于日本统治时期的文化
侵略和反抗文化的发展，关于"文化大革命"时期文化事象的记述，等
等，均仍有待于继续努力、继续发掘、继续收集整理。

《沈阳文化史》三卷（四册）的主编和全体撰稿人，均认真负责，
坚持实事求是的治学态度，坚持历史唯物主义指导思想，坚持务实求真
的学风；尤其分卷主编充分发挥主导作用，全面负责，引领撰写团队贯
彻上述的"三个坚持"，团结合作，起到了中坚作用和引导作用。

一、沈阳概况与文化风貌

沈阳，古称候城，后称沈州，清名盛京，旧称奉天。"沈阳"之名
最早见于《元史》，因地处沈水（浑河）之北，故称沈阳。

现今，它是东北第一大城市、中国六大国家区域中心城市之一、全
国15个副省级城市之一，辽宁省省会。在它的名字之前，冠有多种富
有光彩的称谓和荣誉：历史文化名城、国家环境保护模范城市、国家森
林城市、全国科教兴市先进城市、全国双拥模范城市、中国十大特色休
闲城市之一、中国十大魅力城市之一、国内十大最具竞争力城市之一，
连续进入全国百强城市前十名。其中还包含沈阳市沈河区为"全国投资
环境诚信安全区"、铁西区入选全国唯一"联合国全球宜居城区模范
奖"的城区。

沈阳市位于辽宁省中部，地处辽东半岛与松辽平原往来的要冲，是辽宁省与中原地区的交通枢纽。出山海关，经过关外第一关隘锦州，便是关外第一大城市沈阳，关内外的文化交流，沈阳既得风气之先，又开风气之先，吸纳、接受中原文化的播撒，又辐射东北各地。

沈阳市地处辽河平原，地势自东北向西南倾斜，平坦开阔，境内最高山为北八虎山，主要河流有辽河、浑河、柳河、绕阳河、蒲河等。市区在浑河北、蒲河南。气候条件为温带半湿润大陆性气候，是比较适宜人居之地。

现在，沈阳市（含辽中、新民两个市辖县）的总面积为1.3万平方千米，市区面积3495平方千米，全市户籍人口819.3万人，市区人口615.4万人。

沈阳是中国东北地区的政治、经济、军事、文化、科教、金融商贸中心，是国家综合交通枢纽和通信枢纽、国家门户城市、沈阳经济区的核心城市。

沈阳是一座国家历史文化名城，有2300多年的建城史。历史的遗产和陈迹多达400多处，拥有列入《世界文化遗产名录》的"一宫两陵"（沈阳故宫和福陵、昭陵），是国内优秀旅游城市之一。

沈阳是新中国成立初期国家重点建设起来的，以装备制造业为主的国家重工业基地，现在成为以重工业为主的综合性工业基地，是装备制造业产业中心。沈阳还是农业科技成果研发中心、现代农业物流中心和国家级农产品加工基地。

沈阳是全国重要的交通枢纽，更是辽宁省和东北地区位居要津的交通要道。它拥有东北地区最大的航空港，是全国最大的铁路编组站。

沈阳拥有著名科研机构：中国科学院沈阳分院、中国科学院金属研究所和自动化研究所等。著名大学有东北大学、中国医科大学、辽宁大学、沈阳航空航天大学、鲁迅美术学院、沈阳音乐学院等。

沈阳是东北地区国际交往的枢纽，驻有美国、俄罗斯、朝鲜、日本、韩国、法国、德国七国驻沈阳总领事馆及英国签证中心。

沈阳市花、市树为玫瑰和油松。

所有以上极为概略的列举，即可显示沈阳的文化构造和文化风貌，它以远古文化为渊源，以现代工业生产为基质，以具有相当现代质素的农业为辅助，会同现代交通、现代科技、现代高等教育、现代城市建设等元素，构成了自己的现代特大城市的文化状态和文化风貌。

我们将在这部以三卷本内容构成的《沈阳文化史》中，对沈阳文化做第一次经过系统发掘、整理，经过系统研究，而后按历史发展的顺序，陈述它的发展路程、发展规律和特色亮点。

二、沈阳的历史发展轨迹与建制沿革

沈阳是辽河流域早期文化涵盖之区，乃中华民族的发祥地之一。早在3万多年前，已经有人类活动的足迹出现在沈阳。坐落于沈阳市皇姑区的新乐遗址的考古发掘，证实早于7200多年前的新石器时代，就有母系氏族社会的先民，在此繁衍生息，并从事农耕渔猎生产，与之伴生而创造了沈阳的远古文化，标志着沈阳已经从原始状态迈进文明的门槛。新乐人已经能够以细石器和磨制石器为生产工具，从事原始农业，同时辅助以渔猎和采集业，他们尊崇鸟图腾，制作了以压印"之"字纹为特征的各种类型的陶器，甚至创制了形似鹏鸟的木雕艺术品和磨光煤精工艺品。他们创造了中华文化源头之一的新乐文化。这是沈阳远古的辉煌。

公元前3世纪，战国末年，燕国设辽东郡，沈阳属其管辖，得以开拓，特别是中原文化得以进入和传播，并与本地民族文化融合，取得新质而获长足发展。

公元前128年，西汉设候城于沈阳，使之成为辽东中部都尉治所。据考古发现证实，当时的候城已经粗具城邑规模，已经使用铜币进行商品交换。

自东汉末年至契丹族建立辽国，中经魏晋南北朝直至隋唐，这700年间，地处辽东要津的沈阳，虽屡经战乱，迭遭兵燹战火的破坏，但大批中原流民纷纷出关，入居沈阳，中原文化亦随战争与移民而源源流入，广泛播撒，中间还曾为高句丽族割据，如此种种因素，包括政治、军事、社会、移民、民族等，汇合混融发生重要的作用，促使文化得到了发展。沈阳文化由此而更进一步、更上一层，特别是融入中原文化成分更为增加和突出了。

唐灭、五代十国兴起，其时，辽太祖耶律阿保机蓄意向南扩展，进关入据华北地区，强制汉民出关迁入东平（辽阳）、沈州（沈阳），从事开荒田耕。于是先进的农业生产，以及伴随的手工业生产，进入沈阳地区，推动了经济与社会的发展。随着汉民和农业、手工业的进入，以及农民、手工艺工人和各种匠人的大批地、"成建制"地涌入，沈阳文化随之进入一个蓬勃发展、向先进文化吸纳成分而不断进步的过程，并不断取得成果。有辽一代，沈州筑起土城，形成城市，进入又一个新阶段。斯时，汉文化更加进入并融入社会文化的肌体。佛教经汉族传入，辽代中后期佛教盛行，沈阳崇佛风盛，佛教建筑一一呈现，无垢净光舍利塔、崇寿寺、白塔，先后建成，其建筑规模、工艺造型、建材部件特别是地宫壁画，显示辽代沈阳经济、社会、文化的昌盛，文明程度之提高程度。尤其显示汉文化的规模化和体系性的推进和发展，引人注目。

继辽之后的金代，汉文化的进入更进一步。金兵于1116年占领沈州后，它便成为金之上京会宁府（今黑龙江省哈尔滨市阿城区南白城）至东京辽阳府和由上京会宁府至燕京（今北京）两条通衢要道的交汇点。农业和手工业生产、经济商贸、城市建设等都随即迅速发展起来，汉文化的传布、影响以及与当地民族文化的融合，又大进一步。

蒙古灭金而元朝立。蒙古军队与金兵曾反复鏖战辽东，沈州城不幸毁于兵燹战火。元乃新筑土城，并于元成宗元贞二年（1296）置沈阳路。"沈阳"之称乃问世，著录史册，沿用至今。沈阳路的沈阳城，从此成为元首都大都城（今北京）至关外辽阳路的交通要冲，经济联系、商贸往来、人员交流、文化渗透，均汇聚沈阳，又经沈阳而扩展散播于全东北地区。沈阳乃成为关内外的襟喉要地、边陲重镇。

后金和清代，沈阳进入其第一个辉煌发展的时期，也是文化飞升猛进的时期。1621年，后金汗王努尔哈赤攻占沈阳，观沈阳之山川形胜、宏阔开阔、气势不凡，断定乃龙兴宝地，便撤离辽阳，迁都沈阳。沈阳首次成为都城，各方面都发生历史性、划时代性的变化和跃进式的大踏步前进。努尔哈赤去世，子皇太极继位，大力扩建沈阳城，使之容貌尽变，城郭改观，具有皇都气象。他将明代沈阳中卫城加宽加高，改四门为八门，城内辟井字大街，建钟楼鼓楼，扩展改建汗宫而成皇室宫殿。他还将沈阳更名为盛京（满语"谋克敦"，意为兴盛）。

1636年，皇太极称帝，改满族之"汗王"为汉族之"皇帝"，并改国号"后金"为"清"。此时期，沈阳经济急速发展，特别是经济制度的转化，女真族由奴隶制向封建制迅速过渡，游牧渔猎的生产方式向农业生产转换，统治方式由仇汉杀汉改变为依靠汉民发展农业生产，于是经济得到大幅度发展，社会由此进步，文化也同步转换、发展和提升。商贸活跃、百业兴旺，人丁增加，形成人口众多、经济发展的城市。顺治临朝，接续营建，完成努尔哈赤和皇太极两个陵寝宏大工程，东为努尔哈赤陵寝的福陵（即东陵），北建皇太极陵寝昭陵（即北陵）。至康熙又再扩建沈阳城，城外建郭墙，设八关门。1644年，清迁都北京后，沈阳定为"留都"。1657年，又命名沈阳为"奉天"，取"奉天承运"之意。

盛京之城市建设，融汇汉、满、蒙、藏多民族的特色与优点，具有浓郁的民族特色和地域特点。清入关后，奉沈阳为留都，保持都城规范和威严，且陆续有局部建设和发展。

辛亥义旗高举，推翻清室，建立民国，沈阳进入崭新的发展时期，沈阳文化也实现革命性的转换和进步。

1911年，辛亥革命后建立中华民国，后各地军阀割据，沈阳成为奉系军阀统治的首府。1923年，奉天市政公所正式建立，为沈阳之市的建制的发端。1929年，张学良"东北易帜"，改奉天市为沈阳市。在张氏父子统治东北地区时期，沈阳作为东北地区的首府和统治中心以及政治、经济、文化中心，又一次经历革命性变化和面貌改观的建设，其重要特点则是文化的实现近代化，沈阳文化再一次进入新的历史时期、新的文化发展阶段。

1931年，日本帝国主义在"九一八"事变后，侵占沈阳，又将其易名，回归旧称奉天市。日本侵略者统治下的沈阳，沦为殖民地，侵略者为了自身的利益，发展经济、建设城市，但在文化上则企图消灭中华文化，推行奴化教育和日本文化。这种文化侵略和强制性文化推销，遭到中国人民的抵制和反抗，从而形成具有鲜明的爱国意识和反抗精神的反抗文化。

1945年，抗日战争胜利后，东北光复，又恢复沈阳市名称。

1948年11月2日，沈阳正式解放，从此在新的大路上发展、前进。沈阳文化由此得到新生，革命文化、进步文化，民主、科学、大众化的文化，在原有文化的基础上，改造、转化、建设，进入又一个辉煌期。

党的十一届三中全会后，沈阳文化再次进入新的、具有深刻时代特色和时代精神的时期，以扩大的规模、急速的进度、深刻的程度、广泛的方面，在短时期内，得到长足的发展，划时代、划历史阶段性的大发展，达到了大繁荣的局面。

三、沈阳文化的构成、发展机制与规律

多民族文化汇合熔融，构成多源交汇、多元统一的，以中华文化为根源、为母体，又具有地域和民族特色的地域文化，这是沈阳文化的总体特征，也是它的传统文化的特质。它与辽宁省的文化构成，大体一致。无论出现在历史上的哪个民族，其文化都在历史发展的进程中，接受了中原文化的长远、悠久、深刻的影响而不断汉化，最后都融进中华文化的总体之中，成为一种民族的文化成分而存在。无论是肃慎、鲜卑、靺鞨、契丹、渤海，还是女真、蒙古、高句丽，还是满族、蒙古族，都是如此。近代以来，在近代化的过程中，沈阳文化又接受全国文化近代化的影响和传输，并接受外来文化特别是近邻日本文化的影响，而实现了它的以工业文化为骨干的、以近代城市文化为特征的文化。作为国家重要工业基地的文化，沈阳文化不能不赋以工业文化的浓重的质地。

总体描述，沈阳文化的文化气质与文化性格是：开放，兼容，宏阔，刚健。

沈阳文化在发展史上经历了四个转折期与辉煌期。

1. 皇都时期

自 1621 年努尔哈赤迁都沈阳，建设汗宫，以及尔后皇太极定沈阳为京都，建设皇宫，都把沈阳作为都城来建设和发展，城市文化也随之以都城文化的风貌发展。这便是沈阳的文化，得到第一次转折性、历史性的发展，而进入辉煌期。其特质是满族文化的突出显现。

2. 近代化时期

清朝迁都北京之后，沈阳虽然作为留都未曾凋落，而且还有若干局部建设，留下了历史的遗迹，但是在总体上，没有重大的发展。直至张氏父子时期，以军事工业牵动，军事工业与重工业得到空前的发展；沈阳民族资产阶级、知识分子，也投身实业，发展轻工业，由此使沈阳的工业化、近代化同时并进。城市建设和文化的建设，也或者起推进作用，或者成为经济与城市发展的支撑和保障，亦步亦趋地实现很大的进

展和提高。一批近代城市的标志性事业如自来水、公路、公园、电灯、电话、电报、报刊，以及新剧（文明戏）、话剧，还有固有的地方戏评剧、大鼓等曲艺艺术门类，也都发展起来。城里中街新商业区、北市场杂八地传统商贾和娱乐场所等等，也都发展起来，形成新的街区。沈阳由此再一次进到转折性、历史性的发展阶段，进到第二次辉煌发展期，其本质与标志则是近代化。

3. 从全东北解放到新中国成立初期阶段

1948年沈阳解放，同时全东北解放。大批来自延安的革命文艺工作者和他们所组成并领导的革命文艺团体涌进沈阳，一股朝气蓬勃、刚劲强健、健康乐观的文化大潮涌进沈阳。一时间，沈阳成为革命文艺、新的人民文艺的全国重镇，出现了许多振奋人心、鼓舞斗志、引人向上的文化因素，构成了沈阳的从旧文化拘囿中解放出来，创造了新的革命文化、新兴的民族的大众的文化。沈阳因此进入第三次文化转折性、历史性的大发展，进入文化发展的第三个辉煌期。

4. 改革开放时期

20世纪80年代以来的新时期，改革开放的春风吹遍沈阳，沈阳文化经历了第三思想解放运动，思想活跃、积极性高涨、创造力迸发，文化在各个方面都得到突进式发展。进入20世纪80年代，特别是最初十年，尤其是进入90年代，在党中央"文化大发展、大繁荣"的方针鼓舞与指引下，沈阳文化迅速得到巨大的发展、进步和提高，进入又一次，即第四次转折性、历史性的发展，进入第四次辉煌发展期。

从前述历史进程中，可以看到沈阳文化发展的历史的、社会的和文化的机制。沈阳作为辽东地区的重镇，向为经济发展地区、关内外交通要道、兵家必争之地，因此，经济发展、社会进步、内外交流、文化进益均走在前面。经济的发展、商贸的繁荣、人员往来的众多繁杂，都在推动文化的发展。其中特别重要的文化因素是中原汉文化的传入、扩散和影响。不断的移民，包括避难躲祸的流民、谋求生路的闯关东移民、遭受强遣的"被动移民"以及战乱中四散奔逃的难民，来自晋冀鲁豫，进入辽东、进入沈阳。他们携家带口、身怀农业生产与手工业劳作技能，以及裹挟与蕴藏于其生产与生活之中的全部中原文化，其中还包含他们携带来的汉文经典和其他种种文化产品与书籍，如此等等。中原文化就这样成批量、成"建制"、成体系地传入辽东地区、传入沈阳。汉人与这里的原住民族混居杂处,这些中原文化便在沈阳落地生根,生长出文化之花。还有一个重要的因素,即前述高句丽民族曾经割据沈阳较长时间,其民族文化,也在沈阳与原住民族的文化、与汉文化汇合。

从上述情况中可以鲜明地看到,沈阳文化的多元性,它是多民族文化的汇合,其中,特别是中原汉文化的广泛、深入的传播,与本地民族文化汇合,形成先是以原地民族文化为主、中原文化为辅的和合文化,以后则逐渐转化为以中原汉文化为主,融合诸原地民族,包括早期的鲜卑、契丹,后期的女真、满族和蒙古族文化,而形成多元统一、汇合熔融的地域文化。

在这种历史的、经济的、社会的发展进程中的文化发展与进步,体现出来一些重要的文化发展、文化构成以及文化交流融合的机制。它们既是历史发展的规律,也是文化进步的线索,更是文化构成的原理。

第一,地理环境的决定性作用。马克思地理环境理论,指出了由于地理环境及气候的作用,决定了一个地区的生产方式,决定它生产什么和怎样生产,影响了地区的生产力和生产关系的形成,由此也决定性地影响到它的文化的发展和质地。沈阳所处的地理环境也同样影响了它的生产方式和文化发展与特质。沈阳的地理环境和土质以及气候条件,均适宜于北方农业的发展,而其处于关内外咽喉襟要之地,为东北地区和东北地区与全国交流的通衢要道,总是既得全国风气之先,又开东北地区风气之先。故其文化发展在辽宁省和东北地区,往往处于领先地位,往往居首创之功,可谓得天独厚。这是沈阳文化发展的优势,也是值得珍惜之处。

第二,"移民"与"文化移植",在这里居于十分重要的、决定性的作用。文化的种种因素,均蕴藏于人们的日常生活之中,包含在人群的种种活动中,生产的经验与文化、其文化的核心与表现、其思想与观念、其行为准则与道德规范,大率毫无遗漏地跟随"人的生产、生活"而来到、传播、产生影响,并与当地文化交流与汇合。沈阳文化的发展及其文化质地的构成,"移民""文化移植"起到了决定性的作用。从秦至春秋战国时代燕文化在辽东、在候城的传播,到两汉、魏晋南北朝以至隋唐时期的传播,特别是辽、金、清时代,尤其是清代,中原文化的传播,对沈阳文化的构成,便起到了重要的决定性作用。

第三,先进文化的优势作用与诱引力。中原文化以其农业文化对渔猎游牧文化的优势，以其汉文化经典的悠久、深厚和文化精神，作为一种巨大的文化存在和文化力量，出关传播，择地生根，开花结果，对居住于沈阳的游牧民族、草原民族，产生了巨大的诱引力。这力量是先进文化必然具有的文化优势所产生的。而它既然产生，既然在某处生根开花，就必然会产生它的吸引力和辐射能量，产生文化影响、文化传播、文化浸润；它的由于诱引力而产生的亲和力，还必然会同当地的原有民族、原有文化结合、融会而产生文化新质。沈阳文化的发展就经历了这样一种在中原文化的诱引力、辐射力作用下的发展过程和成长进程。其主要特征，就是诸多原住民族与汉族、与中原文化的汇流与融合，这构成了沈阳传统文化的基本特征和性质。

第四，"文化迫力"的作用。著名功能学派社会学家马林诺夫斯基指出："人类有机的需要形成了基本的'文化迫力'，强制一些社区发生种种有组织的活动。""……他们得到满足的文化方式又造下了新的限制，因之又发生新的文化迫力。"①沈阳的原住民族，在中原农业文化传入并在这里发展、扩大，生根开花，看到了农业生产所带来的更富裕、更安稳、更文明的生活，不能不在羡慕的基础上感受到一种"文化迫力"，从日常的生产、生活，到文化的、精神的生活，都感受到一种更文明的力量，在向自己施压，推动自己去学习、去取得、去改变。中原文化的影响和原住民族的改变，就是这样一步步演进的。无论是鲜卑、契丹，还是女真、满族以及蒙古族，都经历了本民族和汉族之间，发生一种人口一面是从多数到少数的发展，一面是从少数到多数的发展。文化也同样经历着这样的进程。

四、沈阳文化的特色与亮点

沈阳作为大工业城市，作为国家重要的重工业基地，工业文化的兴盛发达，是它的第一个特色与亮点。工业比重在国民经济中的举足轻重的地位，工业人口在全市人口总量中的比重高，以及由此产生的对文化的创获和奉献、对文化的需求和消费，都带来工业文化的特色。近年沈阳工业旅游景点的开辟和引人注目，比较明显地表现了这一点。

---

① 马林诺夫斯基：《文化论》，中国民间文艺出版社，1987，第24-25页。

科技文化在地域文化中的比重高和文化优势，也是沈阳文化的突出特色和亮点。汽车、数控机床、环保设备、航天器制造、机器人、生物技术制药、精细化工、农产品深加工、电子信息产品、软件开发，如此众多的产业集群，构成了多么丰厚、高层次的科技文化，它的含量和在沈阳的生产、社会生活中的作用、影响和文化能量，不可低估；科研机构尤其高级科研机构的众多，初、中、高级科技人员在总人口中比重的高值，尤其高级科技人员，包括科学院院士、科学家、技术专家的数量众多，以及科技活动活跃，还有其科技贡献率和辐射力的居于前列，等等，均显示了沈阳科技文化的荣光。

城市文化的兴盛发达，是作为特大城市沈阳的又一长项。只有城市文化的繁荣发展，第一、第二产业之外的现代第三产业繁荣发达，沈阳才能够支撑起东北地区政治、经济、金融、军事、文化中心的地位，才能够承担起全国重要交通枢纽的任务。它的强大的产业集群，尤其是高科技和电子产业集群，构成强大的综合配套能力，吸引了众多的国际、国内的投资和产业、科技、金融商贸以及科研项目。它作为东北地区最大航空港所在地、全国最大铁路编组站，以及作为沈阳中部城市群的中心，如此等等，构成了沈阳城市文化的多样、丰富、繁荣和现代性。

新乐遗址，7200多年前的新石器时代早期母系氏族村落遗址，出土石器、陶器、煤精制品、木雕鸟等珍贵文物，沈阳远古辉煌的见证，是沈阳文化远古亮点的遗存。

辽滨塔，一座八角十三层密檐青砖塔，坐落于新民市东北29千米的公主屯镇辽滨村，是千年古城遗址。它是辽代所设的辽州治所，瞻仰斯塔，怀想有辽一代的历史文化，发人深思。

沈阳城东、西、南、北四座辽塔，形制特殊，民族风格鲜明，昭告着辽代文化遗存的光耀。

沈阳故宫、福陵和昭陵这"一宫两陵"，是沈阳文化中体现清文化与满族文化特色的主要载体，是国内外旅游者必访的胜地。

东北最大的道观太清宫是著名道教的圣地之一。中共满洲省委旧址，启迪人们对于革命先烈艰苦斗争和革命精神的缅怀；张氏父子官邸"大帅府"，引发人们对于沈阳以至东北地区近代化进程的追索和对西安事变的思索还有"九一八"历史博物馆，激起人们对于侵略者的痛恨和爱国情怀；棋盘山国际风景旅游开发区，既有新兴工业，又有优雅住宅区，更有丰富多彩的旅游景点和游乐项目。

老旧但具有历史与文化意义的民国老建筑与改革开放以来雨后春笋般兴起的豪华建筑与高层住宅，打扮了现代沈阳的新风貌。

现今沈阳的文化风貌显现一种时代的特色和现代的风情。在以省、市政府和行政管理机构为重镇的和平区，以新型商业中心的沈河区和新时期蓬勃发展的皇姑、于洪区构成的城区中心区之四周，围绕着南边的浑南新区、北边的沈北新区、西边的铁西新区和东边的棋盘山风景区，东、西、南、北四个新开发区，构成了崭新的沈阳文化风貌。

在这篇总绪论中，只是极为简要概略地陈述沈阳文化的发展历史、历史分期、主要成就和特色亮点，以为导引，各分卷将按历史时期，做详细的历史叙述。

大连的文化与文化的大连[①]

一、关于大连的文化的一些感想和认识

1. 大连人是凭着什么样的一只"陶杯"饮入他们的生活的？

世界著名的美国社会学家露丝·本尼迪克特在她的名著《文化模式》一书的扉页，引用了迪格尔印第安人的一句箴言："开始，上帝就给了每个民族一只陶杯，从这杯中，人们饮入了他们的生活。"

"上帝"给予每个民族的这只"陶杯"是什么呢？应该说，首先的和基本的就是他们的生存环境和与这环境有关的一切自然条件，比如山、水、森林、草原、土地、丘陵、沟壑等，以及总括于"气候"之中的风霜雨雪、天寒地冻或风和日暖、冰天雪地或常年绿荫，等等。生于

---

① 原载《东北之窗》第97期。

斯长于斯的民族，是从这样的"陶杯"中饮入他们的生活的，也就是生存于这样的自然状态与生态环境中。于是，这就决定了他们如何生活即以何种方式来实现其衣、食、住、行等基本生存与生活内涵，也决定了他们的性格如何，总之，决定了他们的文化性质。比如，海洋之于英国文化，森林之于德国文化，广袤的草原与森林之于俄罗斯文化，以及黄土高原与黄河流域之于中国的中原文化，江淮平原和长江流域之于中国的楚越文化，等等。东北人生活于东北大地上，而大连人又是生活于东北大地的辽东半岛这块特殊的土地上，即从辽东半岛的最近海和"人海"这部分的这只"陶杯"里饮入他们的生活的。这是决定大连文化和大连人文化性格的基础。

在社会学的许多学派中，有"地理环境决定论"一派。他们就像其他诸学派一样，有它的偏颇之处，但也正如其他学派一样，既成一"派"之"学"，又自有其一部分的真理在。在这个意义上，这一学派中提出的四个主要因素，即气候、食物、土壤和地形，对人类的生活、心理状态、人口分布和经济、社会、文化发展的影响作用，是可以接受的，只是以之为"决定一切"的作用和其作用"决定一切"，就过于偏颇了。但我们可以接受其部分因素和部分地接受其理论资源。

从上述两点来看大连人和大连文化，我们可以形成什么看法呢？说得高一点也可称为得出什么"结论"吧。

大连的地理环境、山川气候，是得天独厚的，在整个东北地区处于最优越地位。它是辽宁省也可以说是东北地区伸入渤海、黄海之间的一条茁壮的腿。它面对着大海，被大海环绕着，海洋给它带来暖风、带来湿润。因此，大连的气候，冬季里不是千里冰封万里雪飘，而是比较暖和的；它的春天来得早而美丽；它的夏天具有最美好的消暑条件。从东北向西南走向的千山山脉贯穿辽东半岛，在鞍山形成千朵莲花山，而向南至海南端则形成低缓丘陵。这里有青山绿水，有茂密森林，有海滨滩涂。大海、森林、果园、田野，给予大连以丰富的物产。这是一只硕大而丰满的"陶杯"，从这里饮入他们的生活的大连人，是富足的、易于谋生的，文化与心理结构，不是东北人的主要特征的粗犷豪爽，而是既具有这种区域文化性格的基因，却又主要显示出一种活泛机灵的品性。大自然在这里显示的宽厚，养育了大连文化和大连人文化与心理构造的轻灵与机敏、开朗与活泼，而区别于东北地区人们心性中的沉郁和持重的主色调。

苹果是大连的特产，简直可以说是大连人奉献给国人的一份食品的厚礼。而苹果的红润而丰满、轻灵而娇艳，也许可以部分地象征大连文化。

但是，大海有时是狂暴的、严峻的、难于制御的。海上的渔民要用拼死的搏斗来战胜大海，并从中获取生存资源。因此，在大连文化的轻灵机巧之中，又从海洋的严酷的培训中，锤炼出剽悍、顽强而又不失海洋所赋予的灵性的一面。

我想不出这种文化品性的典型的象征，而只能指出：也许，邓刚的《迷人的海》和素素的散文，可以在一定程度上，在文学的领域里体现出这种复杂构造但并不矛盾而是有机地构成一个文化整体的文化品性。

2. 大连人所承继的前代人的体质、智慧、心态与生产力

马克思、恩格斯在《德意志意识形态》中谈到过"当代人"从体质到文化的对前代人的继承关系。他们指出："后代的肉体的存在是由他们的前代决定的，后代继承着前代积累起来的生产力和交往形式"。在这方面，大连和大连人所承继的"前代的历史"、生产力和交往形式，是当代大连文化与大连性格的生理、社会、历史、文化基础。

我们不必追溯远古的历史了。那时代在海边、山间、丛林中生存过的种族、民族、先民，肯定留下了从体质到文化的历史遗存，但我们已经很难在"当代"寻绎其历史的线索和心灵的基因了。我们更主要地从近代和现代来寻觅。大连可以说是一个移民的文化区域。从海上漂来的是山东半岛的逃荒者与淘金者，从陆地挑着破烂和婴幼儿而来的则是冀鲁的破产农民。他们同"土著"的渔民汇流。这都是被穷困压弯了腰然而却又被生存斗争锻炼得筋骨强健的劳动者。他们遗传着高大的身躯和强健的体魄。

物产和食物，也构成了生存在某个地区人们的体魄和智力。大连的海产和水果，养育了、"智化"了大连人：大连人长得美而智商较高，具有北方人的强健壮硕而又不那么粗拙，具有灵气优姿而又不是南方人的那种纤细娇小。

大连的生产力发展水平是比较高的，因为它从前代继承了比较优厚的遗产。农业、渔业、盐业、经济作物栽培都是比较发达的，工业在近代和现代都是不断在发展的。这本身不仅是大连文化的组成部分，而且

它影响了大连文化的构造，它的产业文化是比较发达的，而由此带动了其他文化的发展。

3. 在大连这个"历史作坊"里更多地发生的是难忘时刻的非常事件

德国的文化大师歌德把"历史"称为"上帝的神秘作坊"，而茨威格在引述歌德此论时指出，在这个"作坊"里发生的事情则有两种，一种是"无关紧要和习以为常的事"，一种却是"难忘的非常时刻"所产生的事。影响经济与社会发展和地区文化与性格的，更重要的自然是后者。所谓深刻烙印，所谓"一天等于20年"，便是表述和形容后者之作用与影响的。大连，在你这个"历史作坊"里，是哪种"事件"、哪种"时刻"为多？

显然，作为祖国的海上门户之一，作为重要的军港，在近代和现代历史上，在大连发生的"难忘的非常时刻"所产生的事是比较多的。仅从19世纪末与20世纪初来说，在1894—1895年的中日甲午战争和1905年日俄两国为了争夺在中国权益而在中国土地上所发生的战争中，大连都陷入战火。这意味着两个方面：一方面是大连遭受兵燹之灾，人民惨遭屠戮；另一方面则是大连人民曾经浴血抵抗，表现了突出的爱国主义精神和英勇不屈的意志。旅顺口赫赫有名的威远炮台，是甲午战争中大连人民和清朝官兵一同抗击日寇的见证。旅顺口的万忠墓，则记录了大连人民抗击外侮英勇牺牲的光辉事迹。以后，又有大连的长期沦为日本帝国主义殖民地的历史。这些事件和历史，都可以说是历史长河中的"非常难忘的时刻"。而它的内涵意义，则是一方面事实本身就体现了大连人民的爱国热情和斗争历史；另一方面，这种事实又刻下深刻的思想烙印。

1945年夏秋季节，日本投降，第二次世界大战结束。大连成为东北以至全国最早解放、最早进入恢复和发展生产的大城市。工人阶级的先进分子、劳动模范，大连也是率先产生的大城市之一。

这一切历史的非常时刻的非常事件，构成了大连文化形成的历史因素。在齐鲁文化越海而来，同大连本土文化结合形成的"大连化的齐鲁文化"的基础之上，有俄国文化的影响和遗痕，有日本文化的更深的影响和遗痕，也有苏联文化的影响与遗痕。这主要表现在大连文化在生产，特别是近现代生产发展的基础上，又吸取了日本、俄国、苏联现代科技生产的文化的营养，而形成了一个比平均水准较高的文化基础。大连的工业生产和农业生产，尤其是现代因素和科技含量较高的重工业生产比较发达，人民的平均文化水平比较高、城市建设水平比较高，具有整洁面貌和风气，这都是一些重要的表现。我们也许可以说，大连足球运动普及与发展，足球队走在全国前列，农民交响乐队产生于大连乡村，这都不是偶然的。它与日本和俄罗斯文化的影响不无关联。甚至大连人的某些生活习惯、居民心态同东北其他地区具有大同中的小异，也都同这种影响有关。

还有一段历史是不能忘怀的。早在20世纪40年代中期，解放战争仍在如火如荼地进行中。而在大连，已经先期开始了民主的、大众的文化建设。它"代表解放区"迎来了一批又一批从国统区经海上来到大连转北京参与筹建新中国的著名民主人士，解放区大批革命的文学艺术工作者来到了大连，解放区的革命文学作品包括丁玲的《太阳照在桑干河上》、赵树理的《李有才板话》和《李家庄的变迁》、周立波的《暴风骤雨》等，都在大连出版，销行全国并随着大军的足迹不断向南方、大西南延伸。大连建立了最早的鲁迅公园，印行了许多鲁迅的作品。这里还创办了最早的有影响的解放区大报之一《旅大人民日报》。

这些历史的遗迹，不仅作为"昔日的光荣"记录在历史上，而且作为"今日的现实"，刻印在今天的大连文化之中。

历史塑造人，人承载历史，这便成为一种"历史与文化"的因果关联性。

4. 工业的大连

大连的现代工业是发达的，重工业方面和轻工业方面都有"拳头产业"。特别是在新中国成立后，它是首先发展工业的现代城市。记得1949年新中国成立前夕，新华社首席记者华山，刚刚脱下军装，在南国仍然冒着解放战争的硝烟的时候，便用他那在仅仅一年前写下了《踏破辽河千里雪》的名震全国的通讯的笔，写下了他的标志着新时期到来和迎接新中国诞生的著名通讯《大连工人技术界的诞生》，技术、技术界，这在中国大部分地区刚刚结束战争、南方还有部分地区没有解放，"战争心态和情绪"尚未消退的时期，是多么新颖、多么生疏又多么吸引人的新名词。它迎接了新中国建设时期的到来。这第一缕新世纪的曙光，正是从大连这座城市最早升起。从这时候起，大连一直是辽宁作为全国首屈一指的重工业基地的重要组成部分而闪耀光辉，它在机械工业、钢铁工业、铁道机车车辆工业，尤其是造船业方面，具有重要的作用，作出了重要贡献。这种"工业基地"的社会性质，决定了大连文化的工业化、城市化，科技性和产业性的因素。这种因素既融汇于社会状况和日常生活中，又熔铸了大连人的文化与心理结构。

5. 科学技术与教育的大连

大连不仅具有上述的工业、农业、渔业融合而以工业为主的文化构成特性，而且在科学、技术和教育方面，它也具有优势。它拥有隶属中国科学院的化学物理研究所以及其他众多的研究所，拥有大连理工大学、东北财经大学、大连海事大学、辽宁师范大学、大连医科大学、大连外国语大学、大连交通大学、大连大学等大专院校，可以说形成了一个囊括理工文医师范诸学科的高等学府网。当然，在这个网络里集中了一大批杰出的、优秀的包括中国科学院院士、中国工程院院士在内的科学家、专家学者、教授。这方面的文化力量，不仅作为大连文化的构成因素，是上述"产业性文化"的补充，而且是一种"异质文化优势"，它是在文化构造意义上更具有狭义文化素质的文化"部件"，因此也是更具文化功能的文化因素，是十分宝贵的。

大连的中等与小学教育也是比较发达和具有较高水平的。这与它的历史渊源分不开。

这是大连的一个文化优势。

6. 文化的凝聚力与辐射能

每个区域的文化吸引力，同它的原有的文化素质和文化水平成正比。在这方面，大连具有更优厚的文化吸收力和凝聚力。它作为一个海滨的工业、农业、文化、旅游城市，首先是就近吸收来自辽宁省以至东北地区的文化传播，这包括文化因素随着工业、商业活动并以之为载体而传播来的文化，还包含各类文化人（科学家、专家学者、作家艺术家等等）的来大连传播，以至旅游者"随身带来"的文化播撒。在这方面，大连的文化吸收与凝聚的势能是强劲的，是得天独厚的，在辽宁省以至全东北，大概只有沈阳、哈尔滨可以与之比肩，然而仍有不及之处。

这是大连的一个突出的文化优势。

至于大连的文化辐射能，可以说有两个渠道：一是海上的，向山东半岛、向上海的辐射和向海外（日本、朝鲜半岛）的辐射；一是陆上的，经由辽宁省向东北地区以至入关而向全国辐射。这也是一种文化势能。这种势能是可以和应该善于利用的。因为辐射不是一种单纯的文化输出，而是会接受反馈、反映和反应的，这又从辐射转化为吸收。辐射能发挥越好，吸收力也越强。

7. 大连人"好打扮"问题

"大连人好打扮"这是一句赞语，但也含有贬义。以前曾有对此加以讥刺的笑话，说的是大连人"苞米面肚子，的确良裤子"，宁可勒紧裤带也要穿。这种讥刺的笑话，反映了当时的社会状态、文化语境和人们的总体文化心态。以衣饰为多余，只求温饱足矣，爱打扮就是资产阶级，好像无产阶级是不需要美的。这就是当时的文化标准。所以，以此评"大连人好打扮"是一种落后者的苛评。其实，倒是应该肯定大连人的爱美，是一种好的文化品性。而且，大连人在一般地说长得比较美的基础上，更注意穿着打扮仪表之美，是应该称赞的。

在中国的大城市里，唯上海与大连，人们比较愿意和能够去讲究穿戴之美与雅，这是优点。这一点应该看作一种文化层次向上的表现。欧美、日本等发达国家，人们的穿戴仪表是很美的。这不仅反映了生活水平，也反映了文化水平。

可以说，正是在这个基础上，大连才能够产生从事服装产业的企业家，走向国外市场，才能产生大连的服装产业的发展，也才能产生大连国际服装节的举办和成功。

8. "龙头"的大连与"龙尾"的大连

从文化传统的观点看，大连既是"龙头"，又是"龙尾"，各有优势与好处，"两面获益"。作为一个半岛尖端的工业、文化、旅游城市，作为在开放中日益走在前列的城市，作为文化的辐射基点，大连是"龙头"，它面向与伸向海外，它又将物产和文化输向海外。在技术、科学、文化、商业、资金、开放等方面，它发挥着龙头的作用。

但是，作为一个文化的接纳者，大连又是一个半岛南端的基点，它接受、凝聚来自全国各地的，首先是辽宁和东北地区的资金、物资、产品、技术、人才（这些都具有文化含量）以及科学文化的源流，这是文化的财富。"百川归海""有容乃大"，从文化的观点来说，这"龙尾"是获益受惠的地位。

二、关于文化大连的一些随想与建议

1. 一个城市的三个形象及其统一

每个城市、每个地区都有三个形象：政治形象、经济形象和文化形象，三者要求均衡和统一。尤其是国际大都会，更是如此。美国纽约、法国巴黎、英国伦敦、日本东京，都是如此。中国的北京和上海，也是如此。有的大都会，常常在文化形象上有欠缺。大连有基础做到三者均衡发展与协调统一。

2. 过去的和现在的大连的文化形象

过去的和现在的大连文化形象，是有较好声誉的。文化遗存，旅顺博物馆，旅顺、大连的许多旅游胜地、海滨浴场等，以及整齐的街道、清洁的城区、衣着比较雅丽的居民等，都构成了较好的大连的文化形象。近年来，大连的飞速发展，新建大厦的现代化气派，广场音乐晚会，以及"绿起来""亮起来""洋起来"的逐步实现，都构成了新的大连文化形象：显示了现代意识和现代气派的国际大都会面貌。这是可喜的变化和良好的发展势头。

3. 国际大都会（现代大城市）文化实体方面的几项基本指标

绿地茵茵、夜色明亮、现代设施，这自然是基本指标。但绿地还要更多，而且要有大片的和散布多处的小片的林地，还有住宅区的小片林地；河里的水、湖里的水也要泛着绿波；河上有实用而美丽的或者古典式的或者现代化的桥，湖上有绿岛。这些是我在纽约、芝加哥、旧金山、巴黎、东京都看到过的。

空场和绿地，构成了大城市的拥塞和喧嚣中的呼吸管道和休闲场所。它们是城市交响曲中的休止符，是布局饱满国画中的空白、围棋棋盘上的"眼"。它们需要散布于、夹杂在摩天楼群中间、住宅小区里面，以至大型建筑物的"肚腹"中（我在美国国会图书馆里看到罩在玻璃罩里的硕大的楼内花园，也在加拿大埃德蒙顿超级市场见到散布于走廊里的小花圃）。

停车场是大都市的必备的文化设施，它可以解决多方面的问题。不仅要有专设的停车场，而且要设计大厦高楼自身的处于地下或高居楼上的附属的停车场。此事如果不预先谋之，以后的麻烦会很大。大连目前似应注意及此。

4. 大都会的文化建筑：文化丰碑

现在我们许多地方新盖不少高楼大厦，但多的是宾馆酒楼，而文化建筑却很少。然而大都会都有一批至少是几个文化性的建筑，既具有实用的价值、文化的内涵和功用，又可成为一个城市的象征。上海的"东方明珠"电视发射塔，雄踞浦东、巍峨明亮，成为新的上海文化象征。大连也应该有一些这样的文化象征性建筑。它将成为历史的、文化的丰碑，成为现代的又是今后的历史名胜。

5. 更多的精神文化传播场所

习惯所说的"楼堂馆所"之中，现在多的是"楼堂"，少的是"馆所"——这里是指纪念馆、博物馆、展览馆以及重要的学术文化艺术的研究院所。上海投资6亿元新建了宏伟的现代化博物馆，据说还要投资千万元重建鲁迅纪念馆。大连可资纪念的历史遗址、历史名人也很多，也可以建一些大、中、小型的纪念馆。博物馆、展览馆也需要量力而行地逐步多建。记得1988年我到慕尼黑参加国际学术会议，在这个市区远不如大连之规模的城市，竟有70多个博物馆，充分显示了它的突出的文化风貌。

6. 保护名胜古迹，保留遗址旧迹

在建设新建筑的同时，还要注意保护名胜古迹、保留遗址旧迹，这都是历史的记录，又是现代的启示、当今的文化传播体。对前者的保护是一种对历史与文化的尊重，它们是对当今人的活的教育材料，又是旅游文化的好资源。对后者的保留以及适当的修缮，既可以是旅游景点，又能够成为历史的、乡土的教材。一些改造、新建社区的原址遗存保留极小部分，均是很有意义的文化遗迹，年代越久，其观赏、纪念的价值越大。

7. 建设好文化后院

每个现代化大城市，都有它的大、中、小文化后院。大的如海边、山间、乡镇的大片的保留着自然面貌和风光的地区、大型公园等，是大的文化后院。在大的住宅区、中型社区，建设拥有小树林、草坪、文化娱乐设施（包括图书室、俱乐部等）的休憩、活动的"休闲区"，以至在大厦里面、周围，建筑群中和机关、学校、医院等里面，建设小型的这种"休闲区"，这便是中小型文化后院。这里是休息、游乐、社交的

地区，是"再生性养生"之地，对于净化城市总体环境、提供休息养生条件，都很有好处。

8. 充分利用开放带来的文化势能

大连本是重要的海边名城、著名的休假旅游区，国内外各方面的文化学术艺术活动，包括会议、培训班、笔会、文化聚会、旅游等，常在大连举行。这是送上门来的文化。同时，又是通过接待、容纳这些"外来文化"的渠道以显示大连自身文化的机会。因此，可以充分利用，形成一种活动着的地区文化交流与建设。

还需着重指出，这些文化设施，以及城市的文化形象，都不是仅仅具有文化的意义，而是同时具有经济价值和经济意义的。文化形象会带来经济效果。比如，提高了知名度，改善了投资环境，建设了居住和工作条件，给人以舒适畅快优雅的感觉，等等，这都会引起人们的投资兴趣，前来工作、学习、开会以至居住的兴趣。这些自然会带来各种经济效益。

关于鄱阳湖文化的思考札记

一、鄱阳湖文化与赣鄱文化

鄱阳湖文化应该属于一个大的区域文化体系。这是任何较小区域文化的"命运"，它自然也必须属于一个文化整体、一个文化系统。因为毫无疑问，鄱阳湖文化属于赣鄱文化系统，是这个大地域文化系统中的一个组成部分。就像湖湘文化、巴蜀文化、吴越文化包含了其中的较小区域的文化类型一样。赣鄱文化在中华文化大系统中，是一个相当具有特性和独特风貌的区域文化系统。不过我们现在对它的认识和研究，还很不够。——这其实最主要的是江西人自己的责任。对它的研究，对于今天江西的经济与社会发展和现代化事业，是有很重大作用的，只不过目前人们对这种作用还相当缺乏认识，所以以为充其量不过是"远水"，解不了近渴；更差的可能还会以为这不过是无用之物。

把鄱阳湖文化纳入赣鄱文化系统来认识、来"处理"，这一点很重要。这对研究工作具有决定性的意义。因为只有对大地域文化的蕴涵、特性、发展历史和规律有明确的认识，才能够正确和准确地认识小地域文化的这些品性。整体大于局部，整体包含局部，并决定局部的基本质地和品性。所以首先明确这一点，是思考和研究鄱阳湖文化的定位性问题，它决定其后的各个方面。

二、鄱阳湖文化形成的地理、历史、社会、文化环境

任何文化都是在一定的地理环境下产生的，而且它的基本品性在一定程度上取决于地理和气候条件。按照马克思主义地理环境理论，地理环境通过生产劳动、生产力和生产关系，来决定和影响文化的产生和性质。这种作用和影响力，越在古远时代越大，因为其时人类对自然的依赖性很重。以后，则越来越小。但最初的地理环境的决定性作用留下的积淀和文化定力，会作为文化基因，存留于今后的文化品性和发展进程中。

鄱阳湖为古云梦泽，以后逐渐陆地上升，"留下"了鄱阳湖。它成为长江的硕大的吞吐湖。水，是鄱阳湖文化形成的极为重要的、具有决定性的因素，并成为其文化质地的元素。鄱阳湖边，矗立着庐山。于是，鄱阳湖—长江—庐山，构成了一个"湖—江—山"的完整的地理环境体系。这种地理环境，这种地理环境中的天候，湖的辽阔、浩渺、宏伟、舒展，江的流泻、奔腾、东流到海不回头，山的巍峨、雄伟、高昂，它们都具有宏大的气势，具有崇高美和力量感。天候在此种环境中，平时天朗气清，风和日暖；"怒"时暴风雨来临，波涛汹涌、风雨迅疾。这些在生产上，决定了环鄱阳湖的农业、渔业的发达，生产的先进和经济的繁荣，由此带来生活的富裕、社会的发展、文化的进步。这些又决定鄱阳湖文化性格的灵动、机智、活泼，同时又机巧而倔强。也带来人文文化的发展和进步。鄱阳湖文化早早地就走在赣鄱文化以至中

华文化的前列，提供了具有地域特色的文化。

鄱阳湖文化的代表和"中心"地区鄱阳县，是秦代江西境内所设两个郡之一，历史悠久，文脉深远。从吴芮到陶侃，从洪氏父子兄弟到姜夔，直到近代，代有才人出，地灵人杰，文化创获的成果，闪耀于史册文苑。此外，环鄱阳湖诸县，还有许多文人学士、杰出人士，其文化积累，丰富深厚。

环鄱阳湖是江西鱼米之乡，经济繁荣、社会发达、文化进步的县邑，其物质文明程度，居江西全境之前列。物产的丰富多样，特产之稀贵珍奇，都是很先进的。景德镇的瓷器，更是全国知名、享誉世界。如此等等。

总之，环鄱阳湖与山水江河相结合，产生、创获了从物质文化到精神文化，从人文文化到民俗文化，从精神气质到心理结构的，具有地域特色的文化。

这里，真正是挂一漏万、极为简略地述说了一下鄱阳湖文化的形成环境与条件，要旨只在举例而言，说明认识和研究鄱阳湖文化，可以从地理环境、历史沿革、社会发展和文化创造等几个方面来进行，宽泛、深入、细致、全面地来进行研究。

三、鄱阳湖文化的构造

一种可以单独形成文化格局的"文化"形态，其构造，总是具有三个方面、三个层次，即事实与实践层次、理论层次、结构层次。鄱阳湖文化具有这样三个完整的方面和层次。

事实与实践层次：鄱阳湖文化的"事实"即实际材料，不说"汗牛充栋"，也可以说是非常丰富的，因为它历史悠久，文化积淀深厚；如果从实践层次看，历代环鄱阳湖境域的人们，所从事的文化创造及其成就，也是浩大繁复的。仅就鄱阳县而言，洪氏父子的著述就很丰富，江白石的作品就很多。从理论层次来说，则比较逊色。洪迈及他的名著《容斋随笔》有一些研究文字，但为数不多；至于洪迈的《夷坚志》虽然笔记文学的价值极高，但研究者寥寥。姜白石的研究论著可以说比较多些，但未成为热点，研究材料总量不大。至于总结性的理论著述，就更少了。由于理论层次的这种不理想的状况，结构层次是无法形成的。

因此，总体来看，鄱阳湖文化的三层次构造，尚未形成，尚缺乏基础资讯，而期盼我们现在的努力。

那么，从理论上来述说，鄱阳湖文化的种种方面所形成的文化构造，我们可以设想有这样一些主要的方面。

1. 大结构框架

（1）物质文化研究；

（2）精神文化研究；

（3）制度文化研究；

（4）宗教文化研究；

（5）文化与学术的著述研究；

（6）教育研究；

（7）其他。

2. 具体内涵的方方面面

（1）地理、天候、环境方面的研究，即研究它们对鄱阳湖文化的形成、特性、形成规律及其历史发展轨迹的研究；

（2）历史、社会、文化诸多方面的状况及其对鄱阳湖文化的影响的研究；

（3）物质文明方面，包含生产、物产、建筑、衣食住行等方面，以及它们在文化创造与文化形成中，对鄱阳湖文化的作用和影响；

（4）精神文化方面，鄱阳湖文化的积淀、成就等的研究；

（5）环鄱阳湖境域的教育、科学技术、宗教的研究；

（6）鄱阳湖文化中的文学艺术的研究；

（7）鄱阳湖境域内的名臣贤吏、文人学士、作家艺术家研究；

（8）鄱阳湖文化与周边地区文化的文化传通与交流及互相影响研究、地域文化传通研究；

（9）鄱阳湖文化的比较文化研究：与外来文化的比较研究；

（10）鄱阳湖境域民间文化研究；

（11）鄱阳湖民间传说、民间故事、民间文艺研究；

（12）鄱阳湖文化的特色与亮点研究；

（13）赣剧研究；

（14）饶河调研究；

（15）鄱阳渔鼓研究；

（16）姜白石研究；

（17）《容斋随笔》研究；

（18）《夷坚志》研究；

（19）鄱阳中学研究；

（20）士行中学与正风中学研究；

（21）芝阳师范学校研究；

（22）鄱阳湖物产研究；

（23）其他。

这只是举其要者而言，其他未及列举者，仍然很多。所列举项目，只是随意列举，无序次先后与轻重之分。

四、鄱阳湖文化研究的初步构想

这种构想当然只能是初步的、浅层次的。

目前，首先是对鄱阳湖本身的研究，除自然境况的研究外，更重要的是对其文化构成的研究，比如关于围绕它的民间传说的研究；对于与它有关的文学艺术创作的研究；其次，对庐山，也要有相应的研究，包括庐山与鄱阳湖关系的研究；再次，对环鄱阳湖境域诸乡邑各个方面的研究；最后，对物质文化与精神文化方面，就已经有基础的，先行开展研究，如姜夔研究，已经有一定基础，也有专业研究者，即可先做。

注意抓紧结合当前经济与社会发展的实用性强一些的课题研究。如鄱阳湖文化与鄱阳地区经济与社会发展的研究，——从文化视角出发，研究鄱阳地区经济与社会发展的文化优势何在。比如，如何开展鄱阳湖地区的文化旅游问题，如何选择鄱阳湖地区经济与社会发展的重点与亮点，等等。

注意抓紧抢救性研究，如人物、非物质文化遗产研究等等。

附录一 授课、研究与报告纲要

当代世界发展趋势与中国现代化
——为东大中层干部讲演

（一）世纪之交的回顾与前瞻

1. 20世纪的特点

（1）每十年一个周期。

（2）人类取得空前的大成就。

（3）科技发展到信息时代。

（4）从两大阵营的对立到世界一体化。

（5）地球村的重重矛盾。

（6）现代化反思。

（7）三大斜倾：——在"物质/精神、科技/人文、个体/群体"中，均重前者、轻后者。

（8）三大家园的破坏（"自然、社会、人的心理"三个家园）。

（9）三相关系的紧张（"人/社会/自然"的关系）。

（10）寻找人类的新出路新前途。

2. 21世纪将会是怎样的世纪

（1）反思的时代。

（2）总结的时代。

（3）既是实践的时代，又是理论的时代。

（4）三个"三相关系"的整合：

①自然—社会—人心理；

②物质—精神、科技/人文、群体—个人；

③ 科技—人文—社会。

（5）调整人类文化发展方向。

（6）信息时代带来的社会、家庭、生活、心理结构的空前巨大、深刻的变化。

（7）人的新的认知图景的形成与文化的演变。

（8）世界三大文化板块的互渗、互动与矛盾发展（东方文化、欧美文化、非洲文化）。

（二）中国现代化的性质、内涵与特点

（1）背景（社会/历史/文化）：

① 侵略——应答/自身发展（"外来力量"冲击与"自身经济与社会发展"）两条线。

② 农业的汪洋大海和几千年的农耕经济。

③ 轻商文化。

④ 对马克思主义的误解。

（2）洋务运动、辛亥革命、五四运动、新中国成立后的发展脉络（从鸦片战争到现代）。

（3）社会主义走过的弯路和遭到的挫折。

（4）反思基础上的新突破与新发展：改革开放。

（5）中国特色社会主义：社会主义市场经济；多种所有制；多种分配制度；乡镇企业。

（三）在当代世界背景下，中国现代化道路的选择

（1）传统的继承与变革。

（2）吸取第一批现代化国家的教训。

对传统的态度（批判继承与发扬），防污染、生态生产、家庭构造、社会问题。

（3）精神文明建设。

（4）经济增长与社会进步。

（5）科技与人文的张力场与协作问题。

（6）走新的城市化道路问题。

（7）可以走得更快、更稳、更好。

（8）人的现代化：传统中国人→现代中国人。

（9）科教文的发展与公民素质的提高。

（10）走出对现代化误区的问题。

① 现代化不是泛商业化。

② 现代化不是西方化。

③ 现代化不是以经济增长为唯一指标。

④ 现代化不是资本主义化。

⑤ 现代化不是抛弃一切传统。

⑥ 现代化不是唯福利主义。

新时代人类文化发展大趋势与中国文化自信

前记：

几个前提性概念：

① 人类文化正处于转换、已经和更将进入新时代的时期。

② 第二个轴心时代的到来。

③ 人类正在调整文化方向。

④ 人类重新认识自己。

⑤ 中国在和平腾飞，世界期待中国。

（一）人类怀揣着20世纪末的三大反思与21世纪的三个适度回归，进入21世纪

1. 三大反思

（1）对现代化（即社会现代性）的反思：

① 对人类三大家园的破坏。

自然家园：山川遭毁、河海污染、物种灭绝、气候转暖。（蕾切尔·卡森：《寂静的春天》）

社会家园：家庭破损、婚恋畸形、亲情疏理、人心浮躁、关系紧张、自杀严重、心理障碍、社会犯罪形形色色（高科技用于"立体犯罪"）。

心理家园：心理紧张、情绪浮躁、心理疾患、自己烦自己、自杀抑郁症。

② 对传统破坏过度、过重，毁弃过多过重。

③ 过度现代化与科技依赖。

（2）对现代化科技的反思。

科技是把"双刃剑"：机器、电子、电脑、手机、原子能等的负效

应……

① 科技要在不破自然和人性的前提下发展和发挥作用。

② 人性地使用科技和使科技具有人性。

（3）对人类最佳生活方式的反思。

相对朴素的生活、更多一些自我动手、更多一些人性的润育与交流（弱化过度消费、炫耀性消费、靡费性消费……）；

物质生活与精神生活平衡；

建设自己的"文化后院"。

2. 三个适度回归

（1）向自然的适度回归：回归自然和回归自然而然的生活（生态觉悟、生态文明、荒野意识）。

① 荒野意识，人类希望。

② 自然的心境与心境中的自然。

③ 人类诞生于荒野之中。但以前，被人类当作地球的伤疤或恶魔出没的地方。

④ 保护荒野起源于美国，1977年世界荒野大会召开，开展世界荒野保护运动。

⑤ 世界自然保护联盟（IUCN）定义"荒野"（wilder ness）：大面积自然原貌的得到基本保留或被轻微改变的"区域"，其中没有人类居住点。

⑥ 中国传统文化中的"山水思想"。

⑦ 全球图中，中国现存荒野总面积在世界居前列，还有西藏北部、新疆南部、内蒙古西部、神农架、武夷山等。

（2）向传统的适度回归。

传统的亲情、稳定的婚姻家庭、人为的大家庭组合。

（文艺作品）《明星秘史》、《女人的故事》、《廊桥遗梦》、中国古典戏曲受西方青睐（京剧、编钟）。

（3）向相对朴素的生活回归。

"巴黎回归典雅"、穿戴与饮食的"怀旧"与"回归"。

（二）人类正在寻回"丢失的草帽"与"走向回家的路"

［回应"三个适度回归"：让人们望得见山、看得见水、留得住乡愁（2013，中办文件）］

人性：自然的人性与人性的自然。

亲情
友情 }三情的人性化、高尚化、文化化、反庸俗化和金钱化以及腐败
爱情

回自然之家；回传统之家；"回故乡"（"留得住乡愁"）。

家规、家训、家风：伦理文化、乡贤文化、家国情怀。

人类正在调整自己的文化方向

马克思、恩格斯："只要有人存在，自然史和人类史就彼此相互制约。"《德意志意识形态》

恩格斯："我们不要过分陶醉于我们对自然界的胜利……"（《自然辩证法》）

（三）人类正在调整自己的文化方向

（1）从与自然为敌、征服自然到与自然为友、敬畏自然到天人合一。

（2）抛弃"人类中心主义"，向生态文明、生态中心主义发展（"绿水青山就是金山银山"），纠正社会生活中的"三大倾斜"。

（3）消费主义和个人享乐主义已经到极限：回首是幸福。

（四）人类正以"四维观"的宏伟观念研究恢宏宇宙与渺密世界

钱学森："四维观"——宇观、宏观、微观、渺观

1. 引力波的发现（现已第四次听到引力波）

2. 大宇宙

3. 暗物质、反物质

4. 垃圾 DNA

5. 微生物与生命共生

6. 第二脑——肠脑

（五）人类文化获得、传播、积淀、传承，进入第四次革命，前途无限

四次革命 {
1. 语言
2. 文字
3. 印刷
4. 电脑

（六）第四次工业革命的到来与中国成为它的引领者

（1）第一次工业革命：机械化；蒸汽机的发明、推广与生产革命；18世纪60年代—19世纪40年代（英国→）。

（2）第二次工业革命：电气化、发电机与电动机；19世纪—20世纪初；在德国、英国、法国、美国发生。

（3）第三次工业革命：信息化、自动化；20世纪40年代—50年代；原子能、电子计算机等使用；美国领先。

（4）第四次工业革命：智能化；近年兴起；美、中、德日等国；人工智能、量子通信、生物技术、虚拟现实等。

"中国成为全球能源变革中心"；"中国将执全球科学研究牛耳"；"现在中国在互联网、云计算、生物医学、分享经济等方面有许多领先世界的科技成果，这些成为中国经济前行的重要驱动力"；"中国将成为第四次工业革命的领军者"。

（七）迎接与机器人共处时代的到来

（1）机器人研发制造与生产；新兴科技产业高端产业。

（2）要改变生产、生活与社会。

（3）机器人将改变人类社会。

（4）人、机器人、仿真人相处的社会与时代。

（5）人工智能专家有"四怕"：

①对未来的恐惧

②对滥用的恐惧

③对社会不公的恐惧

④对机器人反扑人类的恐惧

（6）面对"机器人'人化'"与"人'机器化'"趋势的思考与对策——引进社会科学、人文科学共同开发。

（八）四大科学部类的整合、合作与共同发展

（1）科学（四大科学部类）：自然科学、技术科学、人文科学、社会科学。

（2）人文社会科学解决战略问题，自然科技解决战术问题。

（3）21世纪是社会科学的世纪。

（4）两种文化的划分与合流。

（5）大科学的产生：大课题、大投资、大团队、大结果、大效应。

苹果公司首席执行官蒂姆·库克说："不管你一生中从事什么，不管苹果公司会做什么，我们都必须在其中倾注我们与生俱来的人文精神……如果我们是黑暗中探索，那么人文精神将是我们看清自身所处环境以及为我们照亮前方的一盏烛光。"

"我更担心人类会像计算机那样没有价值观、没有同情心或者不计后果的思考。"

（九）美国日益衰落，中国和平崛起（世界看好中国发展模式）

见之于西方媒体报道的标题：

"中国充满活力，世界充满期待"。

"中国全方位构造全球领导权"。

"中国乃是世界经济增长的'火车头'"。

"中国日益走进世界舞台的中心"。

"全世界的不安定性需要中国稳定之锚"。

"中国的绿色革命抱负将使其成为下一个世界领袖"。

"中国将是第四次工业革命的领导者"。

"中国将成为决定未来的主要和关键力量之一。时机已经成熟，中国智慧'走红'世界的条件已经具备。"

"人类命运共同体"是"一个国际关系理论中的一个新范式。"

"中国是推出自身国际治理方案的世界领袖。"

"中国的崛起只是世界全貌的一半，另一半是美国的衰落，事实上是整个西方的衰落。"

（十）以美国为代表的西方文化的衰落与中国文化的兴起和受普世重视

（1）"通过孔子来思维。"

（2）"老子是'东方的绿色圣经'"。

（3）孔子学院遍布欧美诸国，传播中国文化，深受欢迎。

（4）西方学者号召学习中国哲学、中国历史与文化。

（5）中国学术、学者走向世界。

（6）中国文化的DNA是拯救世界的良方。

季羡林：世界文化"三十年河东，三十年河西""西方文化衰落，有东方文化在，有中国文化在。"

（十一）中国现代化道路与模式，特别是新型城市化道路的人类性

文化意义

（1）儒学与现代化：从"四小龙"到中国的现代化道路。

（2）现代化—建设中国特色社会主义—实现中华民族伟大复兴的中国梦，三位一体、互相结合、互促互进。

现代化进程就是社会主义工业化、城市化的进程。

（3）新的解决"三大差别"即"三大矛盾"（城乡、工农业与体脑劳动三者差别）的消灭：正在进行时；不断前进，不断取得新的成果和经验，不断总结并继续更好地前进。

（4）三农问题的解决：

农村保留。

农民离土不离乡。

农村新的生产方式：工农商结合。

留住乡愁。

农村"别墅"与度假。

（十二）对"做戏的文明"的批判与对新"文明觉醒"的研究

1. 对"做戏的文明"的批判

（1）西班牙作家马里奥·巴尔加斯·略萨（2010年诺贝尔奖得主）：

"人类文明处于深刻的危机中"；娱乐、消遣成为"全球的激情；文化庸俗化，浅薄成风；高雅文化曲高和寡；轻松愉快、荒唐恶俗，广受欢迎。"

"文化思想成了一个大杂烩。"

"文化失去了意义感、厚重感，养育心灵的责任和力量，弱化了思想性、深刻性、优雅和崇高。"

（2）重新肯定文艺的社会教化责任与性质、人民中心。

（3）文艺具有五性：社会性、时代性、人民性、思想性、艺术性。

习近平：文艺要讲品性、讲风格、讲责任；要抵制低俗、庸俗、媚俗。

2. 对新的"文明觉醒"的研究

（1）新的文明：回眸东方，了解、重视、学习中国文化

（2）回归传统中厚重、高雅、符合人性与社会发展需要的部分

（3）中国提出践行"横渠四句"：

张载的"横渠四句":"为天地立心,为生民立命,为往圣继绝学,为万世开太平。"

(4) 新的文明觉醒:

- 人与自然:自然之子
- 人与社会:和而不同
- 人与科技:人性地使用科技
- 人与自己的创造物:科学地使用与掌控

(十三) 全球史研究与长时段历史研究

(1) 打破欧洲中心论。

(2) 打破国别史的格局。

(3) 在全球范围研究人类历史。

(4) 以长时段的历史观来解读历史(400年?)。

(5) 从宇宙爆炸到地球产生到生命出现到人类产生……

(十四) 自然文学的兴起与生态文学的勃兴以及第二次文艺复兴内涵的出现

"躁动不安的现代人对安静的企求!"

(1) 自然文学的核心观念:

① 人与自然的理性与感性关系、人与自然和谐。

② 荒野观念。

③ 人从自然和物种中安置自己的精神。

④ 对自然的朝圣和对传统的反思。

⑤ 自然文学:荒野认知、土地伦理、生态良知、地域感、独特文学形式与语言。

⑥ "第二次文艺复兴"不只是表面的从工业文明中解放出来,而是从"人类中心主义"的束缚中解放出来。第一次是人的发现;人类重新认识自我;第二次则是"人与自然"的发现,人类重新定义自然和实现自我。

⑦ 荒野意识中蕴含、蕴藏对荒野的享受胜于物质享受;荒野是对搞"文化疯狂"行为的缓冲地带;人类需要从高度文化的疯狂中觉醒过来,向高层次、超文化的自然状态提升、前进、发展。

⑧ "文明以止"。

⑨ 荒野中的心境与情感。

⑩ 寻归荒野：寻求自然的造化和状态，沉静而具有定力；生存与共荣，等等。

（2）梭罗：《瓦尔登湖》。

蕾切尔·卡森：《寂静的春天》。

核心：土地伦理；生态良心。

（3）在中国的影响：程虹教授的系统译著。

（4）生态文学初现。

（十五）当代马克思主义思潮兴起

（1）金融危机之后，《资本论》被西方重新解读与运用。

（2）全球化危机暴露——《资本论》揭示的资本主义总危机的爆发。

（3）马克思主义在中国的践行——与中国特色社会主义建设的结合，"中国正在成为世界政治巨人"。

（十六）人类正在重新认识自己、定义自己、定位自己和安置自己

（1）梅特里："人是机器"；达尔文："人是动物"；富兰克林："人是制造工具的动物"；笛卡儿："人是智能的实体""我思故我在"。

（2）现在：人是自然之子。

人与自然的重新发现，人类重新认识自我和实现自我。

人是社会关系的总和；人与"他者"的关系：共存互养。

（3）人与自然、社会、自身的和谐共处、共同生存、发展、繁荣。

（4）自然人、经济人、政治人、"文化人"。

（5）"第二次文艺复兴"——第二个轴心时代的到来。

（6）建设"人类命运共同体"。

（十七）中国崛起，破解、超越世界四大"陷阱"与构建新全球化

（1）破解"金德尔伯格陷阱"。

金德尔伯格是美国经济史学家、国际政治经济和国际关系学稳定理论的奠基者。他提出：强权、霸权与能力不足的矛盾："20世纪30年代，美国取代英国成为全球最大霸权，但未能承担起提供全球所需产品的责任。"

（2）超越"修昔底德陷阱"的新路。

古希腊历史学家研究雅典与斯巴达爆发战争的原因，提出："一个

快速发展中的大国，很难与一个占主导地位的大国和平共存，必然要挑战现存大国；现存大国必然回应威胁，于是战争不可避免。"

中国率先倡导大国关系新模式：从小处着手，积微成著，通过点滴实践，实现和积累新型大国关系。唱响从中美两国人民根本利益出发，从人类发展进步着眼，创新思维，积极行动，共同推动构建新型大国关系。将中美关系拉回健康发展轨道。

（3）以全面从严治党应对"塔西佗陷阱"。

塔西佗是古罗马历史学家，提出：当权力失去公信力时，无论是说真话还是说假话，做好事还是做坏事，社会都会给出负面评价。

2014年3月18日，习近平总书记在河南省兰考县委常委扩大会议上的讲话中，提到"塔西佗陷阱"。他指出："如果群众观点丢掉了，群众立场站歪了，群众路线走偏了，群众眼里就没有你。"

（4）以"合作共赢"破解文明冲突。

美国政治家塞缪尔·亨廷顿提出："文明冲突论。"

① 中国秉持"多彩更要包容"文明观；

② 中国坚持和平发展道路；

③ 中国坚持"协和万邦"的国际观。

2017年10月8日

附录二 决策咨询三项

关于有计划建设"沈阳大区"的建议①

——决策咨询三项之一

21世纪，沈阳市将成为中国几个国际大都会之一。据此，建议市委、市政府在编制"十五"规划时，将建设"沈阳大区"纳入"建设新沈阳，迎接新世纪"的目标，作为沈阳市在21世纪的重大战略举措之一，它的实施和建成，会成为"东亚现代化模式"的一种形态，将在全国起到示范作用。

（一）积极利用沈阳市的区域优势

沈阳市是辽宁省中部城市群的中心城市，这是历史为其创造的得天独厚的条件。① 有由特大城市、大城市、中等城市、小城市构成的城市网络；② 城市化程度高；③ 工业化程度高；④ 经济发达；⑤ 农业发展水平高；⑥ 城市群的区间距离不远，有连成一片的高速公路网；⑦ 经济、社会联系密切，经济合作基础良好；⑧有在全国居于先进地位的科技、教育、文化体系，科研机构、高等院校集中，人口的文化素质较高。以上8项，都是建立一体化现代化经济与社会区域的良好条件和有利基础。沈阳市应该深入研究，积极利用。

（二）适度控制沈阳市的现有规模

城市化是伴随工业社会现代化必然出现的进步结果。大城市的形成，会产生城市集中效应、现代化效应、规模经济效应，能够集中人力、物力、资金、智力、技术、设备等，以取得更高的经济效益。但

---

① 原载《决策咨询》1999年第15期。

是，城市化又带来许多问题，如城市病、现代病、社会犯罪、环境污染、住房问题、教育问题，这些问题既能独立存在，也会"交叉感染"，给大城市尤其是特大城市的发展带来巨大压力。因此，沈阳这样的特大城市，在21世纪要加快发展速度，迅速增强综合实力，可以采取"疏散""压缩""适度萎缩"的发展战略，适度控制现有城市规模的扩大。

（三）发展沈阳市周边的中小城市

恩格斯在《反杜林论》中曾经预言，城乡对立的消灭，将导致"大城市的灭亡"。近半个世纪，西方发达国家城市发展的实际，证实了恩格斯的科学预见。现在，美国、德国的大城市都出现了"郊区化"的趋势。美国高科技公司"下乡"，如摩托罗拉等大公司的国际总部、培训部和一些分部都设在"乡下"，它们的员工，也都住在附近"农村"。美、德、法等国家的市民也有不少常住在乡下，以便享受更多的阳光、新鲜空气和安静，更加接近大自然。

恩格斯所说的"大城市的灭亡"，实际意义是城乡差别消灭，城市普遍化。西方国家城市现代化所走的道路是"散—聚—散"，在这个过程中，两次转变，都付出了巨大的代价，经济、社会的损失都很大。我们现在也正经历一个城市化的过程，也在走着由"散"到"聚"的过程，但我们没有付出"广大农民破产的痛苦代价"，而是农民进城打工能够谋生，甚至发财。还有乡镇企业可以大批吸收农村剩余劳动力，农民"离土不离乡"，带动了乡镇向城市化发展。沈阳这样的特大城市如能采取"疏散""压缩""适度萎缩"的发展战略，并将它"疏散""压缩"的部分重工业、轻工业、大学、科研院所、住宅小区等用来装备近郊区、远郊区、周边小城市、县乡镇，创造小城市建设发展的条件，有计划地形成小城市、中等城市、大城市一体化的网络，走"散—适度的聚—散"的道路，充分利用现有优势，集中力量发展科技、教育、金融、旅游、信息、服务等产业，将沈阳市在21世纪的城市发展目标定位于"国际都市、文化家园"，就可避免西方所走的弯路，付出更小的代价，取得更大的经济和社会效益。

（四）大力发展沈阳市的交通网络

沈阳市现在拓宽道路，发展交通，深具战略眼光。这是建设国际都市的基础条件之一。今后，沈阳更应大力发展建设高速公路网络，把周边城镇、小城市连接成片，形成"城市网络"，再进一步联合辽宁中部城市发展建设"市际高速铁路"，待城市综合实力增强，还可发展航空交通，更加缩短城市间距离。由此形成一个整体的、统一的、互助互利的"现代化经济、社会、文化区域"。

形成和建设这样一个"现代化社区"，沈阳现已具有不少条件。如果能够有计划、有步骤、成布局地发展建设，可使中心城市、特大城市的规模得到控制；使中小城市的交通条件、住宅条件、从幼儿园到小学以及中学的教育体系、商业网络分布更加改善，更具有吸引力。这样做以后，沈阳可以更好地利用周边丰富的资源，增强可持续发展的后劲，广大农村也可借助沈阳的"疏散""压缩"而普遍被装备起来，农工结合的社会主义农村经济、社会、文化社区也就建设起来了。这将成为中国特色社会主义的一种模式，也是"东亚现代化模式"的一种表现。如果这项规划付诸实施，那么，现在的许多建设计划，以至国有大中型企业的改造工作，也都可以纳入其内，并且能够得到许多有利条件，以推动这些计划的实现。

大力发展创意产业①
——决策咨询三项之二

在创新年大力发展创意产业，是当务之急。

现代创意产业概念，是1998年由英国首先提出来的。这个概念提出之后，得到欧美国家的赞同并付诸实践。现在，他们的创意产业已经得到可观的发展。据2004年的统计，创意产业的产值，已经占全球GDP的百分之七；全球创意产业总产值达到2.9万亿美元。美国的创意产业产值达到5351万亿美元。国内重要大城市的创意产业发展迅猛，形势逼人。北京2005年文化创意产业产值已经达到340亿元，计划发展六大创意产业。上海已经建立四大文化创意产业群，2006年产值预计达到2200亿元。深圳将使文化创意产业成为第四大支柱产业。

创意产业与文化产业有时可以交叉使用，但是两者的外延和内涵，仍然有差距。创意产业更为宽泛和深刻。它是技术、金融和文化的交融。文化必

---

① 在2007年中共沈阳市委决策咨询会上的发言。

然是它的支柱，它的依凭就是个人的创造力、技能和天分，也就是文化力。

沈阳作为东北振兴的先行、重点城市和基地，更有必要在东北地区，在辽宁省率先发展创意产业，在文化产业发展的基础上，向创意产业的方向发展和提高。如果说文化产业目前还更多地被视为文化部门的事业和产业，那么，创意产业却决不局限于文化部门。它应该是整个经济领域和产业部门共同的产业和事业。

当然，发展创意产业，文化的发展，文化力的开发，文化产业的发展，都是必要的条件、资源和环境。是否可以说，发展文化→文化力开发→发展文化产业→发展创意产业，是我们在创新年的一种发展思路？

关于振兴江西的六点建议①
——决策咨询三项之三

编者按：辽宁社会科学院院长彭定安同志（江西鄱阳县人），最近给吴官正省长寄来关于振兴江西的六点建议，表达了一位老专家对家乡建设热情关注的奉献之心。现转发如下，供领导参阅。

（一）让江西经常发出自己的声音

这一点很重要。一个地区、一个省、一个人，要为人知，要提高知名度，更广具声誉，就要经常发出自己的声音，以使人了解。这绝不是自吹自擂、自我宣传。经常发出自己的声音，不仅能使人了解、理解、提高知名度，而且增加了透明度。并非茫无所知，更非讳莫如深，人们也就对之放心，愿意与之交往、交流、订合同、做买卖。声誉、知名度、透明度，会带来经济效益，带来社会效应与文化效应。

经常发出自己的声音，可以使上级和"邻居"熟悉，也就能获得上述各项效益。

发出声音的途径很多，主要有以下几种：

（1）省委、省政府领导人抓住机会发言。特别是就本省重要问题、重要事件、重要工作发言。

这一点需要省内传播媒介注意抓。例如：关于老根据地的开发和脱贫、关于鄱阳湖的开发、关于庐山的建设、关于滕王阁、关于省长到社

---

① 原载《内部论坛》（江西省社会科学学会联合会主办）第119期，1989年2月1日。

会科学院座谈等等，都可在省内"讲"（电视、广播、报纸宣传），在全国"讲"（会上）。

（2）本省重要的和关系全国的工作，本省具有特点的工作，也可以"讲"。

（3）本省在世界和全国知名的历史人物、现代人物、当代人物，历史古迹、名胜，等等，这在江西很多，每年都可"立足当前、回顾过去"式地在全国"讲"一两回。

（4）重要人物、重要会议到江西、在江西开，可以借机会"讲"江西。这叫"人杰地灵""会杰地灵"。

（5）甚至重要的产品广告，也可以多讲，既宣传了产品，又"讲"了江西。如"蛇胆川贝液"（药）、江西羽绒服、鄱阳湖银鱼等，都可以作为"发言"的材料。在全国性报纸登广告、在中央电视台"亮"广告。人们可能不注意产品，但知道"江西"，听见"江西"。

总之，使国人、世人，常常听到、看见"江西"的名字。这会引来声誉、信誉，从而引来人才、引来资金、引来文化、引来支援。

一个默默无闻的地方，人们是很难想起它来的，也很难对它产生兴趣。利用传播媒介，提高知名度，是现代工作方式的重要一环。

（二）树立江西的文化形象

一个城市、一个省、一个地区，应该树立自己的政治、经济、文化形象。崇高美好的各种形象，会带来经济效益、产生社会效应。东京是一个经济形象，政治、经济、文化形象差；美国的华盛顿特区是政治形象，纽约是经济形象（实际文化颇发达）。中国的北京具有政治、文化形象，亦有经济形象；西安只具古文化形象；沈阳市是一个经济形象；上海经济形象高大，文化形象也不错，现在他们很注常提高文化形象（如举办国际电视节，提出保持"文化名城"声誉等）；山东潍坊靠风筝节树立了一个突出旅游业的文化形象。江西要注意树立自己各方面的形象。经济一时还难跃居全国前列，可以先把文化形象树起来。江西有这个条件，庐山、井冈山、龙虎山，鄱阳湖、滕王阁，王安石、黄庭坚、姜白石，以至洪迈（他的《夷坚志》实为世界短篇小说的重要成就，但现在无人研究），都可宣传，都有利于树立文化形象。

筹办、代办各种学术会议，大大有利于树立江西文化形象；各类文化人、学者、科学家出席国内会议、国际会议，走出去、夺名次、争荣誉；体育名将出在江西；等等，都有利于树立文化形象。

文化形象与文化活动会带来经济效益，树立本省整体形象。潍坊风筝节引来旅游者，也邀请众多外国商人做买卖；哈尔滨冰灯节也成为商业洽谈会；上海国际电视节也大做买卖。

江西也可以想法搞个什么节、什么活动、什么会议。庐山吸引人，但自动来者多，本省主动组织少，有目的活动更不够。

（三）想方设法走出去

走出去有两方面含义：一是走出本省、本地区（华东）；二是走向国际。不是一般考察，而是有多种项目的联系、谈判、合作。只有走出去，才能振兴；只有走出去，才能拓展；只有走出去，才能联系广泛、眼界开阔、门路多样、生财有道。

（四）聚集一批精英人物为江西服务

精英人物的作用远远大于一般人，这并不违背马克思主义关于个人在历史上的作用的原理。德国在第二次世界大战以后的艰难时代，花许多钱聚集科学家、学者；美国在第二次世界大战后也想法集中世界多种人才，从战败的德国弄去许多大科学家；中国台湾地区在朝鲜战争期间形成了一个"技术官僚（非贬义）层"。经济的竞争，在某种意义上讲，是人的素质的竞争，尤其是精英人物的多寡和水平的竞争。聚集人才，为我所用，不拘一格用人才，用其一技之长，是古今中外大政治家、大军事家雄才大略的重要表现。

聚集人才的办法有几个方面：

（1）吸引、抽调各方面的人才到江西工作；

（2）吸引外地人才（包括退离休人员）到江西工作；

（3）按时期、按题目邀请专家、学者到江西短期工作；

（4）组成松散的外地专家的咨询团、智囊团、思想库；

（5）召开会议，邀请外地专家讨论问题；

（6）以上各项，都包括在国外的华裔人员和外国专家。

（五）利用、发挥江西的边缘经济优势

江西与中国开放地区第一线诸省均毗连，广东、福建、上海环绕着江西。江西为它们的"后方的前线"，这是极有利的振兴江西的条件。恰像一把折扇，粤、闽、沪构成扇面，江西好似扇柄。在经济上可以利用。"扇面"向外辐射，又可利用它引外向内辐射；对国内来讲，既可利用"扇面"，江西为中介向内辐射；又可背靠广大内地，发挥江西的中介作用，向外（包括"扇面"和国际市场）辐射。江西凭此，可经商办企业，又可中转，两面得利，八面生财。

这只是一个概念、一种可能性。要使概念物化，要使可能性成为现实，当然需要规划，需要实际步骤，更需要有人才，有会办事的人，有干将。

（六）大力组织劳务出口

江西有此条件。有组织、有领导、成建制地筹谋劳务出口，可以迅速地得到外汇，成为资金来源，也可以学来技术，还可以由此派出大批的人在实际劳动和生活中，接受"现代化训练"，从而为江西培养人才。